LA

COUR D'AMOUR

PARIS

IMPRIMÉ PAR ÉDOUARD BLOT

7, RUE BLEUE, 7

LA
COUR D'AMOUR

ou

MYLIO LE TROUVÈRE

PAR

EUGÈNE SUË

PARIS

DOCKS DE LA LIBRAIRIE

38, BOULEVARD DE SÉBASTOPOL, 38

1869

LETTRE DE L'ÉDITEUR AUX ABONNÉS

Chers lecteurs,

Depuis que nous avons terminé la première partie des *Mystères du Peuple*, une nouvelle loi sur la presse a été présentée par le gouvernement, discutée à la Chambre des Députés et au Sénat, et votée à une grande majorité; cette loi, malgré ses lacunes, constitue un progrès réel, et nous en rendons grâce à ceux qui en ont eu l'initiative; en outre, la circulaire du Ministre de l'Intérieur aux Préfets explique et commente la loi dans un sens très-libéral : il semble donc qu'on veuille sincèrement inaugurer une ère de tolérance et de mansuétude à l'égard des écrivains et des journalistes.

La marche du progrès, comme ne cesse de le répéter l'illustre auteur des *Mystères du Peuple*, dans ses magnifiques légendes, peut éprouver parfois des temps d'arrêt, mais l'humanité n'en continue pas moins son mouvement ascensionnel; à un moment donné elle regagne le terrain qu'elle semblait avoir perdu, et les idées de liberté, d'égalité, de fraternité s'affirment dans nos mœurs tantôt sous une forme, tantôt sous une autre : c'est ainsi que nous voyons aujourd'hui apparaître une loi sur la presse qui est un progrès sur l'ancien ordre de choses et qui nous servira à préparer de nouvelles conquêtes dans l'ordre moral et politique.

Enfin, chers lecteurs, dans l'ordre économique, nous voyons également se produire des symptômes de régénération sociale qui sont de nature à accroître notre confiance dans l'avenir; nos idées, nos principes, naguère encore conspués, flétris par les adversaires du Socialisme, reçoivent aujourd'hui une consécration officielle des représentants du gouvernement; un député, un véritable homme de bien, entouré de l'estime publique, Paul Dupont l'imprimeur, inaugure le principe du partage des terres, et, appuyé par le Ministre de l'Intérieur, il réclame pour les travailleurs, pour les ouvriers et les ouvrières, pour la plèbe des champs, le partage des forêts de l'État, qu'il voudrait qu'on divisât par lots payables à longues échéances, pour assurer aux prolétaires la propriété des terres et des maisons et pour les soustraire à l'exploitation capitaliste.

L'adoption de cette mesure de suprême justice et son extension à toutes les grandes propriétés est marquée fatalement pour une époque plus ou moins rapprochée, et deviendra le point de départ du développement de la richesse publique, du bien-être universel dans des proportions inouïes, que l'imagination peut à peine concevoir...

C'est au gouvernement, sans nul doute, qu'incombera cette nouvelle tâche, comme couronnement de l'édifice social, à l'aide d'une loi spéciale, comme il a fait pour diverses institutions humanitaires, pour l'établissement des maisons de convalescence pour les ouvriers et les ouvrières sortant des hôpitaux, pour la création de la Caisse de retraite de la vieillesse, pour la fondation de la Caisse de prêts gratuits au travail, pour la Société d'assurances en faveur des ouvriers des villes et des campagnes, en cas d'accidents et de décès, c'est-à-dire pour assurer des pensions aux invalides du travail et un capital à leurs héritiers, aux veuves et aux orphelins.

Nous applaudissons de grand cœur à ces utiles créations dont l'idée a jailli au milieu des éclairs et des tonnerres, à la suite de la Révolution de février 1848, mais dont le gouvernement a pris en mains la cause et dont il s'est fait le plus ardent propagateur.

Or, chers lecteurs, ce sont ces idées, ces principes que vous verrez surgir aux différentes époques de notre histoire, dans les épisodes des *Mystères du Peuple*, et dont nos pères ont revendiqué l'application, presque à chaque siècle, les armes à la main.

Mais, aujourd'hui, grâce au progrès des lumières, grâce à l'esprit de tolérance et de mansuétude qui pénètre dans toutes les classes de la société, nous voyons ces idées, ces principes s'implanter dans notre pays, sans luttes sanglantes, sans combats fratricides, par le seul fait de la puissance de la raison, qui tend à devenir le guide des nations et des gouvernants.

Espérons que ces conquêtes précieuses, consolidées dans notre pays, s'étendront bientôt chez les autres peuples; espérons que le principe de solidarité unira toutes les nations dans un avenir prochain, et que la France aura la gloire de conduire l'humanité vers le bien suprême, à l'idéal du meilleur des gouvernements, à la confédération universelle.

Maurice LA CHATRE

LA COMMUNE DE LAON

LA COQUILLE DU PÈLERIN

OU

FERGAN LE CARRIER

TROISIÈME PARTIE

LA COMMUNE DE LAON

1112 — 1147

Une commune au douzième siècle. — La charte, le sceau, la bannière et le beffroi. — Fergan et Jehanne. — *Colombaïk et Martine*. — Ancel-Quatre-Mains le Talmelier et *Simonne la Talmelière*. — Le beffroi et le bourdon. — La cathédrale et l'hôtel communal. — Les Épiscopaux et les Communiers. — *La dame de Haut-Pourcin*. — La milice bourgeoise. — Fête pour l'inauguration de l'hôtel communal. — Le palais épiscopal. — Intérieur d'une seigneurie ecclésiastique au douzième siècle. — Gaudry, évêque et seigneur de Laon. — L'*archidiacre Anselme*. — *Jean le Noir*. — Thiégaud-le-Compère-Ysengrin et sa fille. — Exploits de Jean le Noir. — L'échevin chez l'évêque. — Arrivée de *Louis le Gros, roi des Français*, dans la cité de Laon. — Aux armes, communiers! — Subtilité du petit *Robin-Brise-Miche*, apprenti forgeron. — Vengeance de *Bernard des Bruyères*. — Les suppliciés et les bannis. — Renaissance de la commune de Laon.

LAON eut pendant des siècles pour seigneur temporel l'évêque de ce diocèse, et compta toujours parmi les cités les plus considérables de la Picardie; depuis la conquête franque jusqu'en ces temps-ci (1112), cette ville fit partie du domaine particulier des rois francs. Clovis se rendit maître de Laon par la trahison de saint Remi, qui, à Reims, baptisa ce bandit couronné ; sa femme, la reine Clotilde, fonda l'église collégiale de *Saint-Pierre* dans cette ville, et plus tard Brunehaut y fit bâtir un palais. Un évêque de Laon, *Adalberon*, amant de la reine Imma, fut son complice dans l'empoisonnement de Lother, père de *Ludwig le Fainéant*, exemple homicide, bientôt imité par la reine Blanche, autre adultère empoisonneuse, qui, par ce meurtre, assura l'usurpation de Hugh le Chappet, au détriment du dernier roi Karolingien. *Karl, duk de Lorraine*, oncle de Ludwig le Fainéant, devenu, par la mort de ce prince, l'héritier de la couronne des rois francs, s'empara de Laon. Hugh le Chappet vint l'assiéger, et, après plusieurs attaques, se rendit maître de cette ville, grâce aux intelligences qu'Adalberon, l'évêque adultère et empoisonneur, avait conservées dans la place. Laon, depuis ce temps, continua d'être une seigneurie ecclésiastique souveraine, reconnaissant toutefois la suzeraineté du roi des Français. En l'année 1112, époque de ce récit, le roi se nommait Louis le Gros. Aussi obèse, mais beaucoup moins indolent que son père, le gros *Philippe I*er, l'amant excommunié de la belle Berthrade, mort en 1108, ne se résignant pas comme lui aux dédains et aux empiétements des seigneurs féodaux, Louis le Gros les guerroyait à outrance, afin d'augmenter son domaine royal de leurs dépouilles ; car il ne possédait en souveraineté que *Paris*, *Melun*, *Compiègne*, *Étampes*, *Orléans*, *Montlhéry*, *le Puiset* et *Corbeil*, de sorte qu'au fléau des guerres privées des seigneurs entre eux se joignaient les désastres des guerres du roi contre les seigneurs, et des Normands contre le roi. Les Normands, ces descendants du vieux *Rolf* le pirate, avaient conquis l'Angleterre sous les ordres de leur duk *Guillaume ;* mais, quoique établis dans ce pays d'outre-mer, les rois d'Angleterre conservaient en Gaule le duché de *Normandie*, *Gisors*, et de là, dominant le *Vexin* presque jusqu'à Paris, bataillaient sans cesse contre Louis le Gros. La Gaule continuait d'être ainsi ravagée par des luttes sanglantes ; et quelle était la constante victime de ces désastres? Le populaire, serf ou vilain. Aussi la pauvre plèbe des champs, décimée par l'exécrable entraînement des croisades, qui continuait malgré la prise de Jérusalem par les Turcs, voyait chaque jour augmenter ses misères, forcée qu'elle était de pourvoir, par un redoublement d'écrasant labeur, aux besoins, aux prodigalités des seigneurs.

Les bourgeois et les habitants des cités, plus unis, plus à même de se compter, et surtout plus éclairés que les serfs des campagnes, s'étaient, depuis quelques années, dans un grand nombre de villes, révoltés en armes contre leurs seigneurs laïques ou ecclésiastiques, et, à force de bravoure, d'énergie, d'opiniâtreté, ils avaient, au prix de leur sang, recouvré leur indépendance et exigé l'abolition de ces droits honteux, horribles, dont la féodalité jouissait depuis longtemps. Un petit nombre de cités, sans recourir aux armes, avaient, grâce à de grands sacrifices pécuniaires, acheté leur affranchissement en se rédimant des droits seigneuriaux à prix d'argent. Ainsi délivrés de leur séculaire et cruelle servitude, les populations des cités fêtaient avec enthousiasme toutes les circonstances qui se rattachaient à leur émancipation. Aussi le 15 avril 1112, les bourgeois, marchands et artisans de la ville de Laon, étaient dès l'aube en liesse ; d'un côté à l'autre des rues, voisins et voisines s'appelaient par les fenêtres, échangeant de joyeuses paroles : — El bien ! compère, — disait l'un, — le voici venu ce beau jour de l'inauguration de notre hôtel communal et de notre beffroi?

— Ne m'en parlez pas, mon voisin, je n'ai pas dormi de la nuit ; ma femme, moi et mes enfants, nous avons veillé jusqu'à trois heures du matin pour fourbir mon casque de fer et mon jaque de mailles ; notre milice armée donnera un grand lustre à la cérémonie. Que Dieu soit loué pour ce beau jour !

— Et la marche de nos corporations d'artisans sera non moins superbe ! Croiriez-vous, voisin, que moi, qui n'ai, vous le pensez bien, dans mon métier de charpentier tenu de ma vie une aiguille, j'ai aidé ma femme à coudre les franges de notre bannière neuve?

— Dieu merci ! le temps sera beau pour la cérémonie. Voyez comme l'aurore est claire et brillante.

— Un beau temps ne pouvait manquer à une si belle fête ! Vertudieu ! il me semble que lorsque je vais entendre sonner pour la première fois notre beffroi communal, chaque coup de cloche me fera bondir le cœur.

Ces propos et tant d'autres, naïfs témoignages de l'allégresse des habitants de Laon, s'échangeaient dans toutes les rues, de maison à maison, des plus humbles aux plus riches. Presque toutes les fenêtres ouvertes dès l'aurore laissaient ainsi voir de riantes figures d'hommes, de femmes et d'enfants, activement occupés des préparatifs de la fête; cette joyeuse animation, presque universelle dans chaque quartier de la ville, rendait plus remarquable encore l'aspect morne, sombre, et, pour ainsi dire, renfrogné, d'un certain nombre de demeures d'une construction déjà fort ancienne, et dont la porte était généralement flanquée de deux tourelles à toit aigu surmonté d'une girouette. Aucune croisée de ces maisons noirâtres de vétusté ne s'ouvrit en cette matinée; elles appartenaient à des prêtres dignitaires de l'Église métropolitaine ou à de nobles chevaliers, qui, ne possédant pas d'assez grands domaines pour vivre à la campagne selon leurs goûts, habitaient les villes et, en toutes circonstances, prenaient contre les bourgeois le parti du seigneur laïque ou ecclésiastique; aussi, à Laon, désigne-t-on ces prêtres et ces chevaliers sous le nom d'*Épiscopaux*, tandis que les habitants qui, selon le langage de ces temps-ci, ont *juré la commune*, s'appellent *Communiers*. Les antiques tourelles des maisons des épiscopaux étaient à la fois une fortification et un symbole de la noblesse de leur origine.

Aujourd'hui la nation ne se distingue plus guère en *Francs* et en *Gaulois*, mais en *nobles* et en *roturiers ;* la noblesse commence à la chevalerie, et finit à la royauté ; la roture embrasse toutes les conditions laborieuses, utiles, depuis le serf jusqu'au riche marchand ; mais, si l'on ne dit plus : Francs et Gaulois, conquérants et conquis, le nom seul des conditions a changé, le roi et sa noblesse, descendants, héritiers ou représentants des Francs, continuent de traiter la roture gauloise en peuple vaincu. Aussi, même au sein des villes, les demeures des nobles affectent une mine féodale et guerrière ; mais, ce matin-là, silencieuses et fermées, elles semblaient témoigner du déplaisir que causait aux nobles épiscopaux l'allégresse de la roture laonaise. Cependant l'on voyait d'autres maisons que celles des nobles flanquées de tourelles ; mais la blancheur des pierres de leur bâtisse, contrastant avec la vétusté du bâtiment primitif, dont elles n'étaient que les annexes, témoignait de leur construction récente.

L'un de ces logis, ainsi fortifié depuis peu de temps, s'élevait à l'angle de la rue du *Change*, rue marchande par excellence ; la vieille porte cintrée aux assises et aux linteaux de pierre, de chaque côté de laquelle s'élevaient deux blanches et hautes tourelles nouvellement édifiées, avait été ouverte au point du jour, et l'on voyait à chaque instant entrer dans ce logis ou en sortir plusieurs habitants, venant se renseigner là sur certains préparatifs de la cérémonie. Dans l'une des chambres de cette maison se trouvaient Fergan et Jehanne la Bossue ; depuis environ douze ans ils avaient quitté la Terre sainte. Les cheveux et la barbe de Fergan, alors âgé de quarante ans passés, commençaient de grisonner ; ce n'était plus le serf d'autrefois, inquiet, farouche, déguenillé ; ses traits respiraient le bonheur et la sérénité ; équipé presque en soldat, il portait un jaque ou cotte de mailles de fer, un corselet d'acier, et, assis près d'une table, il écrivait ; Jehanne, vêtue d'une robe de laine brune et coiffée d'un chaperon noir à bourrelet, d'où tombait un long voile blanc flottant sur ses épaules, semblait non moins heureuse que son mari; sur la douce figure de cette vaillante mère, si rudement éprouvée jadis, on lisait l'expression d'une félicité profonde. Elle venait, selon le désir de Fergan, de retirer d'un vieux meuble de chêne un coffret de fer, qu'elle plaça sur la table où écrivait Fergan; ce coffret, héritage de Gildas le Tanneur, contenait plusieurs rouleaux de parchemins jaunis par les siècles et ces divers objets, si chers à la famille de Joel : *La faucille d'or*, d'Héna, la vierge de l'île de Sên ; — *la clochette d'airain*, de Guilhern le Laboureur ; — *le collier de fer*, de Sylveste l'Esclave ; — la petite *croix d'argent* de Geneviève ; *l'alouette de casque*, de Victoria la Grande, laissée par Scanwoch le Soldat ; — *la garde de poignard* de Ronan le Vagre ; — *la crosse abbatiale*, de Bonaïk l'Orfévre ; — les deux *petites pièces de monnaie karolingienne* de Vortigern ; — *le fer de flèche* d'Édiol, le Nautonier parisien ; — *le fragment de crâne* du petit-fils d'Yvon le Forestier ; — et enfin *la coquille de pèlerin*, enlevée par Fergan le Carrier, dans les déserts de la Syrie, à Neroweg VI, seigneur de Plouernel. Fergan achevait de transcrire sur un parchemin une copie de *la Charte communale*, sous l'empire de laquelle depuis trois ans la cité de LAON vivait libre, paisible et florissante. Le carrier voulait joindre la copie de cette charte aux légendes de la famille de Joel, comme témoignage du réveil de l'esprit de liberté en ces temps-ci, et de l'inexorable résolution où l'on est de lutter contre les rois, les prêtres et les seigneurs, descendants ou héritiers de la conquête franque. Depuis quinze ou vingt ans d'autres villes que Laon, poussées à bout par les horreurs de la féodalité, avaient, soit par l'insurrection, soit par de grands sacrifices d'argent, obtenu des chartes semblables, à l'abri desquelles les cités se gouvernaient républicainement, ainsi qu'aux temps héroïques de la splendeur et de l'indépendance de la Gaule, plusieurs siècles avant l'invasion romaine. Cette copie de la charte communale de Laon, dont l'original, déposé dans la maison du maire, portait le sceau et la signature de GAUDRY, *évêque du diocèse de Laon*, et de Louis LE GROS, *roi des Français*, était ainsi conçue :

CHARTE DE LA COMMUNE DE LAON

I

« Tous les hommes domiciliés dans l'enceinte du mur de la ville et dans les faubourgs, de quelque seigneur que relève le terrain où ils habitent, prêteront serment à cette Commune.

II

« Dans toute l'étendue de la ville chacun prêtera secours aux autres, loyalement et selon son pouvoir.

III

« Les hommes de cette Commune demeureront entièrement libres de leurs biens : *ni le roi, ni l'évêque, ni aucuns autres ne pourront réclamer d'eux quoi que ce soit, si ce n'est par jugement des échevins.*

IV

« Chacun gardera en toute occasion fidélité envers ceux qui auront juré la Commune et leur prêtera aide et conseil.

V

« Dans les limites de la Commune, tous les hommes s'entr'aideront mutuellement, selon leur pouvoir, et ne souffriront en aucune manière que qui que ce soit, le seigneur évêque ou autre, enlève quelque chose ou fasse payer des tailles à l'un d'eux.

VI

« Treize ÉCHEVINS seront élus par la Commune ; l'un de ces échevins, d'après le vote de tous ceux qui auront juré la Commune, sera élu MAIRE.

VII

« Le maire et les échevins jureront de ne favoriser personne pour cause d'inimitié, et de donner en toutes choses, selon leur

« pouvoir, une décision équitable; tous les autres jureront d'obéir
« et de prêter main-forte aux décisions du maire et des échevins.
« Quand la cloche du beffroi sonnera pour assembler la Commune,
« si quelqu'un ne se rend pas à l'assemblée, il payera douze sous
« d'amende.

VIII

« Quiconque aura forfait envers un homme qui aura juré cette
« Commune-ci, le maire et les échevins, si plainte leur est faite,
« *feront justice du corps et des biens du coupable.*

IX

« Si le coupable se réfugie dans quelque château-fort, le maire
« et les échevins de la Commune parleront sur cela au seigneur
« du château ou à celui qui sera en son lieu; et si, à leur avis, satis-
« faction leur est faite de l'ennemi de la Commune, ce sera assez;
« mais si le seigneur refuse satisfaction, *ils se feront justice eux-*
« *mêmes sur ses biens et sur ses hommes.*

XI

« Si quelqu'un de la Commune a confié son argent à quelqu'un
« de la ville, et que celui-ci, auquel l'argent aura été confié, se
« réfugie dans quelque château fort, le seigneur, en ayant reçu
« plainte, ou rendra l'argent, ou chassera le débiteur de son châ-
« teau; si le seigneur ne fait ni l'une ni l'autre de ces choses, *jus-*
« *tice sera faite sur ses biens et sur ses hommes.*

XII

« Partout où le maire et les échevins voudront fortifier la ville,
« ils pourront le faire sur le terrain de quelque seigneurie que ce
« soit.

XIII

« Les hommes de la Commune pourront moudre leur blé et cuire
« leur pain partout où ils voudront.

XIV

« Si le maire et les échevins de la Commune ont besoin d'argent
« pour les affaires de la ville, et qu'ils lèvent un impôt, ils pour-
« ront asseoir cet impôt sur les héritages et l'avoir des bourgeois,
« et sur les ventes et profits qui se font dans la ville.

XV

« Aucun étranger, censitaire des églises ou des chevaliers, établi
« *hors de la ville et des faubourgs*, ne sera compris dans la Commune
« que du consentement de son seigneur.

XVI

« Quiconque sera reçu dans cette Commune bâtira une maison
« dans le délai d'un an ou achètera des vignes, ou apportera dans
« la ville assez d'effets mobiliers pour que justice soit faite s'il y a
« quelque plainte contre lui.

XVII

« Si quelqu'un attaque de paroles injurieuses le maire en l'exer-
« cice de ses fonctions, sa maison sera démolie ou il payera
« rançon pour sa maison, ou s'abandonnera à la miséricorde des
« échevins.

XVIII

« Nul ne causera ni vexation ni trouble aux étrangers de la
« Commune; s'il ose le faire, il sera réputé violateur de la Com-
« mune, et justice sera faite sur sa personne et sur ses biens.

XIX

« Quiconque aura blessé avec armes un de ceux qui ont comme
« lui juré la Commune, à moins qu'il ne se justifie par le serment
« ou le témoin, perdra le poing et payera neuf livres : six pour les
« fortifications de la ville et de la Commune, trois pour la rançon

« de son poing ; mais s'il est incapable de payer, il abandonnera
« son poing à la miséricorde de la Commune. »

Fergan achevait de transcrire cette charte lorsque la porte de la chambre s'ouvrit ; Colombaïk entra ; une jeune femme de dix-huit ans au plus l'accompagnait. Le fils du carrier, beau et grand garçon de vingt-deux ans, réunissait, dans l'expression de sa physionomie, la douceur de sa mère et l'énergie de son père ; il était, comme lui, vêtu moitié en citadin, moitié en soldat ; son casque de cuir noir, garni de lames de fer luisantes, donnait un caractère martial à sa figure avenante et ouverte ; il tenait sur son épaule une pesante arbalète ; à son côté droit pendait un fourreau de cuir contenant les *carreaux* destinés au jet de son arme, et à son côté gauche il portait une courte épée ; sa femme *Martine*, fille unique de la vieillesse de *Gildas*, frère aîné de *Bezenecq le Riche*, avait l'âge et la beauté de la pauvre Isoline, victime comme son père de la cupidité de Neroweg VI.

— Mon père, — dit gaiement Colombaïk à son entrée dans la chambre, en faisant allusion à son attirail guerrier, — en votre qualité de connétable de notre milice de bourgeois et d'artisans, me trouvez-vous digne de figurer dans la troupe ? Colombaïk le soldat fait-il, par sa tournure guerrière, oublier Colombaïk le tanneur ?

— Grâce à Dieu, Colombaïk le soldat n'aura pas, je l'espère, à faire oublier Colombaïk le tanneur, — reprit Jehanne avec son doux sourire, — pas plus que Fergan le connétable n'aura à faire oublier Fergan le maître carrier ; vous continuerez de guerroyer, toi avec tes fouloirs, contre les peaux de la tannerie, ton père avec son pic, contre les pierres de sa carrière. N'est-ce pas aussi ton espérance et ton vœu, chère Martine ? — ajouta Jehanne en s'adressant à la femme de son fils.

— Certes, ma bonne mère, — répondit affectueusement Martine.
— Heureusement ils sont déjà loin, ces temps maudits, où les bourgeois et les artisans de Laon, pour échapper aux violences ou aux exactions de l'évêque, des clercs et des chevaliers, se barricadaient dans leurs maisons afin d'y soutenir des siéges, et souvent encore, malgré leur résistance, forçait-on leur maison et les emmenait-on au palais épiscopal, où on les torturait pour obtenir rançon. Quelle différence, mon Dieu! depuis que nous vivons en *Commune!* nous sommes si libres, si heureux! — Puis, Martine ajouta en soupirant : — Ah! je regrette que mon pauvre père n'ait pas été témoin de ce changement! ses derniers moments n'eussent pas été attristés par l'inquiétude que lui causait notre avenir. Hélas! en voyant les terribles violences exercées en ce temps-là par l'évêque *Gaudry* et par les nobles sur les habitants de Laon, violences qui pouvaient nous atteindre, comme tant d'autres de nos voisins, mon père avait toujours présent à la pensée le terrible sort de mon oncle Bezenecq le Riche et de sa fille Isoline!

— Rassure-toi, ma femme, — reprit Colombaïk; — ces temps maudits ne reviendront pas! non! non! Aujourd'hui la vieille Gaule se couvre de communes libres, de même qu'il y a trois cents ans elle se couvrait de châteaux féodaux; les communes sont nos forteresses, à nous! notre tour du beffroy est notre donjon; nous n'avons plus à craindre les seigneurs!

— Ah! Martine, ma douce fille, — dit Jehanne avec émotion à la femme de Colombaïk, — plus heureuses que nous, vous autres jeunes femmes, vous ne verrez pas vos enfants, vos maris, endurer les horreurs du servage!

— Oui, nous sommes affranchis, nous autres artisans et bourgeois des cités, — reprit Fergan d'un air pensif; — mais le servage pèse aussi cruellement que par le passé sur les serfs des champs! aussi ai-je vainement combattu de tout mon pouvoir cette clause de notre charte qui exclut de notre commune les serfs habitant au dehors de la ville, ou ceux qui ne possèdent pas de quoi y bâtir une maison ; n'est-ce pas les exclure que d'exiger pour leur admission le consentement de leurs seigneurs ou une somme suffisante pour bâtir une maison dans la cité, eux qui ne possèdent que leurs bras ? Et cette seule richesse de l'homme laborieux en vaut bien un autre, pourtant ! — Puis s'adressant à Martine : — Ah ! le père de ton père et de Bezenecq le Riche parlait en homme généreux et sensé lorsque, il y a longues années, excitant vainement ses concitoyens à l'insurrection qui éclate aujourd'hui dans un si grand nombre de cités de la Gaule, il voulait non-seulement la révolte des bourgeois et des artisans, mais aussi celle des serfs ; car, servage et bourgeoisie écraseraient promptement églises et seigneuries ; mais, réduite à ses seules forces, la tâche de la bourgeoisie sera longue, rude... L'on doit s'attendre à de nouvelles luttes...

— Cependant, mon père, — reprit Colombaïk, — depuis que, moyennant une grosse somme, l'évêque, renonçant à ses droits seigneuriaux, nous a vendu à beaux deniers comptants notre liberté, a-t-il osé broncher ? lui, ce Normand batailleur et féroce, qui, avant l'établissement de la commune, faisait crever les yeux ou mettre à mort les citadins, seulement coupables d'avoir blâmé ses honteuses débauches ; lui qui, dans sa cathédrale, il y a quatre ans, a tué de sa main le malheureux Bernard des Bruyères ! Non, non, malgré sa scélératesse, l'évêque Gaudry sait bien que, si après avoir empoché notre argent pour consentir notre commune, il essayait de revenir à ses violences d'autrefois, il payerait cher son parjure ! Trois ans de liberté nous ont appris à la chérir, cette liberté sainte ! Nous saurions la défendre et courir aux armes, ainsi que les communes de *Cambrai*, d'*Amiens*, d'*Abbeville*, de *Noyon*, de *Beauvais*, de *Reims* et tant d'autres villes !

— Ah ! Colombaïk, — reprit Martine, — je ne peux m'empêcher de trembler lorsque je vois passer par les rues *Jean le Noir*, ce géant africain, qui servait autrefois de bourreau à ce méchant évêque; ce nègre semble toujours méditer quelque cruauté, comme une bête sauvage qui n'attend que le moment de rompre sa chaîne.

— Rassure-toi, Martine, — répondit en riant Colombaïk, — la chaîne est solide, non moins solide que celle qui contient cet autre bandit, *Thiégaud*, serf de l'abbaye de Saint-Vincent, et favori de l'évêque Gaudry, qui l'appelle familièrement son *compère Ysengrin*, surnom que les enfants donnent au compère le loup; mais, chose étrange, ma mère, croiriez-vous que ce Thiégaud, souillé de tous les crimes, adore sa fille?

— Les bêtes féroces aiment leurs petits, — répondit Jehanne. — *Pire qu'un Loup*, notre ancien seigneur, contre lequel ton père s'est battu du temps où nous étions en Palestine, ne pleurait-il pas en songeant à son fils?

— C'est vrai, ma mère; il en est ainsi de cet autre loup de Thiégaud. Le métayer du petit bien que nous a laissé ton père, ma chère Martine, me disait hier qu'il y a quelque temps la fille de Thiégaud avait failli mourir, et qu'il en était devenu comme fou de chagrin. Bien plus, ce misérable est aussi jaloux de la chasteté de cette enfant que s'il eût toujours vécu en honnête homme!

— Il est consolant de voir l'idée du bien, même au cœur des gens les plus pervers, — dit Martine; — car, d'après ce que l'on dit de lui, ce Thiégaud est un bien méchant homme!

— Ce coquin voulait, je crois, nous larronner, — reprit Colombaïk; — car si notre métayer m'a parlé de Thiégaud, c'est que celui-ci voulait acheter, au nom de l'évêque, forcené chasseur, comme vous le savez, un jeune cheval élevé dans notre prairie.

— Prends garde, — reprit Fergan, — l'évêque est perdu de dettes; si tu lui vends le cheval, tu n'auras pas ton argent.

— Rassurez-vous, mon père, je connais le beau sire; aussi ai-je dit au métayer : « Si Thiégaud paye le cheval comptant, vendez-le, « sinon, non. » — Oh! il est passé le temps où les seigneurs avaient le droit d'acheter à crédit, en d'autres termes, le droit d'acheter sans jamais payer; car, vouloir les contraindre de s'acquitter, c'était risquer la prison ou sa vie; mais aujourd'hui, si l'évêque osait larronner un communier, la Commune, de gré ou de force, se ferait justice sur les biens épiscopaux; c'est le texte de notre charte, signée non-seulement par l'évêque, mais encore par le roi Louis le Gros, signature payée par nous, il est vrai, fort cher.

— Fort cher, — reprit Fergan; — ce gros roi a lésiné, liardé deux jours durant. Notre ami, *Robert le Mangeur*, était l'un des communiers envoyés à Paris, il y a trois ans, pour obtenir la confirmation de notre charte. Quel coupe-gorge que la cour! D'abord il a fallu donner beaucoup d'argent aux conseillers royaux pour les disposer en notre faveur; puis Louis le Gros a voulu que la somme proposée fût augmentée d'un quart, puis d'un tiers; enfin, en outre du rachat de ses anciens droits d'ost et de chevauchée, pour lui et pour son armée, s'il venait dans la cité de Laon, il a exigé qu'on lui assurât trois gîtes par an, et, s'il n'en usait, ce droit de gîte devait être remplacé par vingt livres pesant d'argent par chaque année, demandant en outre le payement de trois années d'avance. Avouez, mes enfants, que c'est vendre un peu cher l'abandon de ces droits *régaliens*, comme ils disent, droits monstrueux, nés des iniques et sanglantes violences de la conquête.

— Il est vrai, mon père, reprit Colombaïk; — aussi ce roi et ces seigneurs, nous vendant à prix d'argent ce qu'ils appellent leurs droits, agissent comme des larrons de grand chemin, qui, vous mettant le poignard sur la gorge, vous diraient : — Je t'ai volé hier : donne-moi ta bourse, et je ne te volerai pas demain.

— Mieux vaut encore donner son argent que son sang, — dit Jehanne. — A force de labeurs, de privations, on peut voir se reconstituer ses modestes économies, et l'on est du moins délivré de cet affreux servage, auquel je ne puis songer sans frémir.

— Et puis enfin, mon père, — reprit Martine, — il me semble que nous devons d'autant moins craindre le retour de la tyrannie des seigneurs, que le roi les hait autant que nous et les combat à outrance; chaque jour on entend parler de ses guerres contre eux, des batailles qu'il leur livre et des provinces qu'il leur enlève.

— Et des guerres, mes enfants, qui a le profit? Le roi; et, en raison des ravages dont elles sont accompagnées, qui en paye les frais? Le peuple... Oui, le roi hait les seigneurs, parce que, de siècle en siècle, ils s'étaient emparés d'un grand nombre de provinces, qui toutes appartenaient à la royauté franque, lorsqu'elle eut conquis la Gaule; oui, le roi combat les seigneurs à outrance; mais le boucher aussi combat à outrance les loups qui dévorent les moutons destinés à la boucherie..... Telle est la cause de la haine de Louis le Gros et des prélats contre les seigneurs laïques! Église et Royauté veulent anéantir les seigneurs pour diriger à leur gré le troupeau populaire que leur a légué la conquête. Ah! mes enfants, j'ai le cœur rempli d'espérance; mais, tant que serfs, artisans et bourgeois ne seront pas unis comme frères contre leurs ennemis de tous les temps, l'avenir me semblera gros de nouveaux périls. Plus heureux que nos aïeux, nous commençons une sainte lutte, nos fils auront à la continuer à travers les âges...

— Pourtant, mon père, depuis trois ans ne vivons-nous pas en pleine paix, en pleine prospérité, délivrés d'impôts écrasants, gouvernés par des magistrats de notre choix qui n'ont d'autre but que le bien de la chose publique? Notre cité devient chaque jour de plus en plus industrieuse et riche. L'évêque et les épiscopaux ne peuvent être assez insensés pour vouloir maintenant revenir au temps passé et attenter à notre liberté!

— Mon enfant, si nous voulons conserver nos franchises, il nous faut redoubler de vigilance, d'énergie.

— Pourquoi devons-nous tant nous préoccuper de l'avenir, mon père? pourquoi devons-nous redoubler de vigilance?

— L'évêque Gaudry et les nobles de la ville nous soumettaient, selon leur caprice et sans merci, à des impôts écrasants, à des

droits odieux; nous leur avons dit : « Renoncez pour toujours à vos
« droits, à vos taxes annuelles, affranchissez-nous, signez notre
« commune, nous vous donnerons une somme considérable une fois
« payée. » Ces gens oisifs, prodigues et cupides, ne songeant qu'au
présent, ont accepté notre offre; mais à cette heure l'argent est dépensé ou peu s'en faut, et ils regrettent d'avoir, comme dans le
conte, *tué la poule aux œufs d'or!*

— Vertudieu! — s'écria Colombaïk. — Et maintenant ils oseraient songer à rompre le pacte librement consenti!...

— Écoutez-moi, — reprit Jehanne en interrompant son fils, — je ne veux pas exagérer les craintes de ton père pour l'avenir; cependant je crois m'être aperçue... — Puis elle ajouta, par réticence : — Après tout, peut-être me suis-je trompée...

— Que voulez-vous dire, ma mère?

— Est-ce que tu n'as pas remarqué depuis quelque temps que les chevaliers, les clercs de la ville, enfin tous ceux du parti de l'évêque, qu'on appelle les *épiscopaux*, font mine, dans les rues, de braver les bourgeois et les artisans?

— Tu as raison, Jehanne, — reprit Fergan d'un air pensif; — j'ai été frappé, moins peut-être encore des braveries des épiscopaux que de l'insolence de leurs gens ; c'est là un symptôme grave.

— Bon! rancune ridicule, et rien de plus! — dit Colombaïk en souriant avec dédain. — Ces saints chanoines et ces nobles hommes ne pardonnent pas aux bourgeois d'être libres comme eux, d'être armés comme eux, et d'avoir comme eux, quand il leur plaît, des tourelles à leur maison, plaisir que je me suis donné, grâce aux plus belles pierres de votre carrière, mon père; aussi notre tannerie pourrait-elle maintenant soutenir un siége contre ces épiscopaux de male humeur; sans compter que j'ai arrangé dans l'une des tours un joli réduit pour Martine, et que son chiffre, taillé par moi dans une plaque de cuivre, brille en girouette au faîte de nos tourelles, absolument comme le chiffre d'une dame de haut parage.

— Plus que jamais, sans doute, il sera bon d'avoir une maison forte, — reprit Fergan; — ce ne sont point les girouettes de nos tourelles, mais les épaisses murailles qui offusquent les nobles.

— Il faudra pourtant qu'ils s'habituent à voir nos maisons fortes, sinon par la mort-Dieu....

— Pas d'emportement, Colombaïk, — reprit la douce Jehanne en interrompant de nouveau l'impétueux jeune homme; — ton père a fait la même remarque que moi, et dès que les gens des chevaliers se montrent provocants, leurs maîtres sont bien près de le devenir. La cérémonie de ce matin attirera sans doute, pour plus d'un motif, grand nombre d'épiscopaux dans les rues au passage du cortége; de grâce, cher enfant, pas d'imprudence!

— Sois tranquille, Jehanne, — reprit Fergan; — nous avons trop conscience de notre droit et de la force de la Commune pour ne pas rester calmes et dédaigneux en face d'insolents défis.

A peine le carrier avait-il prononcé ces mots, que la porte s'ouvrant de nouveau, on vit entrer avec pétulance une jeune et jolie femme, brune, vive et galamment vêtue, comme une riche bourgeoise qu'elle était, d'une cotte de soie couleur orange, serrée à sa fine taille par une ceinture d'argent; son peliçon, de beau drap blanc d'Arras bordé d'une bande de fourrure de martre, descendait à peine à ses genoux : sur ses cheveux noirs, brillants comme du jais, elle portait un chaperon rouge comme ses bas, qui dessinaient sa jambe fine et ronde, chaussée d'un petit soulier de maroquin luisant. *Simonne la Talmelière,* elle se nommait ainsi, avait pour mari *Ancel-Quatre-Mains,* le maître *talmelier,* renommé dans la cité de Laon et même dans ses faubourgs pour l'excellence du pain, des talmelles à la crème, des nieules au miel, des oublies aux amandes, et autres gâteaux confectionnés dans son officine; il exerçait aussi le métier de marchand de farine, et la commune de Laon l'avait élu l'un de ses échevins. Ancel-Quatre-Mains, ce surnom lui venait de sa prodigieuse activité à pétrir la pâte, offrait un contraste singulier avec sa femme : aussi calme et réfléchi qu'elle était pétulante et étourdie, aussi sobre de paroles qu'elle était babillarde, aussi gros qu'elle était svelte ; sa physionomie annonçait une grande bonhomie, qui s'alliait chez lui à un sens droit, à un cœur généreux et à une extrême prud'homie.

Le talmelier, afin de complaire à sa gentille femme, qu'il aimait autant qu'il en était aimé, s'était à peu près harnaché en guerre; grand nombre de citadins et d'artisans, privés jusqu'alors du droit de porter des armes, droit exclusivement réservé aux seigneurs, aux chevaliers ou à leurs hommes, trouvaient à la fois plaisir et triomphe dans cet équipement soldatesque. Ancel-Quatre-Mains partageait médiocrement ces goûts : mais, pour agréer à Simonne, très-affriolée de l'attirail militaire, il avait endossé un gobisson, espèce de corselet de cuir très-rembourré, très-épais, qui, n'ayant pas été façonné à sa taille, comprimait sa poitrine et faisait saillir davantage encore son ventre proéminent; par contre, son casque de fer, beaucoup trop large, tombait souvent sur ses yeux, inconvénient auquel le digne talmelier remédiait de temps à autre en rejetant fort en arrière sa malencontreuse et pesante coiffure; parfois aussi ses jambes s'empêtraient dans sa longue épée suspendue à un baudrier de buffle, brodé de soie incarnate et d'argent par Simonne, désireuse d'imiter en ce cadeau les prévenances des nobles dames pour leurs preux chevaliers. Ancel était depuis longtemps l'ami de Fergan, qui l'affectionnait et l'estimait profondément. Simonne, élevée avec Martine, et un peu plus âgée qu'elle, la chérissait comme une sœur. Grâce à leur voisinage, les deux jeunes femmes se visitaient chaque jour après l'accomplissement de leurs nombreux devoirs de ménagères et d'artisanes; car si Martine aidait Colombaïk dans plusieurs travaux de sa tannerie; Simonne, non moins laborieuse qu'accorte, laissant à Ancel-Quatre-Mains et à ses deux apprentis gindres le soin de confectionner le pain, pétrissait de ses jolies mains, aussi blanches que la fleur du froment, ces fins gâteaux dont les citadins et même les nobles épiscopaux se montraient friands. Simonne la Talmelière entra donc chez ses voisins avec sa pétulance ordinaire; mais son charmant visage, non plus joyeux et avenant comme de coutume, exprimait une vive indignation, et elle s'écria, devançant son mari de quelques pas : — L'insolente ! Aussi vrai qu'Ancel se nomme Quatre-Mains, j'aurais voulu, foi de Picarde, avoir quatre mains pour la souffleter, toute noble dame qu'elle est, cette vieille mégère !

— Oh ! oh ! — dit Fergan en souriant, car il connaissait le caractère de la jeune femme, — vous, d'ordinaire si gaie, si rieuse, vous voici bien courroucée, ma voisine ?

— Que t'est-il arrivé Simonne ? — ajouta Martine.

— Rien, — reprit le talmelier en secouant la tête et répondant aux regards interrogatifs de Fergan, de Jehanne et de Colombaïk; — rien, mes bons voisins.

— Comment ?... rien ? — s'écria Simonne en bondissant et se tournant vers son mari. — Ah ! de pareilles insolences pour toi ne sont rien ? — Le talmelier secoua de nouveau négativement la tête, et, profitant de l'occurrence pour se débarrasser de son casque, qui lui pesait fort, il le mit sous son bras. — Ah ! ce n'est rien, — reprit Simonne en s'adressant à Fergan et à Jehanne. — Je vous prends tous deux pour juges; vous êtes gens sages et judicieux.

— Mais, que sommes-nous donc, Martine et moi, belle talmelière ? — dit en riant Colombaïk. — Quoi ! vous nous récusez ?...

— Je ne vous prends pour juges ni vous ni Martine, parce que vous seriez trop de mon avis, — reprit vivement Simonne en interrompant Colombaïk; — maître Fergan et sa femme ne sont pas, que je sache, soupçonnés d'être des étourneaux ! ils décideront si je me courrouce... pour rien, — ajouta-t-elle en lançant de nouveau un regard indigné au talmelier, qui, très-embarrassé de sa longue épée, s'était assis en la plaçant en travers sur ses genoux après avoir déposé son casque à terre. — Voici donc ce qui est arrivé, — reprit Simonne : — selon ma promesse faite hier à Martine de venir la chercher ici ce matin pour assister à la cérémonie de l'inauguration de notre beffroi, nous sortons, Ancel et moi ; en suivant la rue du Change, nous passons devant la fenêtre basse de la maison forte d'Arnulf, noble homme de Haut-Pourcin, comme il s'intitule.

— Je connais le seigneur de Haut-Pourcin, — dit Colombaïk ; — c'est l'un des plus forcenés épiscopaux de la ville.

— Et sa femme est une des plus effrontées diablesses qui se soient jamais ensabbatées ! — s'écria Simonne ; — jugez-en, mes voisins. Elle et sa servante se trouvaient à une fenêtre basse lorsque nous sommes passés, Ancel et moi : — « Vois donc, ma mie, — dit-elle
« très-haut à sa suivante, en riant aux éclats ; — vois donc la tal-
« melière comme elle s'en va battant neuf avec sa cotte de soie
« lombarde, sa ceinture d'argent et son peliçon bordé de martre ?
« Dieu me pardonne ! de pareilles créatures oser porter de la soie
« et de riches fourrures comme nous autres nobles dames, au lieu
« de s'en tenir humblement à une jupe de tiretaine et à un surcot
« doublé de peau de chat, vêtements convenables à la basse condi-
« tion de ces vilaines ! Quelle pitié ! Heureusement sa robe jaune
« est de la couleur de ses nieules et de ses galettes ; elle leur servira
« d'enseigne ! »

— Cela prouvait en faveur de l'excellente cuisson des galettes de Simonne, n'est-ce pas, voisins ? — dit le talmelier ; — car, au sortir du four, la galette doit être jaune comme de l'or.

— Voyez si je suis sotte, moi ! Je n'ai point pris les paroles de la noble dame pour un compliment, — reprit Simonne, — et je lui ai vertement répondu, à cette insolente : « Foi de Picarde, dame du
« Haut-Pourcin, si ma cotte est l'enseigne de mes galettes, votre
« visage est l'enseigne de vos cinquante ans, quoique vous fassiez
« la mignonne, la pouponne et la muguette fleurie ! »

— Ah ! ah ! — dit Colombaïk en riant, — la bonne réponse à cette vieille fée, qui, en effet, toujours s'attife en jeunette. Les voilà bien, ces nobles! le gentil accoutrement de nos femmes les offusque autant que les tourelles de nos maisons!

— Ma réponse a porté coup, — reprit Simonne. — La dame de Haut-Pourcin s'est cramponnée, comme une furie, aux barreaux de sa fenêtre en criant : — « Ah! musarde! ah! pendarde! oser me « parler ainsi! vile serve émancipée!... Patience... patience! Bientôt « je te ferai fouetter par mes servantes! »

— Oh! oh! quant à cela, moi je lui ai répondu : « Ne dites donc « point de folles choses, dame de Haut-Pourcin, » — reprit le talmelier; — « il est passé ce temps-là, où les nobles dames faisaient « battre les bourgeoises! »

— Oui, — ajouta Simonne avec indignation ; — et savez-vous ce qu'elle a dit, cette harpie, en montrant le poing à Ancel? « Va, gros butor! la vile bourgeoise ne parlera pas longtemps si haut! Bientôt l'on ne verra plus des manants porter le casque des chevaliers, et des coquines comme ta femme porter des cottes de soie payées par leurs amants!... » — En disant ces derniers mots, Simonne, dont la colère s'était jusqu'alors nuancée d'une sorte d'animation joyeuse, devint pourpre de confusion; deux larmes roulèrent dans ses beaux yeux noirs, et elle ajouta, d'une voix émue : — Un tel outrage... à moi... Et Ancel dit que ce n'est rien!

— Non, non! n'es-tu pas aussi honnête femme que laborieuse ménagère? — répondit affectueusement le talmelier en se rapprochant de Simonne, qui essuyait ses yeux du revers de sa main. — Cette sotte injure ne peut pas t'atteindre, ma mie, et ne mérite pas seulement qu'on s'en souvienne.

— Ancel a raison, — reprit Fergan; — cette vieille est folle, et paroles de folle ne comptent pas. Seulement, mes amis, il faut le reconnaître, l'insolence des épiscopaux va chaque jour plus croissante... Ah! ces allusions au temps passé annoncent de leur part quelque méchant dessein !

— Quoi, mon père, ces gens-là seraient assez fous pour songer à attaquer notre Commune? Il faudrait prendre souci de leur insolence ! Il faudrait se mettre en garde contre leurs mauvais desseins !

— Levain qui fermente est toujours aigre, mon garçon, — reprit le talmelier en hochant la tête d'un air pensif. — L'observation de ton père est juste, les provocations des épiscopaux ont une cause cachée. Tout à l'heure je disais à Simonne : ce n'est rien ; maintenant, je dis : c'est quelque chose.

— Eh bien, soit ! qu'ils osent ! — s'écria Colombaïk, — nous les attendons ces nobles hommes, ces clercs et leur évêque !

— Et si les femmes s'en mêlent, comme lors de l'insurrection de Beauvais, — s'écria Simonne la Talmélière, en serrant ses petits poings, — moi qui n'ai pas d'enfants, j'accompagne mon mari à la bataille, et la dame de Haut-Pourcin me payera cher ses injures ; foi de Picarde ! je souffletterai son insolente face, aussi sèche qu'une oublie de Pâques à la Noël !

Le bon talmelier souriait de l'héroïque enthousiasme de sa gentille femme, lorsque l'on entendit au loin le tintement d'une grosse cloche ; Fergan, sa famille et ses voisins tressaillirent et écoutèrent avec recueillement ce bruit sonore et prolongé.

— Ah ! mes amis, — dit Fergan d'une voix émue, — l'entendez-vous sonner, pour la première fois, le beffroi de notre Commune ? L'entendez-vous ? il nous appelle aujourd'hui à une fête, demain il nous appellera au conseil où nous réglons les intérêts de la cité ; un jour, peut-être, il nous appellera aux armes... O beffroi populaire ! ta voix de bronze, réveillant enfin la vieille Gaule, a donné le signal de l'insurrection des communes ! — A peine le carrier achevait-il ces mots que toutes les cloches des églises de la ville de Laon se mirent en branle à grande volée ; ce carillon assourdissant domina et couvrit bientôt complètement le tintement isolé du beffroi. Cette rivalité de sonneries n'était pas due au hasard, mais au calcul de l'évêque et des gens de son parti ; ceux-ci connaissant l'importance patriotique que les communiers de Laon attachaient à l'inauguration du symbole de leur affranchissement, s'étaient ainsi proposé de troubler la fête.

— Oh ! ces prêtres ! toujours haineux et hypocrites, jusqu'au jour où ils se croient assez forts pour être impitoyables ! — s'écria Colombaïk. — Allez, sonnez, hommes noirs ! sonnez à toute volée ! les cloches cafardes de vos églises ne feront pas taire notre beffroi communal ! Les cloches appellent les hommes à la servitude, à l'hébétement, au renoncement de leur dignité ; le beffroi les convie à remplir leurs devoirs civiques et à défendre la liberté ! Venez, mon père, venez ! la milice bourgeoise doit être à cette heure assemblée sous les piliers des halles ; vous êtes connétable et moi dizainier, partons, mon bon père, ne nous faisons pas attendre plus longtemps !

Fergan prit son casque, et bientôt, donnant le bras à Jehanne la Bossue, de même que Colombaïk donnait le sien à Martine, et Quatre-Mains le Talmelier à sa femme Simonne, les trois couples sortirent de la tannerie de Colombaïk suivis de ses apprentis, qui faisaient aussi partie des communiers. La rivalité de sonneries continuait toujours ; de temps à autre, les cloches des églises cessaient leur carillon, espérant sans doute avoir étouffé le son du beffroi ; mais son tintement sonore et régulier se faisant toujours entendre, le carillon clérical recommençait avec un redoublement de furie. Cet incident, puéril en apparence, grave au fond, car l'intention des épiscopaux était manifeste, produisit un vif mécontentement contre le parti des nobles. Le trajet à parcourir depuis la tannerie de Colombaïk jusqu'aux piliers des halles, rendez-vous de la milice bourgeoise, était assez long ; la foule encombrait les rues, se dirigeant vers l'hôtel communal, en construction depuis trois ans et récemment achevé. La fonte et la pose du beffroi dans son campanile avaient seules retardé l'inauguration de ce monument, si cher aux citadins. Plus d'une fois Jehanne la Bossue se retourna, non sans inquiétude, vers son fils, qui la suivait avec Martine, précédant Quatre-Mains le Talmelier et sa femme ; les craintes de Jehanne étaient fondées : beaucoup de serviteurs appartenant aux clercs ou aux nobles se mêlaient à la foule, et de temps à autre lançaient quelque injure grossière contre les communiers, après quoi ils fuyaient à toutes jambes ; des chevaliers revêtus de leurs armures traversaient les rues à cheval, le poing sur la hanche, la visière haute, jetant sur le populaire et la bourgeoisie des regards de dédain ou de défi. Ces provocations redoublèrent surtout aux abords du lieu de rendez-vous de la milice, à la tête de laquelle le maire de Laon et ses douze échevins devaient se rendre processionnellement à l'hôtel de la commune, afin de l'inaugurer par une séance solennelle, les réunions de ces magistrats ayant eu lieu jusqu'alors dans la maison de *Jean Molrain*, le maire.

Les halles, ainsi que celles de toutes les cités de la Gaule, se composaient de vastes hangars, sous lesquels le samedi, et quelquefois à d'autres jours de la semaine, les marchands, quittant leurs boutiques habituelles, allaient à leurs comptoirs *halliers* exposer denrées et marchandises ; les habitants du dehors et des faubourgs, qui venaient s'approvisionner à Laon, trouvaient ainsi à acheter dans un même endroit ce dont ils pouvaient avoir besoin. Mais les halles, en ce jour de fête, servaient de lieu de réunion à bon nombre de bourgeois et d'artisans qui s'étaient armés pour se rendre au cortége et lui donner un caractère plus imposant. En cas de guerre, tout communier devait, au premier appel du beffroi, se munir d'une pique, d'une hache ou d'un bâton, et accourir au rendez-vous. La foule se montrait généralement insoucieuse des insolentes railleries ou des provocations des épiscopaux : les communiers, la majorité du moins, se sentaient assez forts pour mépriser ces défis ; quelques-uns, cependant, moins résolus, obéissaient à une certaine appréhension de ces nobles bardés de fer, accoutumés au maniement des armes, et contre lesquels les Laonnais ne s'étaient pas encore mesurés, puisqu'ils devaient leur affranchissement, non à une insurrection, mais à un contrat. Puis, enfin, à peine délivrés de leur rude et honteux servage, beaucoup de citadins conservaient, involontairement, une ancienne habitude, sinon de respect, du moins de crainte envers ceux dont ils avaient pendant si longtemps subi la cruelle oppression. Bientôt les dizainiers, commandant à dix hommes, et les centeniers, commandant aux dizainiers, sous les ordres de Fergan, élu connétable ou chef de la milice, rangèrent leurs gens sous les piliers des halles; Colombaïk était dizainier, sa troupe se trouvait au complet, moins un jeune garçon nommé Bertrand, fils de **Bernard des Bruyères**, riche bourgeois assassiné trois ans auparavant dans la cathédrale par Gaudry, évêque de Laon.

— Sans doute ce pauvre Bernard ne se joindra pas à nous, — dit Colombaïk; — c'est fête aujourd'hui, et il n'est plus de fêtes pour cet infortuné depuis le meurtre de son père!

— Pourtant, voici venir Bernard, — dit l'un des miliciens en montrant du geste, à quelques pas de là, un tout jeune homme, pâle, frêle, maladif, à l'air timide et doux, coiffé d'un casque de cuir et armé d'une lourde hache qui semblait peser à son épaule. — Pauvre Bernard! — ajouta le milicien, — si faible, si chétif! on l'excuse de n'avoir pas vengé la mort de son père sur notre maudit évêque! — Bernard, cordialement accueilli par ses compagnons, répondit à leurs marques d'intérêt avec une sorte d'embarras, et prit silencieusement place à son rang; bientôt arriva le maire accompagné des échevins, les uns sans armes, les autres armés comme Ancel-Quatre-Mains, qui alla les rejoindre. Jean Molrain, le maire, homme dans la force de l'âge et d'une figure à la fois calme et énergique, marchait à la tête des magistrats de la cité; l'un d'eux portait la *bannière* de la commune de Laon, car si la tour des beffrois populaires se dresse fièrement aujourd'hui en face des donjons féodaux, les bannières communales flottent non moins haut que les bannières seigneuriales. Celle de Laon représentait deux tours crénelées, entre lesquelles se trouvait figurée une épée nue ; tel était le sens de cet emblème : « — Notre ville fortifiée de murailles saura « se défendre par les armes contre ses ennemis. » — Un second échevin portait, dans un étui de vermeil, sur un coussin de soie, *la charte communale* signée par l'évêque, par les nobles, et confirmée par la signature de Louis le Gros, roi des Français. Enfin un troisième échevin portait, aussi sur un coussin, le *sceau* d'argent de la commune servant à sceller les actes et les arrêts rendus en son nom par son échevinage ; cette grande médaille, moulée en creux, représentait le maire vêtu de sa longue robe ; la main droite levée vers le ciel, il semblait prêter un serment, tandis que de sa main gauche il tenait une épée dont la pointe reposait sur son cœur. « — Moi, « maire de Laon, j'ai juré de maintenir et de défendre les fran« chises de la Commune ; plutôt mourir que trahir mon serment ! » — Telle était la signification patriotique du sceau communal.

Lors de l'arrivée des magistrats de la cité, Fergan, qui donnait ses derniers ordres aux miliciens, vit sortir de la foule un prêtre, archidiacre de la cathédrale et nommé Anselme ; Fergan tenait les tonsurés en singulière aversion, mais il affectionnait beaucoup Anselme, véritable disciple du Christ. — Fergan, — dit tout bas l'archidiacre au carrier, — engage tes amis à redoubler de calme, de prudence, je t'en conjure, empêche-les de répondre à aucune provocation ; je ne saurais t'en dire davantage... le temps me presse, je cours à l'évêché. — En disant ces mots, Anselme disparut dans la foule. L'avis de l'archidiacre, homme sage, aimé de tous, et par sa position mis en mesure d'être sûrement informé, frappa Fergan ; il ne douta plus qu'il fût question d'une conspiration ourdie en secret par les épiscopaux contre la Commune ; et, profondément préoccupé, il se mit en tête des miliciens, afin d'escorter jusqu'à l'hôtel communal le maire et les échevins. Fergan inscrit ici leurs noms obscurs ; puissent-ils rester chers à votre mémoire, fils de Joel !

Le maire se nommait : — JEAN MOLRAIN; — les échevins : — FOULQUE, *fils de Bomar;* — RAOUL CABRICION : — ANCEL, *gendre de Lebert;* — HAYMON; — PAYEN-SEILLE; — ROBERT; — REMY-BUT; — MENARD-DRAY; — RAIMBAUT *le Soissonnais;* — PAYEN-OSTE-LOUP; — ANCEL-QUATRE-MAINS; — et RAOUL-GASTINES.

Le cortége se mit en marche au milieu des acclamations joyeuses de la foule, criant avec enthousiasme son cri de ralliement : — *Commune! Commune!* — auquel se joignait le tintement sonore du beffroi, car le carillon clérical avait enfin cessé, les épiscopaux craignant de paraître prendre part à la fête, grâce à la sonnerie prolongée de leurs cloches; le cortége, avant d'arriver sur la place où s'élevait l'hôtel communal, passa devant la demeure du chevalier de Haut-Pourcin, grande maison forte flanquée de deux grosses tours reliées entre elles par une sorte de terrasse crénelée formant saillie au-dessus de la porte; sur cette espèce de balcon se trouvaient réunis grand nombre de chevaliers, de prêtres et de nobles dames élégamment parées, les unes jeunes et jolies, les autres vieilles ou laides; parmi les moins vieilles et les plus laides se distinguait surtout la dame de *Haut-Pourcin,* grande femme de cinquante ans environ, sèche, osseuse, à la mine arrogante, et portant un surcot violet à boutons d'or enrichi d'une pèlerine en plumage de paon; sur ses cheveux grisonnants elle avait amoureusement placé un chapel de muguet fleuri, ainsi que se serait coiffée une bergerette; la blancheur de ces fleurettes faisait paraître plus jaune encore le teint bilieux de la dame de Haut-Pourcin, teint moins jaune cependant que ses longues dents. A la vue du cortége, en tête duquel marchait le maire et les échevins, elle s'adressa aux personnes de sa compagnie et s'écria d'une voix aigre et perçante, qui fut entendue des communiers, car la terrasse n'était élevée que de douze ou quinze pieds au-dessus du pavé de la rue : — Mesdames et messeigneurs, avez-vous jamais vu une bande de baudets se rendre à leur moulin d'un air plus triomphant?

— Ah! ah! — reprit très-haut l'un des chevaliers riant aux éclats en désignant du bout de sa houssine le maire Jean Molrain, — voyez surtout le maître baudet qui guide les autres! comme il se prélasse sous sa housse fourrée!

— Il est dommage que son chaperon nous dérobe la vue de ses longues oreilles.

— Sang du Christ! n'est-il pas honteux de voir ces manants de race gauloise, faits esclaves par nos ancêtres, porter le casque et l'épée comme nous autres nobles hommes? — ajouta le seigneur de Haut-Pourcin. — Nous, descendants des conquérants, nous, chevaliers! nous souffrons cette vilenie?

— Holà! eh! Quatre-Mains le Talmelier, — s'écria la dame de Haut-Pourcin d'une voix glapissante en se penchant sur l'appui de la terrasse, — seigneur échevin, qui vous en allez armé en guerre : le dernier pain que mon panetier a été prendre à votre boutique n'était point assez cuit, et je vous soupçonne de m'avoir larronnée sur le poids!

— Holà! eh! Remi le Corroyeur, — ajouta un gros chanoine de la cathédrale, — seigneur échevin, qui vous en allez musardant, administrer les affaires de la cité, vous ne travaillez point à la selle de mule que je vous ai commandée!

— Ah! messeigneurs, voici la chevalerie! — dit une jeune femme en riant et aspirant la senteur d'un bouquet de marjolaine; — voyez donc l'air matamore de ce truand qui commande ces vaillants, ne dirait-on pas qu'il va tout pourfendre?

— Ah! ah! messeigneurs, regardez ce héros qui, sans doute offusqué par sa visière, porte bravement son casque sens devant derrière et sa flamberge sur l'épaule.

— Et cet autre, qui tient son épée comme un cierge!

— En voici un qui a failli crever l'œil de son voisin avec sa pique! Quels ridicules compagnons!

— Tudieu! messeigneurs, est-ce que vous ne vous sentez poin

glacés d'épouvante en songeant que nous pourrions un jour nous trouver la lance au poing devant cette bourgeoisie, formidable cohue de fronts chauves, de grosses bedaines et de pieds plats !

Ces injures, accompagnées d'éclats de rire insultants et de gestes de dédain, d'abord endurées patiemment par les communiers, finirent cependant par émouvoir les plus impétueux : de sourds murmures s'élevèrent dans la foule ; déjà le cortége s'arrêtait, malgré les instances de Fergan, qui, en vain, recommandait aux miliciens un calme méprisant ; les uns menaçaient du poing, les autres de leurs armes les épiscopaux, dont les rires redoublaient à l'aspect de l'irritation populaire ; soudain Jean Molrain, le maire, s'élançant sur l'un de ces bancs de pierre placés près des portes des maisons, et dont l'on se sert pour enfourcher plus facilement les chevaux, demanda le silence, et, d'une voix retentissante, dit ces paroles, qui arrivèrent aux oreilles des épiscopaux : — Frères et conjurés de la commune de Laon, ne répondez pas à d'impuissants outrages ! que l'on ose attaquer notre commune par des actes, et non par des paroles, alors, nous, votre maire, nous, vos échevins, nous citerons le coupable à notre tribunal, et il sera fait justice de nos ennemis... énergique et prompte justice ! Jusque-là, répondons aux provocations par le dédain ; l'homme résolu et fort de son bon droit méprise les injures... à l'heure du jugement, il condamne et punit !

Ces paroles sages et mesurées calmèrent l'agitation de la foule, mais elles parvinrent aux oreilles des nobles, rassemblés sur la terrasse de la maison du seigneur de Haut-Pourcin, et excitèrent leur courroux ; ils menacèrent les communiers du bâton et de l'épée en redoublant leurs insultes. — Vos épées ne sont pas assez longues ! elles ne nous atteignent pas ! — cria Colombaïk le tanneur en passant avec ses miliciens au pied du balcon crénelé ; — descendez dans la rue ! alors nous verrons si le fer pèse plus dans la main d'un bourgeois que dans celle d'un chevalier !

A cet appel, les épiscopaux répondirent par de nouveaux ou-

trages; mais ils n'osèrent point descendre dans la rue où ils auraient été saisis et emmenés prisonniers par les miliciens. Le cortége, un moment arrêté dans sa marche, se remit en route et arriva sur la place où s'élevait l'hôtel communal, cet édifice, la joie, l'orgueil des artisans et des bourgeois, car il symbolisait leur affranchissement. Cet édifice, vaste et beau bâtiment récemment construit, formait un carré long; d'élégantes sculptures ornaient sa façade et les linteaux de ses nombreuses fenêtres et de son parvis, composé de trois arcades ogivales soutenues par d'élégants faisceaux de colonnettes de pierre; mais dans ce monument, la partie que l'on avait construite et embellie avec une prédilection particulière, était la tour du beffroi et le campanile, où l'on suspendait la cloche; cette tour, hardiment élancée au-dessus de la toiture, semblait presque entièrement à jour; d'étage en étage une mince assise supportait des rangées de colonnettes surmontées d'ogives découpées en trèfle, de sorte qu'à travers ce réseau de pierres ciselées l'on voyait la spirale de l'escalier conduisant au campanile caché sous des toiles jusqu'au moment où le cortége entra sur la place. Aussi, lorsque ces toiles tombèrent... un cri d'admiration de patriotique enthousiasme s'éleva de toutes les poitrines. Rien de plus léger que ce campanile, sorte de cage de fer doré, dont les nervures, les rinceaux se découpaient sur l'azur du ciel comme une dentelle d'or étincelante aux premiers rayons du soleil, et dominant ce dôme éblouissant, la bannière communale flottait au vent printanier de cette belle matinée d'avril. Les cris d'enthousiasme de la foule redoublèrent, et la bise dut porter aux oreilles des épiscopaux ce cri mille fois répété :
— *Commune!... Commune!...*

O fils de Joel! contemplez-les avec un pieux respect, nos vieilles maisons communales! elles vous diront un jour les luttes opiniâtres, laborieuses, sanglantes de vos pères, pour reconquérir et vous léguer la liberté! O fils de Joel! la maison communale : — c'est l'héroïque et saint berceau de l'affranchissement de la Gaule!

L'évêché de Laon, avoisinant la cathédrale, était ceint d'épaisses murailles et fortifié de deux grosses tours, entre lesquelles se trouvait la porte d'entrée. Au point de vue de la douce morale de Jésus, l'ami des pauvres et des affligés, rien de moins *épiscopal* que l'intérieur de ce palais; l'on se serait cru dans le château fort de quelque seigneur féodal, batailleur et chasseur; ce singulier contraste, entre l'aspect des lieux et le caractère qu'ils auraient dû présenter, causait une impression pénible aux cœurs honnêtes; tel était le sentiment qu'éprouvait l'archidiacre Anselme lorsque, peu de temps après avoir engagé Fergan à obtenir des communiers de se montrer indifférents aux provocations des épiscopaux, le disciple du Christ traversait les cours de l'évêché. Ici les fauconniers lavaient et préparaient la chair vive destinée aux faucons, ou nettoyaient leur perchoir; plus loin, des veneurs, le cornet de chasse en sautoir, le fouet en main, conduisaient à *l'ébat* une meute nombreuse de ces grands chiens picards, si estimés des chasseurs; ailleurs des serfs du domaine épiscopal s'essayaient, sous le commandement de l'un des écuyers de l'évêque, au maniement des armes; cette dernière circonstance frappant d'étonnement l'archidiacre, et augmentant ses craintes pour le repos de la cité, il ressentit un redoublement de tristesse et deux larmes tombèrent de ses yeux.

Anselme, quoique prêtre catholique, était un homme d'une grande bonté, pur, désintéressé, austère, et d'un rare savoir; on l'appelait le *le docteur des docteurs;* plusieurs fois il avait refusé l'épiscopat, de crainte, disait-il, « de paraître censurer, par la « chrétienne mansuétude de son caractère et par la chasteté de ses « mœurs, la conduite du plus grand nombre des évêques de la « Gaule. » Sa pâle figure, à la fois pensive et sereine, son front chauve, dépouillé par l'étude, donnaient à sa personne un aspect imposant, tempéré par la douceur de son regard. Modestement vêtu d'une robe noire, Anselme traversait lentement les cours de l'abbaye, comparant leur bruyant tumulte au calme de sa studieuse retraite, lorsqu'il vit de loin venir à lui un nègre d'une taille gigantesque, vêtu à la mode orientale, coiffé d'un turban rouge ; cet esclave africain, d'une physionomie sardonique et farouche se nommait *Jean*, depuis son baptême ; il avait été donné en présent, plusieurs années auparavant à l'évêque Gaudry par un seigneur croisé, de retour de la Terre sainte. Peu à peu, Jean le Noir devint le favori du prélat, l'entremetteur de ses débauches ou l'instrument de ses cruautés avant l'établissement de la Commune ; car, depuis cet établissement, la personne et les biens des Communiers étant désormais garantis, si l'un d'eux éprouvait quelque dommage, la commune obtenait ou faisait elle-même justice de l'agresseur ; aussi l'évêque et les nobles avaient-ils dû renoncer à leurs habitudes de violence et de rapines. Au moment où l'archidiacre aperçut Jean le Noir, celui-ci descendait d'un escalier aboutissant à une porte pratiquée sous une voûte fermée d'une grille, qui séparait les deux premières cours d'un préau réservé à l'évêque ; une femme, enveloppée d'une mante à capuchon complétement rabattu, accompagnait l'esclave. Anselme ne put retenir un mouvement d'indignation ; connaissant les êtres du palais, et sachant que l'escalier donnant sous la voûte conduisait à l'appartement de l'évêque, il ne pouvait douter que cette femme encapuchonnée sortant de chez le prélat à une heure si matinale, sous la conduite de Jean le Noir, l'entremetteur habituel de Gaudry, n'eût passé la nuit chez lui ; aussi l'archidiacre, rougissant d'une chaste confusion, tourna-t-il la tête avec dégoût au moment où, après avoir ouvert la grille, l'esclave et sa compagne passèrent à ses côtés ; puis, pénétrant sous la voûte, il entra dans le préau ; ce vaste enclos gazonné, planté d'arbres, s'étendait devant la façade des appartements particuliers de l'évêque Gaudry.

Cet homme, d'origine normande, et descendant des pirates du vieux *Rolf*, après avoir bataillé à la suite du duk Guillaume le Bâtard lorsqu'il alla conquérir l'Angleterre, fut plus tard, en 1106, promu à l'évêché de Laon. Cruel et débauché, cupide et prodigue, Gaudry était de plus un chasseur forcené ; encore agile et vigoureux, quoiqu'il eût dépassé la maturité de l'âge, il essayait ce matin-là un jeune cheval et le faisait manéger au milieu du préau où entra Anselme. Afin d'être plus à l'aise, le prélat, quittant sa longue robe du matin, garnie de fourrures, n'avait conservé que ses chausses terminées en forme de bas, et une courte jaquette de moelleuse étoffe. Nu-tête, ses cheveux gris au vent, habile et hardi cavalier, montant à poil le jeune étalon, sorti pour la première fois de sa prairie, Gaudry, serrant entre ses cuisses nerveuses le fougueux animal, résistait à ses bonds, à ses ruades, et le forçait de parcourir en cercle la terre gazonnée du préau. L'écuyer de l'évêque applaudissait du geste et de la voix à l'adresse de son maître, tandis qu'un serf d'une carrure robuste et d'une figure patibulaire suivait cette équitation d'un regard sournois; ce serf, qui appartenait à l'abbaye de Saint-Vincent, fief de l'évêché, s'appelait *Thiégaud*. Cet homme, jadis préposé au péage d'un pont voisin de la ville, et dépendant de la châtelenie d'Enguerrand de Coucy, l'un des plus féroces tyrans féodaux de la Picardie, redoutable par son audace et sa cruauté, s'était rendu coupable d'une foule d'extorsions et de meurtres. Gaudry, frappé du caractère déterminé de ce scélérat, l'ayant demandé au seigneur de Coucy en échange d'un autre serf, le chargea de percevoir les taxes arbitraires qu'il imposait à ses vassaux, charge que Thiégaud remplit avec une impitoyable dureté ; aussi l'évêque, le traitant avec une grande familarité, l'appelait-il habituellement : — *compère Ysengrin* — compère le loup, et au besoin le faisait l'entremetteur de ses débauches, non sans éveiller la vindicative jalousie de Jean le Noir, secrètement courroucé de voir un autre que lui dans la confidence des secrets de son maître.

Gaudry, en cavalcadant à l'entour du préau, aperçut l'archidiacre, fit faire une volte-face subite à l'étalon, et, après quelques nouveaux soubresauts de l'impétueux animal, arriva près d'Anselme; puis, sautant lestement à terre, il dit à son écuyer, en lui jetant les rênes de la bride : — Je garde le cheval! conduis-le dans mes écuries; il sera sans pareil pour la chasse du cerf ou du sanglier!

— Si vous gardez le cheval, seigneur évêque, — répondit Thiégaud, — donnez cent vingt sous d'argent; c'est le prix qu'on en demande.

— Bon, bon! rien ne presse, — répondit le prélat. Et s'adressant à son écuyer : — Gherard, emmène le cheval!

— Non pas, — reprit Thiégaud; — le métayer attend à la porte de l'évêché; il doit ramener le cheval ou recevoir son prix en argent; c'est l'ordre du propriétaire de ce bel étalon.

— L'effronté coquin qui a donné cet ordre mérite de recevoir autant de coups de bâton que son cheval a de crins sur la queue! — s'écria l'évêque. — Est-ce que je n'ai pas, de droit, six mois de crédit dans ma seigneurie?

— Non, — répondit froidement Anselme; — ce droit seigneurial est aboli depuis que la ville de Laon est une commune affranchie; n'oublie pas cette différence entre le présent et le passé.

— Je ne m'en souviens que trop souvent! — répondit l'évêque avec un dépit concentré. — Quoi qu'il en soit, Gherard, emmène le cheval; obéis à mon ordre.

— Seigneur, — dit Thiégaud, le métayer attend, je vous le répète, il lui faut l'argent... ou la bête.

— Il n'aura pas le cheval, — répondit Gaudry en frappant du pied avec colère. — Si le métayer ose murmurer, dis-lui de m'envoyer son maître... nous verrons, pardieu! s'il aura l'audace de venir ici devant son évêque.

— Il aura cette audace, seigneur évêque, répondit Thiégaud; — le propriétaire du cheval est Colombaïk-le-Tanneur, communier de Laon, fils de Fergan, le maître des carrières de la Butte au Moulin. Je connais ces gens-là ; or, je vous en préviens, le père et le fils sont de ceux... qui osent.

— Sang du Christ ! assez de paroles ! — s'écria l'évêque ; — Gherard, conduis l'étalon aux écuries !

L'écuyer obéit ; l'archidiacre Anselme allait remontrer à Gaudry l'injustice et le danger de sa conduite, lorsque, entendant un certain tumulte s'élever dans les cours qui précédaient le préau, l'évêque, courroucé déjà, cédant à l'emportement de son caractère, se précipita hors de l'enceinte de son jardin, sans prendre le temps de revêtir sa robe, qu'il laissa sur un banc. A peine eut-il traversé la première cour, suivi de l'écuyer conduisant le cheval, et de Thiégaud, souriant, dans sa perversité, à cette nouvelle iniquité de son maître, que celui-ci vit venir à lui grand nombre de gens de sa maison ; tous poussaient des clameurs, gesticulaient violemment, et entouraient Jean le Noir, dont la taille gigantesque les dépassait de toute la tête ; non moins animé que ses compagnons, il criait et gesticulait aussi, écumant de rage, brandissant à la main son long poignard sarrasin.

— D'où vient ce tapage ? — dit l'évêque de Laon en s'avançant au-devant de ce groupe ; — pourquoi poussez-vous ces cris ?

Plusieurs voix irritées répondirent au prélat : — Nous crions contre les bourgeois de Laon ! — Ces chiens de communiers !

— Que s'est-il passé ?

— Jean le Noir va le dire ! — clamèrent plusieurs voix.

Le géant africain se tourna vers ses compagnons, leur fit de la main signe de garder le silence ; et, essuyant sur sa cuisse la lame ensanglantée de son poignard, il dit à Gaudry d'une voix palpitante, encore altérée par la colère, en jetant pourtant sur Thiégaud un regard de haine sournoise : — Je venais, seigneur évêque, de conduire jusqu'à la porte du dehors *Mussine-la-Belotte*...

— Ma fille ! — s'écria Thiégaud stupéfait, au moment où le prélat, frappant du pied avec colère et haussant les épaules, reprochait du geste et du regard à son esclave l'indiscrétion de ses paroles ; Jean-le-Noir resta coi comme un homme qui comprend trop tard la sottise qu'il a dite, tandis que les gens de l'évêché souriaient en tapinois de l'air ébahi de Thiégaud ; les uns le redoutaient à cause de sa méchanceté, d'autres le jalousaient en raison de sa familiarité avec l'évêque. Thiégaud, devenant livide à cette foudroyante révélation, jeta sur Gaudry un regard effrayant... mais rapide comme l'éclair ; puis, ses traits reprenant soudain leur expression habituelle, il se mit à rire plus haut que personne de la maladresse de Jean le Noir, et s'inclina même avec une déférence ironique devant Gaudry. Celui-ci, connaissant depuis longtemps la vie criminelle du serf de Saint-Vincent, ne s'étonna pas de le voir rester, en apparence, si insoucieux de la honte de sa fille ; mais, par suite de ce respect humain dont les caractères les plus dépravés ne se dépouillent jamais entièrement, l'évêque apaisa d'un geste impérieux l'hilarité générale et dit : — Ces rires sont malséants, la fille de Thiégaud était venue de grand matin, comme viennent tant d'autres pénitentes, me consulter, sur un cas de conscience ; je l'ai fait ensuite accompagner par Jean jusqu'à la porte de l'évêché.

— Cela est si vrai, — ajouta Thiégaud avec un calme parfait, — cela est si vrai, qu'en amenant ici ce matin un cheval à notre seigneur l'évêque, je comptais repartir avec ma fille ; mais elle est sortie par la porte de la voûte, tandis que j'étais dans le préau.

— Compère Ysengrin, — reprit le prélat avec un mélange de hauteur et de familiarité, nos paroles peuvent se passer de ton témoignage. — Puis, empressé de couper court à cet incident qui avait pour témoin l'archidiacre Anselme, toujours silencieux, mais profondément indigné, Gaudry dit à l'esclave noir : — Parle ! que s'est-il passé entre toi et ces communiers, que la peste étouffe et que l'enfer confonde !

— J'ouvrais la porte de l'évêché à Mussine-la-Belotte, lorsque trois bourgeois, venant des faubourgs et se dirigeant vers la porte de la ville, afin d'aller assister sans doute à la cérémonie annoncée par le beffroi de ces pendards, passèrent devant le palais ; en voyant sortir de céans une femme encapuchonnée, ces coquins se sont mis à rire malignement, en se poussant le coude et continuant leur chemin ; moi, je cours après eux et leur dis : « De quoi riez-vous ? chiens de « communiers ! » — Ils me répondent avec insolence, m'appellent le bourreau de l'évêque ; je tire mon poignard, je frappe l'un d'eux au bras, et tandis que ses compagnons vocifèrent et me menacent d'aller demander justice à la commune, je rentre et referme sur moi la porte ; par Mahom ! je suis content de ce que j'ai fait ; j'ai vengé mon maître des insultes de ces maudits !

— Jean le Noir a bien agi ! s'écrièrent les gens de l'évêché ; — nous ne pouvons sortir sans être honnis par les bourgeois de Laon.

— L'autre jour, s'écria un des fauconniers, — le boucher de la rue du Change, l'un des échevins de cette commune, a refusé de me donner à crédit pour les faucons de notre évêque !

— Dans les tavernes, on nous oblige à payer avant de boire !

— Il n'en était pas ainsi il y a trois ans !

— C'était le bon temps ! tout homme de l'évêché prenait sans payer ce qu'il voulait chez les marchands, caressait leurs femmes et leurs filles, et pas un n'osait souffler mot.

C'est que nous étions les maîtres alors !

Mais depuis l'avénement de la Commune, ce sont les bourgeois qui sont maîtres. Au diable la Commune ! vive l'ancien temps !

— Au diable les Communiers ! Ils nous font crever de malehonte pour notre seigneur évêque, — dit l'un des jeunes serfs qui naguère s'exerçaient au maniement des armes ; et s'adressant résolûment au prélat, qui, loin de calmer l'effervescence de ses gens, semblait ravi de leurs récriminations et les encourageait par un sourire approbateur : Dites un mot, notre évêque, nous sommes ici une cinquantaine qui commençons à manier l'arc et la pique, mettez quelques chevaliers à notre tête, nous descendrons dans la ville et nous ne laisserons pas pierre sur pierre des maisons de cette bourgeoisie et de cette artisanerie.

— Dis un mot! s'écria Thiégaud, — et je t'amène, saint patron, une centaine de bûcherons et de charbonniers de la forêt de Saint-Vincent; ils feront, des maisons de ces artisans et de ces bourgeois, un brasier à rôtir Belzébuth lui-même!

Si l'évêque de Laon avait pu conserver quelque doute sur l'indifférence du serf de Saint-Vincent au sujet de la honte de sa fille, ce doute eût été détruit par les paroles de cet homme; aussi le prélat, doublement satisfait des témoignages de dévouement de Thiégaud, dit aux gens de l'évêché : — Je suis content de vous trouver dans ces dispositions; persistez-y: le moment de vous mettre à l'œuvre arrivera plus tôt que vous ne le pensez. — Quant à toi, mon brave Jean, tu m'as vengé de l'insolence de ces communiers; ne crains rien, il ne sera pas touché à un cheveu de ta tête; et toi, compère Ysengrin, tu signifieras au métayer que je garde le cheval; je le payerai s'il me convient de le payer. Tu iras ensuite voir nos amis les bûcherons et les charbonniers de la forêt; d'un jour à l'autre je pourrai avoir besoin d'eux; et, ce jour venu, ils pourront, en retour de leur bonne volonté, faire rafle à leur guise dans les boutiques et les maisons des bourgeois de Laon. — Et s'avançant vers l'archidiacre Anselme, qui avait assisté à cette scène sans prononcer un mot, il lui dit : — Rentrons chez moi; ce qui vient de se passer sous tes yeux t'aura préparé à l'entretien que nous allons avoir, et pour lequel je t'ai mandé ici ce matin.

L'archidiacre suivit le prélat, et tous deux se rendirent dans les appartements de l'évêché.

— Anselme, tu viens de voir et d'entendre des choses qui, sans doute, auront impressionné désagréablement ton esprit; nous en reparlerons tout à l'heure, — dit Gaudry lorsqu'il fut seul avec l'archidiacre. — Je t'ai mandé à l'évêché parce que je connais ton faible pour le menu peuple et la bourgeoisie, et pour te donner une occasion de rendre un signalé service à tes favoris.

— Je m'efforcerai de correspondre à vos bienveillantes intentions, seigneur évêque.

— Tu iras trouver les bourgeois et les artisans de cette ville et tu leur tiendras ce langage : — « Renoncez, bonnes gens, à cet
« exécrable esprit de nouveauté, à cette forcennerie diabolique qui
« pousse le vassal à se dresser contre son seigneur ; abjurez au plus
« tôt cet orgueil effronté, impie, qui persuade à l'artisan et au ci-
« tadin qu'ils peuvent se soustraire à l'autorité seigneuriale, afin
« de se gouverner par eux-mêmes. Retournez à vos métiers, à vos
« boutiques : la chose publique se passera fort bien de vous ; vous
« délaissez l'Église pour l'Hôtel communal, vous ouvrez l'oreille
« au son de votre beffroi et la fermez au son des cloches de l'É-
« glise ; cela ne vous est point bon ; vous finiriez par oublier la
« soumission que vous devez aux prêtres, aux nobles et au roi...
« Ne confondons jamais les conditions, bonnes gens ; à chacun ses
« droits, à chacun ses devoirs ; le droit du prêtre, du noble, du roi,
« est de commander, de gouverner ; le devoir du serf, de l'artisan,
« du bourgeois est d'obéir à la volonté de leurs maîtres naturels.
« Cette comédie communière et républicaine, que vous jouez de-
« puis tantôt trois ans, a trop duré. Renoncez de bon gré à vos rôles
« de maire, d'échevins, de guerriers ; l'on a commencé par rire de
« vos sottises, dans l'espoir que vous reviendriez au bon sens ;
« mais, à la longue, on se lasse. Le moment est venu de mettre
« fin à ces saturnales ; et pour éviter un juste châtiment, revenez
« de vous-mêmes à l'humilité de votre condition ; faites de vos
« robes d'échevins des cottes pour vos femmes, remettez vos armes
« aux gens qui savent les manier ; apportez respectueusement à
« l'Église, en manière d'hommage expiatoire, votre assourdissant
« beffroi : il augmentera la sonnerie de la cathédrale ; votre superbe
« bannière servira de nappe d'autel, et quant à votre magnifique

« sceau d'argent, fondez-le pour acheter quelques tonnes de vin
« vieux, que vous viderez au rétablissement de la seigneurie de
« votre évêque en Jésus-Christ; de la sorte tout ira bien, bonnes
« gens, le passé vous sera pardonné, à la condition que vous serez
« désormais soumis, humbles, repentants devant l'Église, la no-
« blesse et la royauté, et que vous renoncerez de vous-mêmes à
« votre peste de commune. »

Anselme avait écouté l'évêque de Laon avec un mélange de surprise, d'indignation et de profonde anxiété, ne cherchant pas à interrompre le prélat, et se demandant comment cet homme, auquel il ne pouvait refuser ni esprit, ni sagacité, s'aveuglait assez sur les hommes et sur les choses pour concevoir des projets tels que les siens. L'émotion de l'archidiacre était si profonde qu'il garda le silence pendant quelques moments; enfin il dit à l'évêque, d'une voix grave et pénétrée : — Tu m'engages à conseiller aux habitants de Laon de renoncer à leur Charte? cette Charte, que toi et eux vous avez consentie et jurée d'un commun accord?

— Cette convention a été conclue, pendant un voyage que j'ai fait en Angleterre, par le chapitre et le conseil de chevaliers qui gouvernaient en mon absence.

— Faut-il te rappeler qu'à ton retour de Londres, et moyennant une somme d'argent considérable donnée par la bourgeoisie, tu as signé cette Charte de ta main, que tu l'as scellée de ton sceau, que tu as juré sur ta foi qu'elle serait fidèlement observée?

— J'ai eu tort d'agir ainsi; l'Église tient sa seigneurie de Dieu seul... elle n'a pas le droit d'aliéner ses droits.

— As-tu rendu l'argent reçu pour consentir la commune?

— L'argent que j'ai reçu représentait au plus quatre années du revenu que je tirais ordinairement des habitants de Laon. Trois ans se sont écoulés depuis l'établissement de cette commune, je suis donc en avance d'une année envers mes vassaux; or, comme mon droit est de taxer à merci et à miséricorde, je doublerai la taxe de l'année présente, et, me trouvant ainsi au pair, j'exigerai, si bon me semble, la taxe de l'an prochain.

— Tu aurais ce droit si tu ne l'avais aliéné; mais tu ne peux renier ta signature, ton sceau, ton serment!

— Qu'est-ce qu'une signature? Un mot ou deux écrits au bas d'un parchemin! Qu'est-ce qu'un sceau? Un morceau de cire! qu'est-ce qu'un serment? Un son de voix qui s'est perdu dans l'air, que le vent a emporté! C'est l'opinion des papes et des rois.

Anselme, quoique vivement indigné de la réponse du prélat, se contint et reprit : — Ainsi, tu persistes dans ton idée de manquer à ton serment et d'abolir la commune de Laon?

— Oui, je veux anéantir cette commune.

— Tu refuses de tenir un engagement sacré, soit! mais les communiers de Laon ont fait confirmer leur Charte par le roi Louis le Gros, et ils s'adresseront à lui pour te contraindre à en respecter les clauses. Tu auras à lutter contre deux ennemis.

— Demain, — répondit l'évêque, — Louis le Gros sera ici à la tête de bon nombre de chevaliers et d'hommes de guerre résolu à écraser ces misérables bourgeois s'ils osaient défendre leur commune! C'est chose convenue entre nous.

— Je ne puis croire ce que tu dis, seigneur évêque, — répliqua l'archidiacre; — le roi Louis le Gros qui a confirmé, juré la Charte d'affranchissement des bourgeois de Laon, ne voudra pas se parjurer et commettre une infamie.

— Le roi commence à écouter la voix de l'Église; il a compris que, s'il est d'une bonne politique et profitable de vendre des chartes d'affranchissement aux villes soumises aux seigneurs laïques, ses rivaux et les nôtres, il compromet gravement sa puissance en favorisant l'émancipation des seigneuries ecclésiastiques. Louis le Gros est résolu à faire rentrer sous l'autorité épiscopale toutes les villes ecclésiastiques affranchies, et à en exterminer les habitants s'ils essayent de résister à sa volonté. Demain, peut-être même aujourd'hui, le roi sera dans cette ville à la tête de ses hommes de guerre; les nobles de la ville ont été avertis comme moi de la prochaine arrivée de Louis le Gros.

— Mes pressentiments ne me trompaient pas lorsque j'engageais les communiers à redoubler de calme et de prudence!

— Tu étais dans la bonne voie; aussi, connaissant ton influence sur ces musards, je t'ai mandé ici afin de te charger de les engager à renoncer d'eux-mêmes à leur commune ensabbatée, s'ils veulent échapper à un châtiment terrible.

— Évêque de Laon, — dit Anselme d'une voix émue et solennelle, — je refuse la mission dont tu me charges, je ne veux pas voir couler dans cette ville le sang de mes frères! Si l'on soupçonnait seulement tes projets, un soulèvement éclaterait parmi le populaire, et toi, les clercs, les chevaliers de la ville vous seriez les premiers victimes de la fureur des communiers.

Un soulèvement n'est pas à craindre, — reprit l'évêque de Laon, en éclatant de rire; — Jean, mon noir, prendra le plus farouche de ces musards par le nez et l'amènera ici à genoux à mes pieds, tremblant et repentant, quand je le voudrai.

— Si tu oses toucher aux droits de la commune, toi, les prêtres et les nobles, vous serez exterminés par le peuple insurgé. Ah! la malédiction du ciel s'appesantira sur moi avant qu'une imprudente parole de ma part ait déchaîné une pareille tempête!

— Ainsi, tu refuses la mission dont je te charge?

— Je te le jure sur le salut de mon âme; tu joues ta vie à ce jeu terrible! et puissé-je n'avoir pas à disputer aux fureurs populaires tes restes sanglants pour leur donner la sépulture?

L'accent convaincu, l'imposante autorité du caractère de l'archidiacre, impressionnèrent l'évêque de Laon; s'il ne reculait devant aucun crime pour satisfaire ses passions, il tenait fort à la vie; aussi, malgré son dédain aveugle pour le menu peuple, un moment il hésita dans sa résolution, et songeant aux triomphantes révoltes qui, en des circonstances semblables, avaient eu lieu depuis peu d'années dans d'autres communes de la Gaule, il resta sombre et silencieux. Soudain Jean le Noir entrant dit à l'évêque d'un air sardonique et triomphant : — Patron, un de ces chiens de bourgeois est venu de lui-même se prendre au piége; nous le tenons, ainsi que sa femelle, qui, par Mahom ! est des plus gentilles; car si le mari est un gros dogue, la femme est une mignonne levrette digne de figurer dans le chenil ecclésiastique !

— Trêve de plaisanteries, coquin, — reprit l'évêque de Laon avec impatience. — De quoi s'agit-il ?

— Tout à l'heure on a heurté à la grande porte; j'étais dans la cour avec les serfs qui s'exercent aux armes ; j'ai regardé au guichet, j'ai vu un gros homme casqué jusqu'au nez, crevant dans son corselet de cuir, et aussi embarrassé de son épée qu'un chien à qui l'on a attaché une poêle à la queue; une jeune et jolie femme l'accompagnait. — Que veux-tu? ai-je dit à ce bonhomme. — « Parler « au seigneur évêque, et sur l'heure, pour chose grave; je suis « échevin de la commune de Laon. » — Tenir ici un de ces chiens de communiers m'a paru fort à propos, aussi, après avoir envoyé un de nos gens voir par l'une des meurtrières de la tour si le bourgeois était seul, j'ai ouvert la porte. Ah, ah, ah, tu aurais ri, — ajouta Jean le Noir, — si tu avais vu ce bonhomme au moment de passer le seuil de la porte de l'évêché embrasser sa femme comme s'il allait entrer chez Lucifer, tandis que la belle lui disait : — « Je t'attends « ici; je serai moins longtemps inquiète que si j'étais restée à « l'Hôtel communal. » — Par Mahom ! me suis-je dit, mon patron aime trop à recevoir chez lui de jolies pénitentes pour laisser dehors cette mignonne; et, l'enlevant comme une plume, je l'apporte dans la cour; j'avais envie de fermer la porte au nez du mari, mais j'ai pensé qu'il valait mieux le garder ici. Sa petite femme, furieuse comme une chatte en amour, a crié, m'a égratigné quand je l'ai prise dans mes bras, mais lorsqu'elle a pu rejoindre son oison de mari, elle a fait la brave et m'a craché au visage; ils sont tous deux dans la salle voisine. Faut-il les introduire?

L'annonce de la venue de l'un de ces communiers, objet de la haine de l'évêque Gaudry, réveilla sa colère, un moment contrainte par les paroles de l'archidiacre Anselme, et le prélat s'écria : — Par Dieu! il vient à propos ce bourgeois! Amène-le...

— Et sa femme aussi? — dit le noir en s'éloignant; — ce sera le contre-poison réservé à votre seigneurie. — Et, sans attendre la réponse de son maître, il disparut.

— Prends garde! — dit Anselme de plus en plus alarmé, — prends garde! les échevins sont élus par les habitants; ce serait la plus mortelle injure que de violenter l'homme de leur choix!

— Assez de remontrances, — s'écria Gaudry avec une hautaine impatience; — tu oublies trop que je suis ton évêque!

— Ce sont tes actes qui me le feraient oublier; mais c'est au nom de l'épiscopat, au nom du salut de ton âme, au nom de ta vie, que je t'adjure de ne pas allumer un incendie que ni toi ni le roi ne pourrez éteindre!

— Quoi! — reprit l'évêque de Laon avec un ricanement féroce; — quoi! on n'éteindrait pas cet incendie même dans le sang de ces chiens maudits, de ces manants révoltés?

Le prélat venait de prononcer ces exécrables paroles lorsque entra Ancel-Quatre-Mains le Talmelier, accompagné de sa femme Simonne, et précédé de Jean le Noir, qui, les laissant au seuil de la porte, sortit en souriant d'un air cruel. L'échevin était pâle, ému; mais la bonhomie ordinairement empreinte sur ses traits avait fait place à une expression de fermeté réfléchie; cependant, il faut l'avouer, son casque, placé fort en arrière sur sa tête, son ventre gonflé au-dessous de son corselet de cuir, donnaient au citadin une apparence presque grotesque, dont l'évêque de Laon fut frappé; aussi, partant d'un éclat de rire mêlé de colère et de dédain, s'écriat-il, en montrant l'échevin à l'archidiacre ; — Voilà donc l'échantillon de ces preux hommes qui doivent faire trembler et reculer les évêques, les chevaliers et les rois? Par le sang du Christ!

L'échevin et sa femme, qui se serrait contre lui, s'entre-regardèrent, ne comprenant pas le sens des paroles du prélat. Simonne, non moins troublée que son mari, semblait partagée entre deux sentiments : la crainte de quelque danger pour Ancel, et l'horreur que lui inspirait l'évêque Gaudry.

— Eh bien! seigneur échevin, clarissime élu de l'illustrissime commune de Laon! — dit le prélat avec un accent railleur et méprisant, — tu as voulu me voir, me voici; parle, que veux-tu?

— Seigneur évêque, je n'ai point, tant s'en faut, ambitionné de venir céans, j'accomplis un devoir; je suis ce mois-ci échevin judiciaire, et, comme tel, chargé des procédures; c'est en cette qualité que je viens ici remplir mon office.

— Oh! oh! salut à vous, seigneur procédurier, — reprit le prélat en s'inclinant ironiquement devant le talmelier; — peut-on du moins connaître le sujet de cette procédure?

— Certes, seigneur évêque, puisque je viens procéder contre toi et contre Jean, ton serviteur africain.

— Et pendant que mon mari est en train de procéder, — ajouta résolûment Simonne, — il demandera aussi justice et réparation des injures que m'a dites la noble dame de Haut-Pourcin, femme de l'un des épiscopaux de la ville, seigneur évêque.

— Jean, mon noir, avait pardieu raison; jamais je ne vis plus gentille créature! — dit l'évêque dissolu en examinant attentivement la talmelière, dont il s'était jusqu'alors peu occupé. Puis, semblant réfléchir : — Depuis combien de temps es-tu mariée, mignonne? Réponds avec sincérité à ton seigneur évêque.

— Depuis cinq ans.

— Bonhomme, — reprit Gaudry en s'adressant à l'échevin, — tu as donc racheté ta femme du droit de *Cuillage* du temps qu'Amaury le chanoine était préposé à la perception de ce droit?

— Oui, seigneur, — répondit le talmelier, tandis que sa femme, baissant les yeux, devenait pourpre de confusion en entendant le prélat parler de ce droit infâme des évêques de Laon, qui, avant l'établissement de la commune, avaient le droit d'exiger *la première nuit des noces des nouvelles mariées,* exécrable honte dont l'époux parvenait parfois à se rédimer moyennant une somme d'argent.

— Ce vieux bélître d'Amaury n'en faisait point d'autres, — reprit le prélat avec un éclat de rire cynique ; — j'avais beau lui dire : « — Lorsque deux fiancés viennent déclarer à l'église leur prochain « mariage, inscris à part celles des fiancées assez accortes pour que « je puisse exiger d'elles l'amoureuse redevance en nature ! » — Mais point. A entendre Amaury, et j'ai devant les yeux une preuve vivante de sa fourberie ou de son aveuglement, presque toutes les mariées étaient des laiderons !

— Heureusement, seigneur évêque, ils sont passés ces mauvais temps-là, — répondit Ancel, contenant à peine son indignation ; — ils ne reviendront plus ces temps où l'honneur des époux et de leurs femmes était à la merci des évêques et des seigneurs.

— Mon frère, — ajouta l'archidiacre, douloureusement affecté des paroles de l'évêque et s'adressant à Ancel, — croyez-moi, l'Église rougit elle-même de ce droit monstrueux dont jouissent ses prélats lorsqu'ils sont seigneurs temporels.

— Ce que je sais, père Anselme, — répondit judicieusement le talmelier en hochant la tête, — c'est que l'Église ne défend point aux prélats d'en user de ce droit monstrueux, puisqu'ils en usent.

— Par le sang du Christ ! — s'écria l'évêque de Laon, tandis que l'archidiacre sentait, à regret, qu'il ne pouvait rien répondre au talmelier, — ce droit prouve mieux que tout autre combien la personne du serf, du vilain ou du vassal non noble, est en la possession absolue, souveraine, de son seigneur laïque ou ecclésiastique ; aussi, loin de rougir de ce droit, l'Église le revendique pour ses seigneuries et excommunie ceux qui osent le contester !

L'archidiacre, n'osant contredire son évêque, car son évêque disait vrai, baissa la tête avec accablement et resta muet. L'échevin reprit avec un mélange de bonhomie narquoise et de fermeté : — Je suis, seigneur évêque, trop ignorant en théologie pour discuter sur l'orthodoxie d'un droit dont les honnêtes gens ne parlent que l'indignation au cœur et la honte au front! mais, grâce à Dieu, depuis que Laon est une commune affranchie, cet abominable droit-là est aboli comme tant d'autres : tel que celui de se faire délivrer des marchandises sans argent et de prendre le cheval d'autrui sans le payer. Ceci, seigneur évêque, me ramène naturellement à la cause qui m'a conduit céans.

— Donc, tu viens procéder contre moi?

— J'accomplis mon office : il y a une heure, Pierre le Renard, métayer de Colombaïk le Tanneur, est venu déclarer au maire et aux échevins, assemblés dans l'Hôtel communal, que toi, évêque de Laon, tu gardais, contre tout droit, un cheval appartenant audit Colombaïk, et que tu refusais d'en payer le prix réclamé par le maître.

— Est-ce tout?—demanda l'évêque en riant;—n'ai-je point commis d'autre péché? N'as-tu pas à formuler d'autre accusation?

— Germain le Fort, maître charpentier de la Grande Cognée, assisté de deux témoins, est venu déclarer au maire et aux échevins que, passant devant la porte de l'évêché, il avait été d'abord outragé, puis frappé d'un coup de poignard au bras gauche par Jean le Noir, l'un de tes serviteurs, ce qui constitue un grave délit.

— Eh bien, seigneur justicier, — dit l'évêque en continuant de rire, — condamne-moi, brave échevin.

— Pas encore, — répondit froidement le talmelier; — il faut : premièrement instruire l'affaire; secondement entendre les témoignages; troisièmement rendre l'arrêt; quatrièmement l'exécuter.

— Voyons... instruis... va, je serai patient... je suis curieux de voir jusqu'où ira ton audace, communier de Satan.

— Mon audace est celle d'un homme qui accomplit son devoir.

— Un honnête homme que l'on n'intimide pas, — ajouta résolûment Simonne; — un homme qui saura faire respecter les droits de la commune et que les dédains ne troublent point!

— J'aime à voir ta mine friponne, — reprit l'évêque en s'adressant à la jeune femme; — elle me donne le courage d'écouter ce musard, j'en jure par ta gorge rondelette et tes beaux yeux noirs!

— Et moi, par les pauvres yeux de Gérard le Soissonnais, que tu as fait si cruellement priver de la vue, je te jure que ton aspect m'est odieux, évêque de Laon! toi, dont les mains sont encore tachées du sang de Bernard des Bruyères, que tu as assassiné dans ton église! — En prononçant ces paroles imprudentes, que lui arrachait une généreuse indignation, la talmelière tourna brusquement le dos à l'évêque; celui-ci, courroucé de s'entendre ainsi reprocher deux de ses crimes, devint livide et s'écria, en se levant à demi sur son siége, dont il serrait convulsivement les supports : — Misérable serve! Je saurai t'apprendre à modérer ta langue de vipère!...

— Simonne! — dit l'échevin à sa femme avec un accent de grave reproche et interrompant le prélat, — tu ne devais pas parler ainsi; ces crimes passés sont justiciables de Dieu... mais non de la commune, ainsi que le sont les méfaits contre lesquels je viens procéder. C'est donc sur les deux faits énoncés que l'évêque doit répondre.

— Je vais t'épargner la moitié de ta besogne! — s'écria Gaudry avec une fureur concentrée, au lieu de continuer de railler dédaigneusement l'échevin; — je déclare avoir retenu ici le cheval d'un métayer; je déclare que Jean, mon noir, a donné un coup de poignard à un manant de cette ville. Allons, conclus...

— Puisque tu avoues ces délits, seigneur évêque de Laon, je conclus à ce que tu rendes le cheval à son propriétaire, ou que tu lui en comptes le prix; je conclus à ce qu'il soit fait justice par toi du crime commis par Jean, ton esclave noir.

— Et moi, je prétends garder le cheval sans en compter le prix;

et moi, je prétends que Jean, mon serviteur, a châtié justement un insolent communier ! Maintenant, prononce ton arrêt.

— Évêque de Laon, ces paroles sont très-graves, — répondit l'échevin avec émotion ; — je t'en conjure, veuille y réfléchir pendant que je lirai à haute voix deux textes de notre charte communale jurée par toi, signée de ta main, scellée de ton sceau, ne l'oublie pas... et, de plus, confirmée par notre seigneur le roi Louis le Gros. — Et l'échevin, tirant un parchemin de sa poche, lut ce qui suit : « — Lorsque quiconque aura forfait envers un homme qui aura « juré la Commune de Laon, le maire et les échevins, si plainte leur « en est faite, feront, après information et témoignage, justice du « corps et des biens du coupable... — Si le coupable se réfugie « dans quelque château fort, le maire ou les échevins parleront sur « cela au seigneur dudit château ou à celui qui sera en son lieu ; et « si, à l'avis du maire et des échevins, satisfaction est faite du cou- « pable, ce sera assez ; mais si le seigneur refuse satisfaction, la « commune se fera justice sur les biens et sur les hommes dudit sei- « gneur... » Telle est, seigneur évêque, la loi de notre Commune, consentie, jurée par toi et par nous. Donc, si tu ne rends point le cheval ; si tu ne nous donnes pas satisfaction sur le crime de Jean, ton serviteur, nous nous verrons forcés de nous faire justice sur tes biens et sur tes hommes.

L'évêque et les épiscopaux, certains de l'appui du roi, désiraient et provoquaient, depuis quelque temps, une lutte avec les communiers, se croyant assurés du succès, et espérant ainsi reconquérir violemment leurs droits seigneuriaux, trésor jadis inépuisable, mais aliéné par eux depuis trois ans pour une somme d'argent considérable déjà dissipée. Le prélat, en refusant de satisfaire aux légitimes réclamations des échevins, devait fatalement amener une collision au moment même où Louis le Gros allait arriver à Laon avec une nombreuse troupe de chevaliers ; aussi, ne doutant pas que le populaire fût écrasé dans la lutte, et se voyant parfaitement servi par les circonstances, Gaudry, loin de répondre avec emportement aux sages et fermes paroles du talmelier, reprit, en affectant une humilité sardonique : — Hélas! illustre échevin, il nous faudra pourtant, pauvres seigneurs que nous sommes, essayer de vous résister, mes vaillants Césars, et vous empêcher de vous faire justice sur nos biens et sur nos personnes, ainsi que vous le dites triomphalement! Il nous faudra mettre casque et cuirasse et vous attendre la lance au poing!

— Seigneur évêque, — répondit le talmelier en joignant les mains avec anxiété; — ton refus de faire justice à la Commune, c'est la guerre entre nous citadins et toi!

— Hélas! — répondit Gaudry en contrefaisant ironiquement Ancel, — il nous faudra nous résigner à la bataille ; heureusement, les chevaliers épiscopaux savent manier la lance et l'épée.

— La bataille dans notre cité sera terrible, — s'écria l'échevin d'une voix altérée; — pourquoi veux-tu nous réduire à une pareille extrémité lorsqu'il dépend de toi de prévenir de si grands maux en te montrant équitable et fidèle à ton serment?

— Je t'en supplie, rends-toi à ces paroles sensées, — dit à son tour l'archidiacre à Gaudry; — ton refus va déchaîner tous les fléaux de la guerre civile et faire couler des torrents de sang !

— Seigneur évêque, — reprit l'échevin d'une voix pressante, avec un accent triste et pénétré, — que te demandons-nous? Justice... rien de plus! Rends ce cheval ou payes-en le prix. Ton serviteur a commis un crime, inflige-lui un châtiment exemplaire. En vérité, est-ce trop exiger de toi? Iras-tu, par ta résistance, livrer notre pauvre pays à des calamités sans nombre? faire couler le sang?... Songe aux suites de cette bataille! songe aux femmes que tu auras rendues veuves, aux enfants que tu auras rendus orphelins!... Songe aux calamités que tu vas faire fondre sur la cité!...

— Je crois deviner, héroïque échevin, — reprit l'évêque avec un ricanement dédaigneux, — que tu as peur de la guerre!

— Non! nous n'avons pas peur, — s'écria Simonne, ne pouvant

dominer son impétueux naturel. — Que le beffroi appelle les habitants à la défense de la Commune, et, comme à Beauvais, comme à Noyon, comme à Reims, les hommes courront aux armes, et les femmes les accompagneront pour panser les blessés !

— Par le sang du Christ ! ma gentille amazone, — si je te fais prisonnière, tu payeras les arrérages du droit du seigneur.

— Seigneur évêque, — dit l'échevin, — de pareilles paroles sont mauvaises dans la bouche d'un prêtre, surtout lorsqu'il s'agit d'ensanglanter la cité. Nous redoutons la guerre ! oui, certes, nous la redoutons, car ses maux sont irréparables ; je crains la guerre autant et plus que personne, car je tiens à vivre pour ma femme, que j'aime, et pour jouir en paix de notre modeste aisance, fruit de notre travail quotidien ; je crains la guerre pour la ruine qui en est la conséquence.

— Mais tu te battrais comme un autre ! — s'écria Simonne presque irritée de la sincérité de son mari. — Oh ! oh ! je te connais, moi, tu te battrais plus courageusement qu'un autre !

— Plus courageusement qu'un autre, c'est trop dire, — reprit naïvement le talmelier ; — je ne me suis jamais battu de ma vie, mais je ferais mon devoir, quoique je sois moins habitué à manier la lance ou l'épée que le fourgon de mon four.

— Avoue-le, bonhomme, — dit l'évêque en riant aux éclats, — tu préfères le feu de ton four à la chaleur de la bataille ?

— C'est ma foi vrai, seigneur évêque ; nous tous bonnes gens, bourgeois et artisans que nous sommes, nous préférons le bien au mal, la paix à la guerre ; mais, crois-moi, il est quelque chose que nous préférons à la paix : c'est l'honneur de nos femmes, de nos filles, de nos sœurs ; c'est notre dignité ; c'est notre indépendance ; c'est le droit de faire, par nous-mêmes et pour nous-mêmes, les affaires de notre cité. Tous ces avantages, nous les devons à notre affranchissement des droits seigneuriaux : aussi, nous nous ferions tous tuer jusqu'au dernier pour défendre notre Commune et maintenir notre affranchissement. Voilà pourquoi, au nom de la paix publique, nous te supplions de faire justice à nos réclamations !

— Patron ! — dit Jean le Noir en entrant précipitamment, — un écuyer du roi vient d'arriver ; il annonce qu'il devance son maître de deux heures, et que celui-ci est accompagné d'une forte escorte.

— Louis le Gros aura hâté sa venue ! — s'écria le prélat triomphant. — Par le sang du Christ ! tout nous sert à souhait !

— Le roi ! — dit l'échevin avec joie, — le roi dans notre cité !... ah ! nous n'avons plus rien à craindre !... Il a signé notre Commune, il saura bien te forcer à la respecter, évêque de Laon !

— Certes ! — reprit Gaudry avec un sourire sardonique, — comptez sur l'appui du roi, bonnes gens ! il vient ici en personne, suivi d'une grosse troupe de chevaliers armés de fortes lances, d'épées bien tranchantes. Or donc, maintenant, vaillant bourgeois, va rejoindre tes héros de boutiques, et porte-leur ma réponse : — « Gau-
« dry, évêque et seigneur de Laon, certain de l'appui du roi des
« Français, attend dans son palais épiscopal que les communiers
« viennent se faire justice eux-mêmes sur ses biens et sur ses hom-
« mes ! » — Et, s'adressant à Jean le Noir : — Que mon écuyer me fasse seller cet étalon amené ici ce matin ; je ne saurais enfourcher plus fière monture pour me rendre au-devant du roi en chevauchant à la barbe de ces manants ! Que l'on prévienne les chevaliers de la cité, ils me serviront d'escorte, et à cheval... à cheval !! — Ce disant, le prélat entra dans une autre chambre de son appartement, laissant le talmelier aussi stupéfait qu'alarmé, voyant ruiner ses espérances, au sujet de l'intervention royale, par les paroles de l'évêque, auxquelles il hésitait encore à croire.

— Ancel, — lui dit l'archidiacre, — il n'y a pas à en douter, Louis le Gros prendra parti pour les épiscopaux ; pour éviter un conflit, recommande aux autres échevins de redoubler de prudence ; de mon côté je m'efforcerai de conjurer l'orage qui vous menace.

— Viens, ma pauvre femme, — dit l'échevin, dont les yeux se

remplirent de larmes; — viens... Le roi des Français est contre nous; Dieu protége la commune de Laon !

— Oui, comptons sur Dieu, — répondit Simonne, — mais, foi de Picarde ! je compte avant tout, sur le courage des communiers ! sur les piques, sur les haches, sur les épées de mes amis !...

Le roi Louis le Gros était entré dans la ville de Laon la veille du jeudi saint de l'année 1112. Le lendemain de l'arrivée de ce prince, Colombaïk, sa femme et sa mère se trouvaient réunis dans la chambre basse de leur maison. L'aube naissante allait bientôt paraître ; le fils de Fergan, Martine et Jehanne la Bossue avaient veillé toute la nuit ; une lampe les éclairait ; les deux femmes, profondément tristes et inquiètes, taillaient dans de vieux linges des bandes et des morceaux de toile, tandis que Colombaïk et ses trois apprentis tanneurs, maniant la scie et la plane, façonnaient activement, avec des tiges de chêne et de frêne récemment coupées, des manches de piques de quatre pieds de longueur. Colombaïk ne paraissait pas partager les alarmes de sa mère et de sa femme, qui, silencieuses, étouffant parfois un soupir, continuaient leurs travaux, et de temps à autre prêtaient l'oreille du côté de la petite fenêtre donnant sur la rue ; elles attendaient, avec autant d'impatience que d'anxiété, le retour de Fergan, resté absent depuis la soirée de la veille.

— Hardi ! mes garçons, — disait gaiement Colombaïk aux apprentis ; — jouez prestement de la plane et de la scie ! Peu importe que ces manches de piques soient raboteux, ils seront maniés par des mains calleuses comme les nôtres.

— Oh ! maître Colombaïk, — reprit en riant un des jeunes artisans, — quant à cela, ces manches seront moins doux à la main que ces fines peaux de chevreaux que nous tannons pour les gants brodés des nobles dames et des gentilles damoiselles.

— L'ornement d'une pique, c'est son fer! — reprit Colombaïk; — mais le petit *Robin-Brise-Miche*, l'apprenti forgeron, tarde beaucoup à nous apporter ces ornements; il n'en est pourtant pas de lui comme du petit gindre de notre ami le talmelier, il n'y a pas à craindre que Robin grignote sa marchandise en route. — Les jeunes garçons se prirent à rire de la plaisanterie de Colombaïk; mais, ayant par hasard tourné les yeux vers Jehanne et Martine, il fut frappé de l'inquiétude croissante peinte sur leurs traits. — Ma bonne mère, — dit-il à Jehanne d'une voix tendre et pénétrée, — pardonnez-moi si je vous ai attristé par des plaisanteries qui sont peut-être hors de saison dans ce moment.

— Hélas! mon enfant, — répondit Jehanne, — si je suis attristée, ce n'est pas à cause de tes plaisanteries, mais par suite des réflexions que me suggère la vue des hommes qui apprêtent des armes et des femmes qui préparent des linges pour le pansement des blessés.

— Et quand on songe, — reprit Martine sans pouvoir retenir ses larmes, — qu'un père, un fils, un mari, seront peut-être parmi les blessés! Maudits soient ceux-là qui ont appelé la guerre sur cette ville! Maudits soient les épiscopaux du diable!

— Chère Martine, et vous, bonne mère, — reprit Colombaïk cherchant à rassurer les deux femmes, — se préparer à la guerre ce n'est pas la faire; mais il est prudent de se tenir sur ses gardes, précisément pour obtenir la paix, mais une paix honorable.

— Ton père!... voilà ton père! — dit vivement Jehanne entendant frapper à la porte de la maison; et elle se leva, ainsi que Martine, tandis que l'un des jeunes apprentis courait à la porte pour l'ouvrir; mais l'attente des deux femmes fut déçue. Elles entendirent une voix enfantine s'écrier joyeusement : — Ça brûle!... ça brûle!... qui veut des nieules?... ça brûle!... — Et Robin-Brise-Miche, l'apprenti forgeron, garçonnet de douze à treize ans, à la mine éveillée, mais toute noircie par la fumée de la forge, entra en tenant dans son petit tablier de cuir replié une vingtaine de fers de piques qu'il laissa tomber sur le sol : — Qui veut des nieules !... c'est tout chaud, ça sort du four !...

— Maître Colombaïk craignait que tu n'aies grignoté ta marchandise en route, — dit gaiement un des jeunes tanneurs. — Tu étais capable de cette goinfrerie, petit Robin-Brise-Miche.

— C'est vrai, car j'ai pris en route mon morceau ! — répondit en riant le garçonnet ; — mais pour emmancher mon joli morceau de fer pointu, il me faut une de vos belles tiges de frêne.

— Que diable veux-tu faire d'une pique? reprit en riant Colombaïk, toi, un enfant de douze ans à peine.

— Je veux m'en servir si l'on se bat ! mon patron; *Payen-Osteloup*, tapera sur les grands épiscopaux, moi je taperai sur les petits de mon âge : ils m'ont assez souvent injurié, ces nobliaux, en me montrant du doigt par les rues se disant : « Voyez donc ce petit « vilain avec sa figure noire, il a l'air d'un négrillon ! »

— Tiens, mon vaillant, — dit Colombaïk à Robin-Brise-Miche ! — voilà un beau manche de frêne. Donne-nous des nouvelles : que fait-on dans la ville? — On est gai comme pendant la nuit de Noël ! On voit de la lumière à toutes les fenêtres ; les forges flamboient; les enclumes résonnent ! On fait un tapage infernal ! on croirait que les forgerons, serruriers et haubergiers travaillent tous à leur chef-d'œuvre ! et on croirait que toutes les boutiques sont des forges.

— Cette fois, c'est ton père ! — dit vivement Jehanne à son fils entendant frapper de nouveau. En effet, Fergan parut bientôt et entra au moment où Robin-Brise-Miche sortait, brandissant la tige de frêne en criant : — Commune! Commune!

— Ah ! — dit le carrier en suivant du regard l'apprenti forgeron, — comment craindre pour notre cause lorsque les enfants eux-mêmes... — Puis s'interrompant pour s'adresser à sa femme, qui accourait au-devant de lui, ainsi que Martine : — Allons, chères peureuses, rassurez-vous ! les nouvelles sont à la paix.

— Il serait vrai ! — s'écrièrent les deux femmes en joignant les mains, — il n'y aura pas de guerre? — Et courant se jeter au cou de Colombaïk, Martine s'écria : — Tu entends ton père? il n'y aura pas de guerre ! quel bonheur, tout est fini ! Réjouissons-nous, mes enfants !

— Ma foi, ma chère Martine, tant mieux ! — dit le jeune tanneur en répondant à l'étreinte de sa femme ; — on ne recule pas devant la bataille, mais la paix vaut mieux. Ainsi donc, mon père, tout est concilié ? l'évêque paye ou rend le cheval ; l'on fait justice de ce scélérat de Jean le Noir ; et le roi, fidèle à son serment, soutient la Commune contre l'évêque ?

— Mes amis, — répondit le carrier, — il ne faut pas exagérer nos espérances de bon accord.

— Mais tes paroles de tout à l'heure, Fergan ? — reprit Jehanne avec surprise et inquiétude ; — ne m'as-tu pas dit...

— Je t'ai dit, Jehanne, que les nouvelles étaient favorables à la paix. Voilà ce qui s'est passé cette nuit : Vous avez su l'insolente réponse de l'évêque, rapportée au conseil des échevins par notre voisin Quatre-Mains le Talmelier, réponse rendue plus menaçante encore par l'entrée du roi dans notre ville à la tête d'une troupe d'hommes d'armes. L'échevinage s'est décidé à prendre des mesures de résistance et de sûreté. J'ai proposé, comme connétable de la milice, de placer des postes dans les tours qui fortifient les portes de la cité, de les fermer, de n'y laisser pénétrer personne ; puis de faire fabriquer en hâte, par les corporations de forgerons, de serruriers et de haubergiers, un grand nombre de piques, afin de pouvoir armer tous les communiers. Quatre-Mains le Talmelier, en homme de prévoyance et de bon jugement, a proposé ensuite d'envoyer, sous bonne escorte, chercher aux moulins des faubourgs tous les approvisionnements de farine, de peur que l'évêque ne les fît piller par ses serfs afin d'affamer Laon ; ces précautions prises, le conseil avisa ; on ne reculait pas devant la guerre, mais l'on voulait tout tenter pour la conjurer ; il fut convenu que Jean Molrain se rendrait auprès du roi pour le supplier d'obtenir de l'évêque qu'il nous fît justice, et qu'il promît de respecter désormais notre Charte. Le maire se rendit à l'hôtel du chevalier de Haut-Pourcin, où logeait le roi ; mais, ne pouvant voir ce prince, il conféra longtemps avec l'abbé Pierre de la Marche, l'un des conseillers royaux, et lui remontra que nous ne demandions rien que d'équitable. L'abbé ne cacha pas à Jean Molrain que l'évêque, étant allé à cheval au-devant du roi, l'avait longtemps entretenu, et que Louis le Gros semblait fort irrité contre les habitants de Laon. Jean Molrain avait déjà traité à Paris avec l'abbé de la Marche pour la confirmation de notre Commune ; comme il connaissait sa cupidité, il lui dit : « — Nous « sommes résolus de maintenir nos droits par les armes, mais, avant « d'arriver à cette extrémité, nous voulons tenter tous les moyens « de conciliation ; aucun sacrifice ne nous coûtera. Nous avons « déjà payé à Louis le Gros une somme considérable pour obtenir « son adhésion à notre charte ; qu'il daigne la confirmer de nouveau « et ordonner à l'évêque de nous faire justice ; nous offrons au roi « une somme égale à celle qu'il a déjà reçue, et à vous, seigneur « abbé, un beau présent d'argent. »

— Et, alléché par cette promesse, — reprit Colombaïk, — l'abbé a sans doute accepté ?

— Le tonsuré, sans prendre d'engagement, a promis qu'au coucher du roi il lui ferait part de cette offre, et a donné rendez-vous à Jean Molrain pour onze heures du soir. Les échevins, approuvant la proposition du maire, ont parcouru la ville afin de prier un chacun de contribuer, selon son avoir, au montant de la somme offerte au roi ; ce dernier sacrifice devait du moins éloigner de la cité les maux de la guerre ; tous les habitants s'empressèrent de contribuer ; ceux qui n'avaient pas assez d'argent donnaient une pièce de vaisselle ; des femmes, des jeunes filles, offrirent leurs bagues, leurs colliers ; enfin, vers le soir, la somme ou son équivalent en objets d'or et d'argent fut déposée dans la caisse communale ; Jean Molrain retourna chez le roi pour connaître sa réponse ; l'abbé Pierre de la Marche dit au maire que le roi ne paraissait pas éloigné d'accepter nos propositions, mais qu'il voulait attendre jusqu'au matin avant de prendre une résolution définitive. Voilà où en sont les choses. Empressé d'aller visiter nos postes de guet pendant la nuit, et n'ayant pas le loisir de revenir ici quérir de l'argent, j'ai prié notre bon voisin le talmelier de payer pour nous notre part de contribution ; Colombaïk ira porter à Ancel l'argent qu'il a avancé pour la famille.

— Sans nul doute le roi acceptera l'offre des échevins, — dit Jehanne ; — quel intérêt aurait-il à refuser de réaliser un si grand bénéfice ? C'est un prince cupide et débauché, il acceptera.

— Quel misérable trafiquant que ce Louis le Gros ! — dit Colombaïk ; — il s'est fait payer pour confirmer notre charte, il se fait payer de nouveau pour la reconfirmer. Pauvres bonnes gens que nous sommes ! il nous faut payer, toujours payer !

— Eh ! qu'importe, mon enfant ! — dit Jehanne ; — pourvu que le sang ne coule pas, payons double tribut s'il le faut !

— « C'est avec du fer que l'on paye aux rois ces tributs-là ! » disait notre aïeul Vortigern à cet autre tonsuré, envoyé de *Louis le Pieux*, — reprit Colombaïk en regardant presque avec regret les fers de piques déposés devant ses apprentis qui continuaient leurs travaux. Hélas ! ces temps sont bien loin de nous !

— Fergan, — dit soudain Jehanne en prêtant l'oreille du côté de la rue, — écoute donc... n'est-ce pas la cloche et la voix d'un crieur ? Nous allons savoir de quoi il s'agit...

A ces mots la famille du carrier s'approcha de la fenêtre basse et l'ouvrit. Le soleil s'était levé depuis quelques moments ; l'on vit un crieur de l'évêque, reconnaissable aux armoiries qu'il portait brodées sur le devant de son surcôt, passer devant la maison ; tour à tour il agitait sa clochette et criait : — Au nom de notre seigneur le roi ! au nom de notre seigneur l'évêque ! habitants de la cité de Laon, rendez-vous aux halles à la huitième heure du jour ! — et le crieur agita de nouveau sa sonnette, dont le bruit se perdit bientôt dans le lointain... Pendant un instant la famille du carrier garda le silence, chacun cherchant à interpréter dans quel but le roi et l'évêque assignaient ce rendez-vous aux habitants de la ville. Jehanne, cédant toujours à l'espérance, dit à Fergan : — Le roi veut probablement rassembler les habitants afin de leur faire annoncer qu'il accepte l'argent et confirme de nouveau notre charte ?

— Si telle était l'intention de Louis le Gros, s'il avait adhéré aux offres de la Commune, il en aurait fait prévenir le maire, répondit le carrier en secouant tristement la tête.

— C'est peut-être ce qu'il a fait, mon bon père ?

— En ce cas, le maire eût donné l'ordre de sonner le beffroi afin de réunir les communiers pour leur annoncer cette heureuse nouvelle. Je n'aime point cette convocation faite au nom du roi et de l'évêque, elle ne me présage rien de bon.

— Hélas ! Fergan, — reprit Jehanne alarmée ; — faut-il donc renoncer à tout espoir d'accommodement ?

— Nous serons bientôt fixés à cet égard ; la huitième heure ne tardera pas à sonner ; — puis Fergan reprit son casque et son épée, qu'il avait déposés en entrant sur un meuble, et dit à son fils : — Arme-toi et allons aux halles. Quant à vous, mes enfants, — ajouta-t-il en s'adressant aux jeunes apprentis, — continuez d'emmancher les fers de piques.

— Hélas ! Fergan, — dit Jehanne avec angoisse, — c'est la guerre ?

— Ah ! Colombaïk, — dit Martine en pleurant et se jetant au cou de son mari, — je meurs d'effroi en songeant aux dangers que ton père et toi vous allez courir !

— Calme-toi, chère femme ; en ordonnant de continuer ces préparatifs de résistance, mon père conseille une mesure de prudence, — reprit Colombaïk ; — rien n'est désespéré.

— Ma pauvre Jehanne, — dit tristement le carrier, — je t'ai vue plus courageuse au milieu des sables de la Syrie ; rappelle-toi à quels périls toi, ton fils et moi, nous avons échappé durant notre long voyage en Palestine, et alors que nous étions serfs de Neroweg VI...

— Fergan, — répondit Jehanne avec une angoisse profonde, — les dangers passés étaient terribles, et l'avenir est menaçant.

— L'on était si heureux dans cette cité! — murmura Martine; — ces méchants épiscopaux qui veulent ainsi changer notre joie en deuil ont pourtant des épouses, des mères, des sœurs, des filles!

— Oui, — dit Fergan avec amertume; — mais ces nobles hommes et leur famille, poussés à bout par l'orgueil de race, et habitués à vivre dans l'oisiveté, sont furieux de ne plus jouir des fruits de notre rude labeur! Ah! s'ils lassent notre patience, s'ils veulent reconquérir leurs droits odieux... malheur aux épiscopaux! de terribles représailles les attendent! — Puis, embrassant Jehanne et Martine, le carrier ajouta : — Adieu, femme, adieu, mon enfant.

— Adieu, bonne mère, adieu, Martine, — dit à son tour Colombaïk; — j'accompagne mon père aux halles; dès que nous saurons quelque chose de certain, je reviendrai vous avertir.

— Allons, ma fille, — dit Jehanne à Martine, après avoir donné un dernier embrassement à son mari et à son fils, qui s'éloignaient, — reprenons notre triste besogne. Hélas! un instant j'avais espéré que nous pourrions y renoncer!

Les deux femmes recommencèrent de préparer des linges pour le pansement des blessés, tandis que les jeunes apprentis, se remettant à l'ouvrage avec une nouvelle ardeur, continuèrent d'emmancher des fers de piques.

Une foule grossissant de moment en moment affluait aux halles; ce n'était plus, comme la veille, une multitude joyeuse, remplie de sécurité, venant, hommes, femmes, enfants, fêter l'inauguration de l'hôtel et du beffroi communal, symbole de l'affranchissement des habitants de Laon; non, ni femmes, ni enfants, n'assistaient à cette réunion, si différente de la première; les hommes seuls s'y rendaient, sombres, inquiets, les uns déterminés, les autres abattus, et tous pressentant l'approche d'un grand danger public. Rassemblés en groupes nombreux sous les piliers des halles, les communiers s'entretenaient des dernières nouvelles (ignorées de Fergan lorsque, accompagné de son fils, il avait quitté la maison), nouvelles significatives et alarmantes. Les hommes de guet, apostés dans les deux tours entre lesquelles s'ouvrait une des portes de la cité donnant sur la promenade qui s'étendait entre les remparts et le palais épiscopal, y avaient vu entrer au point du jour une troupe nombreuse de serfs bûcherons et charbonniers, ayant à leur tête Thiégaud, ce bandit familier de Gaudry; puis, peu de temps après le lever du soleil, le roi, accompagné de ses chevaliers et de ses gens d'armes, s'était aussi retiré dans la demeure fortifiée du prélat, quittant LAON par la porte du midi, dont on n'avait osé refuser l'ouverture à la royale chevauchée. Les courtisans de Louis le Gros l'ayant averti que les habitants avaient veillé toute la nuit, que les enclumes des forgerons et des serruriers avaient constamment retenti sous le marteau pour la fabrication d'un grand nombre de piques, ces préparatifs de défense, cette agitation nocturne si contraire aux paisibles habitudes des citadins, éveillant la défiance et les craintes du roi, il s'était hâté de se rendre à l'évêché, où il se croyait plus en sûreté. Jean Molrain, le maire, instruit du départ du prince, avait couru au palais épiscopal, dont l'entrée lui fut refusée; dans cette prévision, il s'était précautionné d'une lettre pour l'abbé conseiller du roi, lettre dans laquelle Molrain rappelait ses propositions de la veille, les renouvelant encore, suppliant le roi de les accepter au nom de la paix publique; ajoutant que la commune tenait la somme promise à la disposition de Louis le Gros. Celui-ci, à cette lettre si sage, si conciliante, fit répondre que, dans la matinée, les habitants de Laon connaîtraient ses volontés. Durant cette même nuit, l'on s'était aperçu à l'intérieur de la ville que les épiscopaux, retranchés dans leur maisons fortes solidement barricadées, avaient fréquemment échangé entre eux des signaux, au moyen de flambeaux placés à leur fenêtre et tour à tour éteints ou rallumés. Ces nouvelles alarmantes, détruisant presque complétement l'espérance d'un accommodement, jetaient les communiers dans une agitation et une anxiété croissantes ; les échevins s'étaient rendus des premiers aux halles, ils y furent bientôt rejoints par le maire ; celui-ci, grave et résolu, demanda le silence, monta sur l'un des comptoirs des boutiques désertes, et dit à la foule : — La huitième heure du jour va sonner, j'ai commandé d'introduire dans la ville le messager royal lorsqu'il se présentera ; le roi et l'évêque nous ont ordonné de nous réunir ici, aux halles, pour y attendre leurs volontés, mais nous préférons recevoir le messager royal dans notre maison communale. Là se trouve le siége de notre pouvoir ; et plus on nous conteste ce pouvoir, plus nous devons nous en montrer jaloux !

La proposition du maire fut accueillie par acclamation, et tandis que la foule suivait ses magistrats, Fergan et son fils, chargés d'attendre le messager de l'évêque, virent arriver à pas précipités l'archidiacre Anselme ; grâce à sa bonté, à sa droiture, ce prêtre était aimé, vénéré de tous ; faisant signe au carrier de s'approcher, il lui dit d'une voix émue : Veux-tu te joindre à moi pour essayer de prévenir les malheurs dont cette ville est menacée ?

— Ainsi, le roi n'a pas même été touché du dernier sacrifice que nous nous étions imposé ? il a refusé l'offre de Jean Molrain ?

— L'évêque, sachant que le maire a offert au roi une somme d'argent considérable pour une nouvelle confirmation de votre charte, a proposé le double de cette somme à Louis le Gros pour l'abolition de la commune et a promis de riches cadeaux à ses conseillers.

— Le roi a profité de cette enchère infâme ?

— Hélas ! il a écouté les suggestions de sa cupidité, il a prêté l'oreille aux conseils de son entourage et il a accepté.

— Le serment que Louis le Gros a juré ? sa signature, son sceau apposés sur notre charte ? tout cela est donc mis à néant ?

— L'évêque a délié le roi de son serment, en vertu de son pouvoir épiscopal de lier et délier ici-bas.

— Le roi espère à tort recevoir le prix de ce marché infâme ; le trésor de l'évêque est vide. Comment le roi, ce trafiquant toujours si bien avisé, a-t-il pu croire aux promesses de Gaudry ?

— Son pouvoir seigneurial rétabli comme par le passé, l'évêque frappera sur les habitants, redevenus taillables et corvéables à merci, un impôt pour payer la somme promise au roi, et celui-ci prêtera main-forte à l'évêque pour lever l'impôt !

— Malédiction ! — s'écria Fergan avec fureur ; — ainsi nous aurons payé pour obtenir notre affranchissement, et nous payerons encore pour retomber en servitude !

— Les projets de l'évêque sont aussi criminels qu'insensés ; mais si tu veux prévenir de plus grands malheurs, tu chercheras à calmer l'effervescence populaire lorsque la résolution du roi sera signifiée aux échevins.

— Tu me conseilles un acte de couardise ! Non, je ne chercherai pas à apaiser le peuple lorsque l'insolent défi lui sera jeté ! tu m'entendras crier le premier : Commune ! Commune ! et je marcherai à la tête de mes hommes contre l'évêché !

— Promets-moi de ne pas précipiter ce sanglant dénoûment, afin que je puisse faire encore de nouveaux efforts auprès de l'évêque pour le ramener à des sentiments plus équitables.

— Anselme achevait à peine de parler qu'un homme à cheval, précédé d'un sergent d'armes, tout bardé de fer, la visière du casque relevée, parut à l'entrée de la rue des Halles.

— Voici le messager royal, — dit le carrier à l'archidiacre en s'avançant vers les deux cavaliers ; — si la résolution de Louis le Gros et de l'évêque est telle que tu viens de me l'annoncer, que sur eux retombe le sang qui va couler ! — Puis, s'adressant au messager royal : — Le maire et les échevins t'attendent dans la grande salle de l'hôtel de la commune.

— Monseigneur le roi et monseigneur l'évêque avaient ordonné aux habitants de se réunir ici, aux halles, pour entendre la lecture du rescrit que j'apporte, — répondit le messager ; — je dois obéir aux commandements que j'ai reçus.

— Si tu veux remplir ta mission, suis-moi, — reprit le carrier ; — nos magistrats, représentant les habitants de cette cité, sont rassemblés à la maison de ville ; il ne leur a point plu d'attendre ici. — L'homme du roi, redoutant quelque piége, hésitait à suivre Fergan, qui, devinant sa pensée, ajouta : — Ne crains rien, tu es seul, désarmé, tu seras respecté ; je réponds de toi sur ma tête.

La sincérité de l'accent de Fergan rassura l'envoyé, qui, pour plus de prudence, ordonna au cavalier dont il était escorté de ne pas l'accompagner plus loin, de crainte que la vue d'un homme d'armes n'irritât la foule ; et le messager royal suivit le carrier.

— Fergan, — dit l'archidiacre d'une voix pénétrée, — une dernière fois, je t'en conjure, essaye de contenir le courroux populaire ; je retourne auprès du roi et de l'évêque, afin de leur remontrer dans quelle voie funeste ils se jettent ! — Et l'archidiacre quitta précipitamment le carrier. Celui-ci sortit des halles, gagna la place de la maison de ville, précédant le messager à travers la foule en disant : — Place et respect à cet envoyé ; il est seul et sans armes.

Arrivé au seuil de l'Hôtel communal, le messager laissa son cheval à la garde de Robin-Brise-Miche, qui s'offrit avec empressement de veiller sur le palefroi ; puis, accompagné par le carrier, il monta dans la grande salle où se trouvaient réunis le maire et les échevins, les uns armés, les autres revêtus de leurs robes. La physionomie de ces magistrats était à la fois grave et anxieuse ; ils pressentaient l'approche d'événements désastreux pour la cité. Au-dessus du siége du maire flottait la bannière communale ; devant lui, sur la table, était placé le grand sceau d'argent servant à sceller les actes.

— Maire et échevins ! — voici le messager royal.

— Nous l'écoutons, — répondit le maire Jean Molrain ; — qu'il nous fasse part du message dont il est chargé.

L'homme du roi semblait embarrassé d'accomplir sa mission ; il tira de son sein un parchemin scellé du sceau royal, et le déployant promptement, il dit d'une voix émue : — Ceci est la volonté de notre seigneur le roi ; il m'a commandé de vous lire ce rescrit à haute voix et de vous le laisser ensuite, afin que vous n'en ignoriez.

— Lisez, — dit Jean Molrain ; et, s'adressant aux échevins : — Surtout, mes amis, quelle que soit la vivacité de nos sentiments, n'interrompons pas ce messager pendant la lecture.

Alors l'homme du roi lut à haute voix ce qui suit : — « Louis,
« par la grâce de Dieu, roi des Français, au maire et aux habitants
« de Laon salut. — Nous vous mandons et ordonnons strictement
« de rendre, sans contradiction ni retard, à notre amé et féal Gau-
« dry, évêque de Laon, les clés de cette ville, qu'il tient de nous ;
« nous vous mandons et ordonnons également d'avoir à remettre à
« notre amé et féal Gaudry, évêque du diocèse de Laon, le sceau,
« la bannière et le trésor de la Commune, que nous déclarons abo-
« lie. La tour du beffroi et la maison communale seront démolies
« avant l'espace d'un mois pour tout délai. Nous vous mandons et
« ordonnons de plus d'avoir désormais à obéir aux bans et ordres
« de notre amé et féal Gaudry, évêque de Laon, ainsi que ses pré-
« décesseurs et lui ont toujours été obéis avant l'établissement de
« ladite Commune ; car nous ne pouvons manquer de garantir à nos
« amés et féaux évêques la possession des seigneuries et des droits
« qu'ils tiennent de Dieu comme ecclésiastiques et de nous comme
« laïques. Ceci est notre volonté.

« *Signé* : Louis. »

La recommandation de Jean Molrain fut religieusement observée. L'envoyé du roi lut son message au milieu d'un morne silence ; mais, à mesure qu'il avançait dans la lecture de cet acte, dont chaque mot était une menace, une iniquité, un outrage, un parjure envers la Commune, le maire et les échevins échangeaient des regards où se peignaient tour à tour la surprise, le courroux, la douleur et la consternation. Oui, grande était la surprise des échevins... car Fergan n'avait encore pu leur faire part de son entretien avec l'archidiacre ; et quoiqu'ils s'attendissent au mauvais vouloir du roi, jamais ils n'avaient pu supposer une si flagrante négation de leurs droits consentis, reconnus, solennellement jurés par ce prince et par l'évêque. Oui, grand était le courroux des échevins... car les moins belliqueux d'entre eux sentaient leur cœur bondir d'indignation à cet insolent défi jeté à la Commune, à cette volerie effrontée de ce roi et de ce prélat rétablissant des droits odieux, dont une charte, vendue à prix d'argent, proclamait le perpétuel abolissement. Oui, grande était la douleur des échevins... car Louis le Gros leur ordonnait de remettre à l'évêque leur bannière, leur sceau, leur trésor, d'abattre l'Hôtel communal et son beffroi ! A ce beffroi, à ce sceau, à cette bannière, symboles si chers d'un affranchissement obtenu après tant d'années d'oppression, de servitude et de honte, les communiers devaient donc renoncer ! il leur fallait retomber sous le joug de Gaudry, alors que, dans leur légitime orgueil, ils espéraient léguer à leurs enfants une liberté si péniblement acquise... Ah ! des larmes de colère et de désespoir roulaient dans tous les yeux à la seule pensée d'un tel abaissement ! Oui, grande était la consternation des échevins... car les plus énergiques de ces magistrats, peu soucieux de leur vie, et résolus de défendre jusqu'à la mort les franchises communales, songeaient cependant, avec une affliction profonde, aux désastres dont était menacée cette cité si florissante, et aux torrents de sang que la guerre civile allait faire couler ! Victoire ou défaite, combien de misères, de ravages, de veuves et d'orphelins !

En ce moment suprême, quelques échevins, ils l'avouèrent ensuite, après avoir triomphé de leur défaillance passagère, sentirent leur résolution chanceler. Entrer en lutte contre le roi des Français, c'était, pour la ville de Laon, une outre-vaillance presque insensée ; c'était exposer presque sûrement les habitants à de terribles vengeances ; et ces magistrats, époux et pères, hommes d'habitudes paisibles, laborieux et peu batailleurs, ignoraient les choses de la guerre. Sans doute, se résigner à porter de nouveau le joug de l'évêque et de la noblesse, c'était le comble de la dégradation, c'était se soumettre, pour l'avenir, soi et sa descendance, à des indignités, à des spoliations incessantes ; mais l'on avait du moins la vie sauve ; mais l'on obtiendrait peut-être, à force de soumission envers l'évêque, quelques concessions qui rendraient la vie moins misérable. Heureusement, chez ceux qui les éprouvaient, ces coupables irrésolutions à l'heure du péril eurent cet avantage qu'elles montrèrent aux courages ébranlés l'abîme d'infamie où la peur pouvait les entraîner ; faisant alors un généreux retour sur eux-mêmes, ces hommes reconnurent qu'il leur fallait fatalement choisir : entre l'avilissement et la servitude ou les dangers d'une résistance sainte comme la justice ; qu'il leur fallait choisir entre la honte ou une mort glorieuse ; aussi bientôt, leur fierté reprenant le dessus, ils rougirent de leur faiblesse ; et lorsque l'envoyé de Louis le Gros eut achevé la lecture du royal message, aucun de ceux des échevins qui venaient d'être en proie à de cruelles perplexités n'éleva la voix pour conseiller l'abandon des franchises de la Commune. La lecture du rescrit du roi achevée, Jean Molrain dit au messager d'une voix émue et solennelle : — As-tu mission d'écouter nos réclamations !

— L'on ne réclame point contre un acte de la volonté souveraine de notre seigneur le roi, signé de sa main, scellé de son sceau, — répondit le messager. — Le roi commande dans sa toute-puissance, ses sujets obéissent avec humilité.

— La volonté de Louis le Gros est irrévocable ? — reprit le maire.

— Irrévocable ! — répondit le messager. — Et, comme première preuve de votre soumission à ses ordres, le roi vous commande, à vous échevins, de me remettre les clés, le sceau et la bannière de cette ville. J'ai ordre de les rapporter au seigneur évêque en témoignage de soumission à l'abolition de votre Commune.

Ces paroles du messager portèrent à son comble l'exaspération des échevins; les uns bondirent sur leurs siéges ou levèrent des poings menaçants vers le ciel; d'autres cachèrent leur figure dans leurs mains. Des menaces, des imprécations, des gémissements s'échappèrent de toutes les lèvres; mais Jean Molrain, dominant ce tumulte réclama le silence. Tous les échevins se rassirent; le maire, se levant alors, digne, calme et ferme, se retourna vers la bannière de la Commune, qui flottait au-dessus de son siége, la montra du geste au messager de Louis le Gros, et dit : — Sur cette bannière, dont le roi nous commande le lâche abandon, sont figurés deux tours et un glaive : ces tours sont l'emblème de la ville de Laon ; ce glaive est celui de la Commune. Notre devoir est écrit sur ce drapeau : Défendre par les armes les franchises de notre cité !... Ce sceau que le roi exige comme un témoignage de renoncement à nos libertés, — ajouta Jean Molrain en prenant une médaille d'argent sur la table, — ce sceau représente un homme levant sa main droite au ciel pour attester la sainteté de son serment; de sa main gauche il tient une épée, dont la pointe repose sur son cœur. Cet homme, c'est le maire de la Commune de Laon; ce magistrat jure par le ciel de mourir plutôt que de trahir son serment ! *Moi, maire de la Commune de Laon, librement élu par mes concitoyens, je jure de maintenir et défendre jusqu'à la mort nos droits et nos franchises !*

— A ce serment nous serons tous fidèles ! — s'écrièrent les échevins avec enthousiasme; — nous le jurons ! — plutôt mourir que de renoncer à nos franchises !

— Tu as entendu la réponse du maire et des échevins de Laon, — dit Jean Molrain à l'homme du roi lorsque le tumulte fut apaisé. Notre Charte a été jurée, signée par le roi et par l'évêque Gaudry en l'année 1109; nous défendrons cette charte par le glaive. Le roi des Français est puissant en Gaule... et la Commune de Laon n'est forte que de son bon droit et du courage de ses habitants; elle a tout fait pour éviter une guerre impie... elle attend ses ennemis.

A peine Jean Molrain eut-il prononcé ces dernières paroles qu'une immense clameur retentit au dehors de l'Hôtel communal. Colombaïk s'était joint à son père pour accompagner le messager royal jusque dans la salle du conseil des échevins; puis, après la lecture du rescrit de Louis le Gros, il n'avait pu contenir son indignation, et descendant en hâte jusqu'au parvis, encombré de foule, il annonça que le roi, abolissant la Commune, rétablissait l'évêque dans la pleine souveraineté de ses droits si justement abhorrés. Tandis que cette nouvelle se répandait de proche en proche par toute la ville avec la rapidité de la foudre, le peuple, amassé sur la place, commença de faire retentir l'air de ses imprécations; les Communiers les plus exaspérés envahirent la salle où se tenaient les échevins, et s'écrièrent, enflammés de fureur : — Aux armes! aux armes! à bas le roi et l'évêque, mort aux Épiscopaux!...

Le messager royal, déjà fort inquiet, devint pâle d'épouvante, et courut se réfugier derrière le maire et les échevins, leur disant d'une voix tremblante : — Je n'ai fait qu'obéir aux ordres de mon seigneur le roi, protégez-moi.

— Ne crains rien, — répondit Fergan; — j'ai répondu de toi sur ma tête, je t'accompagnerai jusqu'aux portes de la ville.

— Aux armes! s'écria Jean Molrain s'adressant aux habitants qui venaient d'envahir la salle. — Que l'on sonne le beffroi pour appeler le peuple aux halles! de là nous marcherons aux remparts! Aux armes, Communiers! aux armes!

Ces mots de Jean Molrain firent oublier l'envoyé du roi. Tandis que plusieurs habitants montaient à la tour du beffroi afin de mettre en branle cette lourde cloche, d'autres descendirent précipitamment sur la place et se répandirent dans la cité en criant : — Aux armes!... Commune!... Commune!... — Et bientôt, à ces cris répétés par la foule, se joignirent les tintements du beffroi.

Molrain, — dit Fergan au maire, — je vais accompagner l'envoyé de Louis le Gros jusqu'à la porte de la ville, qui s'ouvre en face du palais épiscopal et je resterai à la garde de cette poterne, l'un de nos postes les plus importants.

— Va, — répondit le maire ; nous autres, échevins, nous demeurerons ici en permanence, afin d'aviser aux mesures à prendre.

Fergan et Colombaïk descendirent de la salle des échevins ; le messager du roi marchait entre eux. La foule, courant aux armes, venait d'abandonner la place ; quelques groupes seulement y restaient encore. Le petit Robin-Brise-Miche, à qui avait été confiée la garde de la monture du messager, s'était hâté de profiter de cette occasion d'enfourcher un cheval pour la première fois de sa vie, et se tenait triomphant sur la selle ; mais il en descendit au plus vite à la vue du carrier, et dit en lui remettant les rênes : — Maître Fergan, voilà le cheval, j'aime mieux être piéton que cavalier. Je cours chercher ma pique ; gare aux petits Épiscopaux si j'en rencontre.

L'ardeur belliqueuse de cet enfant parut frapper peut-être plus vivement encore le messager royal que tout ce qu'il avait vu jusqu'alors ; il remonta sur son cheval escorté de Fergan et de son fils. Les tintements redoublés du beffroi retentissaient au loin. Dans toutes les rues que l'homme du roi traversa pour se rendre à la porte de la ville, les boutiques se fermaient à la hâte, et bientôt des figures de femmes, d'enfants, apparaissaient aux fenêtres, suivaient d'un regard rempli d'anxiété l'époux et le père, le fils ou le frère, qui, sortant de la maison, se rendait en armes à l'appel du beffroi. Le messager royal, taciturne et sombre, ne pouvait cacher la surprise et la crainte que lui causait l'agitation guerrière de ce peuple de bourgeois et d'artisans courant tous, avec enthousiasme, à la défense de la Commune. — Avant d'arriver à la porte de la ville, — dit Fergan à l'envoyé, — tu t'attendais à rencontrer ici une lâche obéissance aux ordres du roi et de l'évêque ? Mais tu le vois, ici comme à Beauvais, comme à Cambrai, comme à Noyon, comme à Amiens, le vieux sang gaulois se réveille après des siècles d'esclavage. Rapporte fidèlement à Louis le Gros et à Gaudry ce dont tu as été témoin en traversant cette ville ; peut-être, en ce moment suprême, reculeront-ils devant l'iniquité qu'ils méditent ; ils épargneraient de grands désastres à cette cité qui ne demande qu'à vivre paisible et heureuse au nom de la foi jurée.

— Je n'ai aucune autorité dans les conseils de mon seigneur le roi, — répondit tristement le messager ; — mais, j'en jure Dieu ! je ne m'attendais pas à voir ce que j'ai vu, à entendre ce que j'ai entendu. Je raconterai fidèlement le tout à mon maître.

— Le roi des Français est puissant en Gaule... la cité de Laon n'est forte que de son bon droit et du courage de ses habitants. Elle attend ses ennemis ! tu le vois, elle est sur ses gardes, — ajouta Fergan en lui signalant une troupe de milice bourgeoise, qui occupait les remparts voisins de la porte par laquelle sortit l'homme du roi. Le palais épiscopal, fortifié de tours et d'épaisses murailles, était séparé de la ville par un grand espace planté d'arbres servant de promenade. Fergan et son fils organisaient le transport des matériaux destinés à la défense des murailles en cas d'attaque, lorsque le carrier vit au loin s'ouvrir la porte extérieure de l'évêché : puis plusieurs hommes d'armes du roi, ayant regardé de çà de là avec précaution, comme pour s'assurer que la promenade était déserte, rentrèrent précipitamment dans l'intérieur du palais. Bientôt après, une forte escorte de cavaliers reparut se dirigeant vers la route qui conduit aux frontières de Picardie ; cette avant-garde fut suivie de quelques guerriers revêtus de brillantes armures ; l'un d'eux, marchant le premier de tous, était remarquable par son énorme embonpoint : deux hommes eussent tenu à l'aise dans sa cuirasse ; son casque avait pour cimier une couronne d'or fleurdelisée, la longue housse écarlate qui cachait à demi son cheval était aussi brodée de fleurs de lis d'or ; à ces insignes et à sa corpulence extraordinaire, Fergan reconnut Louis le Gros ; à quelques pas derrière ce prince, le carrier remarqua le messager qu'il avait, peu de temps auparavant, accompagné jusqu'aux portes de la ville, et qui, fort animé, causait avec l'abbé de la Marche; puis venaient plusieurs courtisans à cheval, des mulets de bagages et des serviteurs; puis enfin un autre groupe de cavaliers. Bientôt cette chevauchée prit le galop, et Fergan vit de loin le roi, se retournant du côté des remparts de Laon, dont le beffroi ne cessait de retentir, menacer la ville par un geste de courroux, en tendant vers les remparts son poing fermé, couvert d'un gantelet de fer; pressant ensuite son cheval de l'éperon, Louis le Gros disparut avec son escorte au tournant de la route, au milieu d'un nuage de poussière.

— Tu fuis devant les communiers insurgés, ô roi des Francs! noble descendant de Hugh-le-Chappet! — s'écria Colombaïk avec l'entraînement de son âge. — La vieille Gaule se réveille! les descendants des rois de la conquête fuient devant les soulèvements populaires. Le voilà donc enfin venu ce beau jour prédit par Victoria la Grande!

Fergan, mûri par l'âge et par l'expérience, répondit à son fils d'une voix grave et mélancolique : — Mon enfant, ne prenons pas les premières lueurs de l'aube naissante pour le rayonnement du soleil en son midi. — A ce moment, le bourdon de la cathédrale, que l'on ne mettait en branle qu'à certaines grandes fêtes, se fit soudain entendre; mais au lieu de tinter régulièrement et lentement, comme d'habitude, sa sonnerie, tour à tour précipitée puis espacée d'assez longs silences, dura peu de temps, après quoi la cloche se tut. — Aux armes! — s'écria Fergan d'une voix tonnante; — ceci doit être un signal convenu entre les chevaliers de la ville et l'évêché; en attendant les renforts que le roi va chercher sans doute, les épiscopaux se croient capables de nous vaincre! Aux armes! garnissez les remparts!

A la voix de Fergan et à celle de son fils, qui courut rallier les insurgés, les communiers accoururent, les uns armés d'arcs, d'arbalètes, les autres de piques, de haches ou d'épées, prêts à repousser l'assaut; d'autres se rangèrent auprès de plusieurs amas de grosses pierres et de poutres destinées à être jetées sur les assaillants; d'autres allumèrent des brasiers sous des chaudières remplies de poix, tandis que leurs compagnons roulaient péniblement des machines de guerre appelées *chattes* et *trébuchets*, qui, au moyen de la détente de larges palettes fixées au milieu d'un câble tordu, lançaient d'énormes pierres à plus de cent pas de distance. Tout à coup une grande rumeur mêlée de cris et du cliquetis des armes retentit au loin dans l'intérieur de la ville; les épiscopaux, ainsi que l'avait prévu Fergan, sortant de leurs maisons fortes au signal donné par le bourdon de la cathédrale, attaquaient les bourgeois dans la cité, au moment où les serfs de l'évêché, sous la conduite de plusieurs chevaliers, se préparaient à assiéger les remparts. Les communiers devaient ainsi se trouver placés entre leurs ennemis du dedans et ceux du dehors; en effet, Fergan vit s'ouvrir la porte de l'enceinte du palais épiscopal, et en sortir, poussé à force de bras et à reculons, un grand chariot à quatre roues rempli de paille et de fagots entassés à une telle hauteur, que cet amoncellement de combustibles, élevé de douze ou quinze pieds au-dessus des ridelles du char, cachait ceux qui le poussaient et leur servait d'abri contre les projectiles qu'on pouvait leur lancer du haut des murailles. Les assaillants comptaient mettre le feu aux matières inflammables contenues dans cette voiture, espérant, lorsqu'ils l'auraient suffisamment rapprochée de la poterne, incendier la porte de la ville. Ce plan, habilement conçu, fut déjoué par la subtilité du petit Robin-Brise-Miche, l'apprenti forgeron; armé de sa pique, il était l'un des premiers accouru aux remparts et vit le chariot s'avancer lentement, toujours poussé à reculons; plusieurs insurgés, armés d'arcs, cédant à un mouvement irréfléchi, se hâtèrent de lancer leurs flèches sur la voiture; mais elles se fichèrent inutilement dans la paille ou dans le bois. Soudain Robin-Brise-Miche, seulement vêtu de ses chausses, d'un tablier de cuir et d'une chemise, se dépouille de cette chemise, la déchire en lambeaux, et avisant un gros milicien qui, séduit par

l'exemple de ses compagnons, allait ainsi tirer inutilement sur le char, l'apprenti forgeron désarme brusquement le citadin, saisit la flèche, l'entoure d'un morceau de sa chemise, court plonger dans une chaudière de poix déjà liquéfiée par l'action du feu le trait ainsi enveloppé, puis, l'ajustant sur la corde de son arc, il lance cette flèche enflammée au milieu du chariot rempli de combustibles, qui ne se trouvait plus qu'à peu de distance des murailles; et ravi de son invention, Robin-Brise-Miche bat des mains, gambade et s'écrie en rendant son arc au milicien ébahi : — Commune! Commune! les épiscopaux préparent le feu de joie, les communiers l'allument!...
— Après quoi l'apprenti forgeron court ramasser sa pique.

A peine le brandon incendiaire fut-il tombé au milieu de cette charretée de paille et de fagots qu'elle s'embrasa, et n'offrit plus aux yeux qu'une masse de flammes couronnée d'une épaisse fumée poussée par le vent vers l'évêché; Fergan remarquant cette circonstance se hâta d'en profiter et s'écria : — Mes amis, achevons l'œuvre du petit Brise-Miche! ces nuages de fumée masqueront notre mouvement aux épiscopaux; faisons une sortie, qu'une colonne de combattants se forme et enlevons l'évêché d'assaut!

— Oui, oui, — crièrent les insurgés; — à l'assaut! — Commune! Commune!...

— La moitié des nôtres resteront ici avec Colombaïk pour garder les murailles, — reprit Fergan; — on se bat dans la ville, et les épiscopaux pourraient tenter d'attaquer les remparts à revers. Que ceux qui veulent assaillir l'évêché me suivent!

Grand nombre de communiers s'élancèrent sur les pas de Fergan, et parmi eux se trouvait Bernard, fils de Bernard des Bruyères, assassiné plusieurs années auparavant par Gaudry dans son église métropolitaine. Bernard, jeune, frêle et de petite stature, restait silencieux, presque impassible au milieu de cette bruyante effervescence populaire, se préoccupant seulement de ne pas laisser tomber sa lourde hache, si pesante à sa débile épaule. Fergan avait judicieusement commandé la sortie des insurgés; un moment masqués aux yeux de l'ennemi par la flamme et la fumée de l'embrasement du chariot, ils arrivèrent bientôt près des murailles de l'évêché, virent sa porte ouverte, et sous sa voûte une foule de serfs armés; conduits par bon nombre de chevaliers, ils se disposaient à aller assaillir la poterne, leurs chefs ayant, ainsi que Fergan, compté masquer leur attaque à l'abri du chariot enflammé; mais, à l'aspect inattendu des insurgés, les épiscopaux voulurent fermer l'entrée du palais : il était trop tard. Une sanglante mêlée s'engagea sous la sombre voûte qui séparait les deux tours dont la porte était flanquée. Les communiers, s'habituant à la bataille, y faisaient rage; beaucoup furent tués, d'autres blessés; Fergan reçut d'un chevalier un coup de hache qui, brisant son casque, l'atteignit au front. Cependant les habitants de Laon, après une lutte acharnée, refoulèrent les épiscopaux au delà de la voûte; le combat continua dans les vastes cours du palais. Fergan, se battant toujours malgré sa blessure, se crut perdu lui et les siens, car soudain, au plus fort de cette mêlée furieuse, où ils conservaient à peine l'avantage, Thiégaud déboucha du préau de l'évêque à la tête d'une grosse troupe de serfs bûcherons de forêt armés de lourdes cognées; ce renfort devait écraser les insurgés; mais quelle fut leur surprise lorsqu'ils entendirent le serf de Saint-Vincent et ses hommes crier : — Mort à l'évêque ! — à sac l'évêché ! — à sac ! — Commune !

Dès lors, le combat changea de face : la plupart des serfs de l'évêché qui avaient pris part à la lutte, entendant les bûcherons crier : — Commune ! — Mort à l'évêque ! — à sac l'évêché ! — mirent bas les armes; les chevaliers, abandonnés par une partie de leurs gens, redoublèrent en vain d'efforts et de valeur; ils furent tous tués et mis hors de combat; bientôt les insurgés, maîtres du palais, se répandirent de tous côtés en criant : — A mort l'évêque ! — A mort tous les prêtres !

Fergan vit alors venir à lui Thiégaud, triomphant de haine et en agitant un coutelas : — J'avais répondu à Gaudry de la fidélité des bûcherons de l'abbaye, — s'écria le serf de Saint-Vincent; — mais pour me venger de ce misérable qui a débauché ma fille, j'ai ameuté nos hommes contre lui et ses tonsurés du diable.

— Où est l'évêque? — hurlèrent les insurgés en agitant leurs armes. — A mort! — A mort!

— Compagnons! votre vengeance sera satisfaite, et la mienne aussi; Gaudry ne nous échappera pas, — reprit Thiégaud. — Je sais où se cache le saint homme; dès que vous avez eu forcé la porte de l'évêché, craignant l'issue du combat, Gaudry a d'abord endossé la casaque d'un de ses serviteurs, espérant fuir à l'aide de ce déguisement; mais je lui ai conseillé de s'enfermer dans son cellier, et de se fourrer au fond d'un tonneau. Venez, venez! — ajouta-t-il avec un éclat de rire féroce, — nous allons percer la barrique et tirer du vin rouge! — Et le serf de Saint-Vincent, suivi de la foule des insurgés exaspérés contre l'évêque, se dirigea vers le cellier; parmi cette foule furieuse se trouvait le fils de Bernard des Bruyères; le frêle jouvenceau, sorti par hasard sain et sauf de la mêlée, marchait derrière Thiégaud, s'efforçant, malgré sa petite stature et sa faiblesse, de ne pas perdre le poste qu'il venait de choisir. Ses traits pâles, maladifs, se coloraient de plus en plus, une ardeur fiévreuse illuminait ses yeux et lui donnait une force factice; sa lourde hache ne semblait plus peser à son bras chétif, et de temps à autre il la contemplait avec amour en passant son doigt sur le tranchant du fer, après quoi il poussait un soupir de joie contenue en levant vers le ciel son regard étincelant. Le serf de Saint-Vincent, guidant les communiers, se dirigea vers le cellier, grand bâtiment situé dans l'un des angles de la première cour de l'évêché; avant d'y arriver, les habitants de Laon ayant rencontré le cadavre de Jean le Noir percé de coups, s'acharnèrent sur les restes inanimés du féroce exécuteur des cruautés de Gaudry. Dans le mouvement tumultueux qui accompagna ces représailles, le fils de Bernard des Bruyères fut, malgré l'opiniâtreté de ses efforts, séparé de Thiégaud, au moment où celui-ci, à l'aide de plusieurs insurgés, ébranlait et enfonçait la porte du cellier, intérieurement verrouillée par le prélat pour plus de sûreté. La foule se précipita sous ce vaste hangar, à peine éclairé par d'étroites lucarnes et rempli de futailles vides ou pleines ; il régnait au milieu de cet amoncellement de barriques une sorte d'allée, où entra Thiégaud, puis faisant signe aux insurgés de rester à quelque distance de lui, et voulant prolonger l'agonie de l'évêque, il frappa du plat de son coutelas le couvercle de plusieurs tonnes, disant à chaque coup : — Y a-t-il quelqu'un là-dedans ? — Naturellement il ne recevait aucune réponse ; arrivant enfin près d'une grande barrique dressée debout, il tourna la tête du côté des communiers avec un ricanement farouche, puis, du bout de son coutelas déplaçant et faisant tomber le couvercle du tonneau, il répéta sa question : — Hé !... il y a quelqu'un là-dedans ?

— Il y a là... un malheureux prisonnier, — répondit la voix tremblante de l'évêque ; — ayez pitié de lui ! au nom du Christ !

— Ah ! ah ! mon compère Ysengrin, — dit Thiégaud en donnant à son tour ce surnom à son maître ; — c'est donc vous qui êtes blotti dans ce tonneau ? Sortez ! sortez donc ! je veux voir si d'aventure ma fille ne serait point là cachée avec vous ? — Et d'une main vigoureuse le serf de Saint-Vincent saisit le prélat par sa longue chevelure, et le força, malgré sa résistance, de se dresser peu à peu du fond de cette tonne, où il s'était accroupi ; ce fut un spectacle effrayant... il y eut un moment où, tirant toujours l'évêque par les cheveux à mesure que celui-ci se soulevait du fond de la tonne, Thiégaud parut tenir à la main la tête d'un cadavre, tant était livide la figure de Gaudry ; enfin il sortit à mi-corps du tonneau, et se tint un moment debout sur ses jambes ; mais elles vacillaient si fort que, voulant s'appuyer au rebord de la tonne, il lui imprima un brusque mouvement qui la fit choir, et l'évêque de Laon roula aux pieds du serf ; celui-ci, se baissant tandis que le prélat se relevait péniblement, regarda au fond de la barrique, et s'écria : — Non, compère Ysengrin, ma fille n'est point là; la péronnelle sera restée dans votre couche.

— Mes chers fils en Jésus-Christ! — balbutiait Gaudry qui, agenouillé, tendait les mains vers les communiers ; — je vous le jure sur l'Évangile et sur mon salut éternel! je maintiendrai votre commune! Ayez pitié de moi!

— Menteur! renégat!... — s'écrièrent les insurgés courroucés· — nous savons ce que vaut ton serment!

— Oh! tu payeras de ton sang le sang des nôtres qui a coulé aujourd'hui! Justice! justice!

— Oui, justice et vengeance au nom des femmes qui ce matin avaient un époux, et qui ce soir sont veuves!...

— Justice et vengeance au nom des enfants qui ce matin avaient un père, et qui ce soir sont orphelins!...

— Ah! Gaudry, toi et les tiens, à force de parjures, de défis et d'outrages, vous avez lassé la patience du peuple; malheur à toi!

— De nous ou de toi, qui a voulu la guerre? As-tu écouté nos prières? As-tu eu pitié du repos de cette cité? Non! eh bien, pas de pitié pour toi!...

— Mes bons amis... faites-moi grâce de la vie! — reprit l'évêque dont les dents claquaient de terreur. — Oh! je vous en supplie! faites-moi grâce de la vie! je renoncerai à l'épiscopat, je quitterai cette ville, vous ne me verrez plus; mais laissez-moi la vie!...

— As-tu fait grâce à mon frère Gerard, qui a eu les yeux crevés par ton ordre? — s'écria un communier en saisissant le prélat par le collet de sa casaque et le secouant avec fureur.

— As-tu fait grâce à mon ami Robert-du-Moulin, poignardé par Jean, ton noir? — ajouta un autre insurgé. — Et ces deux accusateurs, saisissant le prélat qui se laissait traîner agenouillé, s'écrièrent : — Tu vas mourir au grand jour! — Tu vas mourir à la face du soleil, qui a vu tes crimes et ton parjure!...

Gaudry, accablé de coups et d'outrages, fut poussé hors du cellier ; en vain il criait : — Ayez pitié de moi !... Je vous rendrai votre commune... je vous le jure... je vous le jure !...

Les insurgés répondaient : — Rendras-tu aux veuves leurs maris — Rendras-tu aux orphelins leurs pères?

— Après avoir été traître, homicide ; après avoir exaspéré à force d'iniquités, de défis, de menaces, un peuple inoffensif qui ne demandait qu'à vivre paisible selon la loi jurée, il ne suffit pas de crier : pitié ! pour être absous.

La clémence est sainte, mais l'impunité est impie !

— Ciel et terre ! — s'écria Fergan ; — la justice du peuple est la justice de Dieu ! à mort l'évêque !

— Oui, oui ! — A mort l'évêque ! A mort ! —

Le prélat, au milieu de ces cris furieux, fut entraîné hors du cellier ; soudain une voix glapissante, dominant le tumulte, s'écria : — Quoi ! le fils de Bernard des Bruyères ne pourra pas venger son père ! — Aussitôt, par un mouvement simultané, les insurgés ouvrirent un passage au fils de la victime ; il accourut, la figure radieuse, le regard étincelant, s'élança sur l'évêque gisant à terre, et, de ses débiles mains, levant sa lourde hache, Bernard fendit le crâne de Gaudry ; puis, rejetant son arme ensanglantée, il dit : — Tu es vengé, mon père !

— Bien travaillé, mon garçon ! la mort de ton père et le déshonneur de ma fille sont vengés du même coup ! — s'écria Thiégaud. Puis, avisant au doigt de l'évêque son anneau épiscopal, il ajouta : — Je prends la bague de mariage de ma fille ! — Mais ne pouvant arracher l'anneau de la main du prélat, le serf de Saint-Vincent lui coupa le doigt d'un coup de coutelas et mit le doigt et l'anneau dans sa poche. Gaudry inspirait une haine si légitime aux communiers, que cette haine survécut même à la mort de cet homme ; son cadavre fut percé de coups et accablé de malédictions. On allait précipiter ce corps inanimé dans un égout voisin du cellier, lorsque les insurgés entendirent crier : — Commune !... Commune !... mort aux épiscopaux !... —

Une seconde troupe de gens de Laon envahissaient à leur tour l'évêché, conduits par Ancel-Quatre-Mains le Talmelier, accompagné de sa gentille femme Simonne ; Fergan courait à eux lorsqu'il vit l'archidiacre Anselme, qui, jusqu'alors éloigné du théâtre du combat, accourait, instruit du sort de l'évêque par quelques-uns de ses serviteurs. L'archidiacre obtint des communiers qu'ils ne feraient pas subir aux restes de leur ennemi un vain et dernier outrage. Ce digne prêtre du Christ, aidé de deux serviteurs, transportait le cadavre de l'évêque, lorsque, apercevant Fergan, il lui dit d'une voix émue, sans pouvoir retenir ses larmes : — Je vais ensevelir le corps de ce malheureux et prier pour lui. Hélas ! mes tristes prévisions se sont réalisées ! Hier encore, dans sa jactance et sa funeste sécurité, Gaudry méprisait mes conseils, et je lui répondais : — « Fasse le ciel que je n'aie pas à prier bientôt sur ta sépulture ! » Ah ! Fergan, la guerre civile est un fléau terrible !

— Malédiction sur ceux qui provoquent ces luttes exécrables, qui sont un deuil pour les vainqueurs et les vaincus ! reprit Fergan ; puis le carrier, laissant l'archidiacre accomplir son pieux devoir, alla rejoindre Quatre-Mains le Talmelier, qui commandait l'autre troupe d'insurgés. Le digne échevin, toujours si empêtré, si gêné sous son équipement militaire, l'avait quitté au moment du combat ; remplaçant son casque de fer par un bonnet de laine, ne gardant que son surcot de bure, retroussant les manches de sa casaque, ainsi qu'il faisait pour pétrir son pain, il s'était armé de son fourgon, grand et lourd engin de fer recourbé, dont il se servait pour fourgonner son four ; sa courageuse petite femme Simonne, la joue en feu, l'œil brillant, portait, attaché à son côté, un sac de linge préparé pour panser les blessures des combattants, et un flacon recouvert d'osier rempli d'une infusion de simples, — merveilleux, — disait-elle, — pour arrêter l'écoulement du sang. — La joie, l'animation du triomphe éclataient sur les jolis traits de la talmelière; mais à la vue de Fergan, dont le visage était ensanglanté par suite de sa blessure, elle s'écria tristement : — Voisin Fergan, vous êtes blessé? Laissez-moi panser votre plaie, la bataille est finie; ne soyez point inquiet de votre fils, nous venons de le voir au poste des remparts : il est sain et sauf, quoique l'on se soit battu avec rage de ce côté; asseyez-vous sur ce banc, je vais vous donner les soins que j'aurais donnés à mon pauvre Ancel s'il en avait eu besoin. Foi de Picarde! s'il a échappé aux horions, ce n'est point sa faute; car il a de nouveau mérité son surnom de Quatre-Mains en tapant vite et dru sur les nobles épiscopaux!

Fergan accepta l'offre de Simonne et s'assit sur un banc, tandis que la jeune femme cherchait dans son sac le linge nécessaire au pansement. Le talmelier s'était arrêté à quelques pas de là pour s'informer des détails de la prise de l'évêché; il revint près de sa compagne, et la voyant près de Fergan, il s'écria en s'approchant de lui avec intérêt : — Quoi! voisin, tu es blessé?

— J'ai reçu un coup de hache sur mon casque. — Puis, relevant sa tête, qu'il avait tenue baissée pour faciliter le pansement de Simonne, Fergan remarqua l'accoutrement peu guerrier de son ami, et lui dit : — Pourquoi donc as-tu quitté ton armure au milieu de la bataille?

— Ma foi, compère, le casque me tombait toujours sur le nez, le corselet me sanglait le ventre à crever, mon épée s'empêtrait dans mes jambes; aussi, l'heure du combat venue, je me suis mis à l'aise, ainsi que je suis dans mon pétrin quand je pétris ma pâte, j'ai retroussé mes manches, et, au lieu de cette diable d'épée, dont je ne sais point me servir, je me suis armé de mon fourgon de fer, dont le maniement m'est familier.

— Et que pouvais-tu faire de ton fourgon à la bataille?

— Ce qu'il en faisait? — reprit Simonne en imbibant, du contenu de son vase recouvert d'osier, un linge qu'elle appliqua sur la blessure du carrier. — Oh! oh! Ancel n'est point manchot; s'il venait un noble à cheval, armé de toutes pièces, mon mari l'attrapait par le cou avec le crochet de son long fourgon, et puis il tirait de toutes ses forces; je l'aidais s'il le fallait; et presque toujours, désarçonnant ainsi le noble chevalier, nous le jetions à bas de cheval.

— Ensuite de quoi... — ajouta tranquillement le talmelier, — après avoir abattu mon homme avec le croc de mon fourgon, je l'assommais avec le manche. Eh! eh!... compère, on fait ce qu'on peut.

— Ah! voisin, — reprit Simonne avec enthousiasme, — c'est surtout au siége de la maison du chevalier de Haut-Pourcin qu'Ancel a fait un fameux emploi de son fourgon! Plusieurs épiscopaux et leurs serviteurs, retranchés sur une terrasse crénelée, tiraient sur nous à coups d'arbalète; déjà ils avaient tué ou blessé bon nombre de communiers; l'on n'osait plus s'approcher de cette maudite maison, et nos gens s'étaient retirés au bout de la rue, lorsque nous apercevons ce forcené chevalier de Haut-Pourcin, son arbalète à la main, se pencher à mi-corps en dehors des créneaux de sa terrasse, afin de voir s'il ne pourrait atteindre quelqu'un des nôtres. En ce moment... — Mais s'interrompant, Simonne dit à son mari : — Conte l'histoire, Ancel; en parlant je me distrais du pansement de la blessure de notre voisin. — Et tandis que Simonne achevait de donner ses soins à Fergan, le talmelier poursuivit ainsi :

— Moi, voyant le chevalier de Haut-Pourcin se pencher ainsi plusieurs fois en dehors de sa terrasse, je profite d'un moment où il s'était retiré, je me glisse le long des murs jusqu'au bas de sa maison; et comme la saillie du balcon empêchait qu'il me vît, je guette mon homme; au bout d'un instant il avance de nouveau le cou, je le happe avec le crochet de mon fourgon juste à la jointure de son casque et de sa cuirasse, je tire... je tire de toutes mes forces, Simonne m'aide, et nous avons l'agrément de faire faire la culbute à ce noble personnage du haut en bas de sa terrasse; nos communiers accourent; les épiscopaux s'élancent hors de la maison du chevalier pour le délivrer; ils sont repoussés et nous entrons dans la maison.

— Et là! — s'écria héroïquement Simonne la Talmelière, — moi qui ne quittais pas les talons d'Ancel, je me trouve face à face avec cette vieille mégère de dame du Haut-Pourcin, qui hurlait comme une furie : — « Tuez! tuez! pas de quartier pour ces vils « manants! exterminez-les! » — La colère me saisit, et me rappelant les injures que cette harpie m'avait adressées la veille, je saute sur elle, je la prends à la gorge, et, aussi vrai qu'Ancel s'appelle Quatre-Mains, je la soufflette aussi dru que si j'avais eu six paires de mains, en lui disant : — « Tiens! tiens! fière et noble « dame de Haut-Pourcin! Tiens! tiens! et tiens encore, vieille « méchante! Ah! mes galants payent mes cottes! Eh bien, « moi, je paye comptant, et surtout battant, les injures que l'on me « fait! » — Foi de Picarde! si elle n'avait eu les cheveux gris comme ma mère, je l'aurais étranglée, cette diablesse!

Fergan ne put s'empêcher de sourire de l'exaltation de Simonne; puis il dit à Ancel : — Lorsque j'ai entendu le bourdon de la cathédrale sonner d'une façon particulière, j'ai pensé que c'était le signal convenu entre l'évêque et ses partisans pour attaquer les nôtres au dehors et au dedans de la ville.

— Tu ne t'es pas trompé, voisin; à ce signal, les épiscopaux, qui s'étaient concertés et réunis pendant la nuit, sont sortis de leurs maisons en criant : — Tue! tue les communiers! — D'autres nobles ont été assiégés dans leurs demeures; le combat a aussi commencé dans les rues, tandis qu'une troupe d'épiscopaux se dirigeait vers les remparts, du côté de la porte de l'évêché.

— Pour prendre à revers nos gens qu'ils croyaient attaqués au dehors, — dit Fergan; — aussi avais-je recommandé à mon fils de se tenir sur ses gardes; tu m'assures qu'il n'est pas blessé?

— S'il est blessé, voisin Fergan, — reprit Simonne, — ce ne peut être que légèrement; car il nous a crié du haut du rempart : — « Victoire! victoire! nos gens sont maîtres du palais de l'évêque. »

— Maintenant, — reprit Quatre-Mains, — m'est avis que le maire et les échevins doivent se rendre à l'Hôtel communal pour aviser à ce que nous devons faire?

— Je pense comme toi, Ancel; nous laisserons ici un nombre d'hommes suffisant pour garder l'évêché; on veillera aussi sur les remparts de la ville, dont on fermera et dont on barricadera les portes; ne nous abusons pas : si légitime que soit notre insurrection, il faut nous attendre à voir Louis le Gros revenir assiéger la ville à la tête des renforts qu'il est allé quérir.

— C'est aussi ma croyance, — reprit l'échevin avec résignation et fermeté, — Jean Molrain l'a dit au messager royal : « — Le roi « des Français est tout-puissant en Gaule ; la Commune de Laon « n'est forte que de son bon droit et du courage de ses habitants. » — Cependant nous lutterons de notre mieux contre Louis le Gros et son armée, et nous nous ferons tuer, s'il le faut, jusqu'au dernier.

— Merci de vos soins, bonne voisine, — dit Fergan à Simonne; ma pauvre Jehanne sera jalouse.

— C'est plutôt à moi d'être jalouse; car en passant dans notre rue, nous avons vu la salle basse de votre maison remplie de blessés autour desquels s'empressaient votre femme et Martine.

— Chères âmes! combien elles doivent être inquiètes! — dit Fergan; — je vais aller les rassurer, puis je reviendrai veiller à notre défense. — L'entretien de Fergan et d'Ancel fut troublé par des cris et des huées accompagnés des clameurs joyeuses qui s'élevèrent dans l'une des cours de l'évêché, livré au pillage et à la dévastation. Les insurgés se vengeaient non moins du parjure de Gaudry que des odieuses exactions et des cruautés dont ils avaient cruellement souffert avant l'établissement de la commune; les uns, défonçant les tonnes du cellier, s'enivraient des vins précieux de l'évêque, dîme abondante autrefois prélevée par lui sur le vignoble des vilains; d'autres, amoncelant les tentures, les meubles de son appartement au milieu de l'une des cours, mettaient le feu à cet entassement d'objets de toutes sortes ; d'autres, enfin, et les clameurs joyeuses de ceux-là venaient d'interrompre l'entretien du carrier et du talmelier, d'autres, enfin, s'emparant des vêtements sacerdotaux et des insignes du prélat, s'organisaient en une procession grotesque dont le petit Robin-Brise-Miche était le héros. L'apprenti forgeron coiffé de la mitre épiscopale qui cachait presque entièrement son visage, vêtu d'une chape de drap d'or, qui traînait sur ses talons, tenant à la main une crosse de vermeil enrichie de pierrerie, était porté sur une table par quatre insurgés ; il distribuait à droite et à gauche des bénédictions grotesques, tandis que des communiers, ivres à demi, ainsi que les serfs de l'évêché, qui, après le combat, s'étaient joints aux vainqueurs, hurlaient à pleine voix une parodie des chants d'église, et criaient de temps à autre : — Vive Robin-Brise-Miche !

Fergan et ses voisins, laissant ces gais enfants se divertir à leur gré dans le palais épiscopal, se dirigèrent vers la porte de la ville ; la nuit approchait ; le carrier, quittant Quatre-Mains le Talmelier et sa femme, les pria de passer chez lui en rentrant à leur logis, et de rassurer Jeanne et Martine ; puis il monta au rempart pour y retrouver son fils. Celui-ci, pensant qu'il était prudent, même après la victoire du jour, de veiller à la garde de la cité, s'occupait des dispositions à prendre pour la nuit ; à la vue de son père le front ceint d'un bandeau, Colombaïk ne put retenir un cri d'alarme, mais Fergan le rassura ; puis tous deux, après avoir recommandé quelques nouvelles mesures de défense, regagnèrent leur demeure. La nuit était venue, la bataille depuis longtemps avait partout cessé ; les communiers ramassaient leurs morts et leurs blessés à la lueur des torches, des femmes éplorées accouraient aux endroits où l'on s'était battu avec le plus d'acharnement, et cherchaient un père, un mari, un fils, un frère, au milieu des cadavres gisants par les rues. Ailleurs, les insurgés, exaspérés contre les chefs du parti épiscopal, démolissaient leurs maisons fortes ; enfin, au loin, une grande lueur empourprant le ciel jetait çà et là ses rouges reflets sur les pignons des hautes maisons ; c'était la lueur de l'incendie ; le feu dévorait la demeure du trésorier de l'évêché, l'un des plus exécrés des épiscopaux ; la cathédrale fut également incendiée par les communiers de Laon.

— Ah ! mon enfant, n'oublie jamais ce terrible spectacle !... Voilà donc les fruits de la guerre civile ! — dit Fergan à son fils en s'arrêtant au milieu de la petite place du Change, l'un des endroits les plus élevés de la ville, et d'où l'on découvrait au loin l'embrasement de la cathédrale. — Vois les lueurs de l'incendie qui dévore la cathédrale ; entends le bruit de ces tours seigneuriales s'écroulant sous le marteau des communiers ; écoute les gémissements de ces enfants, devenus orphelins ! de ces femmes, devenues veuves ! contemple ces blessés, ces cadavres sanglants emportés par des parents, par des amis en larmes ; vois, à cette heure, partout dans cette ville, le deuil, la consternation, la vengeance, le désastre, le feu, la mort ! et rappelle-toi l'aspect heureux, paisible, que cette cité offrait hier, alors que le peuple, dans son allégresse, inaugurait le symbole de son affranchissement acheté, consenti, juré par nos oppresseurs ! C'était un beau jour ; comme nos cœurs bondissaient à chaque tintement de notre beffroi populaire ! comme tous les regards brillaient d'orgueil à la vue de notre bannière communale ! Nous tous, bourgeois et artisans, joyeux du présent, confiants dans l'avenir, nous voulions continuer de vivre sous une charte jurée par les nobles, par l'évêque et par le roi ; mais il est advenu que les nobles, l'évêque et le roi, ayant dissipé l'argent dont nous avions payé nos franchises, se sont dit : « — Qu'importe une signature, un serment ? « nous sommes puissants, nombreux, nous sommes habitués à ma- « nier la lance et l'épée ; ces artisans, ces bourgeois, vils manants, « fuiront devant nous. Allons, à cheval, nobles épiscopaux ! en « avant ! haut l'épée ! haut la lance ! et tue... tue les communiers ! »

— Mais les communiers ont fait fuir le roi des Français et ont exterminé les chevaliers ! — s'écria Colombaïk avec enthousiasme.

— Et le fils d'une des victimes de cet infâme évêque lui a fendu la tête d'un coup de hache ! et la cathédrale est en feu, et les tours seigneuriales s'écroulent ! Voilà le prix du parjure ! voilà le terrible et juste châtiment de ces gens qui ont déchaîné les fureurs de la guerre civile dans cette cité, hier si tranquille ! Ah ! que le sang versé retombe sur eux ! qu'ils tremblent à leur tour ! La vieille Gaule se réveille après six siècles d'engourdissement... Rois, prêtres et nobles ont fait leur temps... la délivrance a sonné !

— Pas encore, mon enfant !

— Quoi ! le roi est en fuite ! l'évêque est tué ! les Épiscopaux exterminés ou cachés dans leurs caves ! la ville est à nous !

— Et demain ?

— Demain ? Nous conserverons notre conquête !

— Pas d'illusion, mon cher enfant ; Louis le Gros a fui devant l'insurrection, qu'il n'était pas en mesure de combattre, mais avant peu il sera sous les murs de Laon avec des forces considérables.

— Nous résisterons jusqu'à la mort !

— Je sais que, malgré notre héroïsme, nous succomberons.

— Quoi ! ces franchises payées de notre argent, scellées maintenant de notre sang, ces franchises nous seraient ravies ! nos enfants retomberaient sous le joug abhorré des seigneurs et de l'Église ! Quoi ! mon père, il faudrait désespérer de l'avenir ?

— Désespérer ! Oh ! non, non ; grâce aux insurrections communales provoquées par les atrocités féodales, nos plus mauvais temps sont passés ! De légitimes et terribles représailles à Noyon, à Cambrai, à Amiens, à Beauvais, ont, comme ici, jeté l'épouvante dans l'Église et les seigneuries ; ces saintes insurrections ont prouvé aux descendants des conquérants que manants, artisans et bourgeois ne se laisseront plus impunément tailler à merci et miséricorde, larronner, torturer, supplicier ! Nos plus mauvais jours sont passés ; mais notre descendance aura encore de sanglantes batailles à livrer avant l'avénement de ce beau jour prédit par Victoria la Grande !

— Et pourtant, tout nous seconde en ce jour?

— Crois-en mon expérience et mes prévisions : Louis le Gros va prochainement revenir à la tête de forces redoutables ; la mort, si juste, de cet infâme Gaudry va déchaîner contre notre cité les fureurs de l'Église ; les foudres de l'excommunication seconderont les armes royales. Donc, nous succomberons, non sous l'excommunication, on s'en rit, mais sous les coups des soldats de Louis le Gros ; nos plus vaillants hommes seront tués à la bataille ou bannis ; suppliciés, après la victoire du roi. L'on imposera un autre évêque à la ville de Laon ; on abattra notre beffroi, on brisera notre sceau, on déchirera notre bannière, on pillera notre trésor ; les Épiscopaux, appuyés par le roi, se vengeront de leur défaite avec une haine féroce ; des torrents de sang couleront, la terreur régnera dans la ville...

— Hélas ! alors, tout est perdu !

— Enfant ! — reprit Fergan avec un sourire mélancolique ; — on tue les hommes, on ne tue pas les idées d'affranchissement, lorsque ces idées ont pénétré tous les cœurs. Louis le Gros, le nouvel évêque, les nobles, si cruelle que soit leur vengeance, massacreront-ils tous les habitants de Laon ? Non ; ils laisseront toujours vivre le plus grand nombre des Communiers, ne fût-ce que pour les écraser de taxes. Les mères, les sœurs, les femmes, les enfants de ceux qui seront morts pour la liberté vivront aussi. Oh ! sans doute, pendant quelque temps l'épouvante sera profonde, le souvenir des désastres, des massacres, des bannissements, des supplices qui auront suivi la lutte paralysera d'abord toute velléité de nouvelle insurrection...

— Ainsi le nouvel évêque et les nobles redoubleront d'audace? leur oppression deviendra plus affreuse que par le passé?

— Non ! le nouvel évêque, si forcené qu'il soit, n'oubliera pas le terrible sort de Gaudry, les nobles n'oublieront pas la mort de tant des leurs tombés sous les coups de la justice populaire. Cet utile exemple nous sera profitable... la première vengeance des Épiscopaux assouvie, ils allégeront le joug, dans la crainte de nouvelles révoltes. Ce n'est pas tout : ceux d'entre nous qui survivront à la lutte oublieront peu à peu ces jours néfastes, pour se rappeler ces temps heureux où la Commune, libre, paisible, florissante, exempte d'impôts écrasants, sagement gouvernée par les magistrats de son choix, faisait l'orgueil et la sécurité des habitants ! Ceux qui auront vu ces heureuses années en parleront à leurs enfants avec enthousiasme, ils leur raconteront comment un jour, le roi et l'évêque s'étant ligués contre la Commune, elle s'insurgea vaillamment, obligea Louis le Gros à fuir, extermina l'évêque et les chevaliers. Alors la gloire du triomphe fera oublier les désastres de la défaite du lendemain ; et l'on voudra prendre la revanche de la défaite en rétablissant la Commune. Peu à peu l'exaltation gagnera les esprits, et, le moment venu, l'insurrection éclatera de nouveau ; de justes représailles seront encore exercées contre nos ennemis ; nos franchises seront proclamées... Il se peut que ce nouveau pas vers la liberté soit encore suivi d'une réaction féroce ; mais le pas sera fait, certaines franchises demeureront encore acquises aux habitants, et ainsi, pas à pas, péniblement, à force de luttes, de courage, de persévérance, nos descendants, tour à tour vainqueurs et vaincus, s'arrêtant parfois après la bataille pour panser leurs blessures et reprendre haleine, mais ne reculant jamais d'une semelle, arriveront à travers les siècles au terme de ce laborieux et sanglant voyage... Et alors se lèvera dans toute sa splendeur le jour radieux de l'affranchissement de la Gaule entière !

— Oh ! mon père, — dit Colombaïk avec accablement, — malheur ! malheur ! si la prédiction de Victoria ne doit s'accomplir, selon sa vision prophétique, qu'à travers des monceaux de ruines et des torrents de sang !

— Crois-tu que la liberté s'acquière sans combats ? Tiens, vois, nous sommes vainqueurs ; notre cause est sainte comme la justice, sacrée comme le bon droit ; et pourtant, regarde autour de toi, —

répondit le carrier en montrant à son fils le lugubre spectacle que présentait la place du Change, encombrée de morts et de mourants, éclairée par la lueur des torches et les dernières lueurs de l'incendie de la cathédrale, — regarde ! que de sang ! que de ruines !

— Oh ! pourquoi cette terrible fatalité ? — reprit Colombaïk avec un accent presque désespéré ; — pourquoi la conquête de droits si légitimes coûte-t-elle tant de maux ?

L'insurrection des bourgeoisies communales n'est que le symptôme d'un affranchissement universel, mais encore lointain... il viendra ce jour de délivrance, mais il viendra lorsque tous, bourgeois et artisans des villes, vilains et serfs des campagnes, se soulèveront en masse contre les rois et les seigneurs... Oui, ce grand jour viendra !... dans des siècles peut-être, mais j'aurai du moins entrevu son aurore ; j'aurai assisté au réveil de la vieille Gaule, endormie depuis six siècles... et je mourrai content !........

. . . .

Ici se termine la chronique que m'a léguée, à moi, Colombaïk le Tanneur, mon père, Fergan le Carrier. Il est mort pour la liberté, il est mort comme il l'a dit : le cœur plein de foi dans l'avenir.

Trois jours après avoir écrit cette chronique inachevée, mon père est mort sur les remparts de la cité de Laon, qu'il défendait avec les Communiers contre la troupe de Louis le Gros. Hélas ! ce qu'il y avait de douloureux dans les prévisions de mon père s'est réalisé ! Ses espérances d'affranchissement se réaliseront-elles aussi ?

Tels sont les faits qui se sont passés :

Le soir de ce jour où notre Commune avait triomphé de l'évêque et des Épiscopaux, mon père et moi, ensuite de notre entretien sur la place du Change, entretien qu'il a rapporté dans le récit précédent, dernières lignes tracées par sa main vénérée, nous sommes rentrés dans notre maison, où nous avons trouvé ma mère et Martine, rassurées sur notre sort par nos bons voisins, Ancel-Quatre-Mains le Talmelier et sa femme Simonne. Cette nuit-là, mon père, retournant au poste qu'il occupait dans l'une des tours servant de défense à la porte de la cité, s'était muni d'un parchemin pour raconter à notre descendance l'insurrection de la commune de Laon. Hélas ! il semblait pressentir que ses jours étaient comptés. Il a continué ce récit lorsqu'il trouvait quelques moments de loisir au milieu des temps d'agitation et de perplexité qui ont suivi notre victoire. Le lendemain, le maire, les échevins et plusieurs habitants notables de la ville se rassemblèrent, afin d'aviser aux dangers de la situation : l'on s'attendait à une attaque de Louis le Gros ; l'issue de cette attaque n'était pas douteuse ; seuls à combattre le roi des Français, nous serions écrasés ; aussi l'on songea à une alliance contre lui. L'un des plus puissants seigneurs de Picardie, THOMAS, seigneur du château de *Marle*, connu par sa bravoure et sa férocité, qui égalait celle de Neroweg VI, était l'ennemi personnel de Louis le Gros ; il s'était ligué en 1108 avec GUY, seigneur de *Rochefort*, et plusieurs autres chevaliers, pour empêcher le roi d'être sacré à Reims. Malgré la scélératesse de Thomas de Marle, et contre l'avis de mon père, la Commune, pressée par l'imminence du péril, offrit à ce seigneur, qui possédait un grand nombre d'hommes d'armes, de s'allier avec elle contre Louis le Gros. Thomas de Marle, n'osant affronter la puissance du roi, refusa de lui déclarer la guerre, mais consentit, moyennant argent, à recevoir sur ses terres ceux des habitants qui redouteraient la vengeance royale.

Grand nombre d'insurgés, prévoyant les suites d'une lutte contre la royauté, acceptèrent l'offre de Thomas de Marle, et, emportant leurs objets les plus précieux, quittèrent Laon avec leurs femmes et leurs enfants ; d'autres, mon père fut de ce nombre, préférèrent rester dans la ville et se défendre contre le roi jusqu'à la mort.

Quoique le nombre des Communiers fût réduit par la migration de beaucoup d'entre eux dans les pays voisins, les habitants de Laon, généreux et crédules, avaient accepté les propositions pacifiques des Épiscopaux, consternés de leur défaite ; mais lorsque ceux-ci virent une grande partie des nôtres abandonner la cité, ils s'enhardirent, et, donnant rendez-vous aux serfs des possessions de l'abbaye pour l'un des jours de marché, ils attaquèrent les Communiers dans leurs maisons, et massacrèrent tous ceux qui tombèrent entre leurs mains. La guerre civile se ralluma, on se battit de rue en rue ; les serfs pillèrent et incendièrent les maisons des bourgeois dont ils purent s'emparer. Mon père, moi, ma mère et ma femme, retranchés avec nos apprentis dans notre demeure, heureusement fortifiée, nous avons plusieurs fois soutenu de véritables siéges.

Durant ces troubles, qui décimaient nos rangs, Louis le Gros rassemblait ses forces. Apprenant que Thomas de Marle donnait refuge sur ses terres à des habitants de Laon, il marcha d'abord contre ce seigneur, ravagea ses domaines, l'assiégea dans sa forteresse de Coucy, le fit prisonnier et lui imposa une forte rançon. Quant aux gens de notre Commune trouvés sur les terres de Thomas de Marle, le roi des Français les fit tous égorger ou pendre, et leurs corps servirent de pâture aux oiseaux de proie. Un riche boucher de Laon, ami de mon père, nommé *Robert le Mangeur*, fut attaché à la queue d'un cheval fougueux et périt de la mort affreuse de la reine Brunehaut ; ces sanglantes exécutions terminées, Louis le Gros marcha contre Laon. Mon père, le maire, les échevins, et plusieurs des nôtres, fidèles à leur serment de défendre la Commune jusqu'à la mort, voulant s'opposer à l'entrée du roi, coururent aux remparts ; dans cette dernière bataille, grand nombre de Communiers furent blessés ou laissés pour morts. Mon père fut tué ; je reçus deux blessures ; notre défaite était inévitable. Louis le Gros s'empara de la ville et la soumit à la seigneurie d'un nouvel évêque ; mais, selon les prévisions de mon père, grâce au souvenir de notre insurrection et de nos légitimes représailles, les droits exorbitants de l'évêque et des nobles furent modifiés. Je ne devais pas jouir de cet adoucissement au sort de nos concitoyens. Moi, et plusieurs des plus compromis dans l'insurrection, nous fûmes bannis, nous, nos femmes et nos enfants, et dépouillés du peu que nous possédions; d'autres furent suppliciés. Ces vengeances atteignirent aussi le maire et les échevins.

A peine remis de mes blessures, je quittai Laon avec ma femme, quelques jours après la mort de ma mère, qui survécut peu de temps à mon père. Martine et moi nous avions pour toute ressource six pièces d'or, soustraites à l'avidité des gens du roi; je portais dans un bissac quelques vêtements et les reliques de notre famille. Un de mes amis avait un parent maître tanneur à Toulouse, en Languedoc; il me donna une lettre pour lui, le priant de m'employer comme artisan. Après de nombreuses traverses nous sommes arrivés sains et saufs à Toulouse, où maître Urbain le tanneur nous accueillit avec bonté ; il m'employa lorsque j'eus fait mes preuves de bon artisan. Ma douce et chère Martine, se résignant courageusement à son sort, devint filaresse de soie, l'un des principaux commerces du Midi avec l'Italie étant le tissage de la soie, que les Lombards apportent dans ce pays-ci. Fidèle aux enseignements de mon père, je supporte fermement ma mauvaise fortune, plein de foi dans l'avenir et consolé par cette pensée, que, du moins, grâce à notre insurrection, mes concitoyens de Laon, quoique retombés sous le joug de la seigneurie épiscopale, sont moins malheureux qu'ils ne l'eussent été sans notre révolte. Et d'ailleurs, béni soit le ciel ! l'adversité m'a jeté dans un pays libre, non moins libre que ne l'était notre cité sous le règne de notre Commune. Le Languedoc et la Provence, comme autrefois la Bretagne, sont les seules contrées indépendantes de la Gaule ; chaque cité a conservé ou depuis longtemps reconquis ses antiques franchises ; les villes forment autant de républiques gouvernées par des *consuls* ou des *capitouls*, magistrats élus du peuple. Ce pays fortuné a peu souffert de l'oppression féodale, le servage y est presque inconnu ; la race des premiers conquérants germains, nommés *Wisigoths*, tribu beaucoup moins nombreuse et moins féroce que les tribus *franques* de Clovis, au lieu de se conserver unie, compacte, sans mélange, comme dans le nord de la Gaule, a presque entièrement disparu par sa fusion avec la race gauloise et celle des Arabes, si longtemps maîtres du Midi.

Cette population, devenue pour ainsi dire un peuple nouveau, est pleine d'intelligence et d'industrieuse activité ; on n'y voit aucune trace de fanatisme. La plupart des habitants, répudiant l'Église de Rome, y pratiquent la douce morale de Jésus dans sa pureté première. Les seigneurs, presque tous bonnes gens et sans orgueil, issus, pour la plupart, de marchands enrichis, continuent le négoce de leurs pères ou cultivent leurs champs ; ils cèdent le pas aux *Consuls* populaires ; il n'existe presque aucune différence entre la noblesse et la bourgeoisie. Notre vie est laborieuse et tranquille ; notre maître est bon pour nous, notre salaire suffit à nos besoins. Il y a trois jours (deux ans après notre bannissement de Laon), ma femme m'a donné un fils ; cette circonstance m'a engagé à ajouter quelques lignes à la légende que m'a léguée mon père Fergan ; j'ai maintenant l'espoir de la transmettre à mon fils, pour obéir aux derniers vœux de notre aïeul Joël, le brenn de la tribu de Karnak. Lorsque Martine et moi nous avons cherché comment nous appellerions notre enfant, et songeant qu'en ces temps-ci l'on ajoute généralement au nom baptismal un nom que l'on transmet à sa race, j'ai voulu, après avoir appelé mon fils *Sacrovir*, en l'honneur de l'un des plus vaillants insurgés de la Gaule contre la conquête romaine, ajouter à ce nom celui de : LE BRENN, en mémoire de notre aïeul *Joël, le brenn de la tribu de Karnak*, et aussi en souvenir de cet autre de nos ancêtres, encore plus éloigné dans la nuit des âges, et qui fut le *brenn* (BRENNUS) de l'armée gauloise, qui fit payer jadis rançon à Rome.

J'engage mon fils, s'il a postérité, de donner à ses descendants, comme nom de famille, celui de : *Le Brenn*.

J'écris ceci le vingt-sixième jour du mois d'août de l'année 1114

Oh ! mon père, toutes vos prédictions se réalisent ! La Commune de Laon, abolie, écrasée il y a seize ans, est rétablie, grâce à l'énergie des habitants de la ville et à de nouveaux soulèvements populaires ! Aujourd'hui, septième jour du mois de novembre de l'année 1128, un voyageur lombard arrive de Laon. L'ami qui m'avait recommandé à son parent, maître Urbain, chez qui je continue de travailler comme tanneur, lui ayant appris, par l'occasion de ce Lombard, que la Commune était de nouveau confirmée par l'évêque et par Louis le Gros, a envoyé à maître Urbain le préambule de cette nouvelle Charte communale, ainsi conçu :

« Au nom de la sainte et indivisible Trinité, ainsi soit-il ! —
« Louis, par la grâce de Dieu, roi des Français, faisons savoir à
« tous nos féaux présents et à venir que, du consentement des ba-
« rons de notre royaume et des habitants de la cité de Laon, nous
« avons institué en ladite cité *établissement de paix*. »

Ce nom d'*établissement de paix* remplace, dit le parent de maître Urbain, le mot de COMMUNE, qui rappelle trop le souvenir de l'insurrection populaire ; mais si le nom est changé, l'institution demeure la même. Les habitants de Laon sont complétement affranchis des droits odieux des seigneurs ; ils se gouvernent par des magistrats élus par eux ; ils ont rebâti la maison communale, relevé la tour du beffroi, repris leur sceau, leur bannière ; ils ont enfin reconquis leurs franchises. — Oh ! mon père, vous disiez vrai, quand vous écriviez ces paroles prophétiques : — « C'est ainsi que, pas à pas,
« péniblement, à force de luttes, de courage, de persévérance, nos
« enfants, tour à tour vainqueurs et vaincus, s'arrêtant parfois,
« après la bataille, pour panser leurs blessures et reprendre ha-
« leine, mais ne reculant jamais d'une semelle, arriveront, à tra-
« vers les siècles, au terme de ce laborieux et sanglant voyage, et

« alors se lèvera, dans toute sa splendeur, le jour radieux de l'af-
« franchissement de la Gaule, de l'émancipation du peuple. »

Aujourd'hui, premier jour de l'année 1140, moi, Colombaïk, j'ai atteint ma soixantième année. Mon fils, Sacrovir le Brenn, âgé de vingt-huit ans, se marie demain ; ma femme, Martine, exerce allègrement son métier de filaresse, et moi mon métier de tanneur; mon fils a pris la même profession que moi ; le Languedoc jouit toujours d'une grande prospérité ; Toulouse, gouvernée par ses *Capitouls*, est plus florissante que jamais ; les mauvais prêtres sont conspués ; l'influence de leur Église décline incessamment en ces heureux pays. Les habitants du Languedoc, guidés par leurs pasteurs qu'ils nomment PARFAITS, gens éclairés, doux, humains, presque tous pères de famille et remplissant généralement les fonctions de médecins ou d'éducateurs d'enfants, pratiquent les doctrines évangéliques dans leur simplicité primitive ; Louis VII, roi des Français, a succédé à son père Louis le Gros, mort en l'année 1137 ; la guerre désole plus que jamais le nord de la Gaule; Henri II, roi des Anglais (descendants des pirates allemands du vieux ROLF), s'est emparé, après plusieurs batailles, de l'Anjou, du Maine et de la Touraine ; j'ai appris par des voyageurs que la cité de Laon continue de jouir de ses franchises communales, reconquises par la persistante énergie de ses habitants ; Louis VII, d'abord excommunié par le pape, s'est relevé de cette excommunication en partant pour la Terre-Sainte ; car Jérusalem et le saint sépulcre sont retombés au pouvoir des Sarrasins, les seigneuries franques détruites ; et les barons et baronnies de Galilée, les marquis et marquisats de Nazareth ont disparu.

Ces lignes seront sans doute les dernières que j'ajouterai à ce parchemin, que je lègue à mon fils *Sacrovir le Brenn*, avec les reliques de notre famille, auxquelles j'ai joint LA COQUILLE DE PÈLERIN laissée par mon père et enlevée par lui pendant la première croisade à Neroweg VI, comte de Plouernel, jadis notre seigneur,

LA COUR D'AMOUR

LES TENAILLES DE FER

ou,

MYLIO LE TROUVÈRE ET KARVEL LE PARFAIT

PREMIÈRE PARTIE

LA COUR D'AMOUR

1140 — 1300

Mœurs *françaises* au treizième siècle. — Le verger de Marphise, dame d'Ariol. — Les douze amies. — La dame confesseuse. — La confession. — Mylio le Trouvère et Peau-d'Oie le Jongleur. — Chaillotte la Meunière. — Florette. — Reynier, abbé de Cîteaux. — La friture du moine. — Comment Peau-d'Oie fut glorieusement vainqueur de l'abbé de Cîteaux. — La cour d'Amour. — La reine de beauté. — *Le sénéchal des Marjolaines.* — *Le conservateur des hauts priviléges d'amour.* — Plaid d'amour. — — Les Bernardines contre les Chanoinesses. — La comtesse Ursine demande justice au nom de douze mies qui ont le même bel ami. — Défense de Mylio. — Grande et scélérate perfidie de Peau-d'Oie à l'endroit d'un jouvenceau. — Combat de Mylio et de Foulques de Bercy. — Arrivée de onze chevaliers revenant de la Terre sainte. — L'abbé Reynier, légat du pape. — Lettre du pape Innocent III ordonnant la croisade contre les hérétiques albigeois.

Mylio le Trouvère, arrière-petit-fils de Colombaïk, dont le père fut *Fergan le Carrier*, mort en défendant les franchises de la commune de Laon; Mylio le Trouvère a écrit ce JEU ou récit dialogué, selon la mode de ce temps-ci. Les événements suivants ont lieu sous le règne de Philippe-Auguste, fils de Louis VII, mort en l'année 1180. Ce Philippe-Auguste, durant les premières années de son règne, se montra selon le cœur des prêtres : il commença par faire pendre, brûler ou chasser les Juifs de son royaume, et partagea leurs dépouilles avec l'Église; puis il poursuivit, contre les seigneurs féodaux, la lutte entreprise par son aïeul *Louis le Gros*, dans le dessein de faire rentrer sous l'unique domination royale la bourgeoisie et le populaire, afin de les exploiter au profit de la couronne. Les guerres civiles et étrangères continuèrent, comme par le passé, de désoler, de ruiner la Gaule; Philippe-Auguste batailla sans paix ni trêve contre ses grands vassaux et contre ses voisins. En 1182, guerre dans le Berry contre les Brabançons, qui s'en étaient emparés; en 1183, guerre avec le comte de Flandres, pour la possession du Vermandois; en 1187 et années suivantes, guerres incessantes contre l'empereur d'Allemagne et contre le roi d'Angleterre; celui-ci, descendant du vieux Rolf le Pirate, possédait le tiers de la Gaule, et augmentait chaque année ses conquêtes. Philippe-Auguste se *croisa* comme son père, et comme son père revint rudement battu de la Terre sainte, entièrement retombée, sauf deux ou trois villes du littoral, au pouvoir des Sarrasins; aussi Philippe jura-t-il de ne plus retourner en Palestine.

Cette tiédeur à l'égard de la délivrance du saint sépulcre, et certaines ordonnances très-justement rendues par ce roi contre l'abominable convoitise des prêtres au sujet des mourants qui ne pouvaient tester qu'en présence de leur curé, lequel, pour valider le testament, exigeait toujours la plus grosse part de l'héritage, irritèrent l'Église contre Philippe-Auguste; aussi l'Église pour se venger du roi l'excommunia, en raison de ce que, déjà marié à *Ingerburge*, il avait par surcroît épousé la belle *Agnès de Méranie*, dont il était fort amoureux. Le pape délia de leur serment de fidélité les peuples et les barons de Philippe-Auguste, le mit hors la loi, et le détrôna moralement. Ce roi, épouvanté, reprit sa femme Ingerburge, fit enfermer la pauvre Agnès dans un monastère, où elle mourut; puis, pour faire sa paix avec l'Église, il contribua, en hommes et en argent, à la quatrième croisade; mais les seigneurs croisés, obéissant aux ordres du légat du pape, et trouvant plus fructueux et moins périlleux de ne point pousser jusqu'à la Terre sainte, où il n'y avait plus que des horions à gagner, s'arrêtèrent à Constantinople, dont ils s'emparèrent sans coup férir, et se partagèrent l'empire de la Grèce comme ils s'étaient partagé la Terre sainte. Il y eut alors des **Marquis de Sparte**, des *Comtes du Péloponèse*, des *Ducs d'Athènes*, et Baudouin, descendant de ce Baudouin de la première croisade, qui fut roi de Jérusalem, devint empereur de Constantinople. C'est en l'an 1208, au plus fort des guerres de Philippe-Auguste contre Jean, roi d'Angleterre, et contre l'empereur d'Allemagne, que se passent les événements suivants représentés dans ce jeu qui porte son enseignement et sa moralité en soi. Quoique la peinture de la *cour d'amour* reflète, en l'affaiblissant beaucoup, la licence effrénée des mœurs de ce temps-ci, ces mœurs des nobles dames, des seigneurs et des prêtres, vous devez les connaître, fils de Joël ! La connaissance de ces faits redoublera votre juste aversion contre les descendants de nos conquérants, et contre les princes de l'Église romaine, leurs éternels complices !

Ce que nous avons à raconter se passe à la fin d'un beau jour d'automne, dans le verger de Marphise, noble dame d'Ariol ; ce verger, situé tout près des remparts de la ville de Blois, est entouré d'une haute muraille garnie de charmilles ; un joli pavillon d'été s'élève au milieu de ce jardin rempli d'arbres dont les branches, ployant sous leur charge de fruits empourprés, sont enlacées de ceps aux raisins vermeils ; non loin du pavillon, un pin immense jette son ombre sur un bassin de marbre blanc, rempli d'une eau limpide, et entouré d'une fine pelouse de gazon où la rose, l'anémone et le glaïeul marient leurs vives couleurs ; un banc de verdure s'arrondit au pied du pin gigantesque, dont les épais rameaux laissent glisser çà et là les derniers rayons du soleil, qui vont dorer l'eau cristalline du bassin ; douze femmes, dont la plus âgée, *Marphise*, dame d'Ariol, atteint à peine trente ans, et la plus jeune, Églantine, vicomtesse de Séligny, n'a pas encore dix-sept ans; douze femmes, dont la moins jolie eût paru, partout ailleurs qu'en ce lieu, un astre de beauté, douze femmes sont rassemblées dans ce verger. Après une collation où les vins de Blois, de Saumur et de Beaugency ont arrosé les délicats pâtés de venaison, les anguilles à la moutarde, les perdrix froides à la sauce au verjus, fin repas terminé par de friandes pâtisseries et des confitures, non moins arrosées d'hypocras ou de vins épicés, ces nobles dames ont l'œil émerillonné, la joue incarnate.

Certaines d'être seules entre elles, à l'abri des regards indiscrets ou des oreilles curieuses, ces joyeuses commères ne gardent ni dans leurs propos, ni dans leurs ébats, la retenue qu'elles conserveraient peut-être ailleurs ; les unes, étendues sur le gazon, prenant l'eau limpide du bassin pour miroir, s'y mirent et s'y font, à elles-mêmes, toutes sortes de mines gentilles; d'autres, perchées sur une échelle, s'amusent à cueillir aux arbres du verger les pommes empourprées, les poires jaunissantes, et, comme les cottes de ces belles dames leur servent de tablier pour recevoir leur cueillette, on voit parfois la couleur de leurs jarretières, ce dont nos grimpeuses n'ont point souci, car leur jambe est fine et bien tournée; quelques-unes, se tenant par la main, se livrent, en riant aux éclats, à une folle ronde, qui gonfle ou fait voltiger les jupes outre mesure ; d'autres, plus indolentes, groupées sur le banc de verdure, jouissent paresseusement du calme de cette douce soirée. Il faut nommer ces indolentes : *Marphise*, dame d'Ariol ; *Églantine*, vicomtesse de Séligny, et *Déliane*, chanoinesse du saint chapitre de Nivelle. Marphise, grande, brune, aux sourcils hardiment arqués, non moins noirs que ses cheveux et ses grands yeux, ressemblerait à la Minerve antique, si, comme cette déesse, Marphise eût porté un casque d'airain et si sa large poitrine, d'une blancheur de marbre, eût été emprisonnée dans une cuirasse, si, enfin, sa physionomie eût rappelé l'austère fierté de la sage divinité; heureusement il n'en est rien, grâce à la brillante gaieté du regard de Marphise et à ses lèvres rieuses, sensuelles et purpurines ; son chaperon d'étoffe orange, à bourrelet galamment retroussé sur l'oreille, découvre les nattes de ses cheveux noirs, tressés d'un fil de perles ; sa taille accomplie se devine sous sa robe de soie blanche, riche étoffe lombarde ramagée de légers dessins orange ; ses manches ouvertes et flottantes, son collet renversé, son corsage échancré laissent voir ses beaux bras nus et sa *camise* de lin d'un blanc de neige, plissée à fraiseaux et lisérée d'or à la naissance du sein. Marphise, pour rafraîchir sa joue animée, agite un éventail de plumes de paon à manche d'ivoire ; mollement étendue sur le banc de gazon, elle ne s'aperçoit pas, la nonchalante, qu'un pli relevé de sa robe laisse voir une de ses jambes chaussées de bas de soie vert tendre à coins brodés d'argent, et son mignon soulier d'étoffe de Lyon, à bouclette de vermeil adornée de rubis. Marphise se tourne, riante, vers Églantine, qui, debout derrière le banc de verdure, s'accoude à son dossier. Aussi ne voyez-vous que la figure et le corsage de cette gentille vicomtesse de Séligny ; bien nommée est-elle, Églantine ; jamais fleur d'églantier, à peine éclose, n'a été d'un coloris plus délicat, plus frais, plus printanier, que le visage enchanteur de cette blondinette aux yeux bleus comme le ciel de mai ; tout est rose en elle : rose est sa joue, rose est sa lèvre, rose est le petit chapel de fleurs parfumées qui couronne sa résille de lacets d'argent entrecroisés sur le blond cendré de sa chevelure, rose enfin est la soie de sa gorgerette, aux doux contours, étroitement boutonnée depuis sa ceinture jusqu'au col par un rang de fraisettes d'argent sarrasinoises merveilleusement ouvragées à jour. Tandis qu'Églantine est ainsi accoudée au dossier du banc de gazon, vous voyez, agenouillée de l'autre côté de ce siège de verdure, Déliane, chanoinesse du chapitre de Nivelle ; l'un de ses bras familièrement appuyé sur la blanche épaule de Marphise, elle écoute en souriant le graveleux entretien d'Églantine et de la dame d'Ariol. De ces deux jaseuses l'une est d'une beauté superbe, l'autre d'une joliesse charmante; mais Déliane la Chanoinesse est céleste. Rêvez une femme aussi divinement belle que vous le pourrez, revêtez-la d'une longue robe de fine étoffe écarlate bordée d'hermine, joignez-y un surplis de lin d'un blanc de lis comme la guimpe et le voile qui encadrent la figure idéale de la chanoinesse, noyez ses beaux yeux bruns de langueur saintement amoureuse, et vous aurez le portrait de cette incomparable chanoinesse ; cela fait, dorez d'un rayon du soleil couchant le groupe de ces trois femmes, et vous reconnaîtrez qu'en ce moment le verger de la dame d'Ariol, rempli de fruits délicieux, ressemblait fort au paradis terrestre, mieux que cela, le primait; car d'abord, au lieu d'une seule *Ève*, vous en voyez une douzaine, blondes, brunes ou châtaines; puis ce rustre d'Adam est absent, et aussi absent est le serpent aux couleurs diaprées, à moins qu'il ne soit là caché, le maudit, sous quelque touffe de roses et de glaïeuls. Vous avez admiré ; maintenant, écoutez leurs discours badins, joyeux et, parfois, anacréontiques :

MARPHISE. — Je ris encore, Églantine, de cette bonne histoire...

LA CHANOINESSE. — Voyez-vous ce benêt de mari apportant la lumière et trouvant : quoi ?... sa femme tenant un veau par la queue !

ÉGLANTINE. — Et le moine s'était échappé dans l'obscurité ?

MARPHISE. — Ah ! ce sont de madrés amants que ces tonsurés !

LA CHANOINESSE. — Je ne sais trop... On les croit plus secrets que d'autres... il n'en est rien.

ÉGLANTINE. — De plus ils vous ruinent en chapes, en aumusses ; rien de trop brillant pour eux !

MARPHISE. — Les chevaliers sont aussi d'un entretien fort dispendieux ! Si le clerc aime à briller à l'autel, le chevalier aime à briller dans les tournois, et il nous faut souvent équiper ces bravaches depuis l'éperon jusqu'au casque, depuis la bride jusqu'au cheval, et garnir leur escarcelle de pièces d'or et d'argent !

ÉGLANTINE. — Puis un beau jour, cheval, armure, housse brodée, tout va chez l'usurier pour nipper quelque ribaude; après quoi votre bel ami vous revient vêtu... de sa seule gloire, et vous avez la faiblesse de l'équiper à nouveau! Ah! croyez-moi, chères amies, c'est un triste amant qu'un coureur de tournois! sans compter que souvent ces pourfendeurs sont plus bêtes que leurs chevaux...

LA CHANOINESSE. — Un clerc est un choix non moins triste; ces gens d'église ont, il est vrai, plus d'esprit que les chevaliers; mais voyez le gai plaisir! aller entendre son bel ami chanter la messe, ou bien le rencontrer escortant un mort, en marmottant vite ses prières, afin de courir prendre sa part du festin des funérailles. De vrai, cela répugne à la délicatesse.

ÉGLANTINE. — S'il vous fait un présent, pouah!... ses cadeaux sont imprégnés d'une odeur nauséabonde; son argent sent le mort.

MARPHISE, *riant*. — « Si vous mourez, ma belle, je recomman-
« derai très-benoîtement et particulièrement votre âme à Dieu, et
« vous dirai une superbe messe avec chants en faux-bourdon. » —
Les trois femmes rient aux éclats de la plaisanterie de Marphise.

LA CHANOINESSE. — Pourtant, sur dix femmes, vous n'en trouverez pas deux qui n'aient un tonsuré ou un chevalier pour bel ami.

MARPHISE. — Je crois que Déliane se trompe...

ÉGLANTINE. — Voyons, nous voici douze dans ce verger; nous sommes toutes jeunes, nous le savons; jolies, on le dit; nous ne sommes point sottes, puisque nous savons nous divertir tandis que nos maris sont en Terre sainte.

MARPHISE, *riant*. — Où ils expient leurs péchés et les nôtres.

LA CHANOINESSE. — Béni soit Pierre l'Ermite! ce saint homme, en prêchant, il y a cent ans et plus, la première croisade, a donné le signal de l'ébaudissement des femmes...

MARPHISE. — Ce Pierre l'Ermite devait être soudoyé par les amants... car plus d'un mari parti pour la Palestine a répété, se grattant l'oreille, le fameux dicton du bon sire de Beaugency : « Je

« voudrais bien savoir ce que fait à cette heure ma femme Cape-
« luche? Par la Sang Dieu, que fait donc ma chère femme? »

ÉGLANTINE, *avec impatience*. — Ce que nous faisons? eh ! pardieu !
nous enrôlons nos maris dans la grande confrérie de *Saint-Arnould*,
ils sont de plus Croisés ; donc leur salut est doublement certain.
Mais, de grâce, chères amies, laissons nos maris en Palestine, qu'ils
y restent le plus longtemps possible, et revenons à mon idée, elle
est plaisante. Déliane prétend que sur dix femmes il n'en est pas
deux qui n'aient pour bel ami un tonsuré ou un chevalier ; nous
sommes douze ici : nous avons chacune notre tendre secret. Quelle
est la femme assez cruelle pour repousser un galant, lorsqu'elle est
gentiment et loyaument priée d'amour?

LA CHANOINESSE, *languissamment*. — Dieu merci ! nous ne voulons point la mort du prochain !

MARPHISE, *gravement*. — La femme qui, priée d'amour, causerait
mort d'homme par son refus, serait damnée comme homicide. La
Cour d'amour a, sous ma présidence, rendu ce mémorable arrêt
dans son dernier plaid sous l'ormeau ; ledit arrêt a été rendu à la
requête du *Conservateur des hauts privilèges d'amour*, requête présentée *en la Cour des doux engagements* ; le demandeur était, si je
m'en souviens, un amant demeurant à *l'enseigne de la Belle Passion,
rue de la Persévérance, hôtel du Désespoir*, où l'infortuné se mourait
des rigueurs de son inhumaine. Heureusement, lorsque notre *Sénéchal des Marjolaines*, accompagné du *Bailli de la joie des joies*, alla
signifier l'arrêt de la cour à cette tigresse, elle recula devant la
crainte de tomber en péché mortel en causant la mort de son bel
ami, et se rendit à lui sans condition.

LA CHANOINESSE, *avec onction*. — Il est si doux d'arracher au trépas une créature de Dieu !

ÉGLANTINE. — De grâce, chères amies, écoutez mon projet :
Toutes les douze nous avons un secret d'amour : choisissons sur
l'heure l'une de nous pour confesseuse ; nous irons l'une après l'au-

tre lui faire notre doux aveu; cette confesseuse proclamera le résultat de nos confidences, et ainsi nous saurons le nombre de celles qui ont un chevalier ou un tonsuré pour bel ami.

LA CHANOINESSE. — Excellente idée ! Qu'en dis-tu, Marphise ?

MARPHISE. — Je l'adopte, et nos amies, j'en suis certaine, l'adopteront aussi; cela nous divertira jusqu'à la nuit.

La proposition d'Églantine est en effet joyeusement acceptée par les jeunes femmes; elles se rassemblent, et, d'un commun accord, désignent Marphise pour *dame confesseuse*. Elle s'assied sur le banc de gazon; ses compagnes s'éloignent de quelques pas et jettent de malins regards sur la dame confesseuse et sur la confessée; celle-ci est Églantine, la jolie vicomtesse de Séligny; elle est agenouillée aux pieds de Marphise, qui, se rengorgeant comme une béguine, lui dit d'un air confit et d'une voix béate :

— Allons, chère fille, ouvrez-moi votre cœur, ne déguisez rien; avouez-le franchement, quel est votre bel ami?

ÉGLANTINE, *les mains jointes et baissant les yeux.* — Dame prêtre, celui que j'aime est jeune et beau; il est vaillant comme un chevalier, bien disant comme un clerc, et pourtant il n'est ni tonsuré ni chevalier; il a plus grand renom que les plus fameux des comtes et des ducs, et pourtant il n'est ni duc ni comte. (*Marphise écoute la confession avec un redoublement d'attention.*) Sa naissance peut être obscure, mais sa gloire brille d'un éclat incomparable !

MARPHISE. — D'un tel choix, vous devez être fière; quel est le nom de ce merveilleux bel ami ?

ÉGLANTINE. — Dame prêtre, je peux le nommer hardiment; il s'appelle : Mylio le Trouvère.

MARPHISE, *tressaillant, rougissant, et d'une voix altérée.* — Quoi !... vous dites chère enfant que c'est... Mylio-le-Trouvère?

ÉGLANTINE, *les yeux baissés.* — Oui, dame prêtresse.

MARPHISE, *contenant sa surprise et sa vive émotion.* — Allez, chère fille ! je prie Dieu que votre amant vous soit fidèle.

LA CHANOINESSE s'avance à son tour, s'agenouille, et souriant, elle frappe légèrement de sa main blanchette son sein arrondi.

MARPHISE. — Ces signes de douleur annoncent une grande faute, chère fille! Votre choix est-il donc blâmable?

LA CHANOINESSE. — Oh! point du tout! Je crains seulement de n'être point assez belle pour mon doux ami, qui est le plus accompli des hommes : jeunesse, esprit, beauté, courage, il réunit tout!

MARPHISE. — Et le nom de ce phénix?

LA CHANOINESSE, *languissamment.* — Mylio le Trouvère.

MARPHISE, *avec dépit et colère.* — Encore lui!

LA CHANOINESSE. — Connaîtriez-vous mon bel ami?

MARPHISE, *se contenant.* — L'aimez-vous tendrement?

LA CHANOINESSE, *avec feu.* — Oh! je l'aime passionnément.

MARPHISE. — Allez, chère fille. Qu'une autre s'approche. (*Avec un soupir.*) Dieu protége les amours constantes!

URSINE, comtesse de Mont-Ferrier, accourt en sautillant comme une chevrette au mois de mai. Jamais n'avez vu, jamais ne verrez plus mignonne, plus pétulante, plus savoureuse créature; elle avait été l'une des plus forcenées grimpeuses pour la cueillette des fruits; son chapel de fleurs de glaïeul est posé de travers, et l'une des grosses nattes de ses cheveux, d'un blond ardent, tombe déroulée sur son épaule à fossettes, aussi blanchette que rondelette; sa cotte est verte et ses bas roses; sa bouche friponne est encore empourprée du jus d'un gros raisin, non moins pourpre que ses lèvres; elle mordille une dernière fois à la grappe d'un petit coup de ses dents perlettes; puis, riant aux éclats, elle se jette aux pieds de Marphise qu'elle serre tendrement, et, avant d'être interrogée, s'écrie avec volubilité :

— Dame prêtre, mon bel ami n'est qu'un simple bachelier; mais il est si parfait, si beau, si plantureux! ah! (*elle fait claquer sa langue contre son palais*) qu'il mériterait d'être duc, roi, empereur ou pape! oui, pape et mieux encore, si c'était possible!

MARPHISE, *avec une vague appréhension.* — Et quel est le nom de ce modèle des amants, de cette merveille des galants?

URSINE. — Son nom, dame prêtre? (*mordillant de nouveau sa grappe de raisin*) son nom? Oh! pour sa vaillance, il devrait s'appeler : Vaillant! pour son charme : Charmant! pour sa constance : Constant! pour son amour : Cupidon!

MARPHISE. — Heureuse vous êtes, chère fille; la constance est rare en ces temps-ci de légereté et de tromperie!

URSINE, *avec emportement.* — Si mon amant s'avisait de m'être infidèle! jour de Dieu! je lui arracherais les yeux! Vingt fois sur sa harpe divine il m'a chanté sa fidélité... car il chante comme un cygne, mon bel ami! (*Fièrement.*) C'est Mylio le Trouvère!

Après cet aveu, Ursine se relève, et, bondissant comme un chevreau, va rejoindre ses compagnes. Marphise, soupirant et maugréant à part soi, appelle et confesse tour à tour FLORIE, HUGUETTE, DULCELINE, STÉPHANETTE, ALIX, EMMA, ARGENTINE, ADELINE. Mais, hélas! la voyez-vous la dame confesseuse? la voyez-vous? l'entendez-vous? — Et vous, chère fille, le nom de votre bel ami? — C'est Mylio. — Et vous? — Mylio! — Et vous? — Mylio! — Toujours et toujours Mylio! Toutes les douze n'ont à la bouche que ce damné nom de Mylio. La dame confesseuse; après avoir failli crever de jalousie, finit par rire de l'aventure, surtout lorsque la brunette Adeline, la dernière confessée, lui eut dit : — Moi, j'ai pour bel ami le plus glorieux des trouvères, le plus vaillant, le plus fidèle des amoureux, c'est vous nommer Mylio, dame prêtre.

MARPHISE, *riant toujours.* — Ah! pauvres amies, ci ces malins jongleurs, Adam le Bossu d'Arras, ou Audefroid le Bâtard, savaient notre histoire, demain elle se chanterait sur toutes les violes et courrait les châteaux! nous deviendrions la risée du monde entier!

ÉGLANTINE. — Que veux-tu dire?

LA CHANOINESSE. — Maintenant, décide, Marphise; combien en est-il parmi nous qui aient un clerc pour bel ami?

MARPHISE. — Pas une ! chère langoureuse !

ÉGLANTINE. — Et combien en est-il qui aient un chevalier pour bel ami, dame confesseuse?

MARPHISE. — Pas une ! (*Les onze femmes s'entre-regardent en silence et sont surprises.*) Ah ! chères amies, nous avons été indignement jouées ; nous avons toutes le même bel ami ! oui, ce scélérat de Mylio le Trouvère nous a trompées toutes les douze !

La révélation de Marphise jette d'abord la stupeur, puis le courroux dans la gentille assemblée ; ces belles n'ont pas eu, comme la dame d'Ariol, le loisir de s'habituer à la découverte et d'en philosopher. Toutes les bouches demandent vengeance ; la Chanoinesse invoque la justice de madame sainte Marie, mère de Dieu, contre la félonie de Mylio ; Églantine, dans son désespoir, s'écrie qu'elle se fera, dès le lendemain Bernardine... dans un couvent de Bernardins ; Ursine, arrachant son chapel de glaïeuls, le foule aux pieds et jure par ses jarretières qu'elle se vengera de cet effronté ribaud. Puis toutes se demandent par quel sortilége diabolique ce scélérat a pu si longtemps et si admirablement dissimuler son infidélité ; ce souvenir redouble la fureur des nobles dames ; Marphise, qui d'abord a ri de l'aventure, sent sa colère se ranimer et s'écrie : — Belles amies, notre cour d'amour tient demain justement son dernier plaid d'automne, le traître sera sommé de comparoir devant notre tribunal, à cette fin de s'y entendre juger et condamner, selon l'énormité de ses crimes ! La cour d'amour jugera le félon !

URSINE, *avec énergie.* — Non, non ! faisons-nous justice nous-mêmes ! la cour peut, en raison de certaines circonstances, se montrer d'une coupable indulgence envers ce monstre !

UN GRAND NOMBRE DE VOIX. — Ursine a raison. — Faisons-nous justice nous-mêmes ! — Vengeance ! vengeance !

LA CHANOINESSE, *avec onction.* — Chères sœurs, avant la rigueur, que n'essayons-nous de la persuasion ? Laissez-moi emmener Mylio loin d'un monde corrupteur, dans quelque profonde solitude, et là, si Dieu m'accorde sa grâce, j'espère amener le coupable à la repentance de ses fautes passées et à la pratique d'une fidélité exemplaire. Il faut avoir pitié de la faiblesse humaine.

URSINE. — Ouais, ma mie! afin qu'il pratique avec vous, sans doute, cette fidélité exemplaire? Voyez-vous la bonne âme! Non, non, ce scélérat nous a indignement trompées : justice et vengeance! ni grâce ni pitié pour une telle félonie!

Toutes les voix, moins celle de la miséricordieuse Chanoinesse, demandent, comme la comtesse Ursine: justice et vengeance.

MARPHISE. — Mes amies, nous serons vengées! Ce félon, ce soir même, m'a donné rendez-vous ici, au lever de la lune... voici le soleil couché, restons toutes céans; Mylio entrera dans le verger me croyant seule, et nous le tiendrons en notre pouvoir...

La proposition de Marphise est acceptée tout d'une voix, et au milieu des récriminations et des imprécations de toutes sortes, on entend l'endiablée comtesse Ursine prononcer d'une voix courroucée les noms du chanoine Fulbert et d'Abailard!

La nuit est venue, les étoiles brillent au ciel, la lune n'est pas encore levée; au lieu du riant verger de la marquise d'Ariol, vous voyez une des dernières maisons de Blois, et non loin de là un chêne touffu, à l'abri duquel dort sur le gazon un gros homme; on le prendrait pour Silène, s'il n'était vêtu d'un vieux surcot de drap brun taché de graisse et de vin, habit non moins dépenaillé que ses chausses de tiretaine jonquille; ses brodequins éculés ont pour cothurnes des ficelles ; son énorme bedaine, soulevée par des ronflements sonores, a fait craquer les boutons de corne de son surcot; son nez bourgeonné, informe, rugueux, montueux, a pris, comme son crâne pelé, la couleur vineuse du jus de la treille, dont ce dormeur a coutume de s'abreuver à flots. Près de lui, sur le gazon, est le chapel de feuilles de vigne dont il couvre le peu de cheveux gris qui lui restent; non loin du bonhomme est sa *Rotte,* vielle sonore qu'il sait faire chanter sous ses doigts agiles, car maître **Peau-d'Oie** (c'est son nom) est habile *jongleur;* ses chants bachiques ou licencieux sont sans pareils pour mettre en belle humeur les moines, les truands et les ribaudes. Si profond est le sommeil de ce dormeur, qu'il n'entend pas s'approcher de lui un nouveau personnage sortant de la dernière maison du faubourg ; ce personnage est **Mylio le Trouvère.**

Mylio a vingt-cinq ans; de sa figure, à quoi bon parler ? son portrait, ressemblant ou non, a été tracé par Marphise et ses compagnes; la stature du trouvère est robuste et élevée ; sur ses cheveux noirs bouclés, il porte, à demi rabattu, un camail écarlate, dont la pèlerine couvre ses larges épaules ; sa tunique blanche de fin drap de Frise, fermée sur sa poitrine par une rangée de boutons d'or, est brodée de soie écarlate au collet et aux manches ; de ces doubles manches, les unes, flottantes et tailladées, sont ouvertes un peu au-dessous de l'épaule; les autres, justes, sont serrées au poignet par des boutons d'or. A son ceinturon brodé pendent, d'un côté, une courte épée, de l'autre, une aumônière ; Mylio est depuis peu descendu de cheval, car au lieu d'être, selon la mode du temps, chaussé de souliers à longue pointe recourbée en forme de corne de bélier, il porte par-dessus ses chausses de grandes bottes de cuir jaune bordé de rouge qui lui montent jusqu'au milieu des cuisses. Tandis que *Peau-d'Oie,* toujours profondément endormi, ronfle avec sérénité, Mylio s'arrête à quelques pas du vieux jongleur et dit, soucieux et pensif :

— Je n'ai pu rencontrer à Amboise, d'où je viens, ce marchand lombard, et il n'est pas de retour ici ; le maître de l'auberge où il loge d'habitude prétend qu'il est allé à Tours pour y vendre ses soieries : j'attendrai son retour; comme il a quitté le Languedoc il y a deux mois, il m'apporte sans doute un message de mon frère Karvel.

Mieux que personne Karvel mérite ce nom de *Parfait* que donnent à leurs pasteurs ces Albigeois *hérétiques*, comme disent les prêtres. Ce n'est point par un vain orgueil que mon frère a accepté ce nom de *Parfait*! c'est pour s'engager solennellement à le justifier par sa vie; et dans cette vie, si admirablement remplie, quel concours lui apporte sa femme! bonne et douce *Morise!* non, jamais la vertu n'apparut sous des traits plus enchanteurs! Oui, Morise est parfaite comme mon frère est Parfait... (*Souriant.*) Et pourtant Karvel et moi nous sommes du même sang! Eh bien! après tout, ne puis-je me dire, avec cette modestie particulière aux trouvères... que je suis parfait dans mon espèce? Et puis, enfin, quoique amoureux fou de Florette, ne l'ai-je pas respectée?... (*Long silence.*) Ah! quand je compare cet amour ingénu à ces amours effrontés qui font aujourd'hui de la vieille Gaule un vaste lupanar... quand je compare à la vie stoïque de mon frère la vie d'aventures où l'ardeur de la jeunesse, le goût irrésistible du plaisir m'ont jeté depuis cinq ans, je me sens presque décidé à suivre cette bonne inspiration éveillée en moi par l'amour de Florette... (*Il réfléchit.*) Certes, en ces temps de corruption effrénée, pour peu qu'il ait quelque renom, autant d'audace que de libertinage, et qu'il soit un peu mieux tourné que mon ami Peau-d'Oie, que voilà ronflant comme un chanoine à matines, un trouvère courant les monastères de femmes, ou les châteaux dont les seigneurs sont à la croisade, n'a que le choix des aventures. Choyé, caressé, largement payé de ses chants par l'or et les baisers des châtelaines ou des abbesses, un trouvère n'a rien à envier aux prêtres ni aux chevaliers; il peut avoir à la fois une douzaine de maîtresses et se donner le régal des plus piquantes infidélités; joyeux oiseau de passage, lorsqu'il a fait entendre son gai refrain, il va, s'échappant d'un coup d'aile des blanches mains qui le retiennent, il va chanter ailleurs, sans souci de l'avenir, sans regret du passé; il a rendu baiser pour baiser, charmé les oreilles par ses chants, les yeux par son plumage... que lui veut-on de plus? Oui, de nos jours, en Gaule, ainsi va l'amour ! son emblème n'est plus la colombe de Cypris, mais le moineau lascif de Lesbie, ou le satyre de l'antique Ménade ! C'est le triomphe du Dieu Cupido et de dame Vénus!

Oh ! qu'il est doux de sortir de cette ardente bacchanale, pour rafraîchir son âme, pour reposer son cœur dans la pureté d'un chaste amour ! quel charme ineffable dans ce tendre respect dont on se plaît à entourer la confiante innocence d'une enfant de quinze ans ! (*Nouveau silence.*) Chose étrange ! lorsque je songe à Florette, toujours me revient la pensée de mon frère et de sa vie... de sa vie... qui fait honte à la mienne... Enfin, quoi que je décide, il faut cette nuit même enlever Florette au danger qui la menace. (*Bruit de cloches dans le lointain.*) On sonne le couvre-feu, il est neuf heures; la douce enfant ne m'attend qu'au lever de la lune. La marquise d'Ariol et la comtesse Ursine se passeront ce soir de ma visite; la tombée du jour m'aurait vu entrer chez l'une... et l'aube naissante sortir de chez l'autre. (*Riant.*)... C'était leur nuit... Éveillons Peau-d'Oie, j'aurai besoin de lui. (*Il l'appelle.*) Hé, Peau-d'Oie! Comme il ronfle ! il cuve son vin bu à crédit dans quelque cabaret. (*Il se baisse et le secoue rudement.*) Te réveilleras-tu, pendard ? Vieille outre gonflée de vin !

PEAU-D'OIE pousse d'abord des grognements sourds, puis il souffle, il renacle, il geint, il bâille, il se détire et se lève enfin sur son séant en se frottant les yeux.

MYLIO. — Je t'avais prié de m'attendre sous cet arbre !

PEAU-D'OIE se relève courroucé, ramasse son chapel de feuilles de vigne, le pose brusquement sur sa tête ; puis, prenant à côté de lui sa vielle, il en menace le trouvère en s'écriant: — Ah ! traître ! double larron ! quelle bombance tu m'as volée !

MYLIO. — Quelle bombance t'ai-je volée ? dom Bedaine !

PEAU-D'OIE. — Tu m'as réveillé au plus beau moment de mon rêve ! et quel rêve ! J'assistais au combat de *Carême* contre *Mardi-*

Gras! Carême, armé de pied en cap, s'avançait monté sur un saumon ; il avait pour casque une huître énorme, un fromage pour bouclier, une raie pour cuirasse, des oursins de mer pour éperons, et pour fronde une anguille tenant en guise de pierre un œuf farci entre ses dents!

MYLIO. — Telle est la gloutonnerie de ce messire goinfre, qu'en dormant il rêve de mangeaille !

PEAU-D'OIE. — Malheureux ! tu m'as arraché de la bouche des mets qui ne me coûtaient rien !... car, hélas ! si *Carême* était savoureusement armé, *Mardi-Gras* ne l'était pas moins : casqué d'un pâté de venaison dont un succulent paon rôti formait le cimier, *Mardi-Gras*, tout bardé de jambon, enfourchait un cerf dont les bois ramus étaient chargés de perdrix, et tenait pour lance une longue broche garnie de chapons rôtis ! (*S'adressant au trouvère avec un redoublement de fureur grotesque.*) Truand ! homme sans foi ni loi ! tu m'as éveillé au moment où *Carême* succombant sous les coups de *Mardi-Gras*, j'allais manger vainqueur et vaincu ! armes et armures ! tout ! manger tout !... jusqu'aux montures des combattants ! Ah ! de ma vie je ne te pardonnerai ta scélératesse...

MYLIO. — Calme-toi, je remplacerai ton rêve... par la réalité.

PEAU-D'OIE. — Corbœuf ! la belle avance ! manger les yeux ouverts, qu'y a-t-il là d'étonnant ? tandis que sans toi je mangeais en dormant ! Ah ! maudit sois-tu !

MYLIO. — Mais si je te donne de quoi baffrer durant tout un jour et toute une nuit, qu'auras-tu à me reprocher ?

PEAU-D'OIE, *gravement*. — Tu me fermes la bouche en promettant de la remplir, en me proposant de quoi baffrer !

MYLIO. — Veux-tu me rendre un service ?

PEAU-D'OIE. — Je suis glouton, ivrogne, joueur, libertin, menteur, tapageur, bavard, poltron ! mais, corbœuf ! je ne suis point ingrat ; jamais je n'oublierai que toi, Mylio, le brillant et célèbre trouvère, dont la harpe fait les délices des châteaux, tu as souvent partagé ta bourse avec le vieux Peau-d'Oie le Jongleur, dont l'humble vielle n'égaye que les cavernes hantées par les vagabonds, les serfs et les ribaudes ! Non, jamais je n'oublierai ta générosité, Mylio, et je te jure que tu peux toujours compter sur moi... Foi de Peau-d'Oie qui est mon nom de guerre.

MYLIO. — Ne sommes-nous pas confrères en la gaie science ? Ta joyeuse vielle, qui met en liesse les pauvres gens et leur fait oublier un moment leurs misères, ne vaut-elle pas ma harpe, qui amuse l'oisiveté libertine ou blasée des nobles dames ? Ne parlons pas des services que je t'ai rendus, mon vieil ami.

PEAU-D'OIE, *l'interrompant*. — En m'assistant, tu as fait plus que ton devoir ; jamais, non jamais je ne l'oublierai...

MYLIO. — Soit ! mais écoute moi...

PEAU-D'OIE, *d'un ton solennel*. — ... Lorsque Dieu créa le monde, il y plaça trois espèces d'hommes : les nobles, les prêtres et les serfs ; aux nobles il donna la terre, aux prêtres les biens des sots, et aux serfs de robustes bras pour travailler sans merci ni relâche au profit des nobles et des prêtres.

MYLIO. — Bien dit ; mais laisse-moi t'apprendre...

PEAU-D'OIE. — ... Les lots ainsi faits par le Tout-Puissant, il restait à pourvoir deux classes intéressantes entre toutes : les jongleurs et les ribaudes ; le seigneur Dieu chargea les prêtres de nourrir les ribaudes, et les nobles de nourrir les jongleurs. Donc ce n'est point à toi, qui n'es pas noble, de partager ta bourse avec moi... donc tu fais plus que ton devoir ; donc ceux qui manquent à leur mission divine envers les jongleurs, ce sont ces nobles dégénérés, ces ladres, ces crasseux, ces grippe-sou, ces cuistres, ces...

MYLIO. — Sang-Dieu ! me laisseras-tu parler à mon tour ?

PEAU-D'OIE, *d'un ton piteux et dolent*. — Ah ! le bon temps des jongleurs est passé ! Jadis on remplissait sans cesse leur escarcelle et leur ventre. Hélas ! nos pères ont mangé la viande, nous rongeons les os ! Maintenant, parle, Mylio, je serai muet comme ma mie *Gueulette*, la fille du cabaretier, quand je la prie d'amour, la cruelle ! parle, mon secourable compagnon, je t'écoute.

MYLIO, *avec impatience.* — As-tu fini ?

PEAU-D'OIE. — Tu m'arracherais la langue plutôt que de me faire dire un mot, un seul mot de plus ! ma mie Gueulette elle-même, cette friponne dont le nez est si camus et le corsage si plantureux...

MYLIO, *s'éloignant.* — Au diable le bavard !

PEAU-D'OIE court après le trouvère, et, imitant les gestes d'un muet, il lui jure sur sa vielle qu'il ne prononcera plus un mot.

MYLIO, *revenant.* — J'ai là, dans mon aumônière, dix beaux deniers d'argent ; ils seront à toi si tu me sers bien ; mais pour chaque parole superflue ce sera un denier de moins.

PEAU-D'OIE jure de nouveau par gestes sur sa vielle et sur son chapel de feuilles de vigne, qu'il restera muet.

MYLIO. — Tu connais Chaillot, le meunier de l'abbaye de Cîteaux ?

PEAU D'OIE fait un signe de tête affirmatif.

MYLIO, *souriant.* — Tudieu ! maître Peau-d'Oie, vous êtes ménager de vos deniers d'argent. Donc ce Chaillot, ivrogne fieffé, a pour femme Chaillotte, fieffée coquine ; accorte en son temps, elle faisait bonne fête aux moines de Cîteaux lorsqu'ils allaient collationner à son moulin ; seule elle n'aurait pu tenir tête à ces rudes buveurs, aussi mandait-elle à son aide quelques gentilles serves de l'abbaye. Il y a quinze jours, l'abbé Reynier, supérieur de Cîteaux...

PEAU D'OIE. — Si je ne craignais que cela me coûte un denier d'argent, je dirais que ce Reynier est le plus forcené ribaud, le plus méchant coquin que le diable ait tonsuré ! mais de peur de payer ces vérités de mon pécule, je reste muet !

MYLIO. — En faveur de la ressemblance du portrait, je te pardonne l'interruption ; mais ne recommence plus ! Or, cet abbé Reynier me dit, il y a quinze jours : « — Veux-tu voir un trésor de
« beauté rustique ? viens demain collationner avec nous au moulin
« de l'abbaye ; là se trouve une fillette de quinze ans ; sa tante la

« meunière l'a élevée à l'ombre pour en faire un jour un morceau
« d'abbé. Le moment viendra bientôt de croquer ce friand tendron ;
« je veux te faire juge de sa gentillesse. » — J'acceptai l'offre de
l'abbé : j'aime à voir en débauche ces moines, que je hais ; ils me
fournissent ainsi de bons traits pour mes satires. J'accompagnai
donc au moulin le supérieur et quelques-uns de ses amis ; grâce aux
provisions apportées de l'abbaye, la chère était délicate, le vin vieux,
les têtes se montent, et, à la fin du repas, cette infâme Chaillotte
amène triomphalement sa nièce, une enfant de quinze ans, jolie !
mais jolie !... une fleur de grâce et d'innocence... A sa vue, ces
ribauds enfroqués, échauffés par le vin, se lèvent en hennissant
d'admiration lubrique ; la pauvre petite, éperdue de frayeur, se recule brusquement, oubliant que derrière elle est ouverte une fenêtre sans appui et donnant sur la rivière du moulin...

PEAU-D'OIE, *d'un air apitoyé.* — Et la fillette tombe à l'eau ?

MYLIO. — Oui, mais heureusement je m'élance... Il était temps :
Florette, entraînée par le courant, allait être broyée sous la roue du
moulin au moment où je l'ai retirée de la rivière.

PEAU-D'OIE. — Dût-il m'en coûter mes dix deniers, je crierais à
pleins poumons que tu t'es conduit en garçon de cœur !

MYLIO. — Je ramène Florette sur la rive ; elle revient à elle ; je
lis dans son doux regard sa reconnaissance ingénue ; profitant du
temps que met l'infâme Chaillotte à venir nous rejoindre, je dis à
la pauvre enfant : — « On a sur toi des projets odieux ; feins, pen-
« dant le plus longtemps possible, d'être malade des suites de ta
« chute ; je veillerai sur toi. » — Puis, remarquant que nous nous
trouvions dans un clos entouré d'une charmille, j'ajoute : — « Après
« demain soir, lorsque ta tante sera couchée, si tu le peux, viens me
« trouver ici, je t'en apprendrai davantage. » — Florette me promit
tout ce que je voulus ; et le surlendemain elle était au rendez-vous...

PEAU-D'OIE. — Hé... hé... de sorte que tu as croqué le friand
morceau que ce coquin d'abbé se réservait ?

MYLIO. — Non j'ai respecté cette charmante enfant, elle m'a séduit par sa candeur; j'en suis amoureux, amoureux fou, et je veux l'enlever cette nuit même; voici pourquoi : Hier, j'ai rencontré l'abbé. — « Eh bien! — lui ai-je dit, — et cette jolie fille que
« toi et tes moines avez si fort effrayée qu'elle est tombée à l'eau?
« — Elle a été longtemps souffrante des suites de cette baignade,
« — m'a répondu l'abbé; — mais sa santé s'est rétablie, et avant
« la fin de la semaine, — a-t-il ajouté en riant. — j'irai manger
« une friture au moulin de Chaillotte. »

PEAU-D'OIE. — Ah! moine scélérat! c'est toi qui devrais frire dans la grande poêle de Lucifer! Or, si l'abbé Reynier t'a dit cela hier, c'est demain vendredi, après-demain samedi... il faut donc te hâter de soustraire cette innocente aux poursuites de ce bouc en rut!

MYLIO. — Lors de notre dernière entrevue, Florette m'a promis de se trouver à notre rendez-vous habituel cette nuit, au lever de la lune...

PEAU-D'OIE. — Consentira-t-elle à te suivre?

MYLIO. — J'en suis certain.

PEAU-D'OIE. — Alors, qu'as-tu besoin de moi?

MYLIO. — Il se pourrait que cette fois Florette n'ait pu échapper à la surveillance de sa tante pour venir à notre rendez-vous.

PEAU-D'OIE. — Ce serait fâcheux, car le temps presse; il me semble déjà entendre ce coquin d'abbé rugir après sa friture...

MYLIO. — Aussi est-il indispensable que je voie Florette ce soir. J'avais prévu la possibilité d'un empêchement, voici mon projet, dont j'ai prévenu la chère enfant : Le meunier Chaillot se couche ivre chaque soir; or, si Florette, n'ayant pu sortir de la maison, manquait au rendez-vous, tu irais frapper bruyamment à la porte du moulin; Chaillot, ivre comme une brute, ne quittera certes pas son lit pour venir voir qui frappe, et...

PEAU-D'OIE, *se grattant l'oreille*. — Tu es très-certain que ce Chaillot ne se relèvera point?

MYLIO. — Oui, et lors même qu'il se relèverait...

PEAU D'OIE. — C'est que, vois-tu, ces meuniers ont la détestable habitude d'être toujours escortés d'un chien monstrueux...

MYLIO. — Maître Peau-d'Oie, je vous ai déjà pardonné des interruptions qui auraient dû réduire de beaucoup vos dix deniers, laissez-moi achever; s'il ne vous convient point de me prêter votre aide, libre à vous, lorsque je vous aurai confié mon projet. (*Peau-d'Oie jure de rester muet.*) Donc, si Florette manque au rendez-vous, tu iras frapper rudement à la porte de clôture du moulin; de deux choses l'une : ou la meunière, voyant l'ivresse de son mari se lèvera pour aller demander qui frappe, ou elle y enverra Florette ; dans le premier cas la chère enfant, c'est convenu entre elle et moi, profite de l'absence de sa tante et accourt me rejoindre ; dans le second cas Florette, ayant un prétexte pour sortir de la maison, vient encore me retrouver, au lieu d'aller voir qui frappe à la porte... Maintenant, supposons que par miracle Chaillot, ne s'étant pas couché ivre, vienne demander qui va là? (*Peau-d'Oie imite l'aboiement d'un chien.*) Oui, je vous comprends, messire poltron, Chaillot vient avec son chien, et de ce chien vous avez grand'peur, hein ? (*Peau-d'Oie fait un signe affirmatif en frottant le derrière de ses chausses.*) Mais ne savez-vous pas, dom couard, que la nuit, de crainte des larrons, les habitants des maisons isolées n'ouvrent jamais tout d'abord leur porte? qu'ils demandent, à travers l'huis, ce qu'on leur veut? vous n'aurez donc rien à redouter de ce terrible chien; vous direz seulement à Chaillot que vous désirez sur l'heure parler à sa femme de la part d'un moine de Cîteaux; le meunier courra chercher sa digne compagne; elle s'empressera de venir, car la vieille entremetteuse a toujours plus d'un secret avec ces papelards, et alors je me fie à votre faconde, seigneur jongleur, pour expliquer le but de votre visite nocturne et retenir le plus longtemps possible Chaillotte à la porte par le charme irrésistible de vos balivernes.

PEAU-D'OIE. — Vénérable matronne ! — dirai-je à la meunière,

— je viens frapper à votre porte pour vous offrir mes petits services : je sais casser des œufs en marchant dessus, vider un tonneau par sa bonde, faire rouler une boule et éteindre une lampe en la soufflant... Avez-vous besoin de coiffes pour vos chèvres ? de gants pour vos chiens ? de souliers pour vos vaches ? Je sais fabriquer ces menus objets... je sais encore...

MYLIO. — Je ne doute pas de ton éloquence, réserve-la pour Chaillotte. Voilà donc mon projet, veux-tu m'aider ? Si tu y consens, ces dix deniers d'argent sont à toi.

PEAU-D'OIE. — Donne... donne... cher et tendre ami.

MYLIO, *lui mettant l'argent dans la main.* — Les voilà.

PEAU-D'OIE *saute, gambade, trémousse son énorme bedaine en faisant tinter l'argent dans sa main. Il suit Mylio en disant :* — O dom argent ! bénis sois-tu, dom argent ! avec toi l'on achète cottes de femmes et absolutions ! chevaux gascons et abbayes ! belles damoiselles et évêchés ! O dom argent ! montre seulement un coin de ta face reluisante et aussitôt, à ta poursuite, l'on voit trotter les ribaudes, courir les boiteux ! (*Il chante en dansant.*)

« Robin m'aime, Robin m'a !
« Robin me demande, il m'aura !
« Robin m'acheta une cotte
« D'écarlate bonne et belotte.
« Robin m'aime, Robin m'a !

(Peau-d'Oie, sautant et chantant, suit Mylio, qui prend à travers les arbres un sentier conduisant au moulin de Chaillot.)

Après l'escarboucle étincelante, l'humble violette cachée sous la mousse. Vous avez assisté, fils de Joël, au divertissement libertin des nobles dames réunies dans le verger de la marquise d'Ariol ; oubliez les arbres rares, les fleurs cultivées avec soin, les bassins de marbre ; oubliez ces magnificences pour le spectacle agreste qui s'offre à vos yeux ; voyez : la lune s'est levée dans l'azur du ciel étoilé, elle éclaire de ses rayons une saulaie ombreuse, sous laquelle coule et murmure un ruisseau formé par le trop-plein des eaux retenues pour le service du moulin de Chaillot ; le murmure de cette onde courant et bruissant sur un lit de cailloux, puis, de temps à autre, le chant mélodieux du rossignol, sont l'harmonie de cette belle nuit, embaumée par le parfum du thym sauvage, des iris et des genêts. Une enfant de quinze ans, c'est Florette, est assise au bord du ruisseau, sur le tronc renversé d'un vieux saule ; un rayon de la lune, perçant la voûte ombreuse, éclaire à demi la figure de la fillette : ses longs cheveux châtains, séparés sur son front virginal, tressés en deux longues nattes, traînent jusque sur le gazon ; pour tout vêtement elle porte une vieille jupe de serge verte pardessus sa chemise de grosse toile grise, fermée à la naissance de son sein virginal par un bouton de cuivre ; ses jolis bras sont nus comme ses jambes et ses pieds, que caresse l'onde argentée du ruisseau ; car, pensive et pleurante, Florette s'est assise là, sans s'apercevoir que ses pieds trempaient dans l'eau. Vous avez vu, fils de Joël, les beaux ou charmants visages des nobles amies de la marquise d'Ariol : mais aucune d'elles n'était douée de cette grâce pudique et touchante qui donne aux traits ingénus de Florette un charme inexprimable ; n'est-ce pas le fruit dans sa prime-fleur, lorsque au matin, à demi-caché sous la feuille humide de la rosée nocturne, il offre à vos yeux ravis cette fraîcheur vaporeuse que le plus léger souffle peut ternir ? Telle est *Florette la Filaresse*. Laborieuse enfant, de l'aube au soir, et souvent la nuit, à la clarté de sa petite lampe, elle file, file et file encore le lin et le chanvre, du bout de ses doigts mignons, non moins déliés que son fuseau. Toujours enfermée dans un réduit obscur, le teint pur et blanc de cette jeune serve n'a pas été brûlé par l'ardeur du soleil ; le dur travail des champs n'a pas déformé ses membres délicats. Florette est là, tellement absorbée dans sa tristesse, qu'elle n'entend pas au loin un léger bruit à travers la charmille dont est entouré l'enclos du moulin ; oui, si chagrine, si rêveuse est Florette, qu'elle ne voit pas Mylio qui, ayant escaladé la haie, s'avance avec précaution, regardant de çà, de là, comme s'il cherchait quelqu'un ; puis, apercevant la jeune fille, qui, toujours assise, lui tourne le dos, il s'approche sans être entendu d'elle, et souriant lui pose doucement ses deux mains sur les yeux ; mais, sentant couler sous ses doigts les larmes de la serve, il saute par-dessus le tronc de l'arbre, s'agenouille devant elle, et lui dit d'une voix inquiète et attendrie : — Tu pleures, ma belle enfant?

FLORETTE, *essuyant ses yeux et souriant.* — Vous voilà, Mylio ; je vais essayer de ne plus pleurer.

MYLIO. — Je craignais de ne pas te trouver à notre rendez-vous ; mais me voici près de toi, j'espère calmer ton chagrin. Dis, chère enfant, de ce chagrin, quelle est la cause?

FLORETTE. — Ce soir, ma tante Chaillotte m'a donné une jupe neuve, une gorgerette de fine toile, et m'a apporté du muguet et des roses, afin que je me tresse un chapel fleuri.

MYLIO. — Ces apprêts de parure ne doivent pas avoir fait couler tes larmes?

FLORETTE. — Hélas ! ma tante veut ainsi me parer parce que demain le seigneur abbé vient au moulin...

MYLIO. — Quoi ! cette infâme Chaillotte...

FLORETTE. — Ma tante m'a dit : « Si le seigneur abbé te prie d'a-« mour, tu dois te livrer à lui. »

MYLIO. — Et qu'as-tu répondu?

FLORETTE. — Que j'obéirais...

MYLIO. — Tu consentirais?...

FLORETTE. — Je ne voulais pas irriter ce soir ma tante par un refus ; elle a été sans défiance, et j'ai pu me rendre ici.

MYLIO. — Mais demain? lorsque l'abbé viendra?...

FLORETTE. — Demain vous ne serez plus là, comme il y a quinze jours, Mylio, pour venir à mon secours, et m'empêcher d'être écrasée sous la roue du moulin...

MYLIO. — Que veux-tu dire?

FLORETTE. — Il y a quinze jours, par frayeur des seigneurs moines, je suis tombée à l'eau sans le vouloir... demain, c'est volontairement que je me jetterai dans la rivière. — (*La jeune fille essuie ses larmes du revers de sa main; puis, tirant de son sein un petit fuseau de buis, elle le donne au trouvère.*) —Serve et orpheline, je ne possède rien au monde que ce fuseau ; pendant six ans, pour gagner le pain que ma tante m'a souvent reproché, ce fuseau a roulé de l'aube au soir entre mes doigts, mais depuis quinze jours, il s'est arrêté plus d'une fois, lorsque j'interrompais mon travail en pensant à vous, Mylio... à vous qui m'avez sauvé la vie... Aussi, je vous le demande comme une grâce, conservez ce fuseau en souvenir de moi, pauvre serve si malheureuse.

MYLIO, *les larmes aux yeux et pressant le fuseau de ses lèvres.* — Cher petit fuseau, compagnon des veillées solitaires de la pauvre filaresse, qui lui a gagné un pain bien amer ! toi que, rêveuse, elle a souvent contemplé suspendu à un fil léger... cher petit fuseau, je te garderai toujours, tu seras mon trésor le plus précieux ! — (*Il ôte de ses doigts plusieurs riches bagues d'or ornées de pierreries et les jette dans l'eau du ruisseau qui coule à ses pieds.*)

FLORETTE, *avec surprise.* — Pourquoi jeter ces bagues?

MYLIO. — Allez, allez, souvenirs honteux d'une vie mauvaise ! gages éphémères d'un amour changeant comme le flot qui vous emporte ! allez, je vous préfère le fuseau de Florette !

FLORETTE *prend les mains du trouvère, les baise en pleurant et murmure :* — O Mylio ! je mourrai contente !

MYLIO, *la serrant dans ses bras.* — Mourir ! toi mourir, chère et douce enfant ! oh ! non, non. Veux-tu me suivre ?

FLORETTE, *tristement.* — Vous vous raillez de moi.

MYLIO. — Veux-tu m'accompagner ? Je connais à Blois une digne femme chez laquelle je te conduirai ; tu resteras cachée dans sa maison deux ou trois jours, ensuite nous partirons pour le Languedoc, où je vais rejoindre mon frère. Durant le voyage tu seras ma sœur, et à notre arrivée tu deviendras ma femme ; mon frère bénira notre union. Veux-tu te confier à moi ? veux-tu me suivre à l'instant ? veux-tu venir dans mon pays, près de mon frère ?

FLORETTE *a écouté le trouvère avec une surprise croissante, elle passe ses deux mains sur son front, puis elle dit d'une voix tremblante :* — Je ne rêve pas ?... c'est vous qui me demandez si je veux vous suivre ? si je consens à devenir votre femme ?

MYLIO *s'agenouille devant la jeune serve, prend ses deux mains et répond d'une voix passionnée :* — Oui, douce enfant, c'est moi qui te dis : viens, tu seras ma femme ! Veux-tu être à Mylio ?

FLORETTE. — Si je le veux ! quitter l'enfer pour le paradis !

MYLIO *se relève vivement et tend l'oreille du côté de la charmille.* — C'est la voix de Peau-d'Oie, il crie à l'aide ! Que se passe-t-il ?

FLORETTE, *joignant les mains avec désespoir.* — Ah ! je le disais bien, c'était un rêve !

MYLIO *tire son épée, prend la main de la jeune fille.* — Suis-moi, chère enfant, ne crains rien.

Le trouvère s'avance rapidement vers la charmille, tenant toujours par la main Florette, qui le suit ; les cris de Peau-d'Oie redoublent à mesure que Mylio s'approche de la haie qui entoure le jardin du moulin, et derrière laquelle il fait cacher Florette, lui recommandant de rester immobile et muette ; puis il franchit la clôture et voit, à la clarté de la lune, le jongleur haletant, soufflant et se colletant avec un homme, dont les traits sont cachés par le capuchon de sa chape brune. A l'aspect de Mylio accourant à son secours, Peau-d'Oie redouble d'efforts et parvient à renverser son adversaire ; abusant alors de sa pesanteur énorme et contenant facilement sous lui l'homme à la chape, le jongleur, mis hors d'haleine par cette lutte, se repose, se vautre, s'étend, se goberge sur le vaincu, qu'il écrase, et qui murmure d'une voix à la fois courroucée et suffoquée : — Misérable... truand... tu... m'étouffes...

PEAU-D'OIE, *d'une voix encore haletante.* — Ouf! après la victoire, qu'il est délectable, qu'il est glorieux de se reposer sur ses lauriers ! Victoire, victoire, Mylio !...

L'HOMME A LA CHAPE. — Je meurs... sous cette montagne de chair! au secours... à l'aide... au secours !... à l'aide !...

MYLIO. — Mon vieux Peau-d'Oie, jamais je n'oublierai le service que tu m'as rendu. Ne bouge pas, maintiens toujours notre homme, empêche-le de se lever et de fuir.

PEAU-D'OIE, *prenant de plus en plus ses aises sur le corps de son adversaire.* — Je voudrais bouger que je ne pourrais point, tant je suis essoufflé ; je me trouve, d'ailleurs... assez commodément.

L'HOMME A LA CHAPE. — A l'aide ! au meurtre ! ce gueux me brise les côtes !... au secours !...

MYLIO, *se baissant vivement.* — Je connais cette voix... — (*Il écarte le capuchon qui cache les traits du vaincu et s'écrie :*) — L'abbé Reynier !... le supérieur de l'abbaye de Cîteaux !...

PEAU-D'OIE, *faisant un brusque mouvement qui arrache au moine un gémissement plaintif.* — Un abbé ! j'ai pour couche un abbé ! Corbœuf ! si je m'endors, je rêverai de friandes nonnettes !

MYLIO, *au moine.* — Ah! ah! dom ribaud! mordu par votre luxurieux appétit, vous n'avez pu attendre jusqu'à demain pour manger ce savoureux plat de friture dont vous me parliez hier? Oui, la faim vous pressant, vous alliez cette nuit même vous introduire chez cette infâme Chaillotte, certain qu'elle vous servirait à toute heure un plat de son honnête métier ! Ah ! ah ! messire Priape ! vous voici comme un renard pris sous l'assommoir !

PEAU-D'OIE. — J'étais caché dans l'ombre, j'ai vu ce dom ribaud s'avancer vers la charmille, se préparer à l'escalader; alors, en vrai César, j'ai fondu sur lui et j'y fonds encore... car je suis en eau...

L'ABBÉ REYNIER, *gémissant toujours sous le poids de Peau-d'Oie.* — Ah! vils jongleurs! vous payerez cher vos outrages...

MYLIO. — Tu dis vrai, Reynier, abbé supérieur des moines de Cîteaux de l'abbaye de Saint-Victor! demain il fera jour, et ce jour éclairera ta honte... Vous autres tonsurés, forts de votre hypocrisie, de votre toute-puissance et de l'hébétement des sots, vous terrifiez les simples et les poltrons; mais mon vaillant ami Peau-d'Oie et moi nous ne sommes ni poltrons ni simples; nous aussi, nous avons notre puissance! Or, retiens ceci, dom ribaud : si tu as l'audace de vouloir nous causer quelque dommage pour l'aventure de cette nuit, nous la mettrons en chanson, Peau-d'Oie pour les tavernes, moi pour les châteaux, et pardieu! d'un bout à l'autre de la Gaule on chantera le *Lai* de « Reynier, abbé de Cîteaux, allant de nuit « manger une friture chez Chaillotte la meunière. »

PEAU-D'OIE. — Grand friturier de tendrons! et fie-toi à moi pour assaisonner de gros sel la plantureuse friture de l'abbé de Cîteaux!

L'ABBÉ REYNIER, *d'une voix toujours étouffée.* — Vous êtes des scélérats... je suis à votre merci... je vous promets le silence... Mais, Mylio, tu ne veux pas ma mort?... ordonne donc à ce monstrueux coquin de bouger.... je suffoque...

MYLIO. — Pour te punir d'avoir rêvé un paradis d'amour, fais encore un peu ton purgatoire, mon pudique moine. Toi, Peau-d'Oie, maintiens-le jusqu'à ce que j'aie crié : Bonsoir, dom ribaud. Alors tu te soulèveras, et le seigneur renard pourra s'échapper l'oreille basse et regagner son saint terrier; voici mon épée pour contenir ce modèle de chasteté monacale, s'il tentait de se rebeller contre toi. Demain matin, mon vaillant César, je te dirai mes projets.

PEAU-D'OIE *prend l'épée, se soulève, et, changeant de posture, s'assied sans plus de façon, et en plein, sur le ventre du supérieur de l'abbaye de Cîteaux; puis, le tenant en respect avec la pointe de l'épée, il dit :* — Va, Mylio, j'attends le signal.

Le trouvère rentre dans le jardin, et bientôt en sort avec Florette, qu'il a enveloppée de son manteau; il la prend entre ses bras, afin de l'aider à franchir la haie, puis les deux amoureux se dirigent rapidement vers un chemin ombragé de grands arbres, par lequel ils disparaissent. A la vue de la jeune serve, qu'il a reconnue, l'abbé Reynier pousse un soupir de regret et de rage, soupir rendu doublement plaintif par la pression du poids du jongleur, qui, toujours assis sur le ventre du moine, essaye de charmer ses loisirs en lui chantant ce *tenson* de sa façon :

> « Quand florit la violette,
> « La rose et le glayol,
> « Quand chante le rossignol,
> « Je sens ardre l'amourette,
> « Et fais chanson joliette
> « Pour l'amour de ma miette,
> « Pour l'amour de ma Gueulette. »

L'ABBÉ REYNIER, *d'une voix défaillante.* — Ce truand... me... crève les entrailles... me fait rendre l'âme... MYLIO, *dans le lointain.* — Bonsoir, dom ribaud !

PEAU-D'OIE, *à l'abbé, en se soulevant péniblement d'une main, et de l'autre menaçant toujours le moine de la pointe de l'épée en s'éloignant à reculons.* — Bonsoir, dom ribaud ! voici la moralité de l'aventure :
« Souvent celui-là qui met le poisson en poêle... le voit manger
« par autrui. »

La nuit et les deux tiers du jour se sont passés depuis les aventures de la veille. Vous voyez une longue avenue d'arbres odoriférants conduisant à la COUR D'AMOUR, autrement dite *le plaid sous l'ormeau;* ce plaid se tient dans le jardin du château d'Églantine, vicomtesse de Séligny ; de chaque côté de l'avenue, des fossés, entourés de balustres de pierre, sont remplis d'une eau limpide où nagent des cygnes et d'autres beaux oiseaux aquatiques. Tous amoureusement unis par couples, ils sillonnent les eaux avec grâce; les poissons du canal, brillants de pourpre et d'or, les oiseaux jaseurs, qui volettent d'arbre en arbre, sont aussi réunis par couples; un pauvre tourtereau dépareillé, perché au faîte d'un arbre desséché, gémit seul d'un ton plaintif. Cette longue allée, coupée par le pont du canal, aboutit à une pelouse de gazon émaillé de mille fleurs, au milieu de laquelle s'élève un magnifique ormeau formant un dôme épais, impénétrable aux rayons du soleil; sous cet ormel se tient la cour d'amour, tribunal libertin, qui prend aussi le nom de *Chambre des doux engagements;* il est présidé par une *Reine de beauté,* représentant VÉNUS. Cette reine, c'est Marphise, marquise d'Ariol; les autres dames-juges sont : Déliane, chanoinesse de Nivelle, Églantine, vicomtesse de Séligny, et Huguette de Montreuil; les hommes-juges de la cour d'amour sont d'abord : *dom Hercule, seigneur de Chinon,* redoutable chevalier, borgne, laid, mais, dit-on, fort recherché des femmes; il porte une riche tunique à manches flottantes, et, sur sa chevelure noire et crépue, un chapel de glaïeuls orné de rubans roses; vient ensuite *Adam le Bossu d'Arras,* trouvère renommé par ses chants licencieux, petit, bossu par-derrière, et par-devant; ses yeux pétillent de malice, il ressemble à un vieux singe; puis maître *OEnobarbus,* le rhéteur théologal, célèbre par l'orthodoxie de ses controverses religieuses contre l'Université de Paris. Ce disputeur illustre est un homme sec, bilieux, chauve, et cependant il fait le joliet, clignote des yeux, contourne sa bouche en cœur et farde ses joues creuses; il porte une tunique de soie vert tendre, et son chapel de pâquerettes et de violettes ne cache qu'à demi son vilain crâne pelé, couleur de citrouille; le dernier juge masculin est *Foulques, seigneur de Bercy,* récemment de retour de la Terre sainte; son visage bronzé, cicatrisé, témoigne de ses vaillants services outre-mer; il est jeune, grand, et malgré son air quelque peu féroce, sa figure est belle.

Des guirlandes de fleurs, des lacs de rubans, suspendus à des piliers peints et dorés, marquent l'enceinte du tribunal; au delà se tient une foule brillante et choisie : nobles dames et chevaliers, abbés et abbesses des monastères voisins, pages malins et écuyers railleurs se sont rendus à ce plaid amoureux. Parmi cette foule se trouvent les onzes compagnes de Marphise, qui, la veille, ont partagé sa collation, et ont juré comme elle de se venger de Mylio le Trouvère, qui a échappé à leurs mauvais desseins en manquant le soir au rendez-vous qui l'appelait dans le verger de Marphise. La pétulante et rancuneuse petite comtesse Ursine, la plus forcenée de toutes ces belles courroucées, ne peut se tenir un moment en place; elle va, elle vient de l'une à l'autre de ses amies d'un air affairé, irrité, parlant à l'oreille de celle-ci, faisant un signe à celle-là, et de temps à autre échangeant un regard d'intelligence avec Marphise, la présidente du tribunal. Deux grands poteaux couverts de feuillages et de fleurs, surmontés de bannières de soie où sont peintes d'un côté *Vénus*, et de l'autre son fils Cupidon indiquent l'entrée de la cour d'amour. Là se tient *Giraud de Lançon*, noble chevalier, portier de la *chambre des doux engagements;* il ne laisse entrer nulle requérante sans exiger pour péage un beau baiser; en dedans de l'enceinte, se tiennent aux ordres du tribunal, Guillaume, seigneur de Lamotte, *Conservateur des hauts priviléges d'amour;* Lambert, seigneur de Limoux, *Bailli de la joie des joies;* Hugues, seigneur de Lascy, *Sénéchal des marjolaines*, et comme tel introducteur des plaideuses, desquelles il a aussi le droit, de par sa charge, d'exiger un beau baiser; de plus il est tenu d'assister le *Bailli de la joie des joies* pour enchaîner les condamnés avec des lacs de rubans et de fleurs, et les conduire à la prison d'amour, sombre tonnelle de verdure garnie de lits de mousse, située dans un lieu écarté du jardin. C'est au fond de cet ombreux et frais réduit que s'exécutent souvent, sur l'heure et à huis-clos, les arrêts prononcés contre les amants par la chambre des doux engagements, arrêts ordonnant : raccommodements savoureux ou expiations plantureuses.

Telles sont les mœurs des nobles hommes, tels sont les passe-temps et les distractions des nobles dames en ces temps-ci. Fils de Joël, écoutez, regardez, mais ne vous étonnez pas si parfois votre cœur se soulève d'indignation ou de dégoût.

Bientôt la foule fait silence; Marphise, la présidente, ouvre une cage à treillis d'or placée près d'elle; deux blanches colombes s'en échappent, volettent un moment, puis vont se percher sur l'une des branches de l'ormel, où elles se becquettent amoureusement; ce vol des colombes annonce l'ouverture du plaid.

MARPHISE *se levant.* — Que notre conservateur des hauts privi-léges d'amour appelle les causes qui doivent venir aujourd'hui par-devant la chambre des doux engagements.

GUILLAUME DE LAMOTTE, *lisant sur un parchemin orné de faveurs bleues et roses :* — *Aigline,* haute et noble dame de la Roche-Aubert, chanoinesse de Mons-en-Puelle, demanderesse contre *sœur Agnès,* religieuse bernardine.

Les deux plaideuses sortent de la foule et s'approchent de l'enceinte du tribunal, conduites par le *Sénéchal des marjolaines.* La chanoinesse *Aigline* est belle et grande, son air est impérieux. Elle s'avance, fière et superbe, vêtue d'une longue robe écarlate bordée d'hermine; sa démarche délibérée, son regard noir, brillant et hardi, sa beauté altière, contrastent singulièrement avec l'humble attitude de son adversaire, *sœur Agnès la Bernardine;* celle-ci porte une simple robe de bure grise, luisante et proprette, qui, malgré sa coupe austère, trahit le léger embonpoint de la nonnette; un voile de lin, blanc comme la neige, encadre son visage éclatant de fraîcheur et de santé; ses joues dodues et vermeilles sont duvetées comme une pêche; un sourire, à la fois béat et matois, effleure sa bouche, quelque peu grande, mais d'un humide incarnat et meublée de dents perlées; ses grands yeux bleus, amoureux, mais dévotement baissés, son allure de chatte-mite, rasant la fine pelouse, presque sans faire tressaillir les plis de sa robe, font de sa jolie personne une des plus appétissantes nonnains dont le sein ait jamais soupiré sous la guimpe et dans les oratoires des couvents.

Au moment où la svelte et hautaine chanoinesse, accompagnée de la modeste et rebondie petite sœur grise, passe devant Giraud de Lançon, grand diable au teint basané, à l'œil de feu, préposé à la porte du prétoire amoureux, il réclame des deux plaideuses son droit de péage : un beau baiser. La superbe Aigline jette ce baiser avec le dédaigneux orgueil d'un riche qui fait l'aumône à un pauvre ; sœur Agnès, au contraire, acquitte son péage avec tant de conscience et de suavité, que les yeux du portier brillent soudain comme des charbons ardents. La chanoinesse et la bernardine entrent dans l'enceinte réservée aux plaideurs. Aigline s'avance résolûment au pied du tribunal, et, après s'être à peine inclinée, comme si cette preuve de déférence eût fort coûté à son orgueil, elle s'adresse ainsi, d'une voix sonore, à Marphise, trônant au lieu et place de Vénus, reine des amours :

— Gracieuse reine, daigne nous écouter, reçois avec bonté les plaintes de sujettes fidèles qui, jusqu'ici, ardentes pour ton culte, promettent de conserver toujours le même zèle. Longtemps tout ce qui était noble et preux se faisait gloire de nous aimer, nous autres chanoinesses ; mais voilà qu'aujourd'hui les nonnes grises, les bernardines, s'efforcent de nous enlever nos amis ; elles sont agaçantes, complaisantes, n'exigent ni soins, ni patients dévouements ; aussi les hommes ont-ils parfois la bassesse de les préférer à nous autres femmes nobles. Nous venons donc, gracieuse reine, te supplier de réfréner l'insolence des bernardines, afin que désormais elles ne puissent plus prétendre à ceux qui sont faits pour nous, et pour qui nous sommes faites.

La bernardine, à son tour, s'approche si timidement, si modestement, ses mains blanchettes si pieusement jointes sur son sein rondelet, que tous les cœurs sont pour elle avant qu'elle ait parlé ; puis, au lieu de s'incliner à demi devant le tribunal, comme son accusatrice, la petite sœur grise, avec humilité, s'agenouille, et, sans même oser lever ses beaux yeux bleus, elle s'adresse ainsi à Marphise, d'une voix douce et perlée :

— Reine aimable et puissante, au service de qui nous sommes vouées pour la vie, nous autres pauvres bernardines, je viens d'entendre le reproche de nos fières ennemies... Quoi ! le Dieu tout-puissant ne nous a-t-il pas aussi créées pour aimer? n'en est-il pas parmi nous d'aussi belles, d'aussi savoureuses que parmi ces chanoinesses si superbes? L'hermine et l'écarlate ornent leurs habits, et les nôtres n'ont, dans leur simplicité, d'autre luxe que la propreté, j'en conviens ; mais, en récompense, nous avons des soins, des prévenances, des gentillesses qui valent bien, ce me semble, une belle robe. Les chanoinesses prétendent que nous leur enlevons leurs amis?... Non, non, c'est leur fierté seule qui les écarte ; aussi, attirés par notre angélique douceur, viennent-ils à nous. Plaire sans exigences, charmer sans dominer, offrir un amour humble, mais fervent et désintéressé, voilà tout notre art. O aimable reine! est-ce notre faute si nos adversaires ne pratiquent point cet art si simple?

AIGLINE LA CHANOINESSE, *avec emportement*. — Eh quoi ! ces servantes des pauvres ajoutent l'insulte à l'arrogance ! Certes, celui-là doit bien rougir de son goût, qui préfère à nous ces bernardines, avec leur cotte grise et leurs niais commérages de couvent. Sans leurs agaceries impudentes et obstinées, quel chevalier songerait à elles ? Des provocations effrontées, tel est donc le secret de leur pouvoir, puisqu'il faut te le dire, ô reine, à la honte de l'amour dont tu es la mère, à la honte de l'amour qui gémit de voir ainsi se dégrader, par la bassesse de leurs attachements, tant de nobles cœurs qui nous appartiennent. (*S'adressant impérieusement à la petite sœur grise.*) Allez, ma mie ! vous avez vos moines mendiants et vos frères convers, que cela vous suffise ; gardez-les ; ils feraient piètre mine dans nos moutiers de Maubeuge, de Mons ou de Nivelle, rendez-vous de la belle et galante compagnie ; mais n'élevez point vos prétentions jusqu'aux chevaliers, aux princes de l'Église, aux nobles, aux chanoines et aux abbés, je vous le défends !

LA BERNARDINE, *avec un accent doucereusement aigrelet*. — Vous en revenez toujours à nos cottes grises ! Certes elles ne valent pas vos belles robes écarlates; aussi n'est-ce point en cela que nous nous comparons à vous, nobles chanoinesses; mais nous pensons au moins vous égaler par le cœur, la jeunesse et la fraîcheur. C'est au nom de ces humbles agréments que nous croyons posséder, c'est au nom de la ferveur avec laquelle nous avons toujours desservi tes autels, ô aimable reine, que nous te conjurons de nous accorder bénéfice d'amour, à nous bernardines, requérant qu'il plaise à la cour de repousser l'injuste prétention des chanoinesses, et que, par arrêt de la chambre des doux engagements, ces insatiables demanderesses se voient et demeurent à jamais... déboutées.

La petite sœur grise, après avoir prononcé avec énergie les derniers mots de son plaidoyer, s'incline modestement devant la cour. Aussitôt de bruyantes discussions s'engagent dans l'auditoire ; les opinions sont partagées : les uns approuvent le fier accaparement auquel aspirent les chanoinesses; d'autres, au contraire, soutiennent que les bernardines ont pour elles le bon droit, en ne voulant pas se laisser déposséder des amis qu'elles ont gagnés par leur douceur et leur bonne grâce. Marphise, après avoir consulté le tribunal, prononce l'arrêt suivant, au milieu d'un religieux silence :

— Vous, chanoinesses, et vous, bernardines, vous venez ici chercher un jugement rendu au nom de la déesse d'amour, dont je suis l'indigne représentante ; voici l'arrêt qu'elle me dicte en son nom : C'est moi, Vénus, qui fais aimer; il n'est aucune créature dans la nature à qui je n'inspire des désirs : poissons, oiseaux, quadrupèdes, obéissent à mon empire; mais l'animal ne suit que son instinct, l'homme est le seul à qui Dieu ait octroyé le don de choisir. Ainsi, quels que soient ces choix, je les approuve, pourvu qu'ils soient guidés par l'amour. A mes yeux, la serve et la fille du monarque sont égales pourvu qu'elles soient jeunes, belles, et qu'elles aiment loyaument et plantureusement. Chanoinesses aux manteaux d'hermine et aux robes de pourpre, j'ai toujours chéri vos services; vos riches atours, vos belles grâces, votre esprit orné, votre antique noblesse vous attireront constamment des amis; conservez-les, mais ne chassez pas de ma cour amoureuse ces pauvres bernardines qui me servent, dans leurs humbles moutiers, avec tant d'ardeur, de zèle et de constance. Vous les primez par la parure; le lait et l'eau de rose donnent à votre teint une suave blancheur; l'incarnat du fard vermillonnant vos joues rend plus brillant encore le feu de vos regards; les parfums d'Orient embaument vos cheveux élégamment tressés; sans cesse entourées par la fleur de la chevalerie et de l'Église, habituées aux recherches du langage et de la fine galanterie, votre entretien est plus divertissant que celui des pauvres sœurs grises, habituées aux sots propos ou aux joyeusetés grossières des moines mendiants et des frères convers. Vous êtes plus éblouissantes, plus pimpantes que les humbles bernardines; mais, cependant, la mule paisible et rebondie du curé fournit une aussi longue course que la fringante haquenée du chevalier. Par son plumage d'or et d'azur, le faisan séduit nos yeux; néanmoins c'est de sa chair délicate, blanche et grasse dont on est friand; et la perdrix, sous sa modeste plume grise, est aussi savoureuse que le brillant oiseau de Phénicie. Je ne saurais défendre à aucun des sujets de mon empire de préférer celle-ci à celle-là; je veux que les choix soient libres, variés, nombreux. Quant à vos amis, nobles chanoinesses, de vous seules il dépend de les conserver; soyez, comme les bernardines, douces, complaisantes, empressées, vous n'aurez jamais à redouter d'infidélités.

Ce jugement, digne de Salomon, est généralement accueilli avec faveur. Toutefois, cédant à un esprit de confrérie fort excusable, Déliane la Chanoinesse sort de ses habitudes langoureuses, et semble protester auprès des autres membres du tribunal contre un arrêt qu'elle regarde comme défavorable à l'ordre des chanoinesses. Non moins courroucée que Déliane, et oubliant le respect religieux dont on doit entourer les arrêts de la cour souveraine, Aigline, au moment où elle sort du prétoire, sous la conduite du *Sénéchal des marjolaines,* pince jusqu'au sang la bernardine, en lui disant d'une voix courroucée : — Ah! servante ! tu m'as fait débouter... justes dieux !... moi !... déboutée !...— A ces paroles et à ce pincement, la petite sœur grise ne répond qu'en jetant vers le ciel un regard angélique comme pour faire hommage de son martyre au Tout-Puissant. Le léger tumulte causé par l'incartade de la chanoinesse apaisé, Marphise reprend la parole et dit : — La cause est entendue et jugée ; maintenant notre ***Bailli de la joie des joies*** va nous soumettre, s'il en existe, les questions de controverse amoureuse sur lesquelles la cour peut être appelée à statuer, afin que ses décisions aient force de loi.

Le Bailli de la joie des joies s'avance au pied du tribunal, portant à la main un rouleau de parchemin orné de rubans, et, s'inclinant, il dit à Marphise : — Reine illustre, j'ai reçu l'envoi d'un grand nombre de questions touchant aux points les plus graves, les plus litigieux, les plus délicats de l'orthodoxie amoureuse. Du fond de toutes les provinces de l'empire de Vénus l'on s'adresse à l'infaillible autorité de notre cour suprême pour implorer la charité de ses lumières : *la duché des Langueurs, le marquisat des Désirs, la comté des Refus, la baronnie de l'Attente,* et tant d'autres fiefs de votre royaume, ô gracieuse reine, supplient humblement la chambre des doux engagements de résoudre les questions suivantes, afin que son arrêt mette un terme aux doutes des populations et fixe leur doctrine; car, en ces matières amoureuses, elles redouteraient l'hérésie à l'égal de la perte de leur salut.

MARPHISE.—Que notre bailli de la joie des joies nous donne lecture des questions qui sont soumises à la cour, ensuite elle en délibérera, à moins qu'il ne survienne une cause à juger d'urgence.

(En disant ces derniers mots, Marphise échange un regard d'intelligence avec la comtesse Ursine, dont la pétulante impatience semble s'augmenter à chaque instant.)

LE BAILLI DE LA JOIE DES JOIES. — Voici les questions qui sont soumises à la suprême et infaillible décision de la cour :

« 1º — Lequel doit éprouver le plus grand chagrin, de celui
« dont la maîtresse est morte, ou de celui dont la maîtresse se
« marie?

« 2º — Lequel doit souffrir davantage, ou du mari dont la
« femme est infidèle, ou de l'amant trompé par sa maîtresse?

« 3º — Lequel est le plus blâmable de celui qui se vante des fa-
« veurs qu'on ne lui a pas accordées, ou de celui qui divulgue
« celles qu'il a reçues?

« 4º — Vous avez un rendez-vous d'amour avec une femme
« mariée; que devez-vous préférer? Voir le mari sortir de chez
« votre maîtresse, vous entrant chez elle, ou le voir y entrer, vous
« en sortant?

« 5º — Vous avez une maîtresse, un rival vous l'enlève, lequel
« doit être le plus glorieux, de vous, qui avez été le premier amant
« de la belle, ou de votre rival, qu'elle vous préfère?

« 6º — Un amant jouit des faveurs de sa maîtresse, un rival
« est certain de les obtenir; elle meurt : lequel des deux doit éprou-
« ver le plus de regrets?

« 7º — Votre mie vous propose une seule nuit de bonheur, à
« la condition que vous ne la reverrez jamais, ou bien elle vous
« offre de la voir tous les jours sans jamais rien obtenir d'elle, que
« devez-vous préférer? »

—Ah! pardieu!...—s'écrie brutalement Foulques de Bercy, l'un des juges de la cour d'amour, en interrompant le bailli de la joie des joies, — il faut préférer la nuit qui vous est proposée.

MARPHISE, *sévèrement au seigneur de Bercy*. — Je rappellerai à notre gracieux confrère qu'en une si grave, si importante matière, l'appréciation individuelle d'un membre de la cour ne peut préjuger en rien le fond de la question. (*Foulques de Beroy s'incline.*) — Que notre bailli continue sa lecture :

« 8° — LE BAILLI DE LA JOIE DES JOIES. — Lequel doit s'estimer
« le plus heureux, d'une vieille femme ayant pour bel ami un jou-
« venceau, ou d'un vieillard ayant pour mie une jouvencelle ?

« 9° — Vaut-il mieux avoir pour maîtresse une dame ou une
« damoiselle ?

« 10° — Que doit-on préférer, une belle maîtresse infidèle, ou
« une maîtresse moins belle, mais fidèle ?

« 11° — Deux femmes sont égales en jeunesse, en mérite, en
« beauté ; l'une a déjà aimé, l'autre est encore novice en amour,
« doit-on être plus envieux de plaire à la première que d'être
« aimé par la seconde ?

« 12° — La femme qui, priée d'amour, a causé par ses refus
« obstinés la mort de son galant, sera-t-elle regardée comme bar-
« bare et homicide ? »

Telles sont les graves questions soumises à l'infaillible décision de la chambre des doux engagements, et sur lesquelles les populations de l'empire de Cythérée supplient humblement la cour de délibérer et de statuer, afin de prendre ses arrêts pour guides, et de ne point s'exposer à tomber dans une détestable et damnable hérésie en matières amoureuses.

ADAM LE BOSSU D'ARRAS. — Comme membre de la cour, je demanderai à notre toute belle et toute gracieuse présidente la permission de présenter une observation sur la dernière question.

MARPHISE. — Illustre trouvère, c'est toujours pour nous un bonheur d'entendre votre voix. Parlez !

ADAM LE BOSSU D'ARRAS. — M'est avis que la dernière question doit être écartée ; elle ne souffre plus la discussion, ayant été maintes fois affirmativement résolue...

MAITRE ŒNOBARBUS, *théologien*. — Oui, affirmativement résolue sur mes conclusions, je demande à la cour la permission de les lui rappeler.

« La cour, consultée sur la question de savoir si une femme
« qui, par ses rigueurs, cause la mort du galant qui la prie d'a-
« mour, est homicide ; considérant que : si l'amour hait les cœurs
« durs, Dieu les hait aussi ; — considérant que : Dieu, de même
« que l'amour, se laisse désarmer par une tendre prière ; — con-
« sidérant que : quelle que soit la manière dont vous ayez causé la
« mort d'un homme, vous êtes coupable de meurtre, dès qu'il ap-
« pert que cette mort provient de votre fait ; la cour des doux en-
« gagements décrète cet arrêt : — La femme qui aura, par la ri-
« gueur de ses refus, causé la mort du galant dont elle aurait été
« loyaument priée d'amour, est bien réellement coupable de bar-
« barie et d'homicide. »

— Telle a été la décision de la cour, je ne pense point qu'elle veuille se déjuger.

Tous les membres du tribunal se lèvent et déclarent qu'ils maintiennent leur jugement.

ADAM LE BOSSU D'ARRAS. — Afin de corroborer notre décret et de le rendre plus populaire, je propose de le formuler d'une manière facile à retenir :

> « Vous êtes belle, jeune et tendre,
> « Digne à autrui de faire grand bien ;
> « Je vous le déclare, il n'est rien
> « Qui si fort à Dieu ne déplaise,
> « Que laisser mourir un chrétien,
> « Que pourriez sauver à votre aise.

Le tribunal et l'auditoire applaudissent à cet arrêt, formulé par les vers d'Adam le Bossu d'Arras.

MARPHISE. — Notre Bailli de la joie des joies insérera cette mémorable décision dans les archives de la cour, et nous requérons tous nos trouvères, ménestrels, jongleurs et autres frères-prêcheurs du gai savoir, de répandre, en la chantant, la formule de notre arrêt souverain parmi les populations de Cythère, afin qu'elles ne puissent exciper d'ignorance à l'endroit de cette monstrueuse hérésie : qu'une femme priée d'amour et causant, par ses refus, la mort de son galant, n'est point homicide.

MAITRE ŒNOBARBUS, *le théologien, avec un emportement fanatique.* — Oui, qu'elles sachent bien que si les autres hérésies sont d'abord et justement expiées ici-bas dans les flammes du bûcher, vestibule du feu éternel, qu'elles sachent bien, ces tigresses, qu'en attendant la fournaise de Satan, elles expieront en ce monde leur impiété au milieu de la fournaise des remords ; elles auront, et le jour et la nuit, sous les yeux, le spectre de l'infortuné, leur victime, les priant d'amour !

DÉLIANE LA CHANOINESSE, *d'un ton langoureux et apitoyé.* — Ah ! c'est lors de cette poursuite outre-tombe que ces inhumaines comprendront, mais trop tard, hélas ! tout le mal qu'elles ont fait !

MARPHISE, *cherchant en vain d'un regard impatient la comtesse Ursine dans l'auditoire.* — Allons... puisqu'il ne se présente à juger aucune cause d'urgence, le tribunal va s'occuper de résoudre les questions qui lui ont été soumises.

A peine la reine de beauté a-t-elle prononcé ces mots que la pétulante Ursine traverse la foule et se présente à l'entrée du prétoire. Giraud, seigneur de Lançon, en sa qualité de portier, réclame, selon la coutume, pour son péage, un beau baiser ; Ursine en donne deux, et se présente au pied du tribunal en criant : — Justice ! justice !

MARPHISE, *avec un soupir d'allégement et en triomphe.* — Parlez, douce amie... justice vous sera rendue si bon droit vous avez.

LA COMTESSE URSINE, *impétueusement.* — Si j'ai bon droit, justes dieux ! si nous avons bon droit, devrais-je dire ! car je suis l'interprète de onze victimes dont je suis, hélas ! la douzième !

MARPHISE. — Justice sera faite pour chacune et pour toutes !

LA COMTESSE URSINE. — Mes onze compagnes et moi nous avions chacune en secret un bel ami, charmant, spirituel, empressé, vaillant, et soudain nous apprenons que nous avions le même amoureux ! le traître nous trompait à la fois toutes les douze !

ADAM LE BOSSU D'ARRAS *joint les mains et s'écrie :* — Quoi ! toutes les douze !... Ah ! le terrible homme !

L'accusation de ce forfait inouï rend, pendant un moment, les membres de la cour muets de surprise, moins Marphise, Déliane, Huguette et Églantine, qui échangent des regards d'intelligence.

FOULQUES DE BERCY. — Je poserai à la requérante cette question : Au moment où sa coupable infidélité a été découverte, ce prodigieux félon s'était-il montré moins empressé que de coutume auprès de la demanderesse et de ses compagnes d'infortune ?

LA COMTESSE URSINE, *avec une explosion d'indignation courroucée.* —Jamais le scélérat ne s'était montré plus charmant ; aussi nous nous disions l'une à l'autre, en confidence, ignorant, hélas ! que nous parlions du même trompeur : — « J'ai un vaillant amoureux, un incomparable bel ami ! »

FOULQUES DE BERCY.—Par ainsi, vous étiez savoureusement trompées toutes les douze ?

LA COMTESSE URSINE, *furieuse.* — Oui ! et c'est là ce qui rend ce traître d'autant plus criminel !

Foulques de Bercy, hochant la tête, ne paraît point partager l'opinion de la plaignante sur l'aggravation de culpabilité du prévenu ; plusieurs membres de la cour (moins Marphise, Déliane, Églantine, Huguette et la majorité des belles dames de l'auditoire) semblent, au contraire, ainsi que Foulques de Bercy et plusieurs autres juges, voir une sorte d'excuse dans l'énormité même du forfait. Marphise s'apercevant avec frayeur de cette propension à l'indulgence, se lève majestueusement et dit : — J'aime à croire que tous les membres de la cour éprouvent, comme moi, la plus légitime indignation contre le mécréant qui, foulant aux pieds toutes les lois divines et humaines de l'amour, a osé commettre un formidable attentat à la fidélité ; si, cependant, je me trompe, s'il se trouve un des membres de ce tribunal pour incliner à l'indulgence à l'endroit de cette énormité, qu'il le confesse hautement, et son nom, son opinion seront proclamés dans toute l'étendue de notre royaume de Cythère.

(Profond silence parmi les membres de la cour d'amour.)

MARPHISE, *avec joie.* — Ah ! j'étais certaine que ce tribunal auguste, fondé pour veiller avec une sévère sollicitude sur les crimes d'amour et les flétrir, les punir même au besoin, se montrerait digne de sa mission. (*Elle s'adresse à la comtesse.*) Douce amie, avez-vous cité le criminel à notre barre ?

LA COMTESSE URSINE. — Oui, je l'ai cité devant la Cour des doux engagements, et, soit audace, soit conscience de son forfait, il s'est rendu à la citation ; je demande qu'il plaise à la cour de le livrer aux douze victimes de sa félonie, elles tireront de lui une vengeance éclatante. (*Avec impétuosité.*) Il faut que, désormais, ce monstre, ce traître, ce félon ne puisse plus tromper aucune femme....

MARPHISE, *se hâtant d'interrompre la comtesse.* — Douce amie, la Cour, avant d'appliquer la peine, doit entendre l'accusé.

LA COMTESSE URSINE. — Le coupable s'est rendu à notre citation en compagnie d'un gros vilain homme ventru, à trogne rouge. Le témoignage de cet homme peut être, selon l'accusé, nécessaire à sa défense. Ils sont tous deux enfermés dans la geôle d'amour, au fond du jardin.

MARPHISE. — Nous requérons notre *Sénéchal des marjolaines* et notre *Bailli de la joie des joies* d'aller chercher le coupable et de l'amener ici, enchaîné, selon la coutume, avec des guirlandes fleuries.

Le Sénéchal et le Bailli se munissent de deux longs rubans roses et bleus où sont noués, çà et là, des bouquets de fleurs, et se dirigent vers la tonnelle ombreuse pour y chercher le prisonnier ; une grande agitation règne dans la foule : les avis sont partagés sur le degré de culpabilité du criminel, mais l'extrême curiosité de le voir est unanime. Bientôt Mylio le Trouvère paraît, conduit par le Sénéchal des marjolaines et le Bailli de la joie des joies. Peau-d'Oie reste modestement en dehors du prétoire. La jeunesse et la bonne mine de l'accusé, son renom de poëte, semblent disposer en sa faveur la partie féminine de l'assemblée.

MARPHISE, *à Mylio, d'une voix imposante.* — Tu es accusé, par-devant la Chambre des douze engagements, d'un crime inouï dans les fastes de l'amour.

MYLIO. — Quel est mon crime ?

MARPHISE. — Tu as trompé douze femmes à la fois ; chacune d'elles croyait seule t'avoir pour bel ami.

MYLIO. — On m'accuse... mais quelles sont mes accusatrices ?

LA COMTESSE URSINE, *impétueusement.* — Moi ! je t'accuse, moi l'une de tes douze victimes ; oseras-tu nier ton crime ?

MYLIO. — Mon accusatrice est si charmante, qu'innocent je m'avouerais coupable ; je suis venu faire ici une expiation solennelle du passé ; je ne pouvais mieux choisir le lieu, le moment et l'auditoire...

MARPHISE. — Ta franchise n'atténue pas tes forfaits, mais elle fait honneur à ton caractère ; ainsi tu avoues ta félonie ?

MYLIO. — Oui, j'ai prié d'amour de nobles dames, belles, faciles, légères, folles de plaisir, et n'ayant d'autre loi que leur caprice.

MARPHISE. — Tu oses accuser tes victimes !

MYLIO. — Loin de moi cette pensée !... Élevées dans la richesse, l'ignorance et l'oisiveté, ces pauvres femmes ont cédé à des exemples, à des conseils corrupteurs. Nées dans une condition obscure, vivant honorées au milieu des travaux et des joies de la famille, elles auraient été l'exemple des mères et des épouses ; mais comment ces nobles dames n'oublieraient-elles pas vertu, honneur, devoirs, en ces temps honteux où la débauche a son code, le libertinage ses arrêts, et où l'impudeur, siégeant en cour souveraine, réglemente le vice et décrète l'adultère ?

Une incroyable stupeur accueille les paroles de Mylio ; les membres de la chambre des douze engagements s'entre-regardent un moment ébahis de ce langage irrévérencieux ; puis maître Œnobarbus le Rhéteur et Adam le Bossu d'Arras se lèvent pour répondre, tandis que le chevalier Foulques de Bercy, le Sénéchal des marjolaines et le Bailli de la joie des joies, tous preux chevaliers, cherchent machinalement leurs épées à leur côté ; mais ils siégent désarmés, selon les us de la cour d'amour. Marphise recommande le silence, et dit au trouvère d'une voix majestueuse et indignée : — Malheureux ! tu as l'audace d'insulter ces tribunaux augustes fondés par toute la Gaule pour propager les lois de la belle galanterie !

— Et de la grandissime ribauderie…..! — s'écrie une petite voix flûtée en interrompant Marphise; c'est Peau-d'Oie qui, pour lancer ces mots incongrus, a déguisé son organe et s'est traîtreusement caché derrière un massif de feuillage, auquel s'adosse un jeune page placé près de l'entrée du prétoire, non loin du Sénéchal des marjolaines. Ce dignitaire, furieux, se retourne, saisit le jouvenceau par le collet, tandis que Peau-d'Oie, quittant son abri, s'écrie, enflant encore sa grosse voix : — L'insolent drôle ! de quel lupanar sort-il donc, pour se montrer si outrageusement embouché au vis-à-vis de ces nobles dames? Il faut le chasser d'ici et sur l'heure, seigneur Sénéchal des marjolaines. Corbœuf!... expulsons-le de céans !

Le pauvre page, abasourdi, cramoisi, ahuri, veut en vain balbutier quelques mots pour sa défense ; il est battu par la foule indignée. Aussi, pour échapper à de nouveaux horions, il s'enfuit vers l'allée du canal; la vive agitation, soulevée par cet incident, se calme enfin.

MARPHISE, *avec dignité*. — Je ne sais quels mots infâmes ont été prononcés par ce misérable page, ivre sans doute; mais, en vertu du poids de leur lourde grossièreté, ces viles paroles retombées dans la fange d'où elles sont sorties, n'ont pu monter jusqu'au pur éther d'amour où nous planons! (*Un murmure approbateur accueille la réponse éthérée de Marphise, qui continue, s'adressant à Mylio.*) Quoi! tu as cent fois répété sur ta harpe les arrêts du tribunal de Cythère, et tu viens l'insulter ! Oublies-tu que, seuls, tes chants ont abaissé la barrière infranchissable qui s'élevait entre toi et les nobles compagnies où tu étais toléré parmi les chevaliers et les abbés? toi, fils de vilain, toi, fils de serf, sans doute! car la bassesse de ton langage d'aujourd'hui ne révèle que trop l'ignominie de ton origine.

MYLIO, *avec amertume.* — Tu dis vrai; je suis de race serve... Depuis des siècles ta race asservit, dégrade et écrase la mienne ; oui, tandis qu'ici vous discutez effrontément en langage raffiné de sottes ou obscènes subtilités amoureuses, des milliers de pauvres serves n'entrent dans la couche de leurs époux que souillées par les seigneurs au nom d'un droit infâme! Oh! d'avoir oublié cela, je m'accuse... trois fois, je m'accuse!

MARPHISE. — Cet humble aveu est une preuve de la grandeur de ton insolence et de ton ingratitude.

MYLIO. — Tu dis encore vrai; cruellement ingrat j'ai été envers ma famille, lorsqu'il y a quelques années, entraîné par la fougue de la jeunesse, j'ai quitté le Languedoc, pays de liberté, pays de mœurs honnêtes ; fortuné pays qui a su abaisser les seigneuries et reconquérir sa dignité, son indépendance.

MAITRE ŒNOBARBUS, *le rhétheur théologien, avec courroux.* — Tu oses glorifier le Languedoc, ce pays ensabbaté, ce foyer d'hérésie !...

FOULQUES, *seigneur de Bercy, avec emportement.* — Le Languedoc ! où sont encore debout ces exécrables communes populacières !

MYLIO, *fièrement.* — Je m'accuse d'avoir quitté cette noble et valeureuse province, pour venir, en ces contrées avilies, charmer par des chants licencieux cette noblesse ennemie de ma race !

Ces fières paroles de Mylio soulèvent l'indignation des seigneurs ; Peau-d'Oie, craignant d'être victime du courroux général en sa qualité de compagnon du trouvère, profite du tumulte pour se retirer à l'écart du côté de la tonnelle de verdure servant de geôle amoureuse. La voix irritée du seigneur de Bercy domine le tumulte, et il s'écrie, en menaçant Mylio du poing : — Misérable!... oser outrager ici la seigneurie et notre sainte Église catholique! je te ferai prendre par mes hommes, et ils useront leurs baudriers sur ton échine ! misérable esclave !

MYLIO, *calme et dédaigneux*. — Foulques de Bercy, tes hommes sont de trop... Va chercher une épée ; j'ai la mienne dans le pavillon de verdure ; et par Dieu ! si tu as du cœur, cette cour d'amour va se changer en champ clos, et ces belles dames en juges d'armes !

FOULQUES DE BERCY, *furieux*. — C'est à coups de bâton que je vais châtier ton insolence, vil serf !

MYLIO, *raillant*. — Vrai Dieu ! si ta gentille femme Emmeline t'entendait me menacer, elle te dirait : « Doux ami, n'outrage point ainsi Mylio... le père de ton dernier enfant ! »

Foulques, à ce sanglant sarcasme, s'élance de son siége ; un des nobles hommes de l'auditoire tire son épée, et la donnant au seigneur de Bercy, lui dit : — Venge ton offense ! tue ce vilain comme un chien ! — *Mylio*, désarmé croise les bras et brave son adversaire ; mais *Peau-d'oie* qui, après avoir cédé à un premier mouvement de poltronnerie, s'était enfui du côté de la geôle amoureuse, où Mylio avait déposé son épée, Peau-d'Oie a entendu les menaces de Foulques, et songeant au péril que court le trouvère, il prend l'épée, revient en hâte, et, au moment où le seigneur de Bercy s'élance, l'arme haute, sur Mylio, celui-ci entend derrière lui la voix essoufflée du vieux jongleur : — Voilà ton épée, défends-toi, défends-nous ; car je serais escarpé en vertu de notre compagnonnage. Corbœuf ! Pourquoi sommes-nous venus nous fourrer dans ce guêpier ?

MYLIO *saisit l'épée, se met en défense*. — Merci, mon vieux Peau-d'Oie, je vais travailler pour nous deux !

Le jongleur, tout tremblant, se met à l'abri du corps de Mylio ; Foulques de Bercy, surpris de voir le trouvère soudainement armé, reste un moment perplexe : un chevalier peut tuer un vilain sans défense, mais croiser le fer avec lui, c'est une honte !

MYLIO. — Quoi ! Foulques, tu as peur ! Va, ton fils sera plus vaillant que toi ; il aura du sang gaulois dans les veines !

FOULQUES DE BERCY, *poussant un cri de rage et attaquant le trouvère avec fureur.* — Tu en as menti par ta gorge, chien!...

MYLIO, *se défendant et toujours raillant.* — Emmeline n'a-t-elle pas un petit signe noir au bas de l'épaule gauche? Réponds, dom César de Rabastens, son premier bel ami, que je vois là-bas!

FOULQUES DE BERCY, *redoublant l'impétuosité de ses attaques.* — Mort et furie! j'aurai ta vie!

MYLIO, *se défendant et toujours raillant.* — J'avais prié ta femme d'amour, son refus devait causer mon trépas... elle m'a cédé de peur d'être homicide, selon l'arrêt que tu as doctement confirmé!

PEAU-D'OIE, *toujours retranché derrière le trouvère.* — Corbœuf! retiens donc ta langue... Il n'y aura pour nous ni merci, ni pitié... Tu vas nous faire écorcher vifs!

FOULQUES DE BERCY, *combattant toujours avec fureur, mais sans pouvoir atteindre Mylio.* — Sang du Christ! ce vil manant se sert de son épée comme un chevalier!

— Le combat continue pendant quelques instants avec acharnement au milieu d'un cercle formé par l'auditoire et par les membres de la cour d'amour, sans que le trouvère et le chevalier soient blessés; tous deux agiles et robustes sont exercés au maniement des armes. Le gros Peau-d'Oie, soufflant d'ahan, trémousse son énorme bedaine, suivant de ci, de là, autant qu'il le peut, les évolutions de Mylio, qui tour à tour avance, recule, se jette à droite ou à gauche. Enfin le trouvère, parant habilement un coup terrible que lui porte Foulques de Bercy, lui plonge son épée dans la cuisse; le chevalier jette un cri de rage, chancelle et tombe à la renverse sur le gazon rougi de son sang. Les témoins du combat s'empressent autour du vaincu, et oublient un moment le trouvère.

PEAU-D'OIE, *essoufflé, se tenant toujours à l'abri de Mylio.* — Ouf! ce grand coquin nous a donné furieusement de peine à abattre. Maintenant, crois-moi, Mylio, profitons du tumulte pour tirer nos chausses de la bagarre!

Soudain on entend à la porte de l'avenue du canal un bruit de clairons retentissants, et presque aussitôt l'on voit déboucher par cette longue allée, au galop de leurs montures, une nombreuse troupe de chevaliers armés de toutes pièces, portant à l'épaule la croix des croisades et couverts de poussière ; au milieu d'eux se trouve, aussi à cheval, l'abbé Reynier, supérieur des moines de Cîteaux, vêtu de son froc blanc ; des écuyers viennent ensuite, portant les bannières de leurs seigneurs ; ceux-ci mettent pied à terre avant de traverser le pont, et accourent en tumulte, poussant des clameurs joyeuses et criant : — Chères femmes ! nous voici de retour de la Terre sainte ! Onze nous sommes partis, et onze nous revenons par la protection miraculeuse du Seigneur.

— Et du grand saint Arnould, le patron des....., — s'écrie Peau-d'Oie en profitant du tumulte de cette arrivée pour gagner l'avenue du canal avec le trouvère : — Quelle heureuse chance !... C'est le retour des onze maris de tes onze mies qui te sauve du courroux de ces autres enragés ! j'en crèverai de rire !

Le jongleur et le trouvère disparaissent, grâce à l'agitation de la foule, tandis que les onze bons seigneurs croisés appellent à grands cris leurs nobles épouses (la chanoinesse Déliane n'étant pas mariée). Les onze femmes se jettent dans les bras des preux croisés, noirs comme des taupes, poudreux comme des routiers, et ils se délectent dans les embrassements de leurs fidèles épouses. Cette émotion calmée, l'abbé Reynier, vêtu de la longue robe blanche des moines de Cîteaux, monte sur le siège occupé naguère par Marphise, reine de la cour d'amour, commande le silence, et, nouveau *Coucou-Piètre*, se dispose à prêcher une autre croisade. Il ne s'agit plus d'aller, au nom de la foi, exterminer en Terre sainte les Sarrasins, mais de courir sus aux hérétiques du midi de la Gaule. Le silence se fait, et l'abbé Reynier, ce luxurieux sycophante qui, la veille encore, s'introduisait dans le clos de Chaillotte pour abuser de Florette, s'exprime ainsi, non pas avec le farouche emportement de Pierrel'Ermite, mais d'une voix brève, froide et tranchante comme le fer d'une hache, ainsi qu'il convient à un dignitaire de l'Église :

— J'ai accompagné les seigneurs croisés qui, dans leur empressement de revoir plus tôt leurs chastes épouses, se rendaient en ce lieu, où se trouvent aussi réunis les plus illustres chevaliers de la Touraine. Nobles hommes, savants trouvères, nobles dames qui m'écoutez, le temps des jeux frivoles est passé, l'ennemi est à nos portes ; le Languedoc est le foyer d'une exécrable hérésie qui envahit peu à peu les Gaules et menace trois choses saintes, archisaintes : l'Église, la Royauté, la Noblesse. Les plus ensabbattés de ces mécréants, pires que les Sarrasins, arguant du primitif Évangile, nient l'autorité de l'Église, les priviléges des seigneurs, affirment l'égalité des hommes, regardent comme larronnée toute richesse non acquise ou perpétuée par le travail ; et déclarent, « que le serf est l'égal de son seigneur, et que celui-là qui n'a point travaillé ne doit point manger !... »

PLUSIEURS NOBLES VOIX. — C'est infâme !... c'est insensé !

L'ABBÉ REYNIER. — C'est insensé, c'est infâme, et, de plus, fort dangereux. Les sectaires de cette hérésie font de nombreux prosélytes ; leurs chefs, d'autant plus pernicieux qu'ils affectent de mettre en pratique les réformes qu'ils prêchent, acquièrent ainsi, sur le populaire, une détestable influence. Leurs pasteurs, qui ont remplacé nos saints prêtres catholiques, se font appeler *Parfaits* ; et, dans leur scélératesse infernale, ils s'évertuent à rendre leur vie exemplaire !

PLUSIEURS NOBLES VOIX. — Les misérables, les hypocrites !

L'ABBÉ REYNIER. — Le Languedoc, ce fertile pays qui regorge de richesses, est dans une situation effroyable : les prêtres catholiques y sont méprisés, conspués ; l'autorité royale y est à peine connue ; la seigneurie est non moins abaissée que l'Église, et, chose énorme, inouïe ! cette seigneurie est presque entièrement infectée elle-même de cette hérésie ; les seigneurs des villes, partout effacés par les magistrats populaires et perdant toute dignité, se confondent avec le menu peuple ; le servage, en ce pays, n'existe plus, la noblesse fait valoir ses terres pêle-mêle avec ses métayers. L'on y voit des comtes, des vicomtes, se livrer au commerce comme des bourgeois et s'enrichir par le négoce! Enfin, pour comble d'abomination, la noblesse s'allie parfois à des juives, filles d'opulents trafiquants!

PLUSIEURS NOBLES VOIX. — C'est la honte, c'est l'abomination de la désolation. C'est la ruine de la chrétienté! — Cela crie vengeance! A sac le Languedoc! à mort les hérétiques!

L'ABBÉ REYNIER. — C'est à la fois une honte et un terrible danger, mes frères. L'hérésie gagne de proche en proche; si elle triomphe, c'est fait de l'Église, du trône et des seigneuries; le populaire perd la terreur salutaire que nous lui imposons; alors il faut renoncer à nos droits, à nos biens, à nos richesses; il faut dire adieu à la vie facile, oisive, heureuse que nous menons; il faut nous résigner à vivre de notre travail comme les serfs, les manants et les bourgeois! Nous serons condamnés à nous servir de nos mains!

PLUSIEURS NOBLES VOIX. — C'est la fin du monde! le chaos! — Il faut en finir avec ces hérétiques! — il faut les exterminer!

L'ABBÉ REYNIER. — Pour écraser l'hérésie, mouvons une croisade contre le Languedoc! Une telle guerre ne sera qu'un jeu pour tant d'hommes vaillants qui sont allés en Terre sainte combattre les Sarrasins, et sera encore plus méritoire aux yeux de Dieu.

LES ONZE CROISÉS, *tous d'une voix*. — Sang du Christ! arrivés aujourd'hui de la Palestine, si Dieu le veut, nous sommes prêts à repartir demain pour le Languedoc!

LES ONZE FEMMES, *avec héroïsme*.—Partez, ô nos vaillants époux! nous sommes résignées à tout ce que commande le service de Dieu, et surtout à votre absence! Partez, champions de l'Église!

L'ABBÉ REYNIER.— Je n'attendais pas moins de la foi de ces preux chevaliers et du courage de leurs dignes épouses! Ah! chers frères! si la croisade en Terre sainte nous gagne le Paradis, sachez bien que la croisade en Languedoc, œuvre à la fois pie et terrestre, vous vaudra, de la part de Dieu, un double Paradis; en outre vous aurez à vous partager les terres de cette riche contrée ! Telle est la volonté de notre saint père *Innocent III*. Ce grand pontife nous a donné, à nous, son serviteur, l'ordre de prêcher cette sainte guerre d'extermination ; je vais vous faire lecture, mes chers frères, de la lettre qu'il nous a adressée à cette occasion :

« Innocent III à son très-cher fils Reynier, abbé de Cîteaux.

« Nous vous ordonnons de faire savoir à tous princes, comtes,
« seigneurs, de vos provinces, que nous les requérons de vous as-
« sister contre les hérétiques du Languedoc ; et, arrivés en ce pays,
« de bannir ceux que vous, frère Reynier, vous aurez excommu-
« niés, de confisquer leurs biens et d'user envers eux de la dernière
« rigueur s'ils persistaient dans leur hérésie. Nous enjoignons à
« tous les catholiques de s'armer contre les hérétiques du Langue-
« doc, lorsque frère Reynier les en requerra, et *nous accordons à*
« *ceux qui prendront part à cette expédition pour le maintien de la foi*
« LES BIENS DES HÉRÉTIQUES, et les mêmes indulgences que nous ac-
« cordons à ceux qui partent pour la croisade en Palestine. Sus donc,
« soldats du Christ ! sus donc, miliciens de la sainte milice ! *exter-*
« *minez l'impiété* par tous les moyens que Dieu vous aura révélés ;
« combattez d'une main vigoureuse, impitoyable, les hérétiques,
« *en leur faisant plus rude guerre qu'aux Sarrasins*, car ils sont
« pires ; et que les *catholiques orthodoxes soient établis dans tous les*
« *domaines des hérétiques*. »

Ces derniers mots de la lettre du pape Innocent III redoublent le religieux enthousiasme de l'auditoire. Ces nobles hommes ont souvent entendu parler des industrieux habitants du midi de la Gaule, enrichis par leurs relations commerciales, qui embrassent l'Orient, la Grèce, l'Italie et l'Espagne, et possesseurs d'un sol fertile, admirablement cultivé, qui abonde en vin, en grain, en huile, en bétail. La conquête de cette nouvelle et véritable terre promise est facile ; il s'agit d'un voyage de cent cinquante lieues au plus. Qu'est-ce que cela pour ces rudes batailleurs, dont grand nombre sont allés guerroyer en Terre sainte? La prédication de l'abbé Reynier obtient donc le plus heureux résultat ; les femmes, ravies d'être débarrassées de la présence de leurs époux, et espérant avoir leur part des dépouilles du Languedoc, excitent ces preux chevaliers à se croiser de nouveau, et sur-le-champ, contre les hérétiques. N'ont-ils pas, ces ensabbattés, sans prétendre imposer leur loi aux autres provinces, aboli chez eux ces plantureux priviléges grâce auxquels les nobles dames du nord de la Gaule vivent dans le luxe, les plaisirs, l'oisiveté, le libertinage, sans autre souci que de faire l'amour? Aussi, songeant à la contagion possible d'une pareille pestilence, et se voyant réduites, par la pensée, elles, nobles dames, à vivre modestement, laborieusement de leurs travaux, comme des vilaines ou des bourgeoises, elles crient plus fort encore que leurs époux : — Aux armes! mort aux hérétiques! — *La Cour des doux engagements* se sépare au milieu d'une vive agitation, et la plupart des chevaliers, depuis *le Bailli de la joie des joies* jusqu'au *Sénéchal des marjolaines,* vont faire leurs préparatifs de départ pour la croisade en Languedoc, pour aller exterminer les hérétiques du midi de la France.

Mylio et son compagnon, heureusement oubliés depuis l'arrivée des onzes croisés revenus de la Terre sainte, ont profité du prêche de l'abbé Reynier pour gagner un escalier conduisant aux rives du canal; puis là, cachés sous l'arche du pont, ils ont entendu les paroles du moine de Cîteaux et les acclamations de l'auditoire. Aussi surpris qu'alarmé de cette guerre, car son frère, Karvel le Brenn, est l'un des pasteurs ou *Parfaits* des hérétiques du Languedoc, le trouvère se hâte de quitter le jardin sans être aperçu, en suivant le bord du canal; puis il arrive dans un endroit écarté, voisin des remparts de Blois.

PEAU-D'OIE a suivi son ami, qui, durant ce trajet précipité, est resté silencieux et profondément absorbé ; il s'arrête enfin, et le vieux jongleur essoufflé lui dit : — Parce que tu as des jambes de cerf, tu n'as pas la moindre charité pour un honnête homme empêché dans sa marche par une bedaine dont le ciel l'a affligé !... Ah ! Mylio ! quelle journée ! elle m'a altéré jusqu'à la rage. Si l'eau ne m'était point une sorte de poison mortel, j'aurais tari la rivière du jardin. Voici la nuit, si nous allions un peu reprendre nos esprits dans le cabaret de ma mie Gueulette?... hein?... Mylio?... tu ne m'entends donc pas? (*Il lui frappe sur l'épaule.*) Hé ! mon brave trouvère... est-ce que tu rêves à la lune?

MYLIO *sort de sa rêverie et tend la main au jongleur.* — Adieu !

PEAU-D'OIE. — Comment, adieu ! Tu pars ! tu abandonnes un ami...

MYLIO *fouille à son escarcelle.* — Je partagerai ma bourse avec toi ; je n'ai pas oublié les services que tu m'as rendus.

PEAU-D'OIE *empoche l'argent que le trouvère vient de lui donner.* — Quoi ! tu délaisses ainsi ton vieux compagnon?... je me promettais tant de joie de courir le pays avec toi !

MYLIO. — C'est impossible !... J'emmène Florette en croupe...

PEAU-D'OIE. — Je n'ai jamais eu la barbarie de songer à écraser ton cheval de mon poids ; tu viens de me donner de l'argent, j'achèterai un âne, et je le talonnerai si fort et si dru, qu'il faudra bien qu'il suive le pas de ton cheval.

MYLIO. — Tu demandes à m'accompagner sans t'enquérir du but de mon voyage.

PEAU-D'OIE. — Corbœuf ! tu vas aller de château en château charmer les oreilles et les yeux des belles châtelaines, faire bombance, te divertir... Eh ! laisse-moi te suivre... A chacun son rôle : tu enchanteras les nobles dames et moi les servantes... A ta harpe, la grande salle du manoir ; à ma vielle, la cuisine et les Margotons.

MYLIO. — Non, non, je renonce à cette vie de licence et d'aventures... je retourne auprès de mon frère, en Languedoc ; là, je me marierai avec Florette, et, à peine marié, il me faudra peut-être abandonner ma femme pour la guerre.

TOME V.

peau-d'oie. — La guerre !

mylio. — N'as-tu pas entendu ce sycophante d'abbé Reynier prêcher l'extermination des hérétiques ? Mon frère est l'un de leurs chefs, je vais le rejoindre et prendre part à ses dangers. Ainsi donc, adieu ! Ce n'est pas un gai voyage que j'entreprends.

peau-d'oie, *se grattant l'oreille.* — Non, tant s'en faut... et cependant, si j'étais certain de ne pas t'embarrasser en route, j'aurais grand plaisir à t'accompagner... Que veux-tu ? l'amitié, l'habitude... je serais tout chagrin de me séparer de toi... Il me semble qu'après t'avoir quitté je trouverais, pendant longtemps, le vin amer, et que pas une chanson ne pourra sortir de mon gosier.

mylio. — Ton affection me touche ; mais, venir en Languedoc, c'est aller se jeter dans les aventures de la guerre.

peau-d'oie. — Je suis, il est vrai, poltron comme un lapin, mais peut-être m'aguerrirai-je en restant près de toi ; le courage est, dit-on, contagieux, et puis, tu le vois, à l'occasion je peux être bon à quelque chose, rendre un petit service... Je t'en prie, Mylio, laisse-moi te suivre. Grâce à cet argent que tu m'as généreusement donné, j'achèterai une monture... Tiens ! justement le père de ma mie se défcrait presque pour rien d'une vieille mule, non moins têtue que Gueulette, et, en partant avec toi, je prouverai à cette tigresse que je fais fi de ses appas. Ce sera ma vengeance. Or donc, je t'en supplie, permets-moi de t'accompagner.

mylio. — Soit, mon vieux Peau-d'Oie !... Va donc acheter ta monture ; voici la nuit, je cours chercher Florette chez la digne femme où je l'ai cachée ; il nous faut au plus tôt quitter Blois, où l'abbé Reynier et les amis de Foulques pourraient nous inquiéter.

peau-d'oie. — Qu'ils viennent !... corbœuf ! je me sens déjà valeureux... Loin de craindre les dangers, je les désire, je les appelle !... Oui, je vous défie, géants, enchanteurs, démons ! osez paraître ! osez ! (*Il suit Mylio en se trémoussant, chantant.*)

LES HÉRÉTIQUES DE L'ALBIGEOIS

LES TENAILLES DE FER

ou

MYLIO LE TROUVÈRE ET KARVEL LE PARFAIT

SECONDE PARTIE

LES HÉRÉTIQUES DE L'ALBIGEOIS

1140 — 1800

Karvel *le Parfait* et sa femme Morise. — La dame de Lavaur, son frère et son fils. — Aventures de Mylio, de Peau-d'Oie et de Florette. — La vertu de Peau-d'Oie. — Croyances et mariage des hérétiques. — Chant de Mylio sur la croisade. — L'abbé Reynier. — *Simon, comte de Leicester et de Montfort l'Amaury*. — Sa femme *Alix de Montmorency*. — Karvel, le médecin. — Mylio et Peau-d'Oie prisonniers. — Comment le vieux jongleur demande le baptême. — Les deux frères. — Le siége de Lavaur. — Aimery. — Dame Giraude et Florette. — La Torture. — Le bûcher, la potence et le glaive. — La citerne. — Le clair de lune.

Fils de Joël, vous connaissez les mœurs des nobles dames, des seigneurs et des abbés du nord de la Gaule, tous, d'ailleurs, bons catholiques, à en juger par leur ardeur à mouvoir la croisade prêchée par l'abbé Reynier contre le Languedoc : — ce pays infecté d'une diabolique hérésie, — a dit ce moine. — O Fergan, notre aïeul ! il y a un siècle, à l'aspect de cette gigantesque tuerie de Jérusalem, où *soixante-dix mille* Sarrasins furent égorgés en deux jours, tu t'écriais : — « Tremblez, peuples ! l'Église de Rome s'est
« enivrée de sang, et cette sanguinaire ivresse durera longtemps
« encore ! » Tu disais vrai, Fergan ! Les monstruosités des croisades

sont aujourd'hui renouvelées en Gaule... Une guerre d'extermination est déclarée par le pape, non plus aux Sarrasins, mais aux fils de la mère-patrie ! Et maintenant apprenez à connaître les mœurs de ces *hérétiques* du Languedoc, de ces honnêtes et laborieux habitants, contre qui l'on déchaîne tant de fureurs !

Lavaur, ville florissante du pays d'Albigeois, est située non loin d'Albi. *Sacrovir le Brenn*, fils de Colombaïk, et comme lui artisan tanneur, ayant amassé un petit pécule, est venu s'établir, avec sa femme et ses enfants, non loin de Lavaur, vers l'année 1060. En ce pays, il acheta un bien de terre qu'il cultiva, aidé de ses deux fils ; l'un mourut sans enfants ; l'autre eut pour fils *Conan le Brenn*, père de *Karvel le Parfait* et de *Mylio le Trouvère*. La scène se passe dans l'humble et riante demeure de Karvel, située à l'extrémité de l'un des faubourgs de Lavaur, ville forte distante d'environ sept lieues de Toulouse, capitale du marquisat de ce nom, dont le titulaire était alors *Raymond VII*. Karvel le Parfait exerce la profession de médecin. Il a affermé l'héritage de son père à un métayer qui occupe avec sa famille une partie de la maison, l'autre est réservée à Karvel et à sa femme. Une vaste chambre dont l'étroite fenêtre, garnie de petits vitraux enchâssés de nervures de plomb, s'ouvre sur une prairie traversée par la rivière de l'*Agout*, qui coule non loin des remparts de la ville ; une grande table, couverte de parchemins, occupe le milieu de la chambre ; sur des tablettes placées le long du mur sont rangés des vases contenant des feuilles, des fleurs ou des sucs de plantes médicinales ; un fourneau garni de différents vases de cuivre sert à la distillation de certaines herbes, soin dont s'occupe *Morise*, épouse de Karvel, tandis que celui-ci, penché sur la table, consulte différents manuscrits sur l'art de guérir. Karvel a trente-six ans environ ; sa belle figure est surtout remarquable par son expression de haute intelligence et d'adorable bonté. Une longue robe de drap noir, largement échancrée autour du cou, laisse voir les plis de sa chemise, fermée par des boutons d'argent. Sa femme Morise est âgée de trente ans; ses cheveux blonds, tressés en nattes, encadrent son aimable visage où, grâce à un heureux mélange, l'enjouement s'allie à la douceur et à la fermeté. Soudain elle interrompt son travail, reste un moment pensive, en contemplant un vase de cuivre de forme arrondie, sourit, et dit à son mari : — Ce vase de cuivre me rappelle les folies de ce pauvre Mylio, ton frère, qui ne manquait jamais de se coiffer de ce bassin en guise de casque, pour exciter ma gaieté.

KARVEL, *souriant aussi*. — Mais aussi tu forçais notre étourdi de goûter à nos décoctions les plus amères... Cher et bon Mylio ! puisse notre ami, le marchand lombard, l'avoir rejoint en Touraine !

MORISE. — Notre ami, en s'informant du célèbre Mylio le Trouvère, l'aura facilement rencontré.... Le nom de ton frère est si connu, qu'il est parvenu jusqu'ici; avant-hier encore, Aimery ne nous citait-il pas des vers de Mylio traduits en *langue d'oc?*

KARVEL, *souriant*. — Dame Giraude ne partageait pas absolument l'enthousiasme de son frère Aimery pour ces vers licencieux, non qu'elle soit d'une pruderie affectée, car jamais plus haute vertu ne s'est jointe à plus charmante indulgence... Jamais !... si... chez toi.

MORISE. — Fi ! le flatteur ! me comparer à dame Giraude ! cette femme vertueuse entre les plus vertueuses, qui, veuve à vingt ans, belle comme le jour, comtesse de Lavaur, et n'ayant qu'à choisir parmi les plus riches seigneurs du Languedoc, a préféré rester veuve pour se livrer tout entière à l'éducation de son fils Aloys?

KARVEL. — Oh ! dis tout le bien imaginable de notre amie Giraude et tu resteras toujours au-dessous de la vérité... Noble femme ! quel cœur angélique ! quelle inépuisable charité ! Ah ! le proverbe du pays n'est pas menteur : « Jamais pauvre ne frappe « à la porte de la dame de Lavaur, qu'il ne reparte souriant. »

MORISE. — C'est elle qui surveille cette école de petits enfants qu'elle a fondée, afin de combattre l'ignorance et la misère qui engendrent tous les vices.

KARVEL. — Et quel courage n'a-t-elle pas montré lors de la grande contagion de l'an passé!... quand il a fallu soigner les malades, noble et sainte femme!...

MORISE. — Combien j'admire la mâle éducation qu'elle donne à son fils! jamais je n'oublierai ce jour où Aloys, atteignant sa douzième année, fut conduit à l'hôtel de ville de Lavaur par Giraude, qui dit à nos consuls : « Mes amis, soyez les tuteurs de mon fils ;
« son père l'aurait élevé comme il l'a été lui-même, dans le res-
« pect de vos franchises communales ; le seul privilège qu'il récla-
« mera un jour de vous, sera de marcher au premier rang, si la
« ville était attaquée, ou de vous offrir refuge dans notre château ;
« mais, grâce à Dieu, nous continuerons à jouir de la paix, et mon
« fils, suivant l'exemple de son père, fera valoir nos biens avec ses
« métayers ; ce sera fête à Lavaur, lorsque Aloys aura tracé dans
« nos champs son premier sillon, guidé par notre plus vieux labou-
« reur, car il s'honorera toujours de mettre la main à la charrue
« nourricière et de cultiver ses champs ! »

KARVEL. — Sais-tu qu'il n'était pas de plus savant agriculteur que le châtelain de Lavaur? de tous côtés on venait lui demander conseil... Ah ! quelle différence entre les seigneurs du nord de la Gaule et ceux de notre heureuse contrée ! les premiers ne songent qu'à briller dans les tournois, à afficher un luxe ruineux, qu'ils ne soutiennent qu'en accablant leurs serfs de taxes écrasantes ; ici, hormis quelques fous, les seigneurs, presque tous issus de la bourgeoisie, font valoir leurs terres de gré à gré avec leurs tenanciers, ou équipent des vaisseaux pour le commerce... Aussi, quelle prospérité! quelle richesse en notre fortuné pays!

MORISE. — Aimery ne nous disait-il pas encore hier : « Le Lan-
« guedoc fait l'envie de la Gaule entière ! »

KARVEL. — A propos d'Aimery, avoue, Morise, que rien n'est plus touchant que l'affection ineffable qui l'unit à sa sœur Giraude! Aussi, lorsque je les vois jouir tous deux de ce sentiment délicieux, je regrette plus vivement encore l'absence de notre Mylio, mon cher et bien-aimé frère.

MORISE. — Patience! le cœur de ton frère est bon... lorsque sa première fougue sera passée, il reviendra près de nous.

KARVEL. — Je n'ai jamais douté du cœur de Mylio. Il a cédé à l'ardeur de l'âge, à la vivacité de son caractère... à ce besoin d'aventures, qui semble parfois se réveiller en nous, fils de Joël.

MORISE. — En effet, dans ces légendes de ta famille que nous avons lues si souvent, n'avons-nous pas vu *Karadeuk le Bagaude*, *Ronan le Vagre*, *Amaël*, qui fut le favori de Carl-Martel, entraînés d'abord, comme ton frère, à une vie vagabonde; mais j'en suis certaine, Mylio regrettera ses erreurs et nous le reverrons !

KARVEL. — Une seule joie a manqué jusqu'ici à notre union, nous n'avons pas d'enfant! j'aurais été content de voir Mylio marié, la race de Joël ne se serait peut-être pas éteinte.

MORISE. — Je me charge du mariage... Lorsque ton frère sera de retour ici, il n'aura qu'à choisir parmi les plus sages et les plus jolies filles de Lavaur.

A ce moment la porte de la chambre s'ouvre, le métayer de Karvel entre précipitamment : — Maître Karvel, voici dame Giraude, son frère et son fils! ils apportent une jeune fille évanouie!

Au moment où le *Parfait* va sortir pour aller à leur rencontre, Aimery, sa sœur Giraude et son fils entrent, transportant Florette évanouie. La dame de Lavaur et son frère tiennent la jeune fille entre leurs bras; ses pieds sont soutenus par Aloys, adolescent de quatorze ans. On dépose Florette avec précaution sur une sorte de lit de repos tressé de paille, et pendant que Morise court chercher un cordial, Karvel touche le pouls de la douce enfant; l'on voit à ses habits poudreux, à ses chaussures en lambeaux, qu'elle vient de parcourir une longue route; son front est baigné de sueur, son visage pâle, sa respiration oppressée. La dame de Lavaur, son frère et son fils, silencieux, inquiets, attendent les premières paroles du médecin. Giraude, du même âge que Morise, et d'une beauté remarquable, est vêtue très-simplement d'une robe d'étoffe verte; un chaperon orange, d'où pend un voile blanc qui entoure à demi son visage, découvre ses deux épais bandeaux de cheveux noirs; ses grands et doux yeux bleu d'azur, humides de larmes, sont attachés sur Florette avec l'expression du plus tendre intérêt. Aimery, âgé de quarante ans, porte le costume campagnard : large chapel de feutre, tunique serrée à sa taille par un ceinturon de cuir, surcot de drap et grosses bottes de cuir; sa physionomie ouverte, avenante et résolue semble, non moins que celle de la dame de Lavaur, apitoyée sur le sort de Florette. Aloys, aussi rustiquement vêtu que le frère de sa mère, ressemble à celle-ci d'une manière frappante; seulement, son frais et charmant visage est légèrement bruni par le grand air et le soleil, car sa mère et son oncle lui donnent une éducation virile; ses yeux se sont aussi remplis de larmes en contemplant Florette, à qui le médecin fait boire, malgré son évanouissement, un réconfortant, en introduisant le goulot d'un flacon entre ses lèvres.

LA DAME DE LAVAUR, *soutenant toujours Florette, dit à voix basse au Parfait et à Aimery :* — Pauvre enfant! elle ne revient pas encore à elle... comme elle est pâle!... Vois donc, mon frère, quelle douce et charmante figure!

AIMERY. — Une figure d'ange! ami Karvel; d'où pensez-vous que provienne son évanouissement?

KARVEL. — Je ne remarque aucune trace de blessure ou de chute... Cette infortunée a sans doute éprouvé un grand saisissement ou peut-être elle a succombé à une violente fatigue! (*S'adressant à sa femme.*) Morise, donne-moi un peu d'eau fraîche.

Aloys est venu souvent chez le *Parfait*, il connaît les êtres de la maison, et, prévenant Morise, il court vers un vase d'argile, y puise de l'eau avec une écuelle, la remplit, et revient l'offrir au médecin. Celui-ci, touché de l'empressement de l'adolescent, regarde dame Giraude d'un air attendri; elle baise son fils au front en disant à Karvel : — Aloys, en agissant ainsi, mon ami, se souvient de vos leçons ; il cherche à être utile aux autres.

Florette, dont le *Parfait* vient d'humecter les tempes avec de l'eau fraîche mélangée de quelques gouttes d'électuaire, reprend peu à peu ses sens ; son visage se colore légèrement, par deux fois elle soupire. Bientôt des larmes coulent sous ses longues paupières, et elle murmure d'une voix faible : — Mylio !... Mylio !...

KARVEL *avec stupeur.* — Que dit-elle ?

AIMERY. — Elle prononce le nom de votre frère !

Florette porte ses deux mains à son front ; il se fait un profond silence. Elle se dresse sur son séant : ses grands yeux timides et étonnés errent çà et là autour d'elle ; puis rassemblant ses souvenirs, elle s'écrie d'une voix déchirante en fondant en larmes : — Oh! de grâce, sauvez Mylio ! sauvez-le !

KARVEL, *alarmé.* — Quel est donc le danger que court mon frère ?

FLORETTE, *les maintes jointes.* — Vous êtes Karvel le Parfait !

KARVEL. — Oui, oui ; mais calmez-vous, pauvre enfant, et dites-moi où est mon frère ? quel danger le menace ? Dites-nous qui vous êtes ? comment vous avez connu mon frère ?

FLORETTE. — Je suis une pauvre serve du pays de Touraine ; Mylio m'a sauvé la vie et l'honneur. Il m'a dit : « — Florette, je re-« tourne en Languedoc ! pendant le voyage, tu seras ma sœur ; en « arrivant auprès de mon frère, tu seras ma femme... Je veux qu'il « bénisse notre union. » — Mylio a tenu sa promesse ; nous arrivions le cœur joyeux, lorsque, à quatre ou cinq lieues d'ici...

(*Les sanglots, étouffent la voix de Florette.*)

LA DAME DE LAVAUR, *tout bas au Parfait.* — Ah! Karvel, j'en prends à témoin son touchant amour pour cette pauvre serve, le cœur de votre frère est resté bon, malgré l'égarement de sa jeunesse ! Que Dieu en soit loué !

KARVEL, *essuyant ses yeux.* — Nous n'en avons jamais douté... Mais qu'est-il devenu ? mon Dieu !

AIMERY. — Ma sœur, je vais visiter les environs de cette demeure, peut-être apprendrai-je quelque chose.

ALOYS, *vivement*. — Mon oncle... Je vous accompagne, si ma mère le permet, je vous aiderai dans vos recherches.

KARVEL, *à Aimery*. — Attendez un moment encore, mon ami, (*A Florette qui sanglotte.*) Chère fille... chère sœur... car vous êtes maintenant notre sœur, je vous en supplie, calmez-vous, et apprenez-nous ce qui est arrivé à Mylio?

FLORETTE. — Il m'avait dit que, outre son désir d'être promptement de retour près de vous, une autre raison, dont il vous instruirait, devait hâter notre marche, et que nous voyagerions presque nuit et jour; c'est ce que nous avons fait. J'étais en croupe de Mylio, un de ses amis nous accompagnait monté sur une mule; ce matin, nous nous sommes arrêtés dans un gros bourg, où l'on entre par une arcade en pierre.

KARVEL. — C'est le bourg de Montjoire, à quatre lieues d'ici.

FLORETTE. — Depuis notre départ de Touraine, nous avions voyagé si rapidement que, les fers de notre cheval s'étant usés, il en perdit deux avant d'entrer dans ce bourg; Mylio, voulant faire referrer sa monture, s'informa de la demeure d'un maréchal, et nous conduisit, son ami et moi, dans une auberge où il nous dit de l'attendre. Le compagnon de Mylio est un jongleur très-joyeux. Il se mit à jouer de la vielle et à chanter des chansons contre l'Église et les prêtres, devant les gens de l'auberge ; à ce moment, deux moines, escortés de plusieurs cavaliers, entrèrent et ordonnèrent au jongleur de se taire, au nom de l'Église et du pape. Il répondit par des railleries; alors les hommes de l'escorte des moines se sont jetés sur le pauvre vieux Peau-d'Oie, c'est son nom, et l'ont battu, en l'appelant chien d'hérétique!

AIMERY. — C'est à n'y pas croire! jamais jusqu'ici les moines n'ont osé montrer tant d'audace ; car, à Montjoire, comme dans tout l'Albigeois, on aime les prêtres de Rome comme la peste ! Mais, les gens de l'auberge étaient du pays, et ils ont dû prendre le parti de votre compagnon de voyage?

FLORETTE. — Oui, messire, et Mylio est rentré au plus fort de la batterie; il a voulu défendre son ami que l'on maltraitait, mais les hommes d'armes étaient nombreux; les gens de l'auberge ont eu le dessous et se sont enfuis, laissant Mylio et le vieux jongleur au pouvoir des moines; ceux-ci ont dit qu'ils allaient faire emprisonner ces deux hérétiques dans le château du seigneur de ce bourg.

AIMERY. — C'est impossible! Raoul de Montjoire exècre autant que moi cette milice enfroquée. J'ai peine à concevoir l'impudence de ces moines; se croient-ils donc dans le nord de la Gaule?

FLORETTE. — Hélas! messire, ce que je vous raconte n'est que trop vrai; aussi Mylio se voyant, malgré sa résistance, chargé de liens et entraîné, ainsi que son compagnon, m'a crié : « Florette, « va vite à Lavaur; tu demanderas ton chemin, et, en arrivant « dans les faubourgs de la ville, informe-toi de la demeure de « Karvel le Parfait et dis à mon frère que l'on veut me retenir ici « prisonnier. » Alors je me suis hâtée d'accourir ici...

LA DAME DE LAVAUR. — Sans doute, vos forces trahissant votre courage, vous êtes tombée évanouie à deux cents pas d'ici, à l'endroit où nous vous avons trouvée au bord du chemin?...

FLORETTE. — Oui, madame; mais! par grâce, sauvez Mylio! ces moines vont le tuer peut-être!

AIMERY, à *Karvel*. — Je reconduis ma sœur à Lavaur, puis nous montons à cheval pour nous rendre chez Raoul; et nous ramènerons Mylio, j'en réponds!

FLORETTE *soudain tressaille, prête l'oreille du côté de la porte, se lève et s'écrie :* — C'est lui!... j'entends sa voix!

Mylio, suivi de Peau-d'Oie, entre presqu'au même instant; Florette, Karvel, Morise s'élancent à la rencontre du trouvère; il répond à leurs étreintes avec un bonheur inexprimable. Aimery, Aloys et sa mère, doucement émus, contemplent ce tableau, et la dame de Lavaur dit à son frère à demi-voix : — Ah! celui qui inspire de pareilles affections doit les mériter!

ALOYS, *tout bas à Giraude en lui montrant Peau-d'Oie resté à l'écart.* — Ma mère, voyez donc ce pauvre vieux homme... personne ne lui parle... On l'oublie en ce moment; aussi comme il paraît triste! si j'allais lui souhaiter la bienvenue en ce pays?

LA DAME DE LAVAUR. — C'est une bonne pensée, cher enfant, va!

Pendant que Mylio, dans un muet transport répond aux caresses de ceux qui lui sont chers, Aloys s'approche timidement du vieux jongleur; celui-ci n'est point triste, mais fort embarrassé. Mylio, en lui parlant des austères vertus de Karvel le Parfait et de sa femme, a surtout recommandé à Peau-d'Oie de ne point s'échapper, selon son habitude, en joyeusetés grossières ou licencieuses; aussi le jongleur, fidèle aux instructions de son ami, se gourme, se guinde, pince ses grosses lèvres, prend un air sérieux et vénérable qui donne à sa figure, ordinairement réjouie, cette expression piteuse qui, trompant la bienveillante candeur d'Aloys, lui fait croire à la tristesse de Peau-d'Oie, et il lui dit d'une voix touchante : — Soyez le bienvenu en notre pays, bon père...

PEAU-D'OIE, *à part soi.* — Ce garçonnet doit être aussi un petit *Parfait*, veillons sur ma langue! (*Haut à Aloys, d'un ton grave et sentencieux.*) Que Dieu vous garde, mon jeune maître, et vous conserve toujours en la vertu; car la vertu... donne plus de vrai et gaillard contentement qu'une jolie ribaude... Que dis-je!... la vertu est la ribaude de l'homme de bien! (Aloys, ne comprenant rien aux dernières paroles de Peau-d'Oie, le regarde d'un air naïf et surpris; puis il retourne auprès de sa mère.)

PEAU-D'OIE, *à part soi.* — Je suis content, j'ai donné à ce jouvenceau une excellente idée de ma sagesse!

KARVEL, *ramenant Mylio vers Aimery et sa sœur, dit à celle-ci :* — Dame Giraude, je vous demande pour Mylio un peu de la bonne amitié que vous avez pour nous.

LA DAME DE LAVAUR. — Vous le savez, Karvel, ce n'est pas d'aujourd'hui qu'Aimery et moi nous avons pris part à la tendre affection que vous portez à votre frère.

MYLIO, *d'un ton respectueux et pénétré.* — Karvel vient de me dire, madame, la reconnaissance que je vous dois. (*Montrant Florette.*) Cette chère enfant, épuisée de fatigue, était tombée mourante sur la route... et vous, votre digne frère et votre fils, vous l'avez secourue... vous l'avez transportée chez mon frère...

LA DAME DE LAVAUR, *interrompant Mylio.* — Si l'accomplissement d'un devoir méritait une récompense, nous la trouverions dans le bonheur d'avoir porté aide et assistance à cette charmante enfant, qui va bientôt appartenir au frère de l'un de nos meilleurs amis !

MYLIO, *à Aimery, en souriant.* — Me laisserez-vous du moins, messire, vous remercier de votre bon vouloir pour moi et pour mon compagnon de voyage ? Vous étiez prêt, m'a dit Karvel, à monter à cheval, afin de venir nous délivrer.

AIMERY. — Rien de plus simple ; Raoul de Montjoire est mon ami ; il a, comme nous tous, habitants du Languedoc, la gent monacale en aversion ; j'étais certain qu'à ma demande il vous remettrait en liberté, vous et votre joyeux compagnon, ce gros compère dont les chants drôlatiques ont causé la bagarre.

PEAU-D'OIE, *s'entendant appeler : drôlatique et joyeux compère, redouble de gravité en songeant qu'il se trouve au milieu de gens plus ou moins* PARFAITS, *et répond.* — Je supplie la noble dame, le noble sire et l'assistance de ne point me prendre pour un drôlatique compère... Mon chant, qui a causé la colère de ces tonsurés, était simplement le cri d'indignation d'un homme qui fut peut-être vertueux... mais qui certainement, mûri par l'expérience, sait que l'habit ne fait pas le moine, que la cruche ne fait pas le vin, que la gorgerette ne fait pas la gorge, que la cotte ne fait pas...

Mylio interrompt Peau-d'Oie d'un regard courroucé ; le jongleur se tait, se recule tout penaud, et, afin de se donner une contenance,

il va examiner les vases de cuivre placés sur le fourneau de distillerie. Mylio s'adresse à Aimery, qui, non plus que Karvel, n'a pu s'empêcher de sourire des paroles du jongleur, et leur dit : — Saisi, désarmé, garotté, malgré ma résistance, par les hommes d'escorte des deux moines, j'ai été, avec mon compagnon, conduit chez Raoul de Montjoire. L'un des moines lui a dit : « Ces deux hérétiques ont
« eu l'audace, l'un, de chanter une chanson outrageante pour les
« prêtres du Seigneur, et l'autre, de prendre la défense du chan-
« teur ; je te somme, au nom de l'Église catholique de faire justice
« de ces deux scélérats. — Pardieu, moine, je te remercie, — a
« répondu Raoul ; — tu ne pouvais m'amener de meilleurs hôtes. »
« — Puis, s'adressant à ses gens : — Ça, mes amis, que l'on dé-
« livre de leurs liens ces braves contempteurs de l'Église de Rome,
« cette moderne Babylone souillée de rapines et de sang. »

AIMERY. — Raoul... ne pouvait tenir un autre langage.

MYLIO. — Aussitôt dit que fait ; on nous délivre, et le sire de Monjoire ajoute, en montrant la porte au moine : « — Hors d'ici,
« et au plus tôt, suppôt de Rome, vil ROMIEU, méchant ROMIPÈDE !...
« tu n'es pas ici en France, où les tonsurés commandent en maî-
« tres ! — Détestable ensabbatté ! hérétique damné ! — s'écrie le
« moine furieux, en sortant et menaçant Raoul. — Tremble ! le
« jour du courroux céleste est arrivé !... Bientôt vous serez tous
« écrasés dans votre nid, vipères hérésiarques ! »

LA DAME DE LAVAUR. — L'audace de ces moines révolterait, si l'on ne connaissait l'impuissance de leur haine.

MYLIO. — Le jour est venu, madame, où, malheureusement, la haine des prêtres est redoutable.

KARVEL. — Que veux-tu dire ?

MYLIO. — J'ai voyagé presque jour et nuit pour devancer une nouvelle qui, je le vois, n'est pas encore parvenue jusqu'à vous, et qui explique l'insolence des paroles adressées à Raoul par ce moine.

AIMERY. — Que s'est-il donc passé de nouveau ?

MYLIO. — Le pape Innocent III a donné l'ordre à tous les évêques de prêcher une croisade contre les hérétiques du Languedoc.

AIMERY, *riant*. — Une croisade ? Est-ce que ces tonsurés prennent notre pays pour la Terre-Sainte ?

MYLIO. — A cette heure, ils déchaînent contre vos provinces les haines fanatiques, les cupidités sauvages qu'ils ont, jadis, déchaînées contre les Sarrasins. Le pape a déjà donné vos terres et vos richesses aux futurs croisés, et, par surcroît, il leur a promis le pardon de tous leurs crimes passés, présents et futurs, et le paradis.

LA DAME DE LAVAUR. — Ce que vous nous dites, Mylio paraît invraisemblable ! D'où viendrait tant de haine contre nous autres *hérétiques*, ainsi que l'on nous appelle ? L'Église catholique ne conserve-t-elle pas, en Languedoc, ses églises, ses domaines, ses évêques, ses moines, ses prêtres ? Les a-t-on jamais empêchés dans l'exercice de leur culte ? Pourquoi ferait-on une croisade contre nous ? parce que nous pratiquons simplement, selon notre foi, l'évangélique morale de Jésus ! parce que notre cœur et notre raison repoussent le mythe du péché originel, qui frappe d'anathème, jusque dans le sein maternel, un enfant encore à naître ! parce que nous sourions de la prétention de ces prêtres qui, se disent les représentants infaillibles de Dieu sur la terre et affirment que notre enfant nouveau-né sera damné, s'il meurt sans baptême. Peut-on vouloir nous punir parce que nous préférons nos *Parfaits*, de dignes pasteurs comme vous, Karvel, qui, laborieux, austères, pratiquent et enseignent, au milieu des saintes joies de la famille, la doctrine sublime du Christ, l'ami des pauvres et des affligés ; l'ennemi des hypocrites et des superbes ! Et puis à quoi bon la violence ? Les prêtres catholiques sont-ils les dépositaires de la véritable foi ? Eux seuls sont-ils inspirés de Dieu ? Alors qu'ils nous convertissent par la raison, par la douceur, par la persuasion ; mais en appeler à la violence !... au fer et au feu !... non, non, ce serait le comble de l'aveuglement et de la méchanceté humaine !

MYLIO. — Les croisades contre les Sarrasins ont été prêchées par l'Église, et, aujourd'hui, l'Église ameute de nouveau d'exécrables passions contre les provinces qui ont su échapper à la tyrannie de Rome. De grands périls menacent le Languedoc. En passant à Cahors, j'ai appris qu'un homme, d'une rare valeur militaire, mais fanatique, impitoyable : SIMON, COMTE DE MONTFORT-L'AMAURY, l'un des héros de la dernière croisade en Terre sainte, commandait en chef l'armée catholique, qui va bientôt envahir ce pays.

KARVEL. — Simon de Montfort est bien connu de nous !... Le choix d'un pareil chef est le signal d'une guerre d'extermination, sans merci ni pitié !

AIMERY. — Si les catholiques nous attaquent, nous saurons nous défendre, et, j'en jure Dieu ! la guerre sera terrible !...

LA DAME DE LAVAUR, *avec angoisse.* — Mais quel tort faisons-nous aux catholiques? Leur imposons-nous nos croyances ? de quel droit voudraient-ils nous imposer les leurs par la violence, par la guerre? Mais dans les batailles on tue les enfants des pauvres mères ! — (*En disant ces mots d'une voix altérée, les yeux humides de larmes, dame Giraude serre avec tendresse et anxiété son fils entre ses bras; puis, pressant la main d'Aimery.*) Mais la guerre c'est l'épouvante des mères, des sœurs, des épouses !

AIMERY. — Amie, calme tes craintes !

LA DAME DE LAVAUR. — Hélas ! je ne suis pas une héroïne ; je vis de mon amour pour mon fils et pour toi, et quand je pense que vous, et tant d'amis biens chers à mon cœur, vous pouvez périr dans cette guerre horrible... — (*Elle s'interrompt, embrasse de nouveau son fils avec passion en murmurant.*) — Oh! j'ai peur... j'ai peur !

ALOYS. — Ma bonne mère, ne crains rien, nous te défendrons !

LA DAME DE LAVAUR. — Dès ce soir, nous fuirons avec mon frère... Nous irons nous embarquer à Aigues-Mortes...

AIMERY. — Et qui défendra la ville et le château de Lavaur, dont ton fils est le seigneur?

LA DAME DE LAVAUR. — Que ces prêtres s'emparent de notre château, de nos biens, mais que mon enfant et toi vous me restiez !

AIMERY. — La prise de la ville et du château entraîne fatalement la ruine et la mort de tous ses habitants et des gens des campagnes, qui vont s'y réfugier à la première nouvelle de la croisade.

LA DAME DE LAVAUR. — Pardon, mon frère, pardon, mes amis ; ce que je disais là était lâche...

LE MÉTAYER, *entrant*. — Messire Aimery, un de vos serviteurs arrive du château, où viennent de se rendre vos amis qui ont hâte de vous entretenir de choses graves, ainsi que dame Giraude.

AIMERY. — Hélas ! la nouvelle apportée par Mylio se confirme !

KARVEL, *à la dame de Lavaur*. — Courage, Giraude ! les cœurs amis, les dévouements fermes ne vous manqueront pas.

LA DAME DE LAVAUR, *essuyant ses larmes*. — Adieu, bon Karvel ! plaignez ma faiblesse, j'en ai honte !

KARVEL. — Non, vous n'avez pas été faible, vous avez été mère... vous avez été sœur... le cri de la nature s'est échappé de votre âme, je vous en honore davantage ; car, je sais que vous ne manquerez à aucun de vos devoirs, quand viendra le moment de les remplir.

LA DAME DE LAVAUR. — Hélas ! je l'espère... Ah ! quelle horrible chose que la guerre !... Nous étions si heureux ! (*Regardant son fils et l'embrassant en pleurant.*) Quel mal, mon pauvre enfant et moi avons-nous donc fait à ces prêtres ?

AIMERY, *à Mylio*. — Bienvenue soit votre présence en ces temps périlleux, car vous êtes homme de résolution, Mylio... Au revoir, Karvel ; je vous ferai connaître ce soir le résultat de notre entretien avec nos amis, et les résolutions qui auront été prises.

LA DAME DE LAVAUR, avant de quitter la maison du *Parfait*, s'approche de Florette, qui est restée près de Morise ; Peau-d'Oie, après s'être tenu à l'écart, s'est assis sur un banc et a fini par s'endormir, car il est brisé de fatigue. La dame de Lavaur prend les mains de Florette, et lui dit avec un triste sourire : — Pauvre petite, aussi bonne que dévouée, vous arrivez dans notre pays en des jours malheureux ; puissions-nous les traverser sans perdre aucun des êtres qui nous sont chers ! Quoi qu'il arrive, comptez sur mon affection ! — Florette, émue jusqu'aux larmes, porte avec effusion à ses lèvres la main de la dame de Lavaur; celle-ci, après un dernier adieu à Morise et au *Parfait*, sort accompagnée de son fils et d'Aimery.

MYLIO *la regarde s'éloigner, puis il dit à Karvel* : — Non, je ne peux t'exprimer combien je suis touché de la bonté de cette charmante femme... qui, au milieu de ses angoisses de mère et de sœur, a montré pour Florette tant de bienveillance.

KARVEL. — Cette femme est un ange ! — *Puis, regardant Mylio, les yeux du Parfait deviennent de nouveau humides d'attendrissement; il ouvre ses bras, et dit à son frère d'une voix entrecoupée :* — Encore un embrassement !... encore...

Mylio serre Karvel sur son cœur; Morise et Florette partagent la silencieuse émotion des deux frères; les uns et les autres semblent ne pas entendre les ronflements de Peau-d'Oie, dont le sommeil devient de plus en plus profond et bruyant.

MORISE, *s'adressant à Mylio*. — Ainsi, frère, vous voilà pour toujours revenu près de nous?

MYLIO. — Oh ! pour toujours... N'est-ce pas, Florette?

FLORETTE. — Ma volonté sera la vôtre, Mylio ; mais il m'est doux de m'y conformer, lorsque je suis accueillie avec tant de bonté par vos chers parents.

MYLIO. — Pourtant, frère, si tu approuves mon projet, il me faudra bientôt te quitter pendant quelques jours.

MORISE. — Quoi ! déjà? L'entendez-vous, Florette, ce méchant ?

FLORETTE, *souriant*. — Ou Mylio m'emmènera avec lui, ou il me laissera près de vous; quoi qu'il arrive, je serai contente.

KARVEL. — Quel est donc ton projet, cher frère ?

MYLIO. — Mon sincère amour pour Florette a mis terme aux égarements de ma jeunesse; ton indulgence, celle de Morise, jettent un voile sur le passé; mais enfin, j'ai mal usé de ces facultés de poésie que j'ai reçues de la nature, et je veux maintenant en faire un utile emploi. Frère, tu as lu, comme moi, dans les légendes de notre famille, que, lors de l'invasion de la Gaule par les Romains, les bardes gaulois excitaient le courage des combattants; et que, plus tard, après la conquête romaine, les bardes soulevaient par leurs chants patriotiques le peuple des Gaules contre le conquérant étranger... Ce bardit du CHEF DES CENT VALLÉES : — « *Tombe, tombe,* « *rosée sanglante...* » — a armé plus d'un bras contre les Romains !

KARVEL. — Je comprends ta pensée... et je t'approuve, Mylio... Oui, ce sera noblement user du talent de poëte que Dieu t'a donné, que de le faire servir à exciter l'enthousiasme de nos populations.

MYLIO. — L'Église fait prêcher par ses moines l'extermination de ce pays; nous, trouvères, comme jadis les bardes gaulois, nous soulèverons par nos chants les peuples contre les fanatiques qui menacent notre liberté, notre vie !

MORISE. — Cette pensée est généreuse et grande.

MYLIO. — Tout à l'heure, la dame de Lavaur a, par deux fois, répété quelques mots qui m'ont arraché des larmes : — « Quel mal « leur avons-nous donc fait à ces prêtres, mon pauvre enfant ? »

FLORETTE. — Ah ! Mylio, ces paroles m'ont fait pleurer !

MYLIO. — C'est qu'elles sont vraies et navrantes, ces paroles échappées au cœur d'une mère. Quel mal a-t-on fait à ces prêtres ?

Un éclatant ronflement de Peau-d'Oie, toujours endormi, retentit au milieu du silence qui a suivi les dernières paroles de Mylio; il se retourne, et voyant le vieux jongleur profondément endormi, il dit à Karvel en souriant : — Frère, j'ai oublié jusqu'ici de te parler de mon compagnon de voyage.

MORISE. — Malgré son air sérieux, il me donne envie de rire !

KARVEL. — Ce pauvre homme est peut être attristé de ce que, tout à l'heure, Mylio l'a arrêté court au plus bel endroit de sa paraphrase sur cette vérité : Que l'habit ne fait pas le moine.

MYLIO. — Mon compagnon est jongleur, c'est te dire, Karvel, que ses chants grossiers, fort goûtés dans les cabarets, sont peu faits pour des oreilles délicates ; aussi, j'avais prévenu Peau-d'Oie, c'est son nom, que chez toi il devait s'observer dans ses paroles ; de là son embarras, et son obstination à se donner une apparence vénérable... Je demande pour lui ton indulgence... Accordez-lui la vôtre aussi, Morise, il y a quelque droit, par le véritable attachement dont il m'a donné des preuves.

KARVEL. — Tout bon cœur mérite indulgence et amitié, frère... (*Souriant.*) Mais je suis tenté de te reprocher d'avoir fait de nous des épouvantails de vertu et causé l'effroi de ce pauvre homme !

Peau-d'Oie, à ce moment, pousse un si prodigieux ronflement, qu'il en est lui-même réveillé en sursaut ; il se frotte les yeux et roule autour de lui un regard effaré ; puis, se levant brusquement et reprenant son air grave, il dit à Morise avec une affectation de langage courtois : — Que notre compatissante hôtesse me fasse l'aumône de sa miséricorde pour l'énorme incongruité de mon sommeil ; mais depuis Blois nous voyageons jour et nuit, et ma fatigue est grande. D'ailleurs, le sommeil, en cela qu'il endort les vils et méprisables appétits, le sommeil est en soi une manière de vertu...

MYLIO, *l'interrompant.* — Chère sœur Morise, ce gros homme vous vante la vertueuse innocence du sommeil, en cela qu'il endort les appétits terrestres ! Eh bien, ce même gros homme qui vous parle ainsi a failli m'étrangler un jour parce que je l'éveillais au milieu d'un rêve succulent où, après avoir vu battre *Carême* contre *Mardi-Gras*, armés, l'un de poissons, l'autre de saucissons, il s'apprêtait à dévorer le vainqueur, le vaincu et leurs armes.

PEAU-D'OIE, *d'un ton de reproche piteux à son compagnon de voyage en voyant rire Karvel et sa femme.* — Ah ! Mylio !...

MYLIO. — Donc, il est entendu que mon ami Peau-d'Oie, que je vous présente, est un peu gourmand, un peu ivrogne...

PEAU-D'OIE. — Moi, justes dieux !

MYLIO. — Et aussi un peu menteur, un peu tapageur, un peu poltron, un peu libertin, un peu bavard !...

PEAU-D'OIE, *d'un air contrit.* — Ah ! mes respectables hôtes ! ne croyez pas ce méchant railleur.

MYLIO. — Après cette confession, que la modestie retenait sur les lèvres de mon ami, j'ajouterai : mais il a bon cœur, il partage son morceau de pain avec qui a faim, son pot de vin avec qui a soif ; et enfin il m'a donné des preuves d'affection que de ma vie je n'oublierai. Ceci dit, mon vieux Peau-d'Oie, mes amis et moi, nous t'en supplions, n'aie plus sans cesse le mot de vertu à la bouche, et, au lieu de baisser les yeux, de te gourmer, de te pincer les lèvres d'un air confit, laisse s'épanouir à l'aise ta bonne grosse mine réjouie, et même, si cela te plaît, chante à plein gosier ta chanson favorite.

KARVEL *à Peau-d'Oie qui soupire avec allégement, et dont la figure semble peu à peu se dilater.* — Mon frère est l'interprète de notre pensée ; allons, cher hôte, pas de contrainte ; revenez à votre gaieté naturelle. Nous aimons beaucoup la gaieté, nous autres ; savez-vous pourquoi ? Parce que jamais cœur faux ou méchant n'est franchement joyeux. Nous pensons enfin qu'il faut beaucoup pardonner à ceux qui sont restés bons, parce qu'ils deviendront meilleurs encore ; vous êtes de ceux-là, notre hôte. Donc, soyez le bienvenu ! nous vous aimerons comme vous êtes, aimez-nous comme nous sommes.

PEAU-D'OIE, *tout à fait à son aise.* — Ah ! dame Vertu !...

MYLIO. — Comment ! encore ?

PEAU-D'OIE. — ... Ah ! dame Vertu, vous vous embéguinez d'une sale coiffe ; et l'œil louche, la bouche écumante, le cou tors, vous pourchassez les gens, leur disant de votre voix de chouette amoureuse, en les menaçant de vos doigts griffus : « — Çà, viens vite à « moi me chérir, gros pendard ! sac à vin ! porc de goinfrerie ! bouc « de luxure ! lièvre de couardise !... çà, viens vite m'adorer, me « servir, me becquotter, sinon je t'étrangle, truand ! chien vert ! « âne rouge ! triple mule !... » Et vous vous étonnez, mignonne, que l'on prenne sa besaine à deux mains, afin de mieux trotter pour échapper à votre gracieux appel?

MORISE, *à Karvel, en souriant.* — Il a raison!

PEAU-D'OIE. — Ah! dame revêche! dame piaillarde! dame griffue! prenez donc un peu le doux air, la douce voix, le doux cœur, le doux langage de dame Morise, mon aimable hôtesse, que voici, ou de notre digne hôte Karvel, que voilà, et vous verrez, dame Vertu, si vous ferez fuir les gens, si l'on ne vous dira point au contraire : *(il s'adresse à Morise)* Dame Vertu, le pauvre vieux Peau-d'Oie a été jusqu'ici poursuivi par une horrible sorcière qui, usurpant votre nom, voulait, à grand renfort d'injures et de coups de griffes, se faire becquotter par lui. Hélas! le vieux Peau-d'Oie reconnaît trop tard les artifices de la sorcière, car il n'est plus d'âge à becquotter personne; aussi, gracieuse dame Vertu, plaignez Peau-d'Oie, il vous voit pour la première fois dans votre pure et charmante réalité. Mais, hélas! je suis trop vieux pour oser lever les yeux sur vous.

MORISE, *souriant.* — Soit! je suis dame Vertu; et en acceptant ce nom, je ne suis certes pas dame Modestie! Enfin, il n'importe, je suis dame Vertu; or, comme telle, je vous engage fort, mon cher hôte, à lever les yeux sur moi. Point ne suis fière, ni exigeante, ni difficile, ni jalouse; jeunes ou vieux, beaux ou laids, pourvu que leurs actes me prouvent que, parfois, ils gardent quelque souvenance de moi, me trouvent très-heureuse de leur amour. Vous le voyez, cher hôte, malgré votre âge, vous pouvez aimer dame Vertu...

PEAU-D'OIE, *se grattant l'oreille.* — Oh! certes, s'il ne s'agissait point de prouver cet amour, çà et là, par quelques bons petits actes, je me ferais votre servant, gracieuse dame Vertu; mais en toute humilité, je me connais...

MYLIO. — Allons, mon vieil ami, pas de modestie outrée; je vais te mettre en mesure de prouver à mon frère et à ma sœur que tu es capable d'un acte vaillant et généreux.

PEAU-D'OIE. — Ne t'engage pas trop... prends garde!

MYLIO. — Tout à l'heure, pendant que tu dormais, j'ai fait part à Karvel, qui l'adopte, d'un projet utile et bon. Tu as entendu comme moi, à Blois, les paroles de l'abbé Reynier ; l'Église va bientôt déchaîner la guerre sur le Languedoc. Il faut, par nos chants, exalter jusqu'à l'héroïsme la résistance du peuple contre cette croisade sans pitié ni merci... Seconde-moi dans cette entreprise.

PEAU-D'OIE. — Eh ! Mylio, ma pauvre vielle, au lieu d'accompagner mes chants, éclaterait toute seule... de rire entre mes mains, si elle m'entendait prendre le ton héroïque... Non, non, à ta harpe le laurier des batailles ; et à mon humble vielle un rameau de pampre ou un bouquet de marjolaines.

KARVEL, *à Peau-d'Oie.* — Notre hôte, croyez mon frère... S'il a charmé par ses chants l'oreille des riches, vous avez charmé l'oreille des pauvres ; de même aussi vous ferez battre leur cœur si vous leur dites les maux affreux dont notre pays est menacé par cette croisade prêchée contre nous.

PEAU-D'OIE. — Digne hôte, que de ma vie je ne touche à un broc de vin, si je saurais quoi chanter sur un pareil sujet !

FLORETTE, *timidement.* — Mylio... si j'osais...

MYLIO. — Parle, douce enfant.

FLORETTE. — Je vous ai entendu dire pendant la route que ce méchant moine de Cîteaux, l'abbé Reynier, à qui j'ai échappé, grâce à vous, Mylio, était l'un des chefs de la croisade... Il me semble que si maître Peau-d'Oie racontait dans une chanson comment ce méchant moine, l'un des chefs de cette guerre entreprise au nom du seigneur Dieu... a voulu abuser d'une pauvre serve...

PEAU-D'OIE, *frappant joyeusement dans ses mains.* — Florette a raison... LA FRITURE DE L'ABBÉ DE CÎTEAUX ! voilà le titre de la chanson... Tu te souviens, Mylio, des paroles de ce dom ribaud se rendant au moulin de Chaillotte? Ah ! par ma vielle ! je le salerai, je le poivrerai si rudement, ce chant, que ceux qui l'auront goûté, eussent-ils le palais épais comme celui d'une baleine, se sentiront le furieux appétit d'assommer ces sycophantes! Quoi! ces hypocrites, souillés de luxure, viennent massacrer les gens au nom du Sauveur du monde! Pouah! ces moines puent la crasse, le rut et le sang!

MYLIO. — Bien! bien! mon vieux Peau-d'Oie! mets dans tes vers l'indignation de ton âme, et ta chanson vaudra mille guerriers pour la défense du Languedoc. (*A Florette.*) Ton excellent bon sens t'a servi, douce enfant; ton cœur droit et naïf s'est justement révolté de ce qu'il y a d'horrible dans l'hypocrisie de ces prêtres orgueilleux, cupides et débauchés, menaçant d'exterminer le pays en invoquant Jésus, ce Dieu d'amour et de pardon... (*A Morise et à Karvel.*) Je reviendrai au jour du danger; si mon amour pour Florette m'a inspiré le dégoût de ma vie stérile et licencieuse, votre souvenir à vous, Morise, à toi, mon frère, m'a ramené ici. J'ai voulu que mon mariage avec celle qui sera la compagne de ma vie fût consacré par ta présence et par celle de ta femme; me marier sous vos auspices, n'est-ce pas m'engager à imiter votre exemple?

KARVEL, *profondément ému, prend les mains de Florette et de Mylio, les joint dans les siennes, et dit d'une voix attendrie :* — Demain, votre mariage sera inscrit sur le livre des magistrats de la cité. Mylio, mon frère, Florette, ma sœur, vous que les liens mystérieux du cœur unissent déjà, j'en prends à témoin la pensée de votre âme et les paroles de vos lèvres, soyez pour toujours l'un à l'autre! Désormais jouissez des mêmes joies, souffrez des mêmes peines, consolez-vous en une même espérance, partagez-vous le labeur quotidien qui assurera dignement votre pain de chaque jour. Si, plus heureux que Morise et moi, vous revivez dans vos enfants, appliquez-vous, par vos leçons, par vos exemples, à développer leur bonté originelle. Élevez-les dans l'amour du travail, du juste et du bien; que, fidèles à la morale du Christ, l'un des plus grands sages de l'humanité, ils soient indulgents envers celui que l'ignorance, l'abandon ou la misère ont jeté dans une voie mauvaise; qu'ils aient pour lui pardon, enseignement, amour et charité.

Mais habituez aussi leurs jeunes âmes à avoir conscience et horreur de l'oppression ou de l'iniquité; habituez vos enfants à cette pensée : qu'ils pourront avoir un jour à souffrir, à lutter, à mourir peut-être pour la défense de leurs droits! Persuadez-les que si la clémence envers les faibles et les souffrants est une vertu, la résignation aux violences de l'oppresseur est une lâcheté, est un crime! Trempez vigoureusement leur âme dans cette sainte haine de l'injustice; et, au jour de l'épreuve, vos enfants seront prêts et résolus! Qu'ils aient une foi inébranlable dans l'avenir, dans l'affranchissement de la Gaule, notre mère patrie.

Enfin, donnez à vos enfants cette virile croyance druidique : — « Que l'homme, immortel et infini comme Dieu, va de monde en « monde éternellement revivre corps et esprit dans ces astres in- « nombrables qui brillent au firmament; » — donnez-leur cette mâle croyance, et ils seront, comme l'étaient nos pères aux temps héroïques de notre histoire, *guéris du mal de la mort.* Et maintenant, Mylio, mon frère, Florette, ma sœur, puissent votre union être selon les désirs les plus ardents de mon cœur! Puissent les maux qui menacent ce pays ne pas vous atteindre! Ah! croyez-le, Florette, vous serez doublement aimée de nous, car grâce à vous notre frère nous revient, et ma femme et moi avons une sœur !

En achevant ces mots, Karvel le *Parfait,* serrant contre son cœur Florette et Mylio, les tient, pendant quelques instants, embrassés. Morise, le front appuyé sur l'épaule de son mari, partage son attendrissement et celui des fiancés. Peau-d'Oie lui-même ne peut retenir une larme, qu'il essuie du bout de son doigt; puis bientôt revenant à sa joyeuseté habituelle, il s'écrie : — Corbœuf! maître Karvel, excusez la sincérité du vieux Peau-d'Oie, mais il lui semble qu'au nord, comme au midi de la Gaule, dans le pays de la Langue d'oil comme dans celui de la Langue d'oc, il n'est point de noces sans repas. Or, je réclame pour ce soir le festin des épousailles; demain aura lieu l'inscription du mariage aux registres de la cité; et après-demain matin, Mylio et moi, nous partirons pour prêcher l'anticroisade à notre façon... (*S'adressant à Morise*) Ah! dame Vertu! voilà de vos coups : je suis poltron comme un lapin, et pour vous plaire, je m'en vais prêcher la guerre avec ma vielle pour clairon. Mais, voire-Dieu, je me sens si furieusement disposé à chanter mon chant de guerre, que, d'avance, mon gosier se sèche!

KARVEL, *souriant*. — Heureusement, notre hôte, nous avons ici certain baril de vin de Montpellier que nous allons mettre en perce.

MORISE, *à Peau-d'Oie*. — Et moi j'ai là, dans le buffet, certain jambon d'Aragon, digne de servir de massue à ce fameux chevalier *Mardi-Gras*, dont vous avez rêvé la défaite!

PEAU-D'OIE. — Ah! douce dame Vertu, vous croirez rêver, vous-même, en me voyant jouer des mâchoires.

KARVEL. — Vous pourrez encore les exercer sur une paire de superbes chapons que notre métayer nous apporta hier, et sur une truite digne de servir de monture au chevalier *Carême*.

PEAU-D'OIE. — Ah! c'est un festin digne d'un chapitre de chanoines!

KARVEL, *montrant Mylio qui parle bas à Florette*. — L'enfant prodigue est de retour; ne faut-il pas tuer le veau gras?

MYLIO, *à Florette, d'une voix basse et passionnée*. — Enfin, douce amie, tu es actuellement ma femme!

FLORETTE, *regardant son époux avec amour et les yeux humides de larmes*. Mylio, je n'ai que mon cœur, mon amour, ma vie à vous donner; c'est peu... pour le bonheur que je vous dois!

PEAU-D'OIE, *venant interrompre joyeusement les deux amants*. — Qu'avez-vous à chuchotter ainsi d'un air langoureux? Chantez donc, au contraire, à pleine voix, ma chanson, petite Florette...

> Robin m'aime, Robin m'a.
> Robin m'a voulu... il m'aura.

CHANT

DE MYLIO LE TROUVÈRE

SUR

LA CROISADE CONTRE LES ALBIGEOIS

Les voilà, prêtres en tête ! — Les voilà, les croisés catholiques ! — la rouge croix sur la poitrine, — le nom de Jésus aux lèvres, — la torche d'une main, — l'épée de l'autre ! — Les voilà dans notre doux pays de Languedoc ! — Les voilà, les croisés catholiques, — les voilà, prêtres en tête !

— Quel mal leur avons-nous donc fait, à ces prêtres ? Quel mal leur avons-nous jamais fait ?

— De toutes les contrées de la Gaule, — ils entrent dans l'Albigeois, les croisés catholiques. — A leur tête marchent le légat du pape et Reynier, abbé de Cîteaux. — Avec eux maint évêque et maint archevêque : — l'archevêque de Sens et celui de Reims ; — l'évêque de Cahors et celui de Limoges ; — l'évêque de Nevers et celui de Clermont ; — l'évêque d'Agde et celui d'Autun.

— Nombreuse est la seigneurie. — Simon, comte de Montfort, la commande ; — puis viennent le comte de Narbonne et le comte de Saint-Paul, — le vicomte de Turenne et Adhémar de Poitiers, — Bertrand de Cardaillac et Bertrand de Gordon, — le comte de Forez et celui d'Auxerre, — Pierre de Courtenay et Foulques de Bercy,

— Hugues de Lascy et Lambert de Limoux, — Neroweg, de l'Ordre du Temple, — et Gérard de Lançon, — et tant d'autres encore! et tant d'autres! par centaines!... par milliers!...

— Quelle armée! quelle armée! — Vingt mille cavaliers bardés de fer. — Deux cent mille piétons, routiers, serfs ou truands. — De près, de loin, tous, à la voix des prêtres, — ils sont venus faire sanglante curée du Languedoc. — Ils sont venus d'Auvergne et de Bourgogne, — du Rouergue et du Poitou, — de Normandie et de Saintonge, — de Lorraine et de Bretagne. — Par monts, par vaux, par chemins, par rivières, ils sont venus, ils viennent, — ils viendront encore, criant : — Mort aux hérétiques !

Les voilà, prêtres en tête ! — les voilà, les croisés catholiques ! — la rouge croix sur la poitrine, — le nom de Jésus aux lèvres, — la torche d'une main, — l'épée de l'autre. — Les voilà dans notre doux pays, les croisés catholiques ! — les voilà, prêtres en tête !

— Quel mal leur avons-nous donc fait, à ces prêtres ? — Quel mal leur avons-nous jamais fait ?

CECI EST LA TUERIE DE CHASSENEUIL

— Les voilà devant CHASSENEUIL, les croisés catholiques ! — devant la ville forte de Chasseneuil. — A l'abri de ses hautes murailles, hommes, femmes, enfants, — quittant bourgs et villages, se sont réfugiés : — les hommes, armés, sont aux remparts ; — les femmes, les enfants sont pleurant dans les maisons.

Les femmes, les enfants sont pleurant dans les maisons; — les croisés cernent la ville. — Voici l'abbé Reynier de Cîteaux ; — il s'avance, il parle. Écoutez-le ! « — Hérétiques de Chasseneuil, choi-« sissez : la foi catholique ou la mort ! » — Va-t'en, moine ! — va-t'en, Romieu ! — va-t'en, Romipède ! — Nous préférons la mort à l'Église de Rome !

— Va-t'en, moine ! nous préférons la mort à l'Église de Rome ! — Furieux, l'abbé Reynier s'en est allé vers les croisés, leur criant : « — Tue, brûle, pille, ravage !... — Que pas un des hérétiques de « Chasseneuil n'échappe au feu et au glaive ! — Leurs biens sont « aux catholiques ! — Tue, brûle, pille, ravage ! » — Les assaillants font rage et aussi les assiégés ! — Que de sang ! oh ! que de sang ! — Innombrables sont les assiégeants ! — peu nombreux les assiégés ! — Malheur ! ils sont vaincus ! — Les remparts escaladés, — les prêtres entrent la croix en main : — Tue !... tue les hérétiques de Chasseneuil.

— Tue !... tue les hérétiques de Chasseneuil ! — Les croisés ont tué, tué et encore tué : — les vieillards et les jeunes hommes, — les aïeules et les jeunes femmes, — les vierges et les petits enfants ! — Le sang coulait par les rues de Chasseneuil ! — le sang coulait, rouge, fumant, — comme dans l'étal du boucher ! — Ils ont égorgé sept mille des nôtres à Chasseneuil, — les croisés catholiques !

— Ils ont égorgé sept mille des nôtres à Chasseneuil ! — et puis, las de viol et de carnage, — ils ont pillé, tout pillé ! — En pillant, ils ont trouvé des femmes et des vieillards, — des enfants et des blessés, — réfugiés dans les caves, dans les greniers ! — Des potences se dressent ! — des bûchers s'allument ! — La corde et le feu achèvent — ce que le glaive a commencé !

— La corde et le feu achèvent — ce que le glaive a commencé !
— Ravagée de fond en comble, la ville n'est plus peuplée que de cadavres ! « — A Béziers ! — crie le légat du pape ! —Hardi, Mont-« fort ! en route ! — notre saint-père l'ordonne ! — Tue, pille, « brûle les hérétiques comme à Chasseneuil ! » — A Béziers ! — a répondu Montfort ! — Et les voilà partis pour Béziers, les croisés catholiques ! — la rouge croix sur la poitrine, — le nom de Jésus aux lèvres, — l'épée d'une main, — la torche de l'autre !

— Quel mal leur avons-nous donc fait, à ces prêtres ? — Quel mal leur avons-nous jamais fait ?

CECI EST LA TUERIE DE BÉZIERS

— Les voilà devant BÉZIERS, les croisés catholiques ! — gorgés de pillage et de sang, — toujours prêtres en tête ! — Aux côtés de Montfort, voici l'archevêque de Sens et celui de Bordeaux, — les évêques d'Autun, — du Puy, — de Limoges, — de Bazas, — et les évêques d'Agde, — de Clermont, — de Cahors et de Nevers. — L'armée de la Foi entoure la ville. — Reginald de Montpayroux, évêque de Béziers — (les hérétiques l'avaient laissé vivre paisible, lui et ses prêtres, — dans son palais épiscopal), — Reginald de Montpayroux dit au peuple : « — Renie ton hérésie, — soumets-toi à « l'Église catholique, — sinon, j'en jure par le Dieu sauveur ! — « pas une maison ne restera debout dans la cité de Béziers, — pas « une créature ne restera vivante ! » — Va-t'en, évêque ! — va-t'en, Romieu ! — Nous nous tuerions plutôt, nous, — nos femmes, nos enfants, que de nous soumettre à l'Église de Rome !

« — Va-t'en, évêque ! — Nous nous tuerions plutôt, nous, — « nos femmes, nos enfants, — que de nous soumettre à l'Église de « Rome, » — m'a répondu à moi le peuple, — dit à Montfort l'évêque « de Béziers, accourant de cette ville. « — Hardi ! Montfort ! notre « saint-père l'ordonne ! — Aux armes ! — Tue, brûle, pille, ravage ! « — Que pas un hérétique n'échappe à la mort ! — Leurs biens « sont à nous ! — Non, fussent-ils vingt mille, cent mille, — crie « l'abbé de Cîteaux, — que pas une créature, non, pas une, — « n'échappe au fer, à la corde ou au feu ! »

— Non ! que pas une créature n'échappe — au fer, à la corde ou au feu ! — a dit l'abbé de Cîteaux. — Mais, — a répondu Montfort, — il est à Béziers des catholiques ? — comment au milieu du carnage les reconnaître ? « — Tuez toujours ! — s'est écrié le légat « du pape ! — TUEZ-LES TOUS ! — LE SEIGNEUR DIEU RECONNAITRA « BIEN CEUX QUI SONT A LUI ! »

— Tuez-les tous ! — s'est écrié le légat du pape ! — le seigneur Dieu reconnaîtra bien ceux qui sont à lui ! — Béziers est enlevé d'assaut. — Ils ont tout tué comme à Chasseneuil, les croisés catholiques ! — D'abord sept mille femmes ou enfants, réfugiés dans l'église Sainte-Madeleine, — et puis le carnage a continué deux jours durant. — Oui, deux jours durant, de l'aube au soir, — ce n'est pas trop pour égorger SOIXANTE-TROIS MILLE CRÉATURES DE DIEU; oui, SOIXANTE-TROIS MILLE, — c'est le nombre des hérétiques et des catholiques égorgés à Béziers.

— Soixante-trois mille, — c'est le nombre des hérétiques égorgés à Béziers. — Après le viol et la tuerie, le pillage; — après le

pillage : l'incendie. — Le butin hors de la ville est charroyé ; — et puis, — brûle, Béziers ! brûle, foyer d'hérésie ! — Et tout brûla, tout... —maisons des artisans et maisons des bourgeois ; — l'hôtel communal et le palais du vicomte ; — l'hôpital des pauvres et la grande cathédrale bâtie par maître GERVAIS ; — tout brûla, tout !
— Et quand tout a été brûlé, — et les chariots de butin remplis, — et les vignes arrachées dans les vignobles, — et les oliviers coupés dans les vergers, — et les moissons brûlées dans les guérets : — « *A Carcassonne !* » — a crié le légat du pape ! — Hardi, Mont-« fort ! — en route ! — notre saint-père l'ordonne ! — à Carcas-« sonne ! — Tue, pille, brûle les hérétiques comme à Chasseneuil, « comme à Béziers ! — A Carcassonne ! »

— A Carcassonne ! — Tue, pille, brûle les hérétiques, comme à Chasseneuil, comme à Béziers ! » — A Carcassonne ! — a répondu Montfort ! — Et les voilà partis pour Carcassonne, — les croisés catholiques, prêtres en tête ! — la rouge croix sur la poitrine, — le nom de Jésus aux lèvres, — l'épée d'une main, — la torche de l'autre !

Quel mal leur avons-nous donc fait, à ces prêtres ? — Quel mal leur avons-nous jamais fait ?

CECI EST LE DÉSASTRE ET LA BRULERIE DE CARCASSONNE.

— Ils se dirigent vers Carcassonne, — les croisés catholiques ! Peu forte est cette ville, — là s'est jeté Roger, le jeune vicomte de Béziers, trop tard revenu d'Aragon pour défendre la capitale de sa vicomté. — Ce jeune homme est vaillant, généreux, — aimé de chacun. — Hérétique comme tous les seigneurs du Languedoc, — cette terre de liberté, — le jeune vicomte s'incline devant les magistrats populaires — et devant les franchises des cités. — Le vicomte et les échevins raniment l'enthousiasme des habitants, — un moment atterrés par les massacres de Chasseneuil et de Béziers. — Fossés profonds se creusent, hautes palissades se dressent — pour renforcer les remparts de Carcassonne. — Vieux et jeunes, — riches et pauvres, — femmes et enfants, — tous ardemment travaillent à la défense de la ville, — et ils se disent : — Non ! nous ne serons pas égorgés comme ceux de Chasseneuil et de Béziers, — non !

— Non ! nous ne serons pas égorgés comme ceux de Chasseneuil et de Béziers... non ! — Mais voilà que la route à l'horizon poudroie, — la terre, au loin, tremble — sous le pas des chevaux caparaçonnés de fer, — montés de guerriers bardés de fer. — Les fers d'une forêt de lances brillent, — brillent comme les armures — aux premiers feux du soleil, — et voilà que la colline, et le val, et la plaine — se couvrent d'innombrables cohortes. — Cette multitude armée, toujours et toujours augmentée, — s'étend, déborde de l'orient à l'occident, — du nord au midi. — Bientôt, de tous côtés, Carcassonne est entouré. — Viennent ensuite les chariots, les bagages, — et d'autres multitudes encore, et d'autres encore. — Au soleil levant, ils commençaient à descendre le versant des collines lointaines, — les croisés catholiques ! — Et il en arrivait encore au soleil couché.

— Au soleil levant, ils commençaient à descendre le versant des collines lointaines, les croisés catholiques ! — Et il en arrivait encore au soleil couché. — Le soir vient, Montfort, les prélats, les chevaliers dressent leurs tentes. — La multitude couche à terre sous le ciel étoilé. — Elles sont si douces, oh ! si douces, les nuits d'été du Languedoc ! — D'autres croisés envahissent, pillent et incendient les faubourgs, dont les habitants se sont réfugiés dans Carcassonne. — Dès l'aube, les clairons sonnent dans le camp des croisés : — « A l'assaut ! Mort aux hérétiques de Carcassonne ! — « Tue !... tue comme à Chasseneuil, comme à Béziers ! »

« — A l'assaut ! — Mort aux hérétiques de Carcassonne ! — Tue ! « Tue comme à Chasseneuil, comme à Béziers ! — A l'assaut ! » — Les gens de Carcassonne sont aux remparts ! — La mêlée s'engage sanglante, furieuse ; — le jeune vicomte, les consuls — redoublent, par leur exemple, par leur courage, — l'énergie des assiégés ; — les femmes, les enfants apportent des pierres pour les machines de guerre ; — les fossés se comblent de cadavres. — Victoire aux hérétiques ! cette fois, victoire ! — Les assaillants sont repoussés. — Ils l'ont payée cher cette victoire, les hérétiques ! — hélas ! ils l'ont payée cher ! — Onze mille des leurs sont tués ou hors de combat, — la fleur des vaillants ; — plus grande encore est la perte des croisés. — Mais ils sont encore là près de deux cent mille. — Arrive dans Carcassonne un messager de Montfort, et il dit : « Sire vi-« comte, messire consuls, — le bienheureux légat du saint Père et « monseigneur le comte de Montfort — vous offrent trêve et vous « jurent, sur — leur foi de prêtres catholiques et de chevaliers, — « que si toi, vicomte, et vous, consuls, vous vous rendez au camp « des croisés, vous serez respectés et libres de revenir en votre cité, « — si point vous n'acceptez les propositions du légat et de Mont-« fort. » — Partons pour le camp ! — répond le vicomte de Béziers, — confiant dans le serment d'un prêtre et d'un chevalier. — Partons pour le camp ! disent les consuls, — espérant sauver la ville ; — et les voilà sous la tente de Montfort.

— Et les voilà sous la tente de Montfort. — Le vicomte lui a dit : « — Épargne cette malheureuse cité, fixe sa rançon, elle te sera « payée. — Moi, je t'abandonne la moitié de mes domaines. — « Si tu refuses, nous retournons à Carcassonne — nous ensevelir « sous ses ruines ! ! »

« — Beau sire, ta vicomté tout entière m'appartient, — a répondu « Montfort ; — le saint Père, aux soldats du Christ, a donné les « biens des hérétiques. — Écris aux gens de la ville de renoncer à « leur damnable hérésie, — sinon, demain, un nouvel assaut. — « Et par le Dieu mort et ressuscité, — je le jure, tous les habitants « seront pendus, torturés, livrés au glaive — comme ceux de « Chasseneuil et de Béziers. »

— Adieu, Montfort, — a dit le vicomte, — l'Église de Rome nous fait horreur ; nous saurons mourir !

« — Non pas adieu, vicomte de Béziers ; toi, et ces échevins, « vous êtes mes prisonniers, à moi, Montfort, chef de cette sainte « croisade. »

— Nous tes prisonniers, Montfort ? nous ici couverts par la trêve ? — nous ici sur la foi de prêtre, du légat du pape ? — nous ici sur ta foi de chevalier ?

— Notre saint Père l'a dit : « — *Nul n'est tenu de garder sa foi* « *envers qui ne la garde point envers Dieu,* » — a répondu l'abbé de Cîteaux. — Tu resteras donc notre prisonnier, vicomte de Béziers ! — A demain l'assaut ! — Hardi, Montfort ! — le saint Père l'ordonne ! — Tue, brûle, pille, que pas un hérétique de Carcassonne — n'échappe au fer, à la corde ou au feu !

— Que pas un hérétique de Carcassonne — n'échappe au fer, à la corde ou au feu ! — Le jeune vicomte et les consuls sont garrottés, — (le vicomte est mort depuis par le poison, — les consuls sont morts dans les supplices). — Dès l'aube, les clairons sonnent, —

les croisés marchent aux murailles ; — personne ne garde ces murailles, personne ne les défend. — Les croisés abattent les palissades, comblent les fossés, enfoncent les portes de la ville. — Personne ne garde la ville, personne ne la défend. — Les croisés, sans avoir combattu, se précipitent en tumulte dans les rues de la cité, — dans les maisons. — Il n'y a personne dans les rues de la cité, — il n'y a personne sur les places de la cité, — il n'y a personne dans les maisons. — Le silence des tombeaux plane sur Carcassonne.

— Le silence des tombeaux plane sur Carcassonne. — Les croisés fouillent les caves, les greniers, les réduits, — et enfin, ils trouvent çà et là cachés, — des blessés infirmes, des malades, des vieillards, — ou des femmes prêtes à mettre au jour un enfant; — les croisés trouvent aussi des épouses, des filles, des mères, — qui n'ont pas voulu abandonner un père, un fils un mari, — trop blessés ou trop vieux pour fuir, — pour fuir à travers les bois, les montagnes, — et là rester errants ou cachés — pendant des jours, pendant des mois. — Fuir? Ils ont donc fui tous les habitants de Carcassonne !

Ils ont donc fui tous les habitants de Carcassonne? — Oui, avertis pendant la nuit du sort du vicomte et des consuls, — redoutant l'extermination dont la ville est menacée, — ils ont tous fui ; — les blessés se traînant, — les femmes emportant leurs petits enfants sur leur dos, — les hommes se chargeant de quelques provisions ; — oui, tous, abandonnant leurs foyers, leurs biens, — ils ont fui par un secret souterrain, — ils ont fui les habitants de Carcassonne.

— Ils ont fui par un secret souterrain, — les hérétiques de Carcassonne. — Les halliers des forêts, — les cavernes des montagnes seront leurs refuge — durant des jours, durant des mois, — et s'ils revoient jamais leur ville, — combien reviendront du fond des bois et des rochers? — combien auront échappé à la fatigue, — à la misère, aux maladies, à la faim? — Ils sont partis vingt mille et plus, — quelques milliers reviendront peut-être. — « Oh! ils nous « ont échappé les hérétiques de Carcassonne! — s'écrie le légat « du pape; — ceux qui n'ont pu les suivre porteront la peine de « tous. — Pillez la ville, et, après le pillage, le bûcher, la potence « — pour les mécréants qui sont entre nos mains. » — Carcassonne est ravagée de fond en comble. — Après le pillage on dresse les potences, — on amoncelle le bois des bûchers.

— Carcassonne est ravagée de fond en comble. — Après le pillage on dresse les potences, — on amoncelle le bois des bûchers. — Les croisés amènent les blessés; — les uns mutilés, les autres mourants, — les infirmes, les vieillards, les femmes au moment de mettre un enfant au monde; — les croisés amènent encore les épouses, les filles, les mères de ceux-là qui n'ont pu fuir. — Flammes du bûcher, flambez! — cordes des potences, raidissez-vous sous le poids des pendus! — Tous, ils ont été pendus ou brûlés, — les hérétiques de Carcassonne restés dans la ville; — tous ils ont été pendus ou brûlés, — puis les chariots de butin chargés. — « A LAVAUR! — s'est écrié « le légat du pape. — Hardi, Montfort! en route! — Tue, pille, « brûle les hérétiques! — notre saint Père l'ordonne! » — A LAVAUR! à LAVAUR! — a répondu Montfort! — Et les voilà partis pour LA-VAUR, les croisés catholiques, — prêtres en tête, — la rouge croix sur la poitrine, — le nom de Jésus aux lèvres, l'épée d'une main, la torche de l'autre. — Quel mal leur avons-nous donc fait à ces prêtres? — Quel mal leur avons-nous jamais fait?

CECI EST LE CRI DE GUERRE DES HÉRÉTIQUES.

— Oui, les voilà en route pour *Lavaur,* — la torche d'une main, l'épée de l'autre, les croisés catholiques ; — oui, voilà ce qu'ils ont fait jusqu'ici. — O vaillants fils du Languedoc ! — ô vous, fils de la vieille Gaule ! — qui avez su, comme nos pères, reconquérir vos libertés, — lisez sur la bannière des croisés catholiques, — lisez... lisez en traits de sang et de feu : — *Chasseneuil,* — *Béziers,* — *Carcassonne.* — Dites : y lira-t-on bientôt : *Lavaur ?* — *Alby ?* — *Toulouse ?* — *Arles ?* — *Narbonne ?* — *Avignon ?* — *Orange ?* — *Beaucaire ?* — Dites ? est-ce assez de rapines, de viols, de carnage, d'incendies ? — Dites, est-ce assez : *Chasseneuil,* — *Béziers,* — *Carcassonne ?* — est-ce assez ?

— Dites : *Chasseneuil,* — *Béziers,* — *Carcassonne,* — est-ce assez ? — Dites, nos cités seront-elles des monceaux de cendres ? — nos champs... des déserts blanchis d'ossements ? — nos bois... des forêts de potences ? — nos rivières... des torrents de sang ? — nos cieux... la lueur enflammée de l'incendie ou des bûchers ? — Dites, le voulez-vous ? — fiers hommes affranchis du joug de l'Église catholique ? — voulez-vous retomber, vous, vos femmes, vos enfants, — sous le pouvoir exécrable de ces prêtres, — dont les soldats violent, égorgent, brûlent les femmes et les enfants ? — le voulez-vous ? — Non, vous ne le voulez pas ! non, — votre cœur bondit, votre sang s'allume, et vous dites : — *Chasseneuil, Béziers, Carcassonne*..... c'est assez !

— Oh ! oui, Chasseneuil, Béziers, Carcassonne, c'est assez ! — Malgré leur vaillance, nos frères ont péri ; — redoublons de vaillance, — écrasons l'ennemi. — Pour lui, ni trêve, — ni merci, ni repos, ni pitié; — par monts, par vaux, — poursuivons-le! harassons-le! écharpons-le! — Levons-nous tous, fils du Languedoc, — tous! — guerre implacable! guerre à mort aux croisés catholiques, — Le droit est pour nous; — tout est bon contre eux : — la fourche et la faux, — le bâton et la pierre, — les mains et les dents! — Aux armes, hérétiques du Languedoc! — aux armes! — Nous aussi, crions : — A LAVAUR!... Et que LAVAUR soit le tombeau des croisés catholiques!...

Mylio composa ce chant peu de temps après les massacres de Chasseneuil, de Béziers et de Carcassonne, et il alla chantant par tout le pays, tandis que l'armée des croisés se dirigeait vers la ville et le château de Lavaur.

Fils de Joël, les scènes suivantes se passent dans une belle villa abandonnée par ses maîtres hérétiques, et située à peu de distance du château de dame Giraude, assiégé par les croisés. Cette maison est occupée par le général de l'armée de la foi, *Simon, comte de Montfort*, et par sa femme, *Alyx de Montmorency*, qui, depuis peu de temps, est venue rejoindre son époux en Languedoc; les tentes des seigneurs environnent la demeure du chef de la croisade. Le camp, formé de huttes de terre ou de branchages pour les soldats, s'étend au loin, la foule des serfs échappés des domaines de leurs seigneurs, et attirés par l'espoir du pillage, couchent sur la dure et sans abri. Il fait nuit; un flambeau de cire éclaire faiblement la salle basse de la villa; un bon feu brûle dans la cheminée, car la soirée est fraîche. Deux chevaliers s'entretiennent auprès du foyer;

l'un d'eux est Lambert, seigneur de Limoux, qui remplissait à la cour d'amour de Blois les fonctions de *Conservateur des hauts priviléges d'amour;* l'autre est Hugues, seigneur de Lascy, ex-*Sénéchal des majorlaines* près la même cour. Bien qu'armé de pied en cap, il porte un bonnet de fourrure qui laisse voir son front ceint d'un bandeau; ce chevalier a été blessé durant le siège de Lavaur.

HUGUES DE LASCY, *s'adressant à son compagnon, qui vient d'entrer dans la salle basse.* — Montfort est moins souffrant; un de ses écuyers qui, tout à l'heure, est sorti de la chambre voisine, m'a dit que le comte dormait et que sa fièvre semblait diminuée.

LAMBERT DE LIMOUX. — Tant mieux; car je venais apprendre à Alix de Montmorency qu'elle ne doit plus guère compter sur le médecin qu'elle attend de Lavaur.

HUGUES DE LASCY. — Quel médecin?

LAMBERT DE LIMOUX. — Ce matin, la comtesse, voyant Monfort en proie à une fièvre ardente et à de douloureux étouffements que son écuyer chirurgien ne pouvait soulager, s'est rappelé avoir entendu dire par l'un de nos prisonniers que le plus fameux médecin du pays, quoique hérétique endiablé, se trouvait dans le château de Lavaur. La comtesse a fait venir ce prisonnier, lui offrant la liberté, à condition qu'il remettrait au médecin une lettre, où on lui promettait la vie sauve s'il consentait à venir donner ses soins à Montfort; ensuite de quoi le célèbre Esculape pourrait rentrer dans la ville assiégée.

HUGUES DE LASCY. — Quel imprudence! Comment la comtesse ose-t-elle se fier à un hérétique?

LAMBERT DE LIMOUX. — Rassure-toi, nous en serons quittes pour un prisonnier de relâché. Ce coquin est parti depuis tantôt, et, selon le désir de la comtesse, j'ai attendu à nos avant-postes le médecin jusqu'à cette heure, afin de le conduire ici; la nuit est venue, il n'a pas paru, il ne faut plus compter sur lui. Cependant, j'ai laissé des ordres pour qu'il fut amené céans, s'il se présentait au camp, ce qui est peu probable.

HUGUES DE LASCY. — La comtesse est insensée. Comment a-t-elle pu songer à confier à un ennemi la vie de Montfort !

LAMBERT DE LIMOUX. — J'ai fait cette objection à Alix de Montmorency ; elle m'a répondu que ce médecin étant ce que ces damnés appellent un *Parfait*, cet homme pousserait certainement l'hypocrisie jusqu'à ne pas trahir la confiance que l'on mettrait en lui. Tant est grande l'affectation de ces misérables à paraître honnêtes gens.

HUGUES DE LASCY. — Ces ensabbattés sont, il est vrai, capables des feintes les plus scélérates pour se donner un semblant de vertu.

LAMBERT DE LIMOUX. — Ce qui n'est pas un faux semblant, c'est la résistance enragée de ces gens de Lavaur ; sais-tu qu'ils se défendent comme des lions ? Sang du Christ ! on croit rêver ! Le siége de cette ville maudite, qui nous coûte déjà tant de capitaines et de soldats, dure depuis près d'un mois ; tandis que Chasseneuil, Béziers, Carcassonne, ont été enlevés presque sans coup férir.

HUGUES DE LASCY. — On attribue cette résistance, aussi acharnée qu'inattendue, rencontrée par nous ici et ailleurs, lors de nos derniers combats contre les Albigeois, à l'enthousiasme qu'ont excité parmi les populations des vers d'une furie sauvage ! chantés de ville en ville par Mylio le Trouvère, celui-là même que nous avons connu dans le nord de la Gaule.

LAMBERT DE LIMOUX. — Ce Mylio doit être parmi les assiégés ; sans doute il pousse à cette défense désespérée la dame de Lavaur, une des plus forcenées hérétiques du pays.

HUGUES DE LASCY, *avec un sourire cruel.* — Patience ! patience ! il ne s'agit plus ici de *Cour d'amour*, où les gens de guerre s'inclinent devant l'autorité des femmes. Sang du Christ ! lorsque nous nous seront emparés de cet infernal château, il s'y tiendra une terrible cour de justice, et la dame de Lavaur sera la reine du bûcher.

LAMBERT DE LIMOUX. — Et après le supplice de cette ensabbattée, nous te saluerons : seigneur de Lavaur, heureux Lascy ! puisque Montfort t'a promis la possession de cette seigneurie, l'une des plus considérables de l'Albigeois.

HUGUES DE LASCY. — Serais-tu jaloux de ce don? Montfort n'a-t-il pas déjà, comme maître et conquérant de la vicomté de Béziers, octroyé plusieurs seigneuries aux chefs de la croisade?

LAMBERT DE LIMOUX. — Dieu me garde de te jalouser, Hugues !... Quant à moi, ma part est faite; et, à vrai dire, les bons sacs d'or et la belle vaisselle d'argent dont je me suis emparé lors du sac de Béziers, et qui sont dans mes bagages, me semblent préférables à tous les domaines de l'Albigeois. L'on n'emporte avec soi ni terres, ni châteaux, et les chances de la guerre sont hasardeuses; mais j'espère n'avoir plus à craindre ces chances le 10 de ce mois.

HUGUES DE LASCY. — Pourquoi cette date?

LAMBERT DE LIMOUX. — Le lendemain de cette date expirent pour moi les quarante jours de croisade que tout croisé doit à la guerre sainte, à partir du moment où il a mis le pied sur la terre hérétique, après quoi il reprend avec ses hommes le chemin de son manoir; c'est ce que je me propose de faire bientôt... Hé! hé! sais-tu que ces quarante jours de croisade auront été pour moi des plus productifs? D'abord, je me trouve absous de tous mes péchés présents et passés... J'ai fait peau neuve; ce n'est pas tout : peu de temps avant mon départ j'avais emprunté à un riche lombard de Blois une forte somme à grosse usure; or, en ma qualité de croisé, je ne dois aucun intérêt à mon coquin de marchand pour l'argent qu'il m'a prêté... La lettre du pape Innocent III le déclare formellement. Enfin; grâce à ma part du butin de Béziers, je pourrai rembourser le capital de ma dette; je n'ai donc plus grand'chose à gagner en Languedoc; aussi, mes quarante jours de croisade expirés, je m'en retourne fort allègrement en Touraine, très-décidé à prier d'amour la belle Marphise, la reine de beauté de notre cour d'amour...

La confidence de l'ex-*Conservateur des hauts priviléges d'amour* est interrompue par l'un des écuyers de Montfort, qui sort en courant d'une chambre voisine.

HUGUES DE LASCY, *à l'écuyer*. — Où courez-vous ainsi ?

L'ÉCUYER. — Ah! messire, le comte est dans un grand péril.

HUGUES DE LASCY. — Mais, tout à l'heure, il dormait profondément, et la fièvre avait diminué ?

L'ÉCUYER. — Il vient de se réveiller en proie à une suffocation terrible ; je cours chercher l'abbé Reynier, par ordre de la comtesse, afin qu'il donne à Monseigneur les derniers sacrements.

A peine l'écuyer est-il sorti qu'un homme d'armes entre et dit à Lambert de Limoux : — Seigneur, je vous amène l'hérétique de Lavaur que j'ai attendu à nos avant-postes, suivant vos ordres.

LAMBERT DE LIMOUX. — Qu'il vienne ! qu'il vienne !... Il ne saurait arriver plus à propos.

HUGUES DE LASCY. — Tu persistes à vouloir confier la vie de Montfort à ce damné hérétique?

LAMBERT DE LIMOUX. — Je vais le conduire auprès d'Alix de Montmorency... Elle seule avisera dans cette grave circonstance.

L'homme d'armes rentre bientôt avec *Karvel le Parfait* ; sa physionomie est empreinte de sa sérénité habituelle ; il tient à la main une petite cassette.

LAMBERT DE LIMOUX, *à Karvel*. — Suis-moi, je vais te conduire auprès d'Alix de Montmorency.

Simon, comte de Leicester et de Montfort l'Amaury est couché sur son lit et agonise ; une peau d'ours lui sert de couverture ; son buste à la fois osseux et herculéen est agité de soubresauts convulsifs ; sa tête repose sur un coussin. Si le comte était tonsuré, on croirait voir la figure ascétique d'un moine macéré par les plus dures austérités ; au lieu de chemise, il porte sur la peau un rude cilice de crin, et à son cou pendent plusieurs reliques. Il a quarante cinq ans environ ; son teint est bronzé par le soleil de la Palestine, où il a guerroyé récemment encore ; ses yeux caves, brillant d'un éclat fiévreux, luisent comme des charbons ardents, au fond de leur sombre orbite. Ses lèvres desséchées laissent échapper une respiration sifflante, saccadée. Sa large poitrine halète, et de temps à autre se soulève aussi péniblement que si un poids énorme l'écrasait. Alix de Montmorency, agenouillée au chevet de son mari, est à peine âgée de trente ans. Elle ressemble à l'une de ces religieuses fanatiques qui s'épuisent dans le jeûne et les macérations. Si l'on en juge par la régularité de ses traits, la comtesse a dû être belle ; mais sa figure décharnée, son teint blafard, d'une blancheur aussi mate et inanimée que celle des voiles qui entourent son visage ; ses yeux bleu-clair, mornes, glacés, sans regard, ses lèvres violâtres, lui donnent l'apparence d'un spectre. Cependant l'expression de sa physionomie n'est ni dure ni repoussante. Elle offre ce mélange de douceur béate, de résignation stupide et d'ascétique impassibilité qui résultent d'un complet détachement des choses d'ici-bas. *Lambert de Limoux* a conduit *Karvel le Parfait* auprès d'Alix de Montmorency, et l'a laissé seul avec elle dans la chambre de Montfort. Après avoir fait le signe de la croix, comme si elle se fût trouvée tête à tête avec Satan, elle jette sur l'hérétique un regard d'effroi, nuancé d'une sorte de commisération ordonnée par la charité chrétienne ; mais elle dit au médecin, d'une voix faible : Tu viens tard !

KARVEL. — Nous avons beaucoup de blessés à Lavaur ; j'ai dû leur donner d'abord mes soins. Vous m'avez fait appeler au nom de l'humanité, je viens, madame remplir un devoir sacré.

ALIX DE MONTMORENCY. — Il plaît parfois au Seigneur d'employer, pour le bien de ses élus, les instruments les plus pervers !

Karvel sourit de cet accueil étrange et s'approche de la couche de Simon, dont le regard fixe, ardent, hagard ne donne plus aucun signe d'intelligence. Après avoir longtemps et attentivement examiné le comte, posé sa main sur son front, touché légèrement du doigt ses lèvres desséchés, consulté son pouls, le Parfait dit à la comtesse; — Il faut promptement saigner votre époux, madame (ce disant il tira de sa poche un étui contenant une bande de drap rouge et des lancettes, il en choisit une et ajoute.) — Veuillez, madame, approcher cette table et ce flambeau... vous m'aiderez ensuite à soutenir le bras de votre mari. Ce bassin d'argent que je vois là, sur ce meuble, servira pour recevoir le sang de la saignée.

Les différents ordres du médecin sont silencieusement accomplis par la comtesse sans que l'expression de sa physionomie trahisse ni émotion ni défiance. Ce calme extraordinaire frappe Karvel. Tout en enroulant autour du bras de Montfort une bandelette de drap écarlate destinée à opérer le gonflement des veines, le Parfait observe Alix de Montmorency, et, voulant s'assurer si cette étrange insouciance est réelle ou feinte, il dit à la comtesse, qui, agenouillée, soutenait le bras de Montfort : Je vous recommande madame de ne pas laisser fléchir le bras du comte lorsque je piquerai la veine; car, près d'elle se trouve une artère que je pourrais atteindre au moindre tressaillement du malade avec la pointe de la lancette, et cette atteinte serait pour lui... mortelle.

ALIX DE MONTMORENCY, *impassible*. — Mon époux peut mourir... il est en état de grâce.

Karvel, effrayé de cette insensibilité glaciale, demeure un moment interdit; puis il ouvre dextrement la veine. Aussitôt il s'en échappe un jet de sang noir et épais qui tombe, fumant, dans le bassin d'argent.

Karvel. — Quel sang noir!... Cette saignée sauvera, je l'espère, votre mari, madame.

ALIX DE MONTMORENCY. — Que la volonté du Seigneur soit faite!

Le sang du malade continue de couler dans le bassin d'argent. Ce bruit sourd et continu interrompt seul le profond silence qui règne dans la chambre. Le Parfait observant attentivement les traits de Montfort, voit peu à peu opérer la bienfaisante influence de la saigné. La peau du malade, jusqu'alors sèche et brûlante, se couvre d'une sueur abondante ; sa respiration devient de plus en plus facile ; sa poitrine s'allége ; ses yeux d'abord fixes et ardents, se ferment bientôt sous leurs paupières appesanties. Karvel consulte de nouveau le pouls du comte et s'écrie vivement : — Il est sauvé !

ALIX DE MONTMORENCY, *levant vers le plafond son regard terne.* — Seigneur, puisqu'il vous plaît de laisser mon époux dans cette vallée de larmes et de misères !... qu'il soit fait selon votre volonté ! Que votre saint nom soit glorifié !...

Karvel arrête l'effusion du sang au moyen d'une bande qu'il roule autour du bras du comte ; puis allant vers la cassette apportée par lui et déposée sur une table, il prend plusieurs fioles et compose un breuvage. L'état de Montfort s'améliore comme par enchantement ; il sort peu à peu de sa léthargie et pousse un profond soupir de soulagement. Le Parfait, ayant achevé la confection du breuvage, se rapproche et dit à la comtesse : — Soutenez, je vous prie, la tête de votre mari, madame, et aidez-moi à lui faire boire cette potion qui doit le rappeler à la vie.

Alix de Montmorency obéit à Karvel ; quelques instants après l'action du breuvage se manifeste. Le regard de Montfort, jusqu'alors vague et errant, s'arrête sur le médecin ; il le contemple longtemps ; puis, tournant la tête vers la comtesse et levant péniblement son bras pour désigner le Parfait, il dit d'une voix faible et caverneuse :

— Quel est cet homme ?

ALIX DE MONTMORENCY. — C'est le médecin hérétique de Lavaur.

Simon, à ces mots, tressaille de surprise et d'horreur ; puis, fermant les yeux, il semble réfléchir. Karvel, après avoir déposé un flacon sur la table, referme la cassette, la prend et dit à la comtesse :

— Vous ferez, madame, durant cette nuit, boire d'heure en heure, à votre mari, quelques gorgées du breuvage contenu dans ce flacon... cela suffira, je pense, à assurer la guérison du comte, s'il garde encore deux ou trois jours le lit. Et maintenant, adieu, madame; les blessés de Lavaur m'attendent,

MONTFORT, *voyant son sauveur se diriger vers la porte, se soulève à demi sur sa couche, et dit à Karvel d'un ton impératif :* — Reste! — (Le Parfait hésite à obéir au comte; celui-ci frappe sur un timbre placé près de lui, et dit à l'un de ses écuyers qui est accouru. — Ce médecin ne sortira pas d'ici sans mon ordre.

L'écuyer s'incline et quitte la chambre. Karvel reste calme. L'heure étant sans doute venue pour Alix de Montmorency de dire ses patenôtres, elle s'agenouille dans un coin de la chambre et murmure à voix basse son oraison, se frappant de temps à autre la poitrine, et restant étrangère à l'entretien du comte et du Parfait.

MONTFORT. — Écoute, médecin, je me connais en courage; tu en as montré en venant ici, seul... dans l'antre du lion.

KARVEL. — Ta femme m'a mandé au camp, en faisant appel à mon humanité... Tu es homme... tu souffrais... je suis accouru... Puis il m'a semblé bon de montrer une fois de plus comment ces hérétiques, ces monstres... contre lesquels on déchaîne tant de fureurs, pratiquent la morale évangélique de Jésus... Tu es notre implacable ennemi, Montfort, et pourtant je suis heureux de t'avoir sauvé la vie.

MONTFORT. — Ne blasphème pas! Tu n'as été que le vil instrument de la volonté du Seigneur, qui a voulu conserver mes jours, à moi, son serviteur indigne, à moi, l'humble épée de sa victorieuse Église... Mais, je te le répète, tu es un homme courageux, je voudrais sauver ton âme.

KARVEL. — Ne prends point ce souci; laisse-moi seulement retourner sur l'heure à Lavaur, où nos blessés m'attendent.

MONTFORT. — Non... tu ne partiras pas encore!

KARVEL. — Tu as la force... j'obéis... (*Après un moment de ré-*

flexion.) Puisque tu t'opposes à mon départ, puisque tu crois me devoir quelque reconnaissance, acquitte-toi en répondant sincèrement à mes questions.

MONTFORT. — Parle.

KARVEL. — Ta vaillance est connue... tes mœurs sont austères... tu es humain envers tes soldats... On t'a vu, au passage de la Durance, te jeter à la nage pour sauver un piéton qui était entraîné dans le courant.

MONTFORT, *brusquement*. — Assez, assez ! Tu n'éveilleras pas dans mon âme le démon d'orgueil ; je ne suis qu'un ver de terre !

KARVEL. — Je ne te flatte pas... Tu es accessible aux sentiments d'humanité. Dis-moi donc si tu n'as pas gémi sur le sort des soixante mille créatures de Dieu, hommes, femmes, enfants qui ont été égorgés à Béziers par tes ordres et par ceux du légat du pape ?

MONTFORT. — Jamais je n'ai senti mon âme plus épanouie.

KARVEL, *frappé de la sincérité de l'accent de Montfort, reste un moment pensif et reprend.* — Le délire de la guerre est aveugle et féroce, je le sais ; mais enfin, après le combat ? quand cette fièvre sanguinaire est calmée ? massacrer de sang-froid et par milliers des créatures désarmées, inoffensives, des femmes, des enfants... c'est affreux ! songes-y donc, Montfort, massacrer des enfants !...

MONTFORT, *avec affliction*. — Combien la surprise sacrilége de ce mécréant prouve la profondeur de son hérésie ! Il ignore que les enfants meurent en état de grâce !

KARVEL. — Explique-toi plus clairement ; sois indulgent pour mon ignorance. Précisons les faits : Dans une ville prise d'assaut, une femme fuit avec son enfant, tu égorges la mère...

MONTFORT. — La vipère écrasée ne fait plus de petits.

KARVEL. — C'est logique ; mais pourquoi égorger l'enfant ?

MONTFORT. — Quel âge suppose-tu à l'enfant ?

KARVEL. — Il est à la mamelle.

MONTFORT. — A-t-il été baptisé par un prêtre catholique ?

KARVEL. — Cet enfant à la mamelle que tu égorges... est baptisé.

MONTFORT. — Alors il se trouve en état de grâce et monte droit au Paradis ; quant aux enfants âgés de plus de sept ans, ils vont dans le purgatoire attendre leur admission au bienheureux séjour ; mais, s'ils n'ont point reçu le baptême...

KARVEL. — Qu'arrive-t-il ?

MONTFORT. — Les pauvres petites créatures, encore toutes dégoûtantes de la souillure du péché originel, s'en vont droit en enfer, où elles seront privées pour toujours de la vue de Dieu ; mais du moins, vu leur jeune âge, elles ont l'espoir d'être exemptes des flammes éternelles par les prières des fidèles, grâce qu'elles n'auraient pas obtenue si elles avaient croupi dans la pestilence hérésiarque ! Leur mort aura donc abouti à un allégement à leurs maux.

KARVEL. — Ainsi, en ces temps de guerre sainte, égorger au hasard un enfant catholique, c'est l'envoyer tout droit au Paradis ? égorger un enfant hérétique, c'est lui donner grande chance d'échapper aux flammes éternelles, mais non de l'arracher à l'enfer !

MONTFORT. — Tu dis vrai ; l'enfant est toujours voué à l'enfer.

KARVEL. — Me voilà fixé sur le sort des enfants... Maintenant, abordons la question des femmes...

MONTFORT. — Je voudrais sauver ton âme... et peut-être, durant notre entretien, tes yeux s'ouvriront-ils à la lumière.

KARVEL. — Il y a dans le château de Lavaur, que tu assièges, une femme... un ange de bonté, de vertu ; elle se nomme dame Giraude. Laisse-moi achever ce que j'ai à dire, — *ajoute Karvel en voyant le comte bondir de fureur sur sa couche,* — pas d'emportement ! l'irritation te serait funeste en ce moment ; bois quelques gouttes de ce breuvage. Ta femme, pieusement absorbée dans ses oraisons, oublie la créature pour le Créateur, bois...

Karvel approche le flacon des lèvres du comte et l'aide à boire, tandis qu'Alix de Montmorency continue d'égrener son chapelet en marmottant ses patenôtres avec un murmure monotone, interrompu çà et là par les coups violents qu'elle se donne à l'endroit où, par un raffinement de dévotion, le cilice de crin qu'elle porte sur la peau est hérissé de pointes d'épingles qui pénètrent dans sa chair.

MONTFORT, *à Karvel, après avoir bu et poussant un nouveau soupir de soulagement.* — Le Seigneur a eu pitié de moi, misérable pécheur que je suis! je me sens renaître; que sa miséricorde soit bénie ! Que les hérétiques tremblent dans leurs repaires!

KARVEL. — La dame de Lavaur est renfermée avec son fils et son frère dans le château que tu assièges... Giraude est un ange de vertu, de bonté... Je suppose que, demain, plus heureux que dans les attaques précédentes, tu emportes le château d'assaut, dame Giraude et son fils, enfant de quatorze ans... ayant par hasard échappés au massacre, tombent entre tes mains ; que fais-tu de cette femme et de son enfant? Réponds, noble comte de Montfort !

MONTFORT. — Le légat du pape dit à cette hérétique : « — Veux-tu, « oui ou non, renoncer à Satan et rentrer dans le sein de l'Église « catholique, apostolique et romaine, notre mère commune? veux-« tu, oui ou non, renoncer à tous les biens de ce monde et t'enfer-« mer à jamais dans un cloître pour y expier ton hérésie? »

KARVEL. — Giraude répond au légat du pape : « J'ai ma foi, vous « avez la vôtre... je veux rester fidèle à la mienne. »

MONTFORT, *courroucé.* — Il n'y a qu'une foi au monde, la foi catholique!... Tous ceux qui refusent de rentrer dans le giron de l'Église méritent la mort... et, si la dame de Lavaur persiste dans sa détestable perdition, elle périra dans les flammes du bûcher!

KARVEL. — Je ne sais si tu as des enfants, mais tu as une femme. Ta mère vit ou elle a vécu... Pense à ta mère, pieux serviteur de l'Église! Montfort, tu as sans doute aimé ta mère?

MONTFORT, *avec émotion.* — Oh! oui... tendrement aimée.

KARVEL. — Et tu ferais sans pitié brûler une femme qui fut le modèle des épouses et qui est le modèle des mères?

MONTFORT, *avec un sourire d'une bonhomie sinistre.* — Cela t'étonne ? tu me crois un homme féroce ? Eh ! mon Dieu ! il en doit être ainsi, tu n'as pas la foi. Sinon tu comprendrais que j'agis, au contraire, avec humanité, en portant le fer et le feu dans vos contrées.

KARVEL. — En faisant brûler, massacrer les hérétiques ?

MONTFORT. — Écoute, et à mon tour, je te dirai : réponds sincèrement. Tu as une femme, une mère, des enfants, des amis, tu les aimes tendrement ? Il existe dans ton pays une province, foyer permanent d'une contagion qui menace d'envahir les contrées voisines, d'atteindre ta famille, tes amis, la population tout entière ? hésiteras-tu un instant à purifier ce coin de terre par le fer et le feu ? Au nom même de cette humanité dont tu parles, hésiteras-tu à sacrifier mille, vingt mille, cent mille pestiférés pour sauver des millions d'hommes de cette incurable pestilence ? Non, non, tu frapperas toujours ; ton bras ne s'arrêtera que lorsque le dernier de ces exécrables empestés aura vécu, emportant avec lui dans la tombe le dernier germe de cette effroyable maladie, et tu auras fait acte de haute humanité. Veux-tu un autre exemple ? Vois ce sang fétide, corrompu, que tu as tiré tout à l'heure de mes veines pour le salut de mon corps ? Irai-je te reprocher d'être sanguinaire ? Non, et pourtant tu oses m'accuser de férocité, parce que j'ai recours à l'effusion d'un sang infecté ; lorsqu'il s'agit, non plus de cette périssable et immonde vie du corps, mais de l'impérissable vie de l'âme que l'impiété peut damner à jamais, en plongeant ses victimes dans les flammes de Satan ! Ils sont vraiment miséricordieux devant le Seigneur et devant les hommes ceux-là qui, pour empêcher l'éternelle damnation de millions de leurs frères, ont accepté la mission sainte, trois fois sainte, d'extirper par le fer et par le feu jusqu'à la dernière racine de cette épouvantable hérésie qui menace d'envahir la Gaule entière !

Karvel a écouté Montfort en silence et avec une émotion croissante ; il reste un moment épouvanté de la sincérité sauvage des paroles du chef de la croisade. Puis le *Parfait* s'écrie, avec une douloureuse indignation : — Oh ! prêtres catholiques ! tel est donc votre astuce infernale, que pour assurer le triomphe de votre ambition et de votre cupidité effrénée, vous savez exploiter jusqu'aux sentiments généreux pour l'accomplissement de vos forfaits !

MONTFORT. — Qu'oses-tu dire, blasphémateur, impie ?

KARVEL. — Ce n'est pas toi que j'accuse, fanatique aveugle et convaincu. Tu le dis et cela est ; oui tu te crois humain : oui, si tu égorges des enfants, c'est pour les envoyer en paradis ;... si tu nous extermines, sans merci ni pitié, c'est que, dans ta pensée, notre croyance damne éternellement les âmes ! Mais quelle religion, grand Dieu ! que cette religion telle que la font les prêtres catholiques ! Prodige inouï, effrayant ! elle bouleverse à ce point dans les âmes les notions du bien et du mal, que toi, et tes complices vous croyez agir humainement, pieusement, en poussant la férocité au delà des limites du possible ! Qu'ils soient maudits ces prêtres catholiques !

ALIX DE MONTMORENCY ayant terminé ses oraisons s'est relevée ; elle entend les dernières paroles de Karvel, s'approche du comte et lui dit avec autant de douleur que d'effroi, en lui désignant le *Parfait* d'une main tremblante : — Ah ! combien d'âmes ce malheureux endurci peut perdre à jamais...

MONTFORT, *pensif*. — J'y songeais... et il n'y a rien à espérer de lui... (*A Karvel lentement.*) Ainsi, tu persistes dans ton hérésie ?

KARVEL. — Écoute, Montfort, à Chasseneuil, à Béziers, à Carcassonne, à Termes, à Minerve, dans tous les lieux où l'armée *de la foi.,,* a porté le ravage et le meurtre, des femmes, des jeunes filles, des enfants échappés au massacre et par toi réservés au bûcher, se sont héroïquement précipités dans les flammes plutôt que de reconnaître, même des lèvres, cette Église de Rome, dont le nom seul soulève chez nous le dégoût et l'horreur ; c'est que l'hérésie est passée dans notre sang, nos enfants la sucent avec le lait, et, à moins de les égorger tous, tu n'extirperas jamais l'hérésie de ce pays ; et encore tu exterminerais les hommes, les femmes, les enfants, tu peuplerais à nouveau nos provinces désertes, qu'à l'aspect des ruines de nos villes, qu'à l'aspect des ossements de nos frères calcinés dans tes bûchers, les générations nouvelles apprendraient encore à exécrer l'Église de Rome, cause de tant de maux. L'air qu'on respire dans ces contrées depuis des siècles est tellement imprégné, saturé de liberté, il est si pur, si pénétrant, qu'il n'a pu être altéré ni par la vapeur du sang versé à torrents par tes prêtres, ni par la fumée des bûchers allumées par tes moines. Ici, nos aïeux ont vécu libres, ici, nous saurons vivre libres ou mourir ; ici, nos enfants sauront comme nous vivre libres ou mourir.

En entendant le *Parfait* s'exprimer ainsi, Montfort et sa femme ont échangé des regards exprimant tour à tour l'indignation, l'horreur et l'épouvante ; peu à peu des larmes ont coulé des yeux ternes d'Alix de Montmorency ; elle joint les mains et dit au comte avec un accent d'affliction et de compassion profondes : Ah! mon cœur saigne comme celui de notre sainte Vierge aux sept douleurs! je vous en prends à témoin, Seigneur Dieu, mon divin maître! Affermie par la foi, contre les épreuves qu'il vous a plu de m'envoyer pour mon salut, depuis longtemps je n'avais pleuré! Non, j'avais vu mourir mon père et mon second fils d'un œil tranquille, puisque vous les rappeliez à vous en état de grâce, ô mon Dieu! Mais aujourd'hui, mes larmes coulent, en songeant aux milliers de pauvres âmes que les abominables prédications de ce monstre de perdition pourraient envoyer encore brûler à jamais en enfer!

MONTFORT, *pleurant comme la comtesse qu'il enlace de ses bras.* — Console-toi, chère et sainte femme! console-toi! nous prierons pour ceux que ce forcené a damnés ; il a plu au Seigneur de me rappeler en ce jour à la vie... je prouverai ma religieuse reconnaissance en employant à des œuvres pies une partie du butin que nous ferons à Lavaur ; et je fonderai des messes pour le repos de l'âme des hérétiques de cette ville que j'aurai exterminés.

Cette ingénieuse idée de messes spécialement consacrées à la délivrance de l'âme de ces hérétiques, que Montfort se promettait d'exterminer ou de brûler bientôt, semble apaiser la douleur de la comtesse. Soudain un bruit lointain, tumultueux, dominé çà et là par le retentissement des clairons, s'entend dans la direction du camp. Montfort tressaille, se lève à demi sur sa couche, prête l'oreille et s'écrie : Alix! on sonne aux armes! c'est une sortie des assiégés! A moi, mes écuyers!... mon armure!... Que l'on selle mon cheval! — En disant ces derniers mots, le comte se dresse debout et demi-nu sur son lit; mais, affaibli par la fièvre et par la saignée, il est saisi de vertige, ses jambes se dérobent sous lui, il s'affaisse, et, en tombant, la bande enroulée autour de son bras se dénoue, la veine se rouvre, le sang jaillit de nouveau avec abondance. Karvel courant à Montfort, étendu, presque inanimé sur sa couche, s'occupe d'arrêter l'effusion de sang, lorsqu'un écuyer, entrant précipitamment du dehors, s'écrie : Monseigneur!... monseigneur!... aux armes... le camp est forcé!...

ALIX DE MONTMORENCY. — Que signifie ce bruit de clairons?

L'ÉCUYER. — Madame, les sires de Lascy et de Limoux se tenaient dans la chambre voisine, attendant les ordres du seigneur comte, lorsqu'un chevalier est accouru leur apprendre qu'une nombreuse troupe d'hérétiques avait tenté de s'introduire, à la faveur de la nuit, dans le château de Lavaur, pour renforcer la garnison de la ville; Hugues de Lascy et Lambert de Limoux sont sortis avec le chevalier et ont couru aux armes.

KARVEL, *continuant de donner ses soins à Montfort.* — Ah! les chants de Mylio n'ont pas été stériles! Ils ont redoublé le courage des habitants du Languedoc!

UN SECOND ÉCUYER *entre et dit à la comtesse :* — Madame, un messager arrive; voici les nouvelles : Les hérétiques combattent en désespérés; l'abbé Reynier supplie monseigneur de monter à cheval, espérant que sa vue redoublera l'ardeur de nos soldats.

ALIX DE MONTMORENCY, *montrant le comte encore évanoui, tandis que le Parfait lui prodigue des soins.* — Répondez au messager de notre

vénérable père, l'abbé Reynier, que monseigneur est sans connaissance et hors d'état de monter à cheval... allez ! (*L'écuyer sort précipitamment. Alix lève les yeux vers le ciel, joint les mains et dit :*)
— Que le Tout-Puissant veille sur ses élus !

KARVEL, *tristement*. — Ah ! combien de nos frères vont encore périr dans cette attaque !

LE SECOND ÉCUYER, *rentrant*. — Madame, un homme d'armes descend de cheval, il devance l'abbé Reynier. On dit que, grâce à une intrépide sortie des assiégés accourus au secours des gens qui tentaient de s'introduire dans Lavaur, ces païens ont pu y entrer ; mais beaucoup d'entre eux ont été tués, blessés ou pris ; l'on amène les prisonniers sous la conduite de Lambert de Limoux et de Hugues de Lascy ; ils accompagnent l'abbé Reynier.

KARVEL, *avec angoisse*. — Grand Dieu ! si Mylio et son ami le jongleur se trouvaient parmi ces prisonniers !

Les craintes de Karvel le Parfait se sont réalisées. Mylio, prisonnier des croisés, a été pris par eux au moment où, à la tête d'une troupe d'habitants du pays, il essayait de pénétrer avec eux dans la ville de Lavaur, afin de renforcer sa garnison. Peau-d'Oie est aussi captif ; il a été amené avec le trouvère dans la grande chambre de la villa par Lambert de Limoux et Hugues de Lascy. Karvel est resté auprès de Montfort. Mylio est blessé au bras, un mouchoir ensanglanté bande sa plaie ; le jongleur, quoique sain et sauf, semble encore effrayé par la peur. L'abbé Reynier, instruit de l'état inquiétant du comte, a été le rejoindre, tandis que Hugues de Lascy et Lambert de Limoux, gardant baissée la visière de leurs casques, s'entretiennent à voix basse et s'éloignent de quelques pas du trouvère et de son ami.

MYLIO, *à son compagnon, avec un accent de regret*. — Mon pauvre Peau-d'Oie ! te voilà prisonnier... c'est ma faute.

PEAU-D'OIE, *d'un ton fâché.* — Oui ! c'est ta faute ! J'étais mort, très-mort ; ne pouvais-tu laisser en paix mes cendres ?

MYLIO. — Au moment où, grâce à la sortie des braves gens de Lavaur, commandés par Aymery, j'allais entrer dans la ville, je m'aperçois de ton absence; inquiet, je m'arrête, et, à la faveur du clair de lune, je te vois à vingt pas de moi, couché sur le ventre...

PEAU-D'OIE. — Corbœuf ! couché sur le dos, j'aurais eu la bedaine crevée sous le piétinement des combattants !

MYLIO. — ... J'accours, te croyant blessé ; pendant ce temps-là nos compagnons entrent dans la ville, la porte se referme sur eux, nous demeurons tous deux dehors et... nous sommes pris.

PEAU-D'OIE. — Ce que je te reproche, c'est d'avoir attiré sur moi, honnête et paisible mort que j'étais, l'attention de ces truands ; car l'un d'eux s'écrie, en me désignant : « — Cette montagne de chair « est si énorme, que je gage qu'après l'avoir traversée, ma pique y « demeure enfoncée jusqu'à la moitié de son manche. » Attention ! compagnons...

MYLIO. — A ces mots, tu as fait une espèce de saut de carpe si prodigieux, que je suis resté aussi heureux de ta résurrection qu'émerveillé de ton agilité.

PEAU-D'OIE. — Corbœuf ! on serait agile à moins !

MYLIO. — Ainsi, tu avais fait prudemment le mort au commencement de l'attaque ?

PEAU-D'OIE. — Pardieu ! dès que j'ai entendu ces brutes de croisés des avant-postes crier : Aux armes ! je me suis aussitôt jeté à plat-ventre ! Et voilà comme on récompense l'héroïsme ! car enfin je m'étais dit : « En me plaçant bravement comme un obstacle insur- « montable entre l'ennemi et mes compagnons, j'assure leur retraite, « puisqu'ils seront entrés dans la ville avant que les croisés aient « eu le temps de gravir mon corps... et d'en descendre.

MYLIO. — Ta gaieté revient, tant mieux.

PEAU-D'OIE, *montrant du geste les deux chevaliers qui se rapprochent, après avoir ôté leur masque.* — Mylio, il me semble que nous connaissons ces hommes-là? Que le diable les emporte en enfer!

MYLIO, *se retournant.* — Hugues de Lascy? Lambert de Limoux? (*S'adressant à eux d'un air sardonique*). Salut au Sénéchal des Marjolaines! salut au Bailli de la joie des joies! voilà qui est, mort-Dieu! d'une hypocrisie infâme! C'est vous, saints hommes, qui venez extirper l'hérésie en Albigeois? (*S'adressant à Peau-d'Oie.*) Te rappelles-tu ce dernier plaid amoureux de la cour d'amour?

PEAU-D'OIE. — ... De la cour de grandissime ribauderie, dont ces pieux catholiques étaient les dignes officiers!

HUGUES DE LASCY, *à Lambert.* — Entends-tu cette langue de vipère? Notre capture est bonne, car depuis que ces deux jongleurs ont couru le pays, ces chiens d'hérétiques sont devenus encore plus enragés! mais nous saurons les guérir de leur rage!

PEAU-D'OIE, *d'un air apitoyé.* — Pauvres gens! ainsi devenus enragés? Sans doute quelque moine en rut les aura mordus? N'est-ce pas, seigneur Bailli de la joie des joies?

Simon de Montfort entre à ce moment, vêtu d'une longue robe brune pareille à un froc de moine; d'un côté, il s'appuie sur le bras d'Alix de Montmorency et, de l'autre, sur le bras de l'abbé Reynier, portant l'habit blanc de l'ordre de Cîteaux; l'un des écuyers du prince s'empresse de mettre un siège à sa portée; l'autre écuyer reste debout à la porte de la chambre voisine où Karvel le Parfait est retenu prisonnier. Montfort garde le silence; l'abbé Reynier jette sur Mylio et sur Peau-d'Oie un regard de triomphe et de haine sournoise; il n'a pas oublié cette nuit où, venant au moulin de Chaillotte pour violenter Florette, la jeune serve lui a été enlevée par le trouvère et le jongleur.

MONTFORT, *s'adressant à Mylio d'une voix caverneuse.* — Tu étais parmi ces hérétiques, dont un grand nombre est parvenu à forcer le camp pour entrer dans le château de Lavaur?

MYLIO. — Oui, seigneur comte, j'étais parmi les combattants.

MONTFORT. — Tu t'appelles Mylio le Trouvère... Tu exerçais à Blois ton indigne métier de perdition; tu souillais du venin de tes calomnies les prêtres de l'Église, les personnages les plus sacrés...

MYLIO, *interrompant Simon et s'adressant à l'abbé.* — Ah! sycophante! tu as déjà pris tes précautions contre le récit de l'aventure nocturne du moulin de Chaillotte et autres preuves de ta lubricité!

Alix de Montmorency lève les mains et les yeux au ciel, Simon jette un coup d'œil terrible sur Mylio.

PEAU-D'OIE, *bas au trouvère.* — Le regard de ce spectre me glace jusqu'à la moelle des os... Nous sommes perdus!

MONTFORT, *à Mylio d'une voix irritée.* — Tais-toi, blasphémateur... chien d'hérétique... sinon, je te fais arracher la langue!

L'ABBÉ REYNIER, *à Montfort avec onction.* — Mon cher frère, méprisons ces outrages, ce malheureux est possédé; hélas! il ne s'appartient plus; le démon parle par sa bouche.

MYLIO, *impétueusement à l'abbé.* — Tu oserais nier que tu t'es introduit une nuit dans l'enclos du moulin de Chaillotte? ton entremetteuse habituelle, qui devait te livrer Florette, sa nièce, une enfant de quinze ans..., sans moi et Peau-d'Oie que voilà, tu allais commettre un odieux attentat sur cette infortunée.

PEAU-D'OIE, *tremblant de tous ses membres, interrompt Mylio, se jette aux pieds de Montfort, et s'écrie, les mains jointes :* — Illustre et secourable seigneur, je ne me rappelle rien... Je suis bouleversé, fasciné, ébloui... Le passé se brouille dans mon cerveau... Tout ce dont je me souviens, c'est que j'étais un porc, une bête immonde. Hélas! ce n'était pas ma faute ; car, redoutable soutien de l'Église, je n'ai point encore reçu le baptême... Hélas! non. Mais tout à l'heure, en contemplant votre auguste face, il m'a semblé voir resplendir autour de votre sainte personne une manière d'auréole; un de ces divins rayons, me pénétrant soudain, m'a donné une soif inextinguible de la source céleste, et m'a affamé du baptême, qui me purifiera de mes abominables souillures... Ah! pieux seigneur!

vous et votre pieuse épouse, daignez me servir de parrain et de marraine; consentez à me tenir sur les fonts baptismaux... Je vous devrai le salut de mon âme, et onc n'aurez vu plus forcené catholique que votre fillot... Je serai l'exemple des fidèles.

MONTFORT, *à demi-voix*, *à l'abbé Reynier*, *d'un air de doute.* — Hum !... ce gros mécréant me paraît bien promptement touché de la lumière divine... Pourtant, il peut être sincère.

ALIX DE MONTMORENCY. — Souvent le Seigneur se plaît à retarder les effets de sa grâce pour la rendre plus éclatante.

L'ABBÉ REYNIER, *à demi-voix*. — Il se pourrait aussi que la crainte du supplice, et non la foi, amenât la conversion de ce pécheur.

MONTFORT. — Alors, que faire, révérendissime abbé ?

L'ABBÉ REYNIER, *à demi-voix*. — Le bûcher comme les autres !

ALIX DE MONTMORENCY. — Mais, mon père, s'il est sincère ?

L'ABBÉ REYNIER, *à demi-voix*. — Raison de plus... S'il est sincère, les flammes du bûcher seront, aux yeux du Seigneur, une très-agréable expiation de l'abominable passé de ce nouveau converti ; s'il nous trompe, le bûcher sera la juste punition de son mensonge sacrilége ; de toutes façons le bûcher est ce qui convient à ce mécréant.

Montfort et sa femme, frappés du double avantage de la proposition du moine, échangent un regard approbatif; Peau-d'Oie se dit à lui-même : — Ils se consultent... je suis sauvé !... Corbœuf ! quelle heureuse idée j'ai eue là, de me donner pour un marmot à baptiser ! Mon parrain et ma marraine me feront peut-être un petit présent ; pour le moins, ils me donneront de quoi faire ripaille tout ce jour.

MONTFORT. — Relève-toi ! Dieu saura si ta conversion est sincère.

PEAU-D'OIE, *à part lui*. — Bon, bon; ce n'est plus qu'une affaire entre Dieu et moi... Nous nous arrangerons toujours bien ensemble !

Le jongleur se relève, et va se placer prudemment loin de Mylio, sur lequel il jette un regard de compassion.

MONTFORT, *à Mylio*. — Tu as un frère pasteur de ces hérétiques endiablés, il jouit d'une grande influence dans la ville de Lavaur?

MYLIO, *fièrement.* — Tous les habitants donneraient leur vie pour sauver la sienne; mon frère est leur idole.

MONTFORT. — Je te permets de retourner à Lavaur; tu diras aux habitants de ma part : « Abjurez votre hérésie, rentrez dans le giron
« de la sainte Église catholique, livrez à Monfort, sans condition,
« la dame de Lavaur, son fils, les consuls de la ville, et cent habi-
« tants des plus notables, abandonnez vos biens aux soldats du
« Christ, et vous aurez la vie sauve; sinon, demain, à l'aube, le
« signal de l'attaque sera donné aux croisés par les flammes du bû-
« cher de Karvel le Parfait. »

MYLIO, *avec stupeur.* — Mon frère !... tu parles de brûler mon frère !

MONTFORT. — Il est ici, prisonnier !... dans ma tente...

MYLIO, *consterné.* — Mon frère !... prisonnier !...

PEAU-D'OIE, *tout bas, à Mylio.* — Imite-moi donc !... abjure... et demande le baptême... Corbœuf ! je me ferais baptiser et rebaptiser mille fois !... car, malgré mon horreur de l'eau, je préfère encore l'onde lustrale... au fagot.... allons, décide-toi !...

MYLIO, *à Montfort, d'une voix émue.* — Mon frère est, dis-tu, ton prisonnier ?... Tu me tends sans doute un piége;... mais, fût-il là, devant moi, chargé de liens, Karvel me maudirait si, acceptant ton offre, j'étais assez infâme pour te promettre d'exhorter les habitants de Lavaur à se soumettre à l'Église de Rome !

Soudain on entend la voix sonore et douce du médecin, qui, retenu dans la chambre voisine, a entendu les paroles de Mylio, et s'écrie :
— Bien ! très-bien, frère ! Ne faiblis pas devant nos ennemis !...

MYLIO, *tressaillant.* — La voix de Karvel !...

Le trouvère veut aller rejoindre son frère, mais Lambert de Limoux et Hugues de Lascy se jetant sur Mylio le maintiennent. Montfort se tourne vers l'un de ses écuyers placé près de la porte de la chambre voisine et dit : — Laisse entrer l'autre hérétique.

Presque aussitôt Karvel le Parfait s'avance vers son frère avec un sourire de tendresse ineffable, puis, s'adressant à Montfort et lui montrant les chevaliers qui contiennent Mylio : — De la violence contre un ennemi désarmé ?... Allons, Montfort, toi un soldat ? toi qui te connais en courage... fais cesser cette indignité...

A un signe du comte, les chevaliers laissent Mylio en liberté ; les deux frères se jettent dans les bras l'un de l'autre et demeurent embrassés pendant quelques instants. Peau-d'Oie les contemple avec attendrissement ; une larme lui vient aux yeux ; il l'essuie du bout de son doigt, et dit en soupirant : — Pauvre Mylio ! il serait sauvé... s'il s'était comme moi *encatholiquaillé*. J'ai commis là, il est vrai, une grande lâcheté !... Ah ! si je n'avais point tant peur du fagot... avec quelle jubilation je dégorgerais sur cet infâme ribaud d'abbé Reynier, la bile qui m'étouffe ! Mais, patience, nous aurons notre tour.

Et, ce disant, Peau-d'Oie profite d'un moment où il n'est pas vu pour faire une laide grimace au moine, et lui montrer le poing. Karvel et Mylio, après s'être tendrement embrassés à plusieurs reprises, échangent à voix basse quelques mots. Karvel instruit ainsi son frère du généreux motif qui l'a conduit au camp des croisés. Hugues de Lascy s'approche de Montfort et lui dit : — Seigneur, l'aube va bientôt paraître, tout est prêt pour l'attaque de Lavaur... L'armée n'attend qu'un signal... quels sont vos ordres?

MONTFORT. — Qu'au soleil levé on sonne l'attaque... Encore trop faible pour monter à cheval, je me ferai porter en litière afin d'encourager les assaillants. Quant à ces trois hérétiques, leur supplice sera le signal de l'assaut... fais préparer leur bûcher.

PEAU-D'OIE, *stupéfait*. — Comment ! ces trois hérétiques ! un instant ! diable ! j'ai abjuré ! moi, j'ai abjuré ! je suis catholique !...

KARVEL, *à Montfort*. — Ainsi, comte, nous allons mourir !... Merci de cette mort !... la Gaule saura que tu m'as envoyé au bûcher, moi... qui, confiant dans la parole de ta femme, suis venu à ton camp pour te sauver la vie. Férocité et trahison !...

MYLIO, *à Montfort*. — Merci de cette mort... lâche, félon... chevalier sans parole et sans foi ! misérable fanatique !...

Le comte, à ce reproche, baisse la tête, son cœur de soldat est cruellement atteint par cette juste accusation de félonie. L'abbé Reynier voyant le trouble de Simon, s'écrie d'une voix tonnante :
— Ces misérables osent parler de foi ! et toi, Montfort, tu parais sensible à des reproches sortis de pareilles bouches... As-tu oublié que notre saint père Innocent III a dit que : « *Nul n'est tenu à la* « *foi envers ceux qui manquent de foi envers Dieu.* » Veux-tu conserver la vie à ce forcené pour qu'il entraîne dans son hérésie des milliers de malheureux ? acceptes-tu cette responsabilité terrible ?

MONTFORT, *avec épouvante.* — Oh ! non, mon père ! mille fois non !

L'ABBÉ REYNIER. — Alors, haut le front ! intrépide soldat de la foi catholique ! le ciel fera tomber Lavaur entre nos mains... Viens te préparer à ce nouveau triomphe, en recevant de mes mains le corps du Sauveur, la sacrée communion !...

MONTFORT, *avec une fanatique exaltation.* — Aux armes, chevaliers !... à l'assaut !... Dieu est avec nous... En entrant à Lavaur, pas de pitié ! tuez, massacrez les femmes, les enfants, les vieillards ! tuez tout ! comme à Béziers, Dieu saura reconnaître ceux qui sont à lui. (*Puis, montrant les prisonniers.*) Que l'on garrotte ces trois hommes ! on les gardera en lieu sûr jusqu'au moment de leur supplice !

PEAU-D'OIE, *éperdu de terreur, se jetant aux pieds de Montfort et s'accrochant à sa robe.* — Secourable parrain ! tu m'as promis de me tenir sur les fonts du baptême, je veux vivre désormais en catholique. Je crois en l'Église, je crois en tous ses saints passés, présents ou futurs, je crois aux miracles les plus étonnants, je crois enfin à tout ce que tu voudras ! mais, pour Dieu, point de fagot !

MONTFORT, *se tournant vers l'abbé Reynier.* — Vous disiez vrai, ce misérable cède à la peur et non à la foi ; c'est un mécréant.

L'ABBÉ REYNIER, *à Peau-d'Oie.* — Si ta foi est sincère, le bûcher purifiera les souillures passées... Mais si tu feins une conversion sacrilége, les flammes éternelles seront ton juste châtiment. Tu seras brûlé comme les autres, misérable coquin.

PEAU-D'OIE, *se relève furieux*. — Oh! bouc de luxure, porc de saleté, tigre de cruauté! tu te venges de cette nuit où, venant au moulin de Chaillotte pour violenter Florette, je t'ai terrassé pour t'empêcher de commettre une infamie nouvelle! Tu me feras brûler, mais je t'aurai craché la vérité à la face, truand! hypocrite! scélérat! toi qui caches un pied fourchu sous une robe de moine! exécrable tonsuré, suppôt du Pape!...

Les écuyers du comte se jettent sur Peau-d'Oie et le garrottent, ainsi que Karvel et Mylio, qui n'opposent aucune résistance. Soudain les clairons sonnent, on entend au loin un tumulte guerrier. Hugues de Lascy entre et dit au comte : Seigneur voici le jour; tout est prêt pour l'attaque de Lavaur; votre litière vous attend.

MONTFORT. — Marchons, Dieu combat pour nous!

ALIX DE MONTMORENCY, *agenouillée*. — Vá, mon noble époux, je resterai à genoux à cette place jusqu'à la fin de la bataille, priant pour le triomphe de tes armes, pour l'extermination de nos ennemis et pour le salut des pauvres âmes des hérétiques de Lavaur.

REYNIER, *à Montfort*. — Viens, vaillant soldat du Christ! viens recevoir de mes mains le pain des anges, la sainte communion!

Montfort sort appuyé sur le bras du moine et suivi de ses écuyers, tandis qu'Alix de Montmorency prie avec ferveur.

MYLIO, *jetant sur Peau-d'Oie un regard humide*. — Hélas! c'est son amitié pour moi qui l'a conduit en ce pays!

KARVEL, *pensif, contemplant Alix de Montmorency qui murmure ses oraisons*. — Pauvre créature insensée! son cœur est resté bon... elle implore le ciel pour les victimes contre qui elle vient d'exciter la férocité de Montfort! O Christ... et les prêtres de Rome se disent tes disciples! et le pape ose se proclamer ton représentant sur la terre!

La ville et le château de Lavaur, après une héroïque défense, se sont rendus aux croisés; les consuls ont stipulé que les habitants auraient la vie sauve ; mais comme, selon le pape Innocent III : *Nul n'est tenu de garder sa foi envers ceux qui manquent de foi envers Dieu*, presque tous les prisonniers, au mépris de la capitulation, ont été égorgés ; les survivants sont réservés à divers supplices.

Une nuit s'est passée depuis la reddition de Lavaur. L'une des esplanades du château, est un vaste terrain carré, de hautes murailles crénelées l'entourent de trois côtés ; le quatrième est borné par le parapet d'un fossé profond de quarante pieds, large de vingt, long de mille pas ; il est fermé, à chacune de ses extrémités, par des contreforts en pierre de taille, appuis de la muraille qui sert de soubassement à l'esplanade. Ce fossé est rempli de combustible formant une cinquantaine de bûchers, séparés les uns des autres par un sentier étroit et composés d'abord : d'une épaisse couche de paille arrosée de goudron ; puis d'un lit de bois résineux ; puis toujours ainsi, couche par couche, ils s'élèvent jusqu'à dix ou douze pieds au-dessous du niveau du parapet. Les bourreaux descendant au moyen d'échelles dans la fosse, allumeront plus tard ces bûchers qui, bientôt confondus en un même embrasement, deviendront une immense fournaise. Au delà du rempart est la plaine, la riante et fertile campagne de l'Albigeois, arrosée par le cours sinueux de la rivière l'Agoult ; ces prairies, ces guérets, ces vignobles, mélangés de massifs de chênes, de pins, d'oliviers, s'étendent au loin, et la brume matinale voile à demi les cimes bleuâtres de la chaîne des Cévennes, qui se dessine à l'extrême horizon. Faisant face au fossé, une porte basse, voûtée, surmontée d'un machicoulis, construction défensive ressemblant à un balcon de pierre, est pratiqué dans la muraille qui entoure l'esplanade ; à droite de ce balcon où l'on peut monter par un escalier extérieur, est une large et profonde citerne ceinte de sa margelle de pierre ; à gauche sont alignées quatre-vingts hautes potences ; à chacune d'elles pend une corde à nœud coulant. Ces instruments de supplice ont été dressés durant la nuit ; à leur pied sont encore, çà et là, des pinces de fer, des cognées, des houes, dont on s'est servi pour fouiller le sol et équarrir les charpentes. Enfin, vers le centre de ce terrain, s'élève un échafaud de douze pieds carrés, ayant en son milieu un siége de bois, dont les bras et le dossier sont garnis de courroies. Le soleil s'est depuis longtemps levé radieux dans un ciel d'azur.

Soudain la cloche d'une église voisine sonne un glas funèbre; bientôt s'ouvre la petite porte qui donne accès sur le balcon de pierre où des siéges ont été disposés d'avance; là s'assoient tour à tour: les archevêques de Lyon et de Rennes, les évêques de Poitiers, de Bourges, de Nantes, et d'autres prélats, vêtus de leurs habits sacerdotaux; Montfort et Alix de Montmorency viennent ensuite, accompagnés du légat du pape et de l'abbé Reynier; ils prennent place au premier rang de cette tribune qui domine l'esplanade, où l'on voit entrer, à un signe de Montfort, des hommes d'armes; ils se rangent au pied des murailles et sont suivis d'une cinquantaine de prêtres et de plusieurs centaines de moines de différents ordres, portant des croix d'argent, des bannières noires, et chantant à pleins poumons, dans son rhythme funèbre, ce premier verset du *Dies iræ*:

> Dies iræ, dies illa,
> Crucis expandens vexilla
> Solvet sæclum in favilla.

Cette lugubre procession va, toujours psalmodiant, se grouper à peu de distance de l'échafaud, dont le roi des ribauds a déjà pris possession. Ce chef des goujats de l'armée remplit l'office de bourreau; il prépare ses outils, tenailles, couteaux, pinces, fers aigus, tandis que ces aides allument un fourneau portatif rempli de charbon, afin d'y faire rougir plusieurs tiges de fer très-aiguës; d'autres truands préparent les courroies destinées à maintenir le patient sur le siége de l'échafaud, ou portent des torches destinées à allumer les bûchers; d'autres encore traînent des chaînes de fer.

LE BOURREAU, *accroupi devant son fourneau s'adresse à un sergent-d'armes*. — Mes fers sont prêts, va chercher ces fils de Satan.

LE SERGENT. — Ils sont là, en dehors de l'esplanade.

Le sergent se dirige vers la voûte, heurte à la porte; elle s'ouvre et donne passage à vingt-huit hommes et à quinze femmes de tout âge, de toute condition. Ces prisonniers peuvent marcher à petits pas, quoique leurs jambes soient liées. Ils ont les mains garottées derrière le dos. Ils s'arrêtent devant la tribune de pierre.

L'ABBÉ REYNIER, *d'une voix menaçante.* — Hérétiques de Lavaur! une dernière fois, voulez-vous abjurer? voulez-vous reconnaître l'infaillible autorité de la sainte Église catholique, apostolique et romaine? Voulez-vous acclamer le pape, souverain père des fidèles?

UN VIEILLARD, *à l'abbé Reynier.* — Mon fils est mort en défendant la ville; les ruines de ma maison incendiées après le pillage sont encore fumantes; je touche à la tombe, je ne possède plus rien; mais je devrais vivre autant d'années que j'en ai vécu, je serais riche, j'aurais encore là près de moi... le fils chéri de ma vieillesse... que moi et mon enfant nous te dirions : mille fois la mort plutôt que d'embrasser ta religion, au nom de laquelle on pille, on incendie, on viole, on torture, on égorge! Je suis donc prêt à mourir, mais je demande grâce pour notre bonne dame de Lavaur! pour elle et pour son fils, un enfant de quatorze ans!

LES PRISONNIERS, *parmi lesquels se trouve Florette, s'agenouillent en criant.* — Grâce pour notre bonne dame de Lavaur et pour son fils!

Florette seule reste debout; la jeune femme de Mylio, pâle, livide, n'entend rien, ne voit rien de ce qui se passe autour d'elle; sa pensée est avec son époux, qui l'a quittée peu de jours après leur mariage pour prendre part à la guerre; Florette le croit mort. Ne s'étant pas agenouillée comme les autres prisonniers, elle attire ainsi l'attention de l'abbé Reynier; il la reconnaît, tressaille et se dit : — Ah! pendard de Mylio, je serai doublement vengé!

LE VIEILLARD, *à Alix de Montmorency qui, pâle et les yeux baissés, égrène dévotement son chapelet.* — Madame..., au nom de votre mère, grâce pour notre bonne dame de Lavaur?

ALIX DE MONTMORENCY, *impassible*. — Si elle n'abjure pas son hérésie, elle doit périr... je prierai Dieu pour sa pauvre âme !

L'ABBÉ REYNIER, *aux prisonniers*. — Vous refusez de rentrer dans le giron de notre sainte mère l'Église catholique, apostolique et romaine ? vous refusez de reconnaître notre saint père le pape ?

LES HÉRÉTIQUES. — Nous sommes prêts à mourir !

L'ABBÉ REYNIER, *d'une voix tonnante*. — Hérétiques endurcis, l'Église vous livre au bras séculier ! Ennemis du pape et de Dieu, que votre supplice frappe vos pareils d'une terreur salutaire !

LE PRÉVÔT DE L'ARMÉE, *au roi des ribauds*. — Commence ta besogne... Prends tes fers rougis au feu... Tu laisseras un œil à ce vieillard qui a parlé pour les autres ; il servira de guide à la bande.

Le bourreau et ses gens saisissent au hasard l'un des prisonniers, c'est un jeune homme, ils le garrottent sur le siége de l'échafaud, pendant que le bourreau court à son réchaud.

L'HÉRÉTIQUE, *aux aides du bourreau*. — Qu'allez-vous me faire ?

UN AIDE. — Te crever les deux yeux, chien d'hérétique ! païen !

L'HÉRÉTIQUE, *épouvanté*. — Oh ! la mort... par pitié, la mort plutôt que cette torture ! (*Il tâche en vain de briser ses liens et se tord convulsivement, en criant.*) — A moi, mes frères ! au secours !... on veut nous crever les yeux à tous ! Seigneur, ayez pitié de nous !...

LES PRISONNIERS, *se tournent vers Montfort*. — Ce supplice est affreux ! fais-nous plutôt brûler, égorger, ou pendre ! Grâce !

MONTFORT, *d'une voix caverneuse*. — Pas de grâce ! Votre âme aveugle est fermée à la lumière divine ! les yeux de votre corps vont être à jamais fermés à la lumière du jour ! Allez, maudits !...

UN HÉRÉTIQUE, *dont les dents claquent de terreur*. — Seigneur, moi et plusieurs de mes compagnons nous abjurons. Pitié... pitié !

L'ABBÉ REYNIER. — Il est trop tard ! il n'y a plus de grâce !

Le jeune hérétique garrotté sur l'échafaud est vigoureusement maintenu par deux aides du bourreau ; celui-ci s'approche du patient, qui pousse des cris horribles et clôt machinalement ses paupières avec force ; mais d'un coup de son fer rouge et aigu, le bourreau transperce les paupières et le globe de chaque œil. Le sang et la fumée sortent des orbites... Les hurlements de la victime deviennent affreux; ils sont bientôt couverts par le chœur des prêtres et des moines chantant :

> Tuba mirum spargens sonum
> Per sepulchra regionum.
> Coget omnes ante thronum.

Le supplice des hérétiques, hommes ou femmes, se poursuit avec l'accompagnement de cette funèbre psalmodie : les uns s'évanouissent de douleur ; on les détache du siége, et on les jette inanimés à quelques pas de distance de l'échafaud : d'autres, rendus furieux, presque insensés, par la souffrance, en sortant des mains du bourreaux, s'élancent droit devant eux ; et, incapables de se guider, vont se heurter contre les murs de l'esplanade, ou trébucher parmi les soldats formant la haie, et sont refoulés à coups de bois de lance. Le hasard a voulu que Florette fût la dernière victime. A la vue de ces horreurs, sa raison s'est presque complétement égarée : elle se croit sous l'obsession d'un rêve. Soutenue par les aides, elle marche d'un pas chancelant vers l'échafaud ; ses longs cheveux châtains, tressés en nattes, tombent sur ses épaules : elles sont, comme son cou, comme ses bras, d'une blancheur livide et morte ; tout son sang a reflué vers son cœur. A la vue de cette jeune fille, si belle, si touchante, les bourreaux eux-mêmes se sentent émus ; et, au moment où elle vient d'être attachée sur le siége, le roi des ribauds lui dit tout bas avec compassion : Crois-moi, petite ; — ouvre les yeux de toutes tes forces, tu souffriras moins. Quand on ferme les paupières, la douleur est double, car le fer les traverse avant d'arriver à l'œil... Me comprens-tu ? Allons, mignonne, es-tu prête pour la cérémonie ?

FLORETTE, *d'une voix défaillante.* — Oui, messire.

LE BOURREAU. — J'ai un fer chauffé à blanc : ce sera fait en un clin d'œil... (*Riant.*) Hé ! hé !... en un clin d'œil c'est le mot.

FLORETTE, *tout bas à elle-même, retrouvant une lueur d'intelligence.* — Il me semble que l'on m'a dit d'ouvrir les yeux, afin de souffrir moins... Oh! non, je les fermerai pour souffrir davantage, mourir tout de suite, et aller rejoindre Mylio. (*Tournant çà et là autour d'elle ses yeux hagards, elle aperçoit l'abbé Reynier. Elle frissonne.*) Oh! le moine de Cîteaux! le moine!... l'infâme tonsuré!... le voilà dans sa robe blanche comme un spectre qui m'annonce la mort!

LE BOURREAU, *tenant à la main son fer rougi à blanc, dit à la victime :* — Vite!... petite, ouvre les yeux tout grands.

Florette, clôt, au contraire, ses paupières avec force; elle devient d'une lividité cadavéreuse; ses lèvres bleuâtres sont convulsivement serrées l'une contre l'autre, dans l'attente du supplice.

LE BOURREAU, *frappe du pied.* — Ouvre donc vite les yeux! mon fer va refroidir... (*La jeune fille n'obéit pas.*) Va t'en au diable! petite sotte. (*Le bourreau darde son fer brûlant et aigu dans l'œil droit de la victime.*) Au diable l'obstinée hérétique!...

FLORETTE, *pousse un cri affreux défaille et murmure :* — Mylio...

La pauvre créature s'évanouit complètement; elle ne pousse qu'un gémissement plaintif lorsque le bourreau lui crève l'œil gauche.

L'ABBÉ REYNIER, *à part, sur le balcon.* — Quel dommage!... de si beaux yeux!... Pourquoi m'a-t-elle préféré ce misérable Mylio!

Les aides du bourreau détachent Florette du siége, et, par pitié, la transportent, toujours évanouie, près de la margelle de la citerne. Le chœur des prêtres et des moines a suspendu les chants religieux.

MONTFORT, *s'adressant au vieillard à qui on n'a crevé qu'un œil,*— Emmène ces pêcheurs; on va délier leurs bras... Qu'ils consacrent au repentir la vie que je leur laisse!

Les aides du bourreau coupent les cordes dont sont garrottés les hérétiques. Ceux d'entre eux que l'atrocité de la douleur n'a pas tués ou laissés agonisants, se lèvent, se cherchent à tâtons, se prennent par la main, et forment une sorte de longue chaîne qui, conduite par le vieillard à qui on a laissé un œil pour se guider, sort par la porte voûtée, tandis que les autres AVEUGLÉS, hors d'état de marcher, restent évanouis ou morts sur le sol de l'esplanade. L'exécution de tous ces prisonniers a duré longtemps : plus de la moitié du jour s'est écoulée. Le soleil est ardent. Le marjordome de la maison de Montfort a fait apporter quelques hanaps d'hydromel et de vin herbé, ainsi que des oublies sèches ; des pages, aux livrées du comte, font circuler les boissons et les gâteaux parmi les spectateurs du balcon, nobles gens mîtrés ou casqués.

ALIX DE MONTMORENCY, *tristement, à son mari.* — Hélas ! ces exécutions commandées par l'endurcissement de ces malheureux, sont bien horribles !... mais elles sont commandées par l'Église...

MONTFORT. — Espérons, sainte amie, que cet exemple et ceux qui vont suivre frapperont les populations hérétiques d'une pieuse épouvante ; le supplice de quelques-uns suffira pour arracher des milliers d'âmes aux flammes éternelles... le saint abbé Reynier me l'a affirmé.

LE PRÉVOT, *s'avançant au pied du balcon, et s'adressant à Montfort* : — Monseigneur, faut-il allumer le bûcher ?

MONTFORT. — Allumez ! allumez ! brûlez les hérétiques !

Le roi des ribauds et ses hommes se munissent de torches, descendent au moyen d'échelles dans le fossé rempli de combustibles, y mettent le feu, et remontent précipitamment, lorsque des tourbillons de fumée s'élèvent des bûchers embrasés ; puis, retirant les échelles, les bourreaux les transportent auprès des potences... Bientôt l'intérieur du fossé est une immense fournaise de mille pas de longueur sur vingt pieds de largeur, les flammes ondoyantes s'élèvent au-dessus du parapet ; son revêtement de pierres craque et se disjoint par l'intensité de la chaleur dont la réverbération est si brûlante que les spectateurs du balcon sont obligés de cacher à demi leur visage dans leurs mains.

L'ABBÉ REYNIER, *d'une voix retentissante.* — Amenez les hérétiques ! cet enfer terrestre sera pour eux le vestibule de l'enfer éternel !

Les moines entonnent en chœur ce verset d'une voix éclatante :

> Mors stupebit et natura
> Cùm resurget creatura
> Judicanti responsura.

La porte voûtée s'ouvre ; il en sort, poussée le fer dans les reins par les soldats qui s'avancent derrière elle, une foule d'hommes, de femmes, d'enfants de tout âge, les mains liées derrière le dos. Les hommes d'armes formant un cordon le long des remparts de l'esplanade, abaissent leurs lances la pointe en avant, marchent en convergeant vers le fossé rempli de feu et y refoulent le troupeau humain, hurlant de terreur et de rage ou poussant des cris d'allégresse... oui, d'allégresse, fils de Joël ; car grand nombre de ces malheureux, désespérant de leur cause, courent au supplice avec une joie farouche et s'élancent dans le gouffre embrasé, en criant :
— Exécration éternelle à l'Église catholique ! — Malédiction sur les bourreaux ! maudits soient le pape et ses suppôts !

Ces victimes du fanatisme catholique enjambent le revêtement de pierre et se précipitent dans cette fournaise, d'où s'échappent des cris, des hurlements, des gémissements sourds, aigus, plaintifs ! effroyable concert qui monte vers le ciel avec les rouges lueurs du bûcher, avec les chants funèbres des moines. Parmi les dernières victimes qui sortent de dessous la voûte, se trouvent : Karvel le Parfait et Morise, la dame de Lavaur et son fils ; le hasard les a rassemblés tous quatre ; dame Giraude, vêtue de noir, a les mains liées derrière le dos, ainsi qu'Aloys, assez gravement blessé à l'épaule ; car, durant le siège, il a voulu, malgré son jeune âge, combattre aux côtés de son oncle. Giraude ne quitte pas son enfant du regard, elle le couve des yeux, on lit sur les traits angéliques de cette mère au désespoir, qu'insoucieuse de son sort, elle songe avec terreur au supplice atroce qui attend Aloys ; il devine la préoccupation de sa mère et essaye de lui sourire ; Karvel et sa femme, le front serein, s'avancent d'un pas ferme. Cependant, à l'aspect du tableau qui s'offre à lui dès son entrée dans l'esplanade, le Parfait s'arrête et tressaille d'horreur ; à gauche se dressent les quatre-vingts potences, attendant de nouvelles victimes ; à droite sont étendus autour de l'échafaud les corps de ceux qui, morts ou agonisants, n'ont pu résister à la torture de l'*aveuglement*. Enfin, au delà de ces potences et de ces cadavres, des lueurs ardentes s'échappent du fossé, immense brasier avivé par la lente combustion de la chair, de la graisse, des entrailles et des os des hérétiques ; il s'exhale de cette longue tranchée, semblable au cratère d'un volcan, des tourbillons de vapeur noire, épaisse, nauséabonde, qui voile au loin l'horizon ; de temps à autre, cette fétide et sombre nuée est soudain illuminée par une colonne de flammes et d'étincelles qui jaillissent de quelque portion du bûcher non encore consumé...

Mais ce que nul ne pourrait exprimer, c'est le mélange de gémissements, de cris, de hurlements sans nom, qui s'échappent de cette fournaise où ont été précipitées *plus de cinq cents créatures de Dieu*... Les unes ont déjà succombé ; d'autres expirent ; d'autres, les dernières jetées dans le gouffre embrasé, sont encore vivantes... c'est comme un pêle-mêle, comme un fouillis de corps, de troncs, de têtes, de membres, d'ossements noircis, saignants, à demi-brûlés, calcinés ; au milieu de cet entassement de débris humains, disparaissant à demi dans la cendre, la braise ou la fumée, on voit encore quelques survivants dont les vêtements ont d'abord pris feu ; ce sont des bras, des jambes qui s'agitent, des bustes qui se dressent et se tordent convulsivement, des têtes dont la chevelure flambe, dont les traits se crispent, et dont le regard... Oh ! fils de Joël... non, aucune langue humaine ne pourrait vous peindre les regards de ces agonisants ! Tel est le spectacle qui s'offre à la vue de Karvel et de sa femme au moment où ils s'approchent du brasier. Le Parfait s'arrête, se tourne vers le balcon où trônent Montfort, sa femme, les prélats mitrés, les nobles hommes, ducs, comtes et chevaliers ; puis, le visage rayonnant d'une inspiration prophétique, il s'écrie :

— O prêtres catholiques ! je vous le dis en vérité : vous vous croyez triomphants! mais les horreurs de votre croisade en Gaule porteront à l'Église de Rome un coup mortel; de cette fournaise où nous allons périr, l'hérésie, qui n'est que la liberté civile et religieuse, renaîtra bientôt, plus radieuse que jamais, pour éclairer les peuples de sa lumière divine et féconde! Je vous le dis, prêtres catholiques, la foi évangélique s'est retirée de vous, elle est désormais avec nous, elle y restera impérissable comme la vérité! A vous autres, il reste la force... la force... éphémère comme ce bûcher qui, ce soir, ne sera plus que cendres!

L'ABBÉ REYNIER, *se levant furieux*. — Qu'on arrache la langue de cet hérétique! il n'a déjà que trop blasphémé pour la perdition des âmes! qu'on arrache sa langue maudite!

Les bourreaux s'emparent de Karvel; le roi des ribauds saisit dans son fourneau de petites tenailles de fer, à manche de bois, rougies au feu, et, tandis que ses aides contiennent le *Parfait*, il lui arrache précipitamment, à défaut de la langue, quelques lambeaux des lèvres; Morise ferme les yeux et s'élance dans la fournaise ardente, où est précipité son mari. Il ne reste, des hérétiques condamnés au bûcher, que la dame de Lavaur et son fils; au moment où les bourreaux les entraînaient vers le fossé, Giraude se jette à genoux devant le balcon où elle vient d'apercevoir Alix de Montmorency, et, les mains jointes, s'écrie d'une voix palpitante de terreur : — Madame! je ne vous demande pas la vie, mais j'ai peur pour mon fils du supplice du feu... Oh! madame, par pitié obtenez de votre époux qu'on nous égorge, afin que nous mourions tout de suite... ALIX DE MONTMORENCY *baisse les yeux, reste muette et serre son chapelet entre ses mains tremblantes.*)

LA DAME DE LAVAUR, *d'une voix déchirante.* — Je vous en conjure! écoutez une dernière prière; dites qu'on me brûle, mais qu'on tue tout de suite mon fils d'un coup d'épée... Vous restez muette?... Mon Dieu! mon Dieu!... Mais vous n'avez donc pas d'enfant, que vous vous montrez si impitoyable?

Aloys s'agenouille à côté de dame Giraude; il a les mains liées derrière le dos, ses mouvements sont gênés; mais fondant en larmes, il approche son visage des lèvres de sa mère qui le couvre de pleurs et de baisers; Alix de Montmorency, dont les yeux deviennent humides, regarde timidement Montfort, et lui dit à voix basse : — Monseigneur, cette hérétique me fait pitié... Ne pourrait-on pas lui accorder ce qu'elle demande?

L'ABBÉ REYNIER, *vivement*. — Madame, cette femme est, en sa qualité de châtelaine de Lavaur, encore plus condamnable qu'une autre, il faut qu'elle et son fils soient brûlés vifs... pour l'exemple!...

MONTFORT, *avec impatience*. — Eh! mon père, pourvu que cette hérétique meure par la corde, par le fer ou par le feu, peu importe! l'exemple sera fait. La dame de Lavaur est, après tout, de noble race... l'on doit accorder quelque chose à la noblesse! (*jetant çà et là autour de lui son regard morne, le comte avec une expression de dégoût et de lassitude :*) Pourtant, voir égorger là... devant moi... cette femme et son enfant... Que Dieu me pardonne une coupable faiblesse, mais le cœur me manque! (*Il remarque la citerne et appelle le prévôt.*) Allons... finissons! qu'on jette dans ce puits la mère et le fils, et quelques grosses pierres par-dessus eux!

LA DAME DE LAVAUR, *avec reconnaissance*. — Oh! merci! merci! (*A son fils.*) Viens, mon enfant, nous serons noyés tous deux...Va! cette mort sera douce auprès du supplice du feu qui nous attendait!

En descellant quelques-unes des pierres de la margelle du puits, qui doivent servir à écraser Giraude et Aloys, lorsqu'ils auront été jetés à l'eau, les aides du bourreau aperçoivent Florette étendue sans mouvement, mais respirant encore. Deux de ces hommes, saisis de pitié, transportent la pauvre enfant à quelques pas de là, pendant que la dame de Lavaur et son fils sont amenés devant l'ouverture rase, béante et noire de la citerne...

GIRAUDE, *au bourreau*. — Nous allons mourir... Nous ne pouvons, mon fils et moi, faire aucune résistance; par grâce, délivrez-nous de nos liens... nous pourrons au moins une dernière fois nous embrasser ! (*S'adressant à son fils d'une voix déchirante.*) Mon pauvre enfant, quel mal leur avons-nous donc fait, à ces prêtres !

La dame de Lavaur et Aloys sont délivrés de leurs liens, et tandis que, enlacés dans les bras l'un de l'autre, ils s'étreignent en sanglotant et échangent un dernier adieu, le roi des ribauds fait un signe à ses hommes, et ceux-ci poussent brusquement dans le puits la mère et le fils... On entend le bruit de deux corps tombant dans l'eau... bientôt après celui des grosses pierres lancées sur Giraude et Aloys... Les cris de leur agonie s'élèvent des profondeurs de la citerne, et au bout d'un instant l'on n'entend plus rien...

Voyant le soleil à son déclin, Montfort, peut-être las de ces tueries, et voulant hâter leur fin, ordonne au prévôt de l'armée d'amener sur l'esplanade les hérétiques condamnés à la pendaison. A leur tête, et se soutenant à peine, car il a reçu plusieurs blessures durant le siége, s'avance Aymery, frère de la dame de Lavaur; près de lui sont Mylio le Trouvère et Peau-d'Oie le jongleur; viennent ensuite les consuls et les hommes notables de la ville; des soldats, l'épée nue, conduisent les prisonniers au pied des instruments de supplice.

L'ABBÉ REYNIER, *se levant*. — Gens de Lavaur, voulez-vous abjurer votre hérésie? voulez-vous reconnaître notre saint père le pape?

AIMERY, *l'interrompant*. — Assez, moine ! assez ! Entre ton Église et la potence, nous choisissons la potence...

L'ABBÉ REYNIER, *d'une voix tonnante*. — A mort les hérétiques !

Les bourreaux se précipitent sur Aimery et s'apprêtent à le pendre.

MYLIO, *jetant autour de lui un regard navré*. — Pauvre Florette ! elle aura succombé à la torture !... Ma dernière pensée sera pour mon frère et pour toi, douce enfant ! J'ai suspendu à mon cou ton petit fuseau... il est là sur mon cœur... Bientôt nous nous retrouverons dans ces mondes où nous allons revivre... (*S'adressant à Peau-d'Oie, qui paraît très-pensif.*) Mon viel ami pardonne-moi ta mort; c'est ton dévouement pour moi qui t'a conduit ici... tu ne me réponds rien?

PEAU-D'OIE, *gravement*. — Je me demandais s'il y a du vin et des jambons dans ces autres mondes étoilés dont nous parlait ton frère, et où, selon lui, nous allons renaître en esprit, en chair et en os? Corbœuf! si nous ressuscitons aussi en bedaine... la mienne me gênera furieusement lors de mon ascension vers l'empyrée!

Les bourreaux, au moyen d'une échelle appliquée à la potence, ont hissé Aimery jusqu'à la corde, terminée par un nœud coulant; Les aides du bourreau enlèvent brusquement l'échelle, le supplicié demeure pendu, ses membres s'agitent convulsivement pendant quelques instants; puis ils se raidissent et demeurent immobiles...

LE BOURREAU, *s'approchant de Peau-d'Oie.* — A ton tour, mon gros compère... allons, pas de façons, vite en place...

PEAU-D'OIE, *se grattant l'oreille.* — Hum, hum, la corde de ta potence me paraît bien mince et ton échelle bien frêle... Je suis fort pesant... je crains... par mon poids, de démolir ta machine. Or, je te conseille, on ami, de surseoir à ma pendaison...

LE BOURREAU. — Rassure-toi! Je te pendrai haut et court, bel et bien; dépêchons, voici la nuit.

PEAU-D'OIE, *que l'on entraîne vers la potence.* — Adieu, Mylio! j'ai bu ici-bas mon dernier broc de vin! nous trinquerons dans les étoiles? (*Se tournant vers le balcon où siége l'abbé Reynier.*) Va au diable qui t'attend sa grande poêle à la main, abbé de luxure! évêque d'hypocrisie, cardinal de scélératesse! C'est Satan, cette fois, qui fera LA FRITURE DE L'ABBÉ DE CITEAUX!

Le bourreau, monté jusqu'au milieu de l'échelle appuyée à la potence, tire violemment à lui le condamné par le collet de sa tunique pour le forcer de gravir les premiers échelons; mais, ne se prêtant nullement à la chose, et abusant de sa pesanteur inerte, Peau-d'Oie reste immobile. Alors les aides le poussant, le soulevant à grands renforts de bras et d'épaules, parviennent à le hisser, malgré lui, jusqu'au milieu de l'échelle; mais le poids énorme du jongleur, et les brusques secousses que sa résistance a imprimées à la potence, hâtivement et peu solidement plantée, l'ébranlent; elle fléchit, vacille; et tombant avec l'échelle, Peau-d'Oie et les bourreaux, dans sa chute, elle atteint la troisième potence; celle-ci, cédant à ce choc, est renversée sur la quatrième, et ainsi de proche en proche; le plus grand nombre de ces instruments de supplice, mal assurés dans le sol durant la nuit, sont abattus sur l'esplanade.

MONTFORT, *avec impatience*. — Puisque les potences nous font défaut, exterminez ces hérétiques par le glaive !

Le comte quitte bientôt le balcon, emmenant Alix de Montmorency, qui se soutient à peine. Quoique le crépuscule du soir ait remplacé le jour, l'abbé Reynier et les autres prélats restent pour veiller à l'exécution de la tuerie; les hommes d'armes qui ont amené les quatre-vingts hérétiques garrottés les massacrent à coups de lances et d'épées; le carnage dure jusqu'à la nuit noire; et lorsque les soldats du Christ ont entassé cadavres sur cadavres, l'abbé Reynier se retire, accompagné du clergé, tandis que le chœur des moines chante à pleine voix :

> Dies iræ, dies illa,
> Crucis expandens vexilla
> Solvet sæclum in favilla.

La lune, brillant d'un éclat radieux au milieu du ciel étoilé, inonde de ses clartés l'esplanade du château de Lavaur, alors déserte; à gauche se trouve la citerne, au fond de laquelle dame Giraude et son fils ont été jetés, puis écrasés à coups de pierres; à quelques pas de là, gisent les corps des malheureux qui n'ont pu survivre au supplice de *l'aveuglement*. Parmi ces corps est celui de Florette, toujours évanouie, mais dont le sein se soulève péniblement; sa tête, appuyée sur une pierre, est éclairée par la lune. A l'extrémité de l'esplanade, quelques lueurs rougeâtres, semblables à celles d'un brasier qui s'éteint, s'échappent par intervalles des profondeurs du fossé où les hérétiques ont été brûlés ; enfin, à droite du balcon, est dressée la potence à laquelle pend le cadavre d'Aymery. Non loin de là sont amoncelés les cadavres de ceux qui ont échappé à la corde pour tomber sous le fer des soldats de la foi. Aucun bruit ne trouble le silence de la nuit ; l'un des corps gisants sur le sol se soulève peu à peu sur son séant : C'est Mylio.

MYLIO *écoute, regarde avec précaution autour de lui, et appelant à demi-voix :* — Peau-d'Oie !... il n'est resté aucun soldat ici... ne crains rien... il n'y a pas de danger... De l'endroit où je suis, je découvre l'esplanade depuis le fossé jusqu'à la citerne... je ne vois pas un soldat. Peau-d'Oie !... réponds donc ?... (*Mylio avec chagrin.*) Pas de réponse !... Ah ! le malheureux ! il sera mort étouffé sous le poids des cadavres ! Faut-il donc que le prudent exemple qu'il m'a donné en faisant le mort, lors de la chute des potences, n'ait profité qu'à moi !... Hélas ! après la mort de Florette, de mon frère et de sa femme, l'amitié du vieux jongleur m'eût été douce... Quittons cet horrible lieu : la vie me reste. Oh ! j'en jure Dieu ! j'emploierai cette vie à venger Florette, mon frère et mon compagnon ! Il reste encore des hommes et des armes en Languedoc ! (*Mylio, en parlant ainsi, s'est levé debout. Il écoute et regarde encore autour de lui.*) Personne... La porte de l'esplanade est ouverte, fuyons !... mais, avant de m'éloigner, je veux toucher une dernière fois la main glacée de mon vieil ami. Jamais je n'oublierai que son dévouement pour moi a causé sa mort... Le voici à demi-caché par ces deux cadavres, la face sur le sol et ses bras repliés sous lui. (*Mylio se baisse tristement pour prendre une des mains du vieux jongleur.*)

PEAU-D'OIE, *relevant la tête.* — Corbœuf ! moi vivant, j'ai entendu mon oraison funèbre !... Tu l'as prononcée, Mylio... et elle nous fait honneur à tous deux, mon brave ami !

MYLIO. — Joie du ciel !... tu n'es pas mort ?... Tu m'entendais, et tu restais muet ?...

PEAU-D'OIE. — Par prudence d'abord... Et puis j'étais curieux de savoir ce que tu dirais du vieux Peau-d'Oie. Aussi, je suis tout glorieux d'apprendre que tu m'aimais encore... même après mon trépas. Maintenant, dis-moi quels sont tes projets?

MYLIO. — Cette nuit, je quitte Lavaur, après être allé chercher un coffret précieux pour moi, qui a été déposé par mon pauvre frère en un lieu sûr chez Julien le Libraire; ensuite je rejoindrai nos frères qui ont pris les armes. J'ai fait le serment de venger Florette, mon frère et sa femme... Quant à toi, mon bon compagnon... (*Mylio s'interrompt; il a heurté du pied les tenailles de fer qui ont servi à martyriser Karvel le Parfait.*) Qu'est-ce que cela?... Un instrument de torture laissé là par le bourreau... (*Il ramasse les tenailles et les contemple en silence.*) O fils de Joël! moi aussi je payerai mon tribut aux légendes et aux reliques de notre famille! (*Il place les tenailles à sa ceinture.*) Pauvre frère! Je jure de tirer vengeance de ta mort!

PEAU-D'OIE. — Que veux-tu faire de ce vilain instrument?

MYLIO. — Viens... viens... quittons en hâte ce lieu maudit!

Le trouvère et le jongleur se trouvent en ce moment non loin de la citerne, dont les abords sont vivement éclairés par la lune. Soudain Mylio s'arrête... regarde, jette un cri, s'élance, et, d'un bond, se précipite auprès de Florette, qu'il a reconnue. Il saisit une de ses mains : elle est tiède; son cœur bat encore... Le trouvère, ivre d'espérance, emporte la pauvre petite aveugle dans ses bras; et, courant avec son précieux fardeau vers la sortie de l'esplanade, il crie au vieux jongleur, d'une voix entrecoupée de sanglots : Elle vit encore?...

PEAU-D'OIE, *joyeusement*. — Elle vit!,.. Ah! corbœuf! si nous échappons aux griffes des croisés, j'égayerai encore la douce enfant en lui chantant ma chanson favorite : *Robin m'aime, Robin m'a...* Ami, attends-moi! je ne suis pas ingambe; attends-moi donc! au nom de ma bedaine, dont je suis fier maintenant! son poids a fait choir les potences, et nous avons échappé à cette tuerie catholique... apostolique... et romaine! ... Ouf!!!

Mylio s'est arrêté à la porte de l'esplanade pour attendre Peau-d'Oie, qui arrive haletant au moment où Florette, que le trouvère tient entre ses bras, murmure d'une voix faible : — Mylio... Mylio...

Moi, Mylio le trouvère, j'ai écrit ce JEU-PARTIE, ici, à PARIS, environ trois années après les massacres de Lavaur ; voici en peu de mots, fils de Joël, comment je suis arrivé avec Florette et Peau-d'Oie dans la capitale de la Gaule : après avoir quitté l'esplanade, emportant ma femme entre mes bras, je la cachai dans les ruines d'une maison voisine, incendiée la veille par les soldats de la foi, Grâce à mes soins, Florette reprit ses sens, mais, hélas ! jamais elle ne devait revoir la lumière ! Confiant ma femme à Peau-d'Oie, je me rendis chez un ami de mon frère ; cet ami, nommé Julien le Libraire, avait reçu de Karvel, en dépôt, le coffret renfermant nos reliques de famille ; échappé, par hasard, aux massacres de Lavaur, Julien m'accorda un refuge pour Florette, Peau-d'Oie et moi ; en sûreté dans cette maison hospitalière, nous y attendîmes le départ de l'armée de Montfort, qui ne tarda pas à se mettre en marche vers Toulouse, après avoir investi de la seigneurie de Lavaur Hugues de Lascy, jadis *Sénéchal des marjolaines* à la cour d'amour de Blois. Résolu de consacrer ma vie à Florette, je renonçai à continuer la guerre, et nous quittâmes le Languedoc, bientôt soumis à Montfort par la terreur. Julien le libraire, grâce à l'entremise des voyageurs lombards, correspondait souvent, pour les achats de son commerce, avec un des plus célèbres libraires de Paris, nommé JEAN BELOT ; connaissant la beauté de mon écriture, Julien me proposa de me recommander à son confrère qui pourrait m'employer à la copie des livres, anciens ou modernes. J'acceptai cet offre. Lorsque Florette fut en état d'entreprendre ce long voyage, nous partîmes avec Peau-d'Oie, Il me restait une petite somme d'argent, j'en employait une partie à acheter une mule pour ma femme qui souvent, par bonté, cédait sa place à notre vieil ami, et, la pauvre petite aveugle s'appuyant alors sur mon bras, je guidais ses pas incertains; nous arrivâmes ainsi à Paris, après des traverses sans nombre et mille dangers.

Jean Belot, profondément touché du malheur de Florette, chère et innocente victime de la férocité catholique, nous accueillit cordialement et je devins bientôt l'un de ses meilleurs copistes; je pus ainsi, grâce à mon salaire, entourer Florette d'un peu d'aisance et mettre à l'abri du besoin la vieillesse de Peau-d'Oie. Celui-ci allait encore parfois à la taverne, chantant ses joyeux *Tensons* pour payer son écot; mais, lorsque ma femme, neuf mois après avoir quitté le Languedoc, m'eut donné un fils que j'appelai KARVELAÏK, en mémoire de mon bon frère, le vieux jongleur ne quitta plus la maison et voulut servir de berceuse à notre enfant; Florette, devenue mère, ressentit plus cruellement encore le chagrin d'être aveugle; jamais, hélas! elle ne pourrait contempler les traits chéris de son fils. Malgré ma tendresse et mes soins empressés, elle tomba dans une mélancolie profonde; sa santé s'altéra, elle dépérit peu à peu, et environ deux ans après notre départ du midi de la Gaule, Florette s'éteignit doucement dans mes bras, en embrassant notre enfant. Longtemps inconsolable de cette perte, je trouvai quelque adoucissement à mes peines, dans ma tendresse pour mon fils et dans mon amitié pour Peau-d'Oie, le seul avec qui je pouvais parler de ma femme, de mon pauvre frère et de son héroïque compagne.

Plus tard, enfin, je cherchai quelques distractions à mon chagrin, en écrivant, sous forme de JEU-PARTIE la légende précédente que j'ai jointe aux chroniques de notre famille, rapportées, par moi, du Languedoc, ainsi que les TENAILLES DE FER ramassées sur l'esplanade du château de Lavaur et qui avaient servi au *martyre* de mon frère Karvel le Parfait.

Je te lègue ce récit, mon fils KARVELAÏK; tu le transmettras, ainsi que nos chroniques, à ta descendance, si la race de Joël ne doit pas s'éteindre en toi.

Oh! Fergan, notre aïeul! tes paroles étaient prophétiques : — « Pas de défaillance! ne désespérons jamais de l'avenir de la Gaule, l'avenir appartient à la liberté. » — Aujourd'hui, dixième jour du mois de juillet 1218, moi, Mylio, j'apprends par un voyageur arrivé du midi de la Gaule, qu'après avoir poursuivi en Languedoc pendant huit ans la guerre d'extermination contre les hérétiques, Simon, comte de Montfort, a été tué devant Toulouse, le 25 juin de cette année 1212. Les Toulousains, assiégés, se sont défendus en héros sous les ordres des consuls, leurs magistrats populaires. A l'annonce de la mort de Montfort, le Languedoc, l'Agenois, le Querci, le Rouergue se sont soulevés en masse; les croisés sont chassés du Midi, ainsi que les prêtres catholiques; partout l'hérésie triomphante a brisé encore une fois le joug des papes de Rome!

Ce jourd'hui, 14 juillet 1223, j'inscris ici la date de la mort du roi des Français : Philippe-Auguste ; son fils Louis VIII lui succède; hélas ! de nouvelles et cruelles épreuves menacent le Languedoc; le pape Honoré III, qui succède à Innocent III, est non moins que ce dernier fanatique et impitoyable; il prêche une nouvelle croisade contre le Languedoc : tout fait craindre que cette guerre religieuse soit aussi terrible que la première.

Il y a quelques mois, Peau-d'Oie est mort en chantant sa chanson favorite : *Robin m'aime, Robin m'a,* etc. Sa perte laisse un grand vide autour de nous; car mon fils Karvelaïk regrette autant que moi notre vieil ami, qui l'avait vu naître et l'avait bercé tout enfant.

Cette même année, 1226, *Louis VIII*, fils de *Philippe-Auguste*, est mort empoisonné, dit-on, par l'amant de sa femme; cette reine s'appelle BLANCHE, comme cette autre reine, empoisonneuse et adultère, femme de Ludwig le Fainéant, le dernier des rois karolingiens; le complice du meurtre de Louis VIII est grand ami du légat du pape et se nomme THIBAUT, *comte de Champagne*. La reine demeure régente du royaume, son fils Louis IX étant encore enfant; le Languedoc continue de résister à la croisade prêchée par le pape Honoré III, et malgré des ravages, des massacres sans nombre et la terreur inspirée par l'INQUISITION établie par le pape dans ce malheureux pays, les hérétiques restent inébranlables dans leur foi. Mon fils *Karvelaïk* a seize ans, je l'élève dans mon métier d'écrivain, afin qu'il puisse, ainsi que moi, gagner sa vie par son travail, chez maître Jean Bélot le libraire, dont l'affection pour nous va toujours croissant.

Cette année 1229, le Languedoc, vaincu après vingt années de luttes héroïques, succombe sous le fer impitoyable des soldats de la foi, et sous les coups de l'INQUISITION. Une partie des riches provinces du midi de la Gaule, dont les communes et les franchises municipales ont été détruites, sont réunies à la couronne du roi des Français; la haute Provence et Avignon sont abandonnés aux papes de Rome, qui ont aussi leur part dans cette sanglante curée. — Adieu, noble terre du Languedoc! dernier refuge de l'indépendance gauloise, comme l'était autrefois l'Armorique... Adieu!... Ta liberté, pour un temps, s'est éclipsée sous la fumée des bûchers de l'Inquisition; mais un jour viendra, et tu le verras peut-être, mon fils Karvelaïk, un jour viendra où l'hérétique liberté reparaîtra plus radieuse que jamais, dans ce pays écrasé aujourd'hui sous le joug catholique et sous le sceptre de la royauté.

Mon bien-aimé père *Mylio le Trouvère* est mort cette année 1246, le dernier jour du mois de novembre. Il a béni mon nouveau-né *Julyan*. J'exerce toujours mon métier d'écrivain de livres dans la boutique du fils de Jean Belot, le libraire ; ma vie s'écoule aussi paisible que possible en ces temps de troubles et de guerres continuelles. Le pape de Rome et le clergé poussent les peuples à une nouvelle croisade en Terre sainte, et le roi *Louis IX*, devenu majeur, se prépare à partir pour la Palestine, retombée au pouvoir des Turcs.

Moi, KARVELAÏK LE BRENN, fils de Mylio le Trouvère, je te lègue, à toi, mon fils, Julyan, cette chronique laissée par mon père, chronique à laquelle j'ajoute aujourd'hui quelques lignes : J'ai atteint, en cette année 1270, ma cinquante-huitième année, sans être, pour ainsi dire, jamais sorti de la boutique que le fils de Jean Belot m'a cédée. J'ai, depuis longues années, obscurément continué mon commerce à travers toutes les vicissitudes, tous les malheurs de ces temps de troubles, de guerres civiles ou étrangères, dont on souffre d'ailleurs un peu moins à Paris que dans les autres provinces de la Gaule. Le roi LOUIS IX est mort cette année de la peste à Tunis, ensuite de sa vaine croisade contre les infidèles de la Palestine. Ce prince dévotieux, dernièrement canonisé par l'Église sous le nom de SAINT LOUIS, était d'un caractère bénin, malgré sa dévotion outrée. Il fit souvent preuve de justice, de sagesse et d'humanité. Il a tenté d'utiles réformes qui, malheureusement, ne lui survivront pas. Peu batailleur, il a dû céder aux Anglais le Périgord, le Limousin, l'Agenois, et une grande partie du Querci et de la Saintonge ; de sorte que les Anglais, ces descendants des pirates normands du vieux Rolf, sont toujours maîtres d'une grande partie de la Gaule, ravagent incessamment les provinces qu'ils ne possèdent pas, et mettent le comble aux misères des serfs des campagnes, plus que jamais pressurés, torturés par les seigneurs féodaux. En ces temps de troubles, les communications sont si difficiles, que je ne sais rien de la Bretagne et du Languedoc. Je te lègue à toi, mon fils Julyan, nos reliques de famille et la légende écrite par mon père, Mylio le Trouvère

Moi, JULYAN LE BRENN, petit-fils de Mylio le Trouvère, et fils de Karvelaïk, j'inscris ici la date de la mort de mon digne et bon père : je l'ai perdu le 28 du mois de juin 1271. J'exerce, comme lui, le métier d'écrivain libraire dans notre boutique de la porte Saint-Denis. Marguerite, ma femme, ne m'a pas encore donné d'enfant.

A PHILIPPE LE HARDI, fils de *saint Louis*, a succédé PHILIPPE IV, dit le BEL. Jamais l'on a vu roi de France plus âpre à la curée des impôts; le plus grand nombre des bourgeois murmurent, plusieurs menacent de se révolter. Il faut le dire pour ceux qui auraient le courage de la révolte (et je ne suis point de ceux-là), jamais révolte n'aurait été plus légitime : les officiers royaux s'en vont dans les maisons et les boutiques, prenant sans payer, tout ce qui leur convient pour le service du roi et de sa famille; les gens du fisc fouillent nos demeures, et, à défaut d'argent pour solder l'impôt, ils se saississent de la vaisselle, des meubles, et même des vêtements des bourgeois, des artisans et des marchands. Le mois passé, le fisc a ainsi enlevé de ma boutique, un *Saint Chrysostome*, superbe livre sur parchemin que j'avais mis près de cinq années à écrire. Ces exactions n'ont d'autre but que de fournir à la ruineuse prodigalité du roi des Français et de ses courtisans. On dit la misère affreuse dans toutes les provinces de la Gaule. Les seigneurs, afin de pouvoir briller à la cour et dans les tournois, écrasent leurs serfs de travail et de taxes; les denrées augmentent et deviennent d'un prix fabuleux; La guerre des Anglais, dont les conquêtes vont toujours croissant en Gaule, met le comble à tous ces maux. C'est à peine si je puis vendre un livre de temps à autre. Enfin, Dieu nous prendra peut-être en pitié. Hélas! je ne suis point comme nos vertueux ancêtres : LOISIK, RONAN, AMAEL, VORTIGERN, EIDIOL, FERGAN, MYLIO, qui ne désespéraient jamais du salut et de l'affranchissement de la Gaule, prédits par Victoria la Grande. Je l'avoue, à ma honte, fils dégénéré de Joël, j'ai perdu tout espoir ; les quelques années qui me restent à vivre seront, je le prévois, aussi tristes que mes années passées. Je n'aurai rien à ajouter à notre légende : peut-être n'aurai-je pas même à la léguer à notre descendance, car je n'ai pas d'enfant, et la race de Joël s'éteindra sans doute en moi.

Dieu soit loué! un fils m'est né cette année, 1300. Il sera la consolation de ma vieillesse ; car j'ai cinquante-deux ans. J'ai nommé cet enfant MAZUREK LE BRENN. Hélas! quel sera son avenir! Je tremble pour lui ; car les désastres de la Gaule vont empirant sous le règne de PHILIPPE LE BEL, roi des Français.

LE
TRÉPIED DE FER ET LA DAGUE

ou

MAHIET L'AVOCAT D'ARMES

1800 — 1428

CHAPITRE PREMIER

Le cabaret d'Alison la Vengroigneuse. — Guillaume Caillet. — Mahiet l'Avocat d'armes. — Le roi des Français faux-monnayeur. — *Mazurek l'Agnelet* et *Aveline qui jamais n'a menti.* — Le droit de prémices. — Le sire de Nointel. — Amende honorable du serf envers son maître. — *Adam le Diable.* — Arrêt de la sénéchaussée du Beauvoisis sur le droit de déflorement des vassales par leur seigneur. — Le tournoi. — La belle Gloriande, fiancée du sire de Nointel. — Le duel judiciaire. — Combat de Jacques Bonhomme, désarmé, contre un chevalier armé de toutes pièces. — Le messager du roi Jean. — Lâcheté de la noblesse. — Les cinq pendus. — Le revenant. — Mahiet l'Avocat retourne à Paris.

Moi, *Mahiet l'Avocat d'armes*, fils de *Mazurek le Brenn, le libraire*, qui eut pour père *Julyan*, pour grand-père *Karvelaïk*, et pour bisaïeul *Mylio le Trouvère*; j'ai aujourd'hui, cent ans passés; je suis centenaire comme l'a été notre ancêtre *Amaël*, qui vit s'éteindre le dernier rejeton de Clovis et fut témoin de la splendeur éphémère du règne de Charlemagne; les récits suivants, qui embrassent presque un siècle (de 1356 à 1432), ont été à de longues années d'intervalle, écrits par moi. Je les faits précéder de ces lignes que j'ajoute aujourd'hui à cette légende, parce que les événements dont je viens d'être spectateur à la fin de ma vie centenaire (en cette année 1432) forment pour ainsi dire le complément des faits qui vont se dérouler devant vous, fils de Joël, à dater de 1356.

En 1356, la criminelle impéritie d'un roi cupide et prodigue, cruel et débauché, la lâcheté de la noblesse française, ont livré presque entièrement la Gaule aux Anglais, et après soixante et quinze années de ravages, de désastres, de misères, de hontes, d'ignominies, dont la noblesse et la royauté sont coupables et responsables, une fille du peuple vient de sauver, en cette année 1432, la Gaule de sa ruine et de chasser enfin l'étranger de notre sol; et pourtant cette héroïne plébéienne, cette digne fille des Gauloises des temps antiques, a été brûlée, il y a peu de jours, par les prêtres catholiques; et grande a été la joie féroce d'une foule de courtisans et d'officiers jaloux de la gloire de la fille du peuple? Elle a sauvé la Gaule, et le roi lâche, ingrat et corrompu, qu'elle a rétabli sur son trône, n'a fait aucun effort pour la sauver du supplice ! O Jeanne ! pauvre bergère de Domrémi ! O Jeanne ! pauvre vassale, ta race asservie, dégradée, torturée durant des siècles, était celle de JACQUES BONHOMME, qui après des maux inouïs, va se venger enfin de ses bourreaux séculaires ! Châtiment terrible ! Expiation légitime, légitime comme la justice des hommes qui punit le meurtrier par le supplice, légitime comme la justice de Dieu qui frappe toujours le criminel sur cette terre ou dans le monde des esprits.

La première de ces légendes a été écrite par moi, Mahiet l'Avocat, vers la fin de l'année 1358; il y a de cela aujourd'hui près de soixante et seize ans; j'avais alors vingt-quatre ans. J'ai continué notre chronique à dater de 1300, époque qui remonte à la naissance de mon père inscrite par mon aïeul sur nos parchemins. Ce sont les dernières lignes que sa main ait tracées.

LE TRÉPIED DE FER ET LA DAGUE

1300-1428

Avant de commencer ce récit, fils de Joël, je raconterai en quelques mots les événements qui ont eu lieu en Gaule depuis l'année 1300. — A PHILIPPE LE HARDI, mort en 1285, avait succédé PHILIPPE LE BEL. Spoliation et fausse monnaie : ces mots résument le règne de ce roi prodigue et insatiable. Les Lombards et les Juifs sont chassés de la Gaule et dépouillés de leurs biens ; les bourgeois, les marchands, les vilains et jusqu'au clergé, sont écrasés de taxes, et malheur à ceux qui ne peuvent pas les payer! leurs biens sont confisqués. Philippe le Bel, malgré sa guerre incessante contre les Anglais, veut mettre à contribution la Flandre, pays libre, industrieux et fort peu catholique ; mais *Pierre Kœnig*, vaillant plébéien, doyen de la corporation des tisserands de Bruges, se mettant à la tête de ses confrères et des autres corps d'artisans, châtie si rudement Philippe le Bel et sa chevalerie qui voulait, disait-elle, — *rebâter ces manants flamands*, que lesdits manants, exterminant à Courtrai la noblesse française (1302), emportent comme trophée de leur victoire *quatre mille paires d'éperons dorés*, enlevés aux talons agiles de ces preux batailleurs de tournois. Philippe le Bel, honteusement battu, contraint de renoncer aux richesses de la Flandre, à bout de ressources, n'ayant plus ni Juifs ni Lombards à spolier, extorque aux bourgeois jusqu'à leur vaisselle, jusqu'à leurs meubles, et commence le métier de faux-monnayeur, en remplaçant par des monnaies falsifiées les bonnes pièces d'or et d'argent. Le clergé, possesseur d'immenses richesses, menaça Philippe le Bel d'excommunication, s'il osait toucher aux biens du Seigneur. Le prince se railla de ses menaces et, lorsque le pape Boniface s'avisa de récriminer contre la saisie des domaines ecclésiastiques, Philippe le Bel répondit à Boniface en improvisant un pape de sa façon dans la personne de *Bertrand de Goth*, archevêque de Bordeaux, qu'il installa dans le comtat d'Avignon. Il y eut donc alors deux papes, l'un siégeant à Rome et l'autre dans Avignon. Ce dernier, en retour de sa papauté, dut accorder à Philippe le Bel la condamnation des Templiers. Ces moines soldats, sanguinaires et débauchés, avaient, durant leur guerre en Terre sainte, pillé dans ce pays des richesses énormes. Le roi désirait ardemment les voir passer dans ses coffres ; de sorte que, son pape Bertrand lui ayant octroyé la condamnation des Templiers, ils furent accusés de manie, de sorcellerie, mis à la torture et brûlés dans leur magnifique palais du Temple à Paris. Ensuite de quoi, leurs dépouilles furent la proie de Philippe le Bel. Ce roi des larrons et des faux-monnayeurs, ce spoliateur infâme meurt en 1314 ; l'un de ses fils, Louis X, dit le Hutin (l'étourdi), lui succède.

Sous ce règne, les seigneurs féodaux ressaisissent une partie de leur puissance, que les rois, depuis Louis le Gros, avaient constamment attaquée ou ruinée. Cette renaissance de la féodalité fait peser plus cruellement encore le joug du servage sur les serfs et sur les vilains. Louis le Hutin, voyant l'audace croissante des seigneurs, entre en lutte contre eux, non plus par les armes, mais par des procédures ; grand nombre de hauts barons, accusés d'empoisonnement et de commerce avec le diable, sont torturés et suppliciés ; ce sont des procès stupides et atroces. Louis le Hutin meurt en 1316 ; son frère Philippe V monté sur le trône, et peu de temps après, en 1322, *Charles IV* ou le Bel, dernier fils de Philippe, succède à ses deux frères. Alors s'ouvre une ère de crimes, d'horreurs à donner le vertige ; on se croirait revenu à ces temps épouvantables où les premiers descendants de Clovis s'entr'égorgaient. Deux reines des Français sont étranglées : Isabeau, sœur de Charles le Bel, mariée à *Édouard II*, roi d'Angleterre, se ligue avec son amant Mortimer pour conspirer contre son mari, qu'elle détrône, grâce à l'appui de Philippe le Bel, et qu'elle assassine plus tard en *l'empalant avec un fer rouge*, supplice affreux que Frédégonde et Brunehaut n'avaient pas imaginé. Isabeau, cette mère adultère et homicide, finit plus tard ses jours dans un monastère, où la fit emprisonner son fils Édouard III, lorsque, à sa majorité, il ceignit la couronne d'Angleterre. A la mort de Charles le Bel (1328), une sorte de révolution s'accomplit au sujet de la transmission de la couronne que ces rois de race étrangère à la Gaule avaient coutume de se léguer de mâle en mâle, selon la loi salique, antique loi des Francs, qui excluait les femmes de la royauté. Charles le Bel, en mourant, ne laissait ni enfants, ni frère. L'héritière du trône eût été sa sœur, alors régente d'Angleterre pendant la minorité de son fils, cette même Isabeau qui avait fait empaler son époux avec un fer rouge.

PHILIPPE DE VALOIS, cousin de *Charles le Bel*, revendiqua la couronne en sa qualité de plus proche parent *mâle* du roi défunt, et reconnu par le parlement d'abord comme régent, puis comme roi, il inaugura le déplorable règne des VALOIS. Ce Philippe, ambitieux, cupide, batailleur, ayant, pour guerroyer, besoin de l'aide de la noblesse féodale, dispense les seigneurs de payer leurs dettes contractées envers les bourgeois, abolit les franchises des communes, falsifie les monnaies selon la royale coutume, double les impôts, soumet les biens de l'Église à de fortes taxes et menace le pape Jean XXIII de le faire poursuivre et condamner comme *hérétique* par l'Université de Paris. Il refuse à ce pontife le droit de lever, à son profit et pendant dix années, le décime des croisades, que le peuple hébété continuait de payer à l'Église, quoiqu'il n'y eût plus de croisades, depuis longtemps. Jean XXIII, selon la coutume des prêtres, ruse et atermoie, tandis que la libre et industrieuse Flandre, soulevée par le brasseur *Jacquemart Arteveld*, organisant, comme son prédécesseur *Kœnig*, les corporations de métiers, sauvegarde les franchises des communes du Nord et s'oppose aux nouvelles pilleries du roi des Français, obligé de poursuivre la guerre contre Édouard III, roi d'Angleterre, qui possédait, comme ses aïeux, un tiers de la Gaule, et contre la Bretagne.

Cette fière province, jadis libre, était tombée sous le joug féodal, mais ne voulait du moins subir que la domination des seigneurs de race armoricaine et poursuivait contre les rois des Français la lutte que ce peuple indomptable avait autrefois si héroïquement et si longtemps soutenue contre les rois franks, issus de Clovis et de Charlemagne. Philippe de Valois, aussi fourbe que sanguinaire, attire à Paris les plus influents des chefs bretons et, malgré la foi jurée, les fait décapiter. Les guerres civiles et étrangères continuent à désoler la Gaule; Édouard III, roi d'Angleterre, s'empare d'une partie de la Normandie et pousse ses ravages jusqu'à Boulogne, jusqu'à Saint-Cloud. — Quelques-unes de ses bandes s'avancent même sous les murs de Paris. — Enfin, en 1346, Phillippe de Valois et sa chevalerie, ignominieusement battus à la bataille de Crécy, voient en 1347 les Anglais s'emparer de Calais, une des portes de la Gaule. Cette ville n'échappe à l'incendie, au massacre, au pillage que par le dévouement d'Eustache Saint-Pierre et d'autres bourgeois qui viennent, la corde au cou, s'offrir à la mort pour sauver la vie de leurs concitoyens. Une horrible peste éclatant en 1348 met le comble à ces maux et dépeuple le tiers du pays.

Philippe de Valois, après avoir menacé le pape de le faire condamner comme hérétique, trouvant utile à ses intérêts de donner des preuves de catholicité, rend une ordonnance contre les blasphémateurs. Au premier blasphème, on perdait une lèvre, on coupait l'autre lèvre au second, et, au troisième, on arrachait la langue; on traitait pareillement ceux qui, entendant blasphémer, ne dénonçaient point le coupable. Philippe de Valois poursuivait d'ailleurs, sur les monnaies, son brigandage qui ruinait la Gaule. Dans le cours de l'année 1348, ce faux-monnayeur couronné rendit ONZE ordonnances qui élevaient ou réduisaient le cours de telle ou telle monnaie. Enfin, Philippe de Valois meurt en 1350 et laisse la couronne au roi JEAN, qui règne sur la Gaule au commencement de la légende suivante.

Dissipateur et cupide, cruel et débauché, de plus forcené faux-monnayeur comme ses aïeux, ce nouveau roi traite la Gaule comme un pays conquis et la partage avec ses favoris. Il a déjà fait mettre à mort le connétable d'Eu, conseiller de Philippe de Valois, et, de plus, fait poignarder sous ses yeux les principaux seigneurs de Normandie, partisans de Charles le Mauvais, roi de Navarre, à qui Jean avait donné une de ses filles en mariage et qui réclamait la Champagne, dont il avait été dépossédé par son royal beau-père. Les impôts sont excessifs, la bourgeoisie ruinée, le commerce nul, les communications partout interceptées ; l'on n'ose sortir des villes de crainte de tomber au pouvoir des bandes de routiers, de Navarrais, de soudoyeurs et autres brigands qui infestent la Gaule ; la disette commence, les denrées sont hors de prix, la ruine générale, sauf à la cour somptueuse du roi Jean et dans les manoirs des seigneurs, où vont s'engloutir les richesses si péniblement acquises par le commerce des bourgeois, l'industrie des artisans et les écrasants labeurs des vilains et des serfs.

Ce récit commence pendant la sixième année du règne de *Jean*.

Un dimanche, vers la fin du mois d'octobre de l'année 1356, un assez grand mouvement régnait, dès le matin, dans la petite ville de *Nointel*, située à quelques lieues de Beauvais en Beauvoisis. Déjà le cabaret d'*Alison la Vengroigneuse* (ainsi nommée en raison de son caractère revêche, quoiqu'elle fût bonne et charitable femme), se remplissait d'artisans, de vilains et de serfs qui venaient attendre l'heure de la messe dans cette taverne, où, grâce à la misère du temps, l'on buvait peu et l'on parlait beaucoup, ce dont Alison ne se plaignait guère. Aussi babillarde que vengroigneuse, dame Alison aimait mieux voir son cabaret rempli de jaseurs que vide de buveurs; encore fraîche et accorte, quoiqu'elle eût dépassé la trentaine, elle portait courte cotte et gorgerette échancrée, peut-être parce que son corsage était rebondi et sa jambe bien tournée. Les cheveux noirs, l'œil vif, les dents blanches, la main prompte, Alison, depuis son veuvage, avait souvent cassé les pots de son cabaret sur la tête des buveurs trop expressifs dans leur admiration pour ses charmes; aussi, en bonne ménagère, remplaçait-elle par précaution ses pots de grès par des pots d'étain. La dame semblait être, ce matin-là, de très-méchante humeur, à en juger par son front plissé, ses mouvements brusques et sa parole âpre et grondeuse. Bientôt entra dans le cabaret un homme dans la maturité de l'âge; sa figure osseuse, brûlée par le soleil, n'avait de remarquable que deux petits yeux fauves, perçants et rusés, à demi cachés sous ses épais sourcils grisonnants comme sa chevelure épaisse qui s'échappait en désordre de son vieux bonnet de laine. Il venait de parcourir une longue route, car la poussière couvrait ses sabots, ses mauvaises guêtres de toile et son sarrau rapiécé; sa fatigue était grande, car il marchait péniblement appuyé sur un bâton noueux. A peine entré dans la taverne, il se laissa tomber sur un banc; ce serf... (il était serf et s'appelait Guillaume Caillet, retenez ce nom, fils de Joël); ce serf, à peine assis, appuya ses coudes sur ses genoux et son front sur ses mains. La Vengroigneuse, l'avisant, lui dit brusquement:

— Que viens-tu faire ici? je ne te connais pas; si tu veux boire, paye, sinon va-t-en!

— Pour boire, il faut de l'argent, et je n'en ai pas, — répondit Guillaume Caillet, — laissez-moi me reposer sur ce banc...

— Mon cabaret n'est pas une ladrerie, — reprit Alison, — hors d'ici, malandrin!

— Allons, notre hôtesse, on ne t'a jamais vue de si mauvaise humeur, — dit l'un des buveurs, — laisse donc en paix ce pauvre homme ; d'ailleurs nous l'invitons à boire avec nous.

— Merci, — répondit le serf d'un air sombre en secouant la tête, — je n'ai point soif.

— Si tu ne bois pas, tu n'as que faire céans, — dit la cabaretière au moment où une voix, retentissant du dehors, s'écriait : — Hé, l'hôtesse !... l'hôtesse !... mille pannerées de démons ! Il n'y a donc ici personne pour prendre mon cheval ? Nous avons le gosier aussi sec et les dents aussi longues l'un que l'autre ! Hé, l'hôtesse !

L'arrivée d'un cavalier, bonne aubaine pour un cabaret, vint distraire Alison de son courroux ; elle appela sa servante et courut à la porte, afin de répondre à l'impatient voyageur qui, la bride de son cheval à la main, ne cessait de maugréer, joyeusement d'ailleurs. Ce nouveau venu était âgé d'environ vingt-quatre ans ; la visière de son casque de fer rouillé, complétement relevée, découvrait sa figure avenante et hardie sillonnée d'une profonde cicatrice qui labourait sa joue gauche. Grâce à sa carrure d'Hercule, sa lourde cuirasse de fer terni, mais en bon état, ne semblait pas lui peser davantage qu'une casaque de toile ; sa cotte de mailles, rapiécée à neuf en maints endroits, tombait jusqu'à la moitié de ses cuissards de fer, comme ses jambards, cachés sous ses grosses bottes de voyage ; son baudrier supportait une longue épée ; son ceinturon, un poignard très-aigu appelé *miséricorde ;* sa masse d'armes, composée d'un gros bâton long comme le bras et terminé par trois chaînettes de fer rivées à un boulet du poids de sept à huit livres, pendait aux arçons de ce cavalier, ainsi que son bouclier garni de clous et de lames de fer ; trois bois de lance de rechange, liés ensemble, et dont l'extrémité reposait dans une sorte de poche de cuir ajustée à la courroie de l'un des étriers, se maintenaient droits le long du quartier de la selle, derrière laquelle était attachée une valise de basane. Le cheval, grand et vigoureux, avait la tête, le cou, le poitrail et une partie de la croupe couverts d'un caparaçon de fer, pesante armure que le robuste animal portait aussi facilement que son maître portait la sienne. Alison la Vengroigneuse, accompagnée de sa servante, accourant aux cris redoublés du voyageur, lui dit d'un ton aigre-doux : — Me voici, messire. Hum ! si vous êtes un jour canonisé, ce ne sera point, je le crains fort, sous l'invocation de saint Patient !

— Ventre du pape, ma belle hôtesse ! jamais trop tôt l'on ne saurait voir vos gentils yeux noirs et vos joues vermeilles ; aussi vrai que votre jarretière pourrait vous servir de ceinture, la plus jolie meschinette de Paris, d'où je viens, ne saurait vous être comparée. Par Vénus ! vous êtes la perle des hôtesses.

— Vous venez de Paris ? messire chevalier, — dit vivement Alison, à la fois flattée des compliments du voyageur et fière de posséder un hôte venant de Paris, la grand' ville, — quoi... vous venez de Paris ?

— Sans débrider. Mais, dites-moi, ai-je été bien renseigné ? N'y a-t-il pas ici aujourd'hui dans le val de Nointel un pardon d'armes ?

— Oui, messire, le tournoi doit commencer tantôt après la messe.

— Alors, belle hôtesse, pendant que je conduirai mon cheval à l'écurie pour lui donner une bonne provende, vous me préparerez ma provende à moi, et afin qu'elle me semble meilleure, vous la partagerez avec moi en causant, car j'ai beaucoup de renseignements à vous demander. — Puis, relevant sa cotte de mailles pour fouiller dans une pochette de cuir, le cavalier y prit une pièce d'argent et, la donnant à Alison, lui dit gaiement :

— Voici d'avance pour mon écot, car je ne suis pas de ces routiers comme on en rencontre tant de nos jours, qui payent leur hôte à coups d'épée ou en dévalisant la maison ; — mais, voyant la cabaretière examiner la pièce avant de l'embourser, il ajouta en riant : — Acceptez cette pièce d'argent comme je l'ai reçue, les yeux fermés ; le diable, le roi Jean et le maître des monnaies savent seuls ce que vaut cette pièce et si elle contient plus de plomb que d'argent.

— Ah ! messire chevalier, n'est-il pas terrible de penser que notre seigneur le roi est faux-monnayeur forcené ! Quel temps que le nôtre ! ne jamais savoir la valeur de ce qu'on possède !

— Vrai Dieu ! votre amoureux n'est point dans cette fâcheuse ignorance, je le gagerais, belle hôtesse?... Allons, vous achèverez de rougir de modestie pendant que votre servante me montrera le chemin de l'écurie, après quoi vous me préparerez mon déjeuner; mais vous le partagez avec moi, c'est entendu.

— Comme il vous plaira, messire chevalier, — répondit Alison de plus en plus charmée de la bonne humeur de l'étranger; aussi s'occupa-t-elle promptement des préparatifs du repas et plaça bientôt sur l'une des tables de la taverne une appétissante tranche de lard entourée de fenouil vert, des œufs à la poêle, du fromage et un pot de cervoise mousseuse.

Le serf Guillaume Caillet, oublié par la cabaretière, le front appuyé dans ses deux mains, semblait étranger à ce qui se passait autour de lui et se tenait assis sur son banc, non loin de la table où se placèrent bientôt Alison et le voyageur. Celui-ci, de retour de l'écurie, se débarrassa de son casque, de son poignard et de son épée, qu'il plaça près de lui et commença de faire honneur au repas.

— Messire chevalier, — dit Alison, — vous venez de Paris !

— De grâce, belle hôtesse, ne m'appelez pas messire chevalier; je suis de race roturière et non point noble. Je me nomme *Mahiet;* mon père est marchand libraire, et moi *avocat d'armes*, ainsi que vous le prouve mon harnais de bataille.

— Il serait vrai, — dit Alison en joignant les mains avec une heureuse surprise, — vous êtes avocat combattant ?

— Oui, et je n'ai point encore perdu de cause, puisque l'on ne m'a pas coupé, vous le voyez, le poing droit, désagrément réservé à tout avocat vaincu en duel judiciaire... Souvent blessé, j'ai du moins toujours rendu à mes adversaires une fève pour un pois. J'ai su à Paris que l'on donnait ici un tournoi, et pensant que, selon la coutume, il y aurait peut-être, avant ou après les passes d'armes, quelque combat judiciaire où je pourrais remplacer l'appelant ou l'appelé, je suis venu à tout hasard en cette ville. Or, comme cabaretière, vous devez être renseignée sur bien des choses de céans...

— Ah! messire avocat, c'est le ciel qui vous envoie.

— Le ciel se mêle, je crois, fort peu de mes affaires.

— Sachez que, pour mon malheur, j'ai un procès!

— Vous, belle hôtesse?

— Il y a trois mois, j'ai prêté douze florins à *Simon le Hérissé*; quand je lui ai redemandé la somme, l'indigne larron a nié sa dette. Nous sommes allés par-devant messire le sénéchal; j'ai soutenu mon dire, Simon a soutenu le sien. Il n'y avait de témoins ni pour ni contre nous, et comme la dette contestée s'élevait au-dessus de cinq sous, le sénéchal a ordonné le duel judiciaire.

— Et vous n'avez trouvé personne pour être votre avocat d'épée contre Simon le Hérissé?

— Hélas! non, car il est, à cause de sa force et de sa méchanceté, très-redouté dans tout le pays.

— Donc, comptez sur moi; je me battrai autant pour l'amour de vos beaux yeux que pour votre cause.

— Oh! ma cause est bonne, messire avocat; j'ai si bien prêté ces douze florins à Simon le Hérissé que ce jour-là...

— Ne m'en dites pas davantage; une jolie bouche comme la vôtre ne saurait mentir, et puis j'ai l'habitude d'ajouter foi à ce que me déclarent mes clients. Il s'agit de donner non de solides raisons, mais de rudes coups d'épée, de lance ou de masses d'armes; aussi, tant que ce poignet droit-là ne sera pas coupé... il sera, pardieu! plus concluant que les arguties des plus fameux légistes!

— Je ne dois point vous cacher que ce larron de Simon le Hérissé a été franc-archer. C'est un homme bien dangereux...

— Belle hôtesse, j'ai une autre habitude quand je plaide; c'est de ne jamais m'enquérir de la manière de combattre de mon adversaire ; de cette façon, je ne forme point d'avance un plan d'attaque souvent mis en défaut par la pratique ; j'ai le coup d'œil prime-sautier ; une fois en champ clos, je toise mon homme, je dégaîne... et j'improvise d'estoc et de taille... Je me suis toujours félicité de cette manière de plaider. Ainsi, comptez sur moi. Le tournoi ne commence qu'à midi ; mes armes sont en bon état, mon cheval mange sa provende : un coup à boire ! Vive la joie, ma belle hôtesse ! et heur à la bonne cause !

— Ah ! secourable avocat, si vous gagnez mon procès, je vous donne trois florins. Ce ne sera pas trop payer la joie de vous voir mettre à mal ce truand de Simon le Hérissé.

— C'est dit : si je gagne votre procès, vous me donnerez trois florins et un beau baiser... et... davantage si cela vous plaît...

— Oh ! messire...

— Allons, c'est moi qui vous donnerai le beau baiser, puisque cela vous embarrasse. Mais par la mort-Dieu ! votre front reste soucieux. Quoi ! vous manquiez d'avocat ! Le ciel... vous l'avez dit, le ciel vous en envoie un... il ne demande qu'à faire rage contre votre larron, et votre joli front ne se déride point !

— Je devrais être contente, et pourtant j'ai encore le cœur gros.

— Auriez-vous un autre procès, ou un amoureux infidèle ?

Alison resta un moment silencieuse et triste, puis reprit :

— Messire avocat, vous venez de Paris, vous êtes très-savant ; vous pourriez peut-être rendre service à un pauvre garçon très à plaindre qui doit aussi combattre aujourd'hui dans un duel judiciaire, mais dans des conditions bien tristes.

— Expliquez-vous ! dites-moi de quoi il s'agit.

— En ce pays de Nointel, lorsqu'une jeune fille serve ou bourgeoise se marie, le seigneur, lorsque cela lui plaît, a droit à... la première nuit de noces de sa vassale. N'allez point rire au moins.

— Rire ! non, par le diable ! — répondit Mahiet de qui les traits s'assombrirent soudain. Ah ! vous me rappelez une lugubre histoire.

— Il y a peu de temps, j'allais plaider une affaire en champ clos, près d'Amiens. Je traversais un village ; je vois un rassemblement de serfs. Je m'informe et j'apprends que l'un de ces paysans, serf bûcheron d'un fief de l'évêché, s'était, le matin même, marié à une jolie fille de la paroisse. L'évêque, selon son droit, envoie chercher l'épousée pour la mettre en son lit. Le serf répond au bailli épiscopal chargé de cette mission : « Ma femme est dans ma hutte, je « vais vous l'amener. » Puis revenant au bout d'un instant, il dit : « Ma femme est un peu honteuse, elle n'ose venir ; allez la cher- « cher vous-même. » Et le serf disparaît. Le bailli entre dans la hutte, et qu'y voit-il ? La malheureuse créature gisant dans une mare de sang ; l'épousée était devenue cadavre.

— Grand Dieu !

— Son mari, pour la soustraire au déshonneur, l'avait tuée d'un coup de hache.

— A ces mots, Guillaume Caillet, jusqu'alors indifférent à ce récit, tressaillit, releva son visage farouche et écouta, tandis qu'Alison s'écriait, les larmes aux yeux : — Ah ! la pauvre femme ! ainsi mise à mort ! quel courage il a fallu à son mari pour se résoudre à une si effrayante extrémité !

— Les hommes de résolution sont rares, en effet.

— Hélas ! messire avocat, ceux-là qui, dégradés par le servage, restent indifférents à tant d'ignominie, sont peut-être moins à plaindre que ceux qui la ressentent.

— Mais le plus grand nombre d'entre eux la ressent, — s'écria Mahiet. — En vain, les seigneurs réduisent ces malheureux à l'état des brutes. Est-ce que, même parmi les bêtes sauvages, le mâle ne défend pas jusqu'à la mort la possession de sa femelle ? Est-ce que, si grossiers, si abrutis, si craintifs que soient les hommes, ils ne deviennent pas jaloux dès qu'ils aiment ! L'amour n'est-il pas leur seul bien, l'unique consolation de leur misère ? Sang et mort ! je me sens féroce quand je songe à la rage, au désespoir du serf voyant l'humble compagne de ses tristes jours à jamais souillée par son seigneur ! Par le nombril de Satan, cette idée m'exaspère !

— Ah ! messire, — dit Alison les larmes aux yeux, — en parlant ainsi, vous racontez l'histoire de ce pauvre Mazurec, ce jeune garçon de qui je voulais vous entretenir.

Guillaume Caillet, en entendant prononcer ce nom de *Mazurec*, tressaillit de nouveau, se leva brusquement de son siége; puis, faisant un violent effort sur lui-même, il se rassit et prêta une attention croissante à l'entretien d'Alison et de Mahiet. Celui-ci parut aussi très-frappé du nom de *Mazurec*, prononcé par la cabaretière, et lui dit :

— Le serf dont il est question s'appelle Mazurec?

— Oui, messire; en quoi ce nom peut-il provoquer votre étonnement?

— Ce nom est l'un des noms de mon père; savez-vous quel âge peut avoir ce jeune homme?

— Il doit avoir au plus vingt ans; se mère, qui est morte depuis longtemps, n'était pas de ce pays.

— D'où venait-elle donc?

— Je ne saurais vous le dire; elle est arrivée ici peu de temps avant de mettre au monde Mazurec... Elle mendiait son pain; elle a fait pitié au meunier du moulin Gaillon, notre voisin. Sa femme, depuis deux mois à peine, était morte en donnant naissance à un petit garçon. Le nom de la mère de Mazurec était Gervaise.

— Gervaise? — dit Mahiet, paraissant interroger en vain ses souvenirs, — elle s'appelait Gervaise?

— Oui, messire avocat, elle parut au meunier si avenante, si douce qu'il se dit : « Elle doit accoucher bientôt; elle sera, si elle « veut, la nourrice de mon enfant et du sien. » Il en a été ainsi. Gervaise a élevé les deux garçonnets; elle était si laborieuse et d'un si bon caractère que le meunier l'a toujours gardée pour servante, puis il est arrivé un grand malheur. Le comte de Beaumont a déclaré la guerre au sire de Nointel. Il y a de cela cinq ans. Le meunier a été forcé de suivre son seigneur à la guerre. Pendant ce temps-là, les gens de Beaumont sont venus jusqu'ici, mettant le pays à feu et à sac ; ils ont incendié le moulin où était restée Gervaise avec les deux enfants. Elle a péri dans les flammes, ainsi que le fils du meunier ; seul, par miracle, Mazurec a échappé à la mort, et, par compassion, nous l'avons recueilli, moi et mon mari.

— Vous êtes une digne femme, notre hôtesse. Il faudra, pardieu, que je fasse rendre gorge à ce Simon le Hérissé.

— Ne me louangez pas trop, messire avocat ; le cœur le plus dur se serait intéressé à Mazurec. Ce pauvre enfant était la plus douce, la meilleure créature qu'il y ait au monde... aussi l'avait-on surnommé *Mazurec l'Agnelet*.

— Et il tenait ce que son nom promettait?

— C'était un véritable agneau... Pendant toute la nuit, il pleurait sa mère et son frère de lait ; durant le jour il nous aidait, selon ses forces, dans nos travaux. La guerre terminée, notre voisin le meunier ne revint pas : il avait été tué. Le sire de Nointel fit rebâtir le moulin dévasté. Dieu sait les taxes qu'il nous imposa, à nous, ses vassaux, pour s'indemniser des frais de sa campagne contre le seigneur de Beaumont. Mazurec rentra comme garçon chez le nouveau meunier. Chaque dimanche, en venant à la messe, Mazurec s'arrêtait ici pour nous remercier de notre amitié pour lui. Il n'est pas de cœur plus reconnaissant que le sien. Maintenant voici la cause de son malheur. Il allait de temps à autre, par ordre du meunier, porter des sacs de farine au village de Cramoisy, à trois lieues d'ici, où le seigneur de Nointel a établi un poste fortifié. Dans ce village (ce pauvre Mazurec m'avait fait sa confidence), il vit plusieurs fois, assise devant la porte de sa cabane, une jeune fille très-belle, filant à son rouet ; d'autres fois il la rencontra faisant paître sa vache le long des chemins verts. Cette jeune fille, on l'appelait *Aveline-qui-jamais-n'a-menti*.

Et ces deux enfants s'aimèrent?...

— Oh! oui! passionnément. Ils se convenaient si bien!

Guillaume Caillet écoutait les paroles d'Alison avec un redoublement d'attention, et n'ayant pu retenir une larme qui coula sur ses joues hâlées, il l'essuya du revers de sa main. La cabaretière continua :

— Mazurec était serf de la même seigneurie qu'Aveline et son père. Celui-ci consentait au mariage. Le bailli du sire, en l'absence de son maître, y consentait pareillement. Tout allait donc pour le mieux, et souvent Mazurec me disait les larmes aux yeux : « Dame « Alison, quel dommage que ma mère ne soit pas témoin de mon « bonheur!..., »

— Et comment tant d'heureuses espérances ont-elles été détruites, belle hôtesse?

— Vous savez, messire, que les vassaux peuvent, lorsque le seigneur y consent, se racheter du droit infâme dont nous parlions tout à l'heure... Ainsi a fait défunt mon mari, sans quoi je serais restée fille toute ma vie... Le père d'Aveline, pour tout bien, possédait une vache. Il la vendit, aimant mieux se défaire de cette bête nourricière que de voir sa fille qu'il adorait déshonorée par le sire de Nointel. Le jour de ses fiançailles, Mazurec se rend au château pour porter le prix de sa rédimation au bailli. Celui-ci était, par malheur, absent. Le fiancé revient chez Aveline, et son père décide qu'ils se marieront le lendemain matin et qu'aussitôt après la messe Mazurec retournera au château pour racheter sa femme du droit de prémices. Le mariage a lieu, et, selon la coutume, l'épousée reste enfermée chez le curé jusqu'à ce que l'époux ait apporté sa lettre de rédimation.

— Oui, — reprit amèrement Mahiet.

— Aussi, pour échapper à la honte, la fiancée se livre bien souvent à son promis avant le mariage.

— Cela n'est que trop vrai, et souvent aussi les hommes abandonnent ensuite la pauvre fille et ne l'épousent pas. Mais ni Aveline, ni Mazurec n'avaient de ces mauvaises pensées ; possédant de quoi se racheter, ils ne demandaient qu'à se libérer honnêtement du droit de prémices. La messe dite, Mazurec retourne au château, portant son argent dans une pochette suspendue à sa ceinture. Il rencontre un chevalier qui lui demande la route de Nointel, et, le croiriez-vous, messire? pendant que Mazurec lui enseigne son chemin, ce misérable chevalier se baisse sur sa selle comme pour rajuster la courroie de son étrier, puis soudain il arrache la pochette du pauvre Mazurec, pique des deux et se sauve au galop.

— Il y a cent exemples de ces voleries qui semblent de plaisants tours à maints chevaliers ; mais, mort-dieu ! celle-là est infâme !

— Mazurec, désespéré, court en vain sur les traces de son larron ; il le perd de vue, et, au bout d'une heure, haletant de fatigue, il arrive au château, se jette aux genoux du bailli, lui raconte son malheur en pleurant et demande justice contre le voleur. Le sire de Nointel, arrivé depuis le matin de Paris dans son manoir avec plusieurs de ses amis, traversait la salle au moment où Mazurec implorait le bailli. Le seigneur, apprenant de quoi il s'agit, demande en riant si la mariée est jolie? « Il n'en est pas de plus jolie dans vos « domaines, monseigneur, » répond le bailli. Mais tout à coup, Mazurec, avisant l'un des chevaliers de la suite du sire de Nointel, s'écrie : « Voilà celui qui m'a volé ma bourse, il y a une heure. — « Misérable serf, — répond le seigneur, — oser accuser de vol un « de mes hôtes ! »

— Et, sans doute, le chevalier larron nia effrontément son larcin.

— Oui, messire. De son côté, Mazurec soutenait son dire ; aussi le seigneur, après s'être entendu à voix basse avec son bailli et le chevalier accusé de vol, a rendu l'arrêt suivant : « L'un de mes écuyers, « — dit le seigneur de Nointel, — va partir à l'instant, escorté de « quelques hommes, il ramènera ici la nouvelle mariée ; je passerai,

« selon mon droit, la nuit avec elle, et demain matin elle sera
« rendue à ce vassal. Quant à l'accusation de vol qu'il a l'audace
« de porter contre un noble chevalier, celui-ci demande la preuve
« des armes, et si ce vil manant, quoique vaincu, survit au combat,
« il sera mis en sac et jeté à la rivière comme diffamateur d'un
« chevalier. »

— Ah! le malheureux est perdu, — s'écria Mahiet. — Le chevalier est *appelant*, et comme tel il a le droit de combattre à cheval et armé de toutes pièces contre le serf en sarreau, n'ayant pour sa défense qu'un bâton.

Hélas! messire, vous le voyez, ce n'était pas sans raison que j'avais le cœur navré. Le pauvre Mazurec, songeant moins au combat qu'à sa fiancée, se jette en sanglotant aux genoux de son seigneur et le supplie de ne pas déshonorer Aveline. Savez-vous ce que lui répond le seigneur de Nointel? « JACQUES BONHOMME (c'est
« ainsi que les nobles appellent leurs serfs par dérision), *Jacques*
« *Bonhomme*, mon ami, je tiens pour deux raisons à passer cette
« nuit avec ta femme : d'abord, parce qu'elle est, dit-on, fort gen-
« tille, et puis parce que cela te punira d'avoir eu l'insolence d'ac-
« cuser de larcin un de mes hôtes. » A ces mots, Mazurec l'Agnelet devient Mazurec le Loup. Il s'élance furieux sur son seigneur pour l'étrangler; mais les chevaliers terrassent le malheureux serf, on le garrotte et il est plongé dans un cachot. Est-ce assez de cruauté? Joignez à cela que le seigneur de Nointel est sur le point de se marier, car sa fiancée, la noble damoiselle Gloriande de Chivry, est reine du tournoi qui aura lieu tantôt.

— Misère de Dieu! — s'écria Mahiet, les joues enflammées d'indignation, et de son poing d'Hercule frappant sur la table avec fureur, — il faut pourtant mettre un terme à ces horreurs! Elles crient vengeance! elles demandent du sang!

— Oh! il y aura du sang, — dit tout bas une voix sourde à l'oreille de Mahiet, — beaucoup de sang!

Et l'avocat, sentant une main vigoureuse s'appuyer sur son épaule, se retourna brusquement et vit derrière lui Guillaume Caillet.

— Que me veux-tu ? — reprit le jeune homme frappé de l'air sinistre et désespéré du vieux paysan. — Qui es-tu ?

— Je suis le père de la femme de Mazurec.

— Vous, pauvre homme ! — s'écria la cabaretière apitoyée. — Ah ! je regrette de vous avoir rudoyé. Pardonnez-moi, pauvre père. Hélas ! que venez-vous faire ici ?...

— Chercher ma fille, dit Guillaume ; et il ajouta avec un sourire affreux : — On va me la rendre... la nuit est passée.

— Mon Dieu ! mon Dieu ! — reprit Alison, ne pouvant contenir ses larmes. — Et quand on pense que ce pauvre Mazurec est prisonnier au château et que ce matin, avant la messe, il va faire amende honorable à genoux devant le seigneur de Nointel.

— Lui, — s'écria Mahiet en interrompant la cabaretière, — et pourquoi fera-t-il amende honorable ?

— Hélas ! messire avocat, — reprit Alison, — vous ignorez la fin de l'aventure. Pendant que l'on mettait Mazurec en prison, le bailli est allé chercher Aveline chez le curé et l'a amenée au château ; elle s'est défendue de toutes ses forces contre le seigneur ; alors il lui dit en riant : « Ah ! tu me résistes ? Eh bien ! je me « donnerai le plaisir d'user de mon droit par arrêt de justice. Ce « sera une bonne leçon pour Jacques Bonhomme. » Alors il a fait mettre l'épousée dans un cachot et a porté plainte contre elle devant la sénéchaussée de Beauvais. La justice, reconnaissant le droit du seigneur sur sa vassale, a rendu un arrêt. C'est au nom de cet arrêt que la malheureuse Aveline a été violentée cette nuit par notre sire ; c'est au nom de cet arrêt que Mazurec est condamné à demander pardon à notre sire d'avoir voulu s'opposer à ce qu'il usât de son droit seigneurial ; c'est au nom de cet arrêt qu'après cette expiation publique Mazurec doit se battre contre le chevalier larron.

— Oui, — reprit Guillaume Caillet en serrant les poings, — Mazurec va se battre à pied et armé d'un bâton contre son noble voleur couvert de fer... Mazurec sera vaincu et tué, ou, s'il survit, noyé. Je tâcherai de repêcher son corps, je l'enterrerai dans un trou... et puis j'emmènerai ma fille... on me la rend ce matin, et qui sait si, dans neuf mois, je ne serai pas grand-père d'un nobliau. — Et le paysan reprit avec un sourire effrayant : — Oh ! s'il vit... cet enfant !... s'il vit... — Mais il n'acheva pas, garda un moment le silence, et, mettant sa main calleuse sur l'épaule de Mahiet, il ajouta tout bas en s'approchant de son oreille : — Il y a un instant... vous avez dit : « Misère de Dieu ! il faut que cela finisse ! il faut du sang ! »

— Oui, je le répète... ces horreurs crient vengeance !

— Lorsqu'on dit cela tout haut, on est homme à agir, — reprit le serf en attachant sur l'avocat ses petits yeux fauves et perçants. — Si le moment d'agir vient... rappelez-vous de Guillaume Caillet... du village de Cramoisy, près Clermont...

— Je n'oublierai pas votre nom, — dit tout bas Mahiet à Guillaume en lui serrant la main, — l'heure de la justice et de la vengeance sonnera peut-être plus tôt que vous ne le pensez, surtout s'il est beaucoup de serfs résolus comme vous !

— Il y en a, — répondit le vieux paysan toujours à voix basse, — *Jacques Bonhomme est à bout*...

— C'est pour m'assurer de ce fait que je suis venu en ce pays, — dit Mahiet à l'oreille de Guillaume sans être entendu d'Alison. — Silence, espoir et courage !

Le vieux paysan, de plus en plus surpris de rencontrer dans Mahiet un auxiliaire inattendu, attachait sur lui son regard pénétrant ; car, habitué à la défiance par le servage, il craignait d'être abusé par les promesses d'un inconnu. Soudain le tintement de la cloche de l'église de Nointel se fit entendre. La cabaretière tressaillit et dit : — Ah ! je n'aurai jamais le courage d'assister à la cérémonie !

— Que voulez-vous dire ? — demanda Mahiet, tandis que les hommes rassemblés dans la taverne sortaient précipitamment en disant : — Courons au parvis...

— Ils vont assister à l'amende honorable du pauvre Mazurec, — reprit Alison.

— J'aurai plus de courage que vous, bonne hôtesse, — répondit Mahiet en reprenant son épée, son casque, et cherchant des yeux Guillaume Caillet qui avait disparu, — je serai témoin de cette triste cérémonie, car, pour plusieurs raisons, le sort de Mazurec m'intéresse. Le tournoi ne commencera qu'après la messe, j'aurai le temps de revenir ici chercher mon cheval, afin d'aller ensuite me faire inscrire par le juge d'armes comme votre défenseur contre Simon le Hérissé.

— Mon Dieu, messire, il n'y a donc aucun moyen d'empêcher le duel judiciaire de ce pauvre Mazurec... Pour lui, c'est la mort !...

— Et s'il refuse le combat, il sera noyé ; telle est la loi des Français qui régit la Gaule ; mais je pourrai, je l'espère, donner à Mazurec quelques bons avis. Je vais essayer de le voir et de lui parler : attendez-moi ici, belle hôtesse, et ne vous désespérez pas.

Mahiet, ce disant, se dirigea vers le parvis de l'église en suivant la foule qui s'y rendait.

L'église de Nointel s'élevait à l'extrémité d'une place assez vaste où aboutissaient deux rues tortueuses ; les maisons, généralement construites de bois sculpté avec art, avaient une toiture d'ardoises, aiguë et d'une inclinaison rapide ; quelques-unes de ces demeures étaient ornées de balcons où se pressaient de nombreux spectateurs. Mahiet, grâce à sa carrure athlétique, parvint, sans trop de peine, aux abords du parvis, où se trouvait déjà, en compagnie de plusieurs chevaliers, le seigneur de Nointel, grand jeune homme d'une figure hautaine et railleuse, et dont les cheveux d'un blond ardent étaient frisés comme ceux d'une femme ; il portait, selon la mode de ce temps-ci, une courte tunique de velours richement brodée et des chausses de soie de deux couleurs. Le côté gauche de ces vêtements était rouge, l'autre jaune ; ses souliers de cordouan à la *poulaine* se terminaient par une sorte de corne dorée semblable à celle d'un bélier ; à son chaperon de velours mi-partie jaune et rouge, orné d'une chaîne de pierreries, flottait une touffe de plumes d'autruche, parure d'un prix exorbitant. Les amis du sire de Nointel étaient vêtus, comme lui, d'habits de couleurs tranchées. Derrière cette brillante compagnie se tenaient les pages et les écuyers du seigneur portant ses couleurs. L'un d'eux portait sa bannière armoriée de trois serres d'aigle d'or sur un fond rouge. A la vue de ce blason particulier à la famille des Neroweg, Mahiet tressaillit de surprise et devint profondément pensif. Il fut tiré de sa rêverie par la voix glapissante d'un notaire royal qui, s'avançant jusqu'aux limites du parvis, cria par trois fois : « Silence, » et lut ce qui suit au milieu de l'attention de la foule :

« Ceci est la charte et le statut du *droit de prémices*, que le sei-
« gneur de la terre et seigneurie de Nointel, Loury, Berteville,
« Cramoisy, Saint-Leu et autres lieux, a le pouvoir de réclamer,
« le premier jour des noces, de toutes les filles *non nobles* qui se
« marieront en ladite seigneurie, après quoi ledit seigneur ne pourra
« plus toucher à ladite mariée et devra la laisser au mari. Et comme
« le onzième jour de ce mois-ci, *Aveline-qui-n'a-jamais-menti*, serve
« de la paroisse de Cramoisy, se fut mariée à *Mazurec-l'Agnelet*,
« serf meunier du moulin Gallion, notre jeune, haut, noble et
« puissant seigneur *Conrad Neroweg*, chevalier, seigneur de ladite
« terre et seigneurie ci-dessus nommées, ayant voulu user de son
« droit de prémices sur ladite Aveline-qui-jamais-n'a-menti, et
« ledit Mazurec l'Agnelet, son mari, s'y étant voulu opposer en
« s'emportant de mauvaises paroles envers ledit seigneur, et ladite
« mariée ayant été requise de se soumettre audit droit et s'y étant

« obstinément refusée, ledit seigneur, pour cause de la désobéis-
« sance desdits mariés et de leurs mauvaises paroles, les a fait mettre
« en prison séparément et est allé se plaignant d'une plainte crimi-
« nelle devant messire le grand sénéchal du Beauvoisis pour l'in-
« former de ce qui dessus est rapporté ; et comme il fut fait enquête
« et par écrit et par assemblée de témoins de droit et coutume an-
« cienne, à cette fin de constater que ledit seigneur de Nointel a
« le droit de prémices ; l'information et l'enquête faites, il fut
« rendu une sentence par la sénéchaussée du Beauvoisis, dont la
« teneur suit mot à mot. »

— Et la loi... la justice consacrent cette infamie! — dit Mahiet en serrant ses poings avec rage ! — A quel pouvoir humain peuvent en appeler ces malheureux vassaux dans leur désespoir? Oh! il faut de légitimes représailles d'un martyr de tant de siècles !

Le notaire royal poursuivit ainsi en enflant sa voix :

« Entre le jeune, haut, noble et puissant Conrad Neroweg, sei-
« gneur de Nointel et autres seigneuries, demandeur en droit de
« prémices sur toutes et chacune filles non nobles qui se marient
« en ladite seigneurie, d'une part, Aveline-qui-jamais-n'a-menti,
« nouvellement mariée à Mazurec l'Agnelet, défenderesse au susdit
« droit, d'autre part ; et ledit seigneur de Nointel, également deman-
« deur en réparation et châtiment des mauvaises paroles prononcées
« par ledit Mazurec l'Agnelet ; vu par la sénéchaussée du Beauvoisis
« la plainte criminelle dudit seigneur et les informations et enquêtes
« prises, ladite cour, faisant droit aux parties, a dit et déclaré LEDIT
« SEIGNEUR ÊTRE BIEN FONDÉ EN DROIT ET EN RAISON DE PRÉTENDRE
« AUX PRÉMICES DE TOUTE FILLE NON NOBLE MARIÉE EN SES SEIGNEURIES,
« et pour raison de ce qui est ci-dessus déclaré, ladite cour a con-
« damné et condamne ladite Aveline-qui-jamais-n'a-menti et ledit
« Mazurec l'Agnelet A OBÉIR AUDIT SEIGNEUR EN CE QUI TOUCHE SON
« DROIT DE PRÉMICES, et en ce qui touche les mauvaises paroles que
« ledit Mazurec l'Agnelet a prononcées contre son seigneur, ladite

« cour l'a condamné et le condamne a s'amender envers ledit
« seigneur et lui demander grace un genou en terre, la tête
« nue et les mains étendues en croix sur la poitrine, en pré-
« sence de tous ceux qui furent assemblés en ses noces. Et, de
« plus, ladite cour ordonne que la présente sentence sera publiée
« par un notaire royal ou appariteur au devant de l'église de ladite
« seigneurie. »

Cet arrêt, où le plus exécrable de ces droits féodaux, né de la conquête franque, se trouvait confirmé, consacré par les organes de la justice et de la loi, causa dans la foule des émotions diverses. Les uns, abrutis par la terreur, la misère et l'ignorance, lâchement résignés à une honte subie par leurs pères et réservée à leurs enfants, s'étonnaient de la résistance de Mazurec; d'autres, qui, par un sentiment, sinon d'amour, du moins de dignité, s'estimaient heureux d'avoir, grâce à leur argent, à la laideur de leurs femmes ou à l'absence momentanée du seigneur, pu échapper à cette ignominie, ressentaient quelque pitié pour le condamné en faisant un retour sur eux-mêmes; le plus grand nombre enfin, mariés ou non, serfs, vilains ou bourgeois, ressentaient une indignation violente à peine comprimée par la crainte; aussi quelques sourds murmures couvrirent-ils les dernières paroles du notaire; mais ils firent place à l'angoisse et à la commisération de tous, lorsque, amené par les hommes d'armes du Seigneur, le condamné parut devant le portail de l'église. Mazurec l'Agnelet, âgé d'environ vingt ans, avait dû à la bénignité de ses traits, à la douceur de son caractère, son surnom d'*Agnelet;* mais en ce jour, il semblait transfiguré par le malheur et le désespoir. Sa physionomie farouche, contractée, ses vêtements en lambeaux, son teint livide, ses yeux fixes, ardents, rougis par les larmes et l'insomnie, sa chevelure hérissée, lui donnaient un aspect effrayant. Deux hommes d'armes délivrèrent le condamné de ses liens, puis, pesant fortement sur ses épaules, le forcèrent de tomber agenouillé aux pieds du sire de Nointel qui riait avec ses

amis de l'abjecte soumission de *Jacques Bonhomme*. Bientôt le notaire royal dit à haute voix : — « La réparation et amende honorable
« du condamné envers son seigneur doivent avoir pour témoins ceux
« qui ont assisté au mariage de Mazurec. Que ceux-là viennent. »

A ces mots, Mahiet l'Avocat vit sortir des premiers rangs de la foule Guillaume Caillet et un autre serf dans la vigueur de l'âge, nommé *Adam le Diable*. A la sueur qui baignait son visage osseux et hâlé, on devinait que ce paysan venait de parcourir rapidement une longue route. Mahiet, d'abord frappé de l'air déterminé d'Adam le Diable, le vit soudain, pour ainsi dire, se métamorphoser, ainsi que son compère Guillaume Caillet; car tous deux, feignant l'hébétement et une humilité craintive, baissant les yeux, courbant l'échine, traînant la jambe, ôtèrent leur bonnet d'un air piteux en s'approchant du notaire royal. Guillaume le salua par deux fois jusqu'à terre en lui disant d'une voix tremblante :

— Pardon... excuse... messire, si je venons seuls, mon compère et moi; mais les deux autres témoins de la noce, *Michaud-tue-pain* et *Gros-Pierre*, ont comme ça pris la fièvre l'autre jour en curant les marais de notre bon seigneur, et ils claquent les dents et tremblotent sur la paille. C'est pourquoi ils n'ont point pu venir à la ville. Moi, je suis Guillaume, le père à l'épousée...

— Ces témoins suffiront, je pense, monseigneur, et l'amende honorable peut commencer? — dit le notaire au sire de Nointel. — Celui-ci répondit d'un signe de tête affirmatif, tout en riant très-fort avec ses amis de la physionomie stupide et craintive des deux manants. Mazurec, toujours agenouillé à quelques pas de son seigneur, n'avait pu, à l'aspect du père d'Aveline, retenir ses larmes; elles coulèrent lentement de ses yeux enflammés, tandis que le notaire lui disait : — Mets tes mains en croix sur ta poitrine.

Le condamné serra les poings avec rage et n'obéit pas au notaire.

— Hé!... fieu, — s'écria Guillaume Caillet en s'adressant à Mazurec d'un ton de reproche, — t'entends donc point ce doux sire?

Il te dit de mettre tes deux bras en croix, comme ça... tiens... fieu... regarde-moi...

Ces derniers mots *regarde-moi* furent accentués de telle force par le vieux paysan que Mazurec releva la tête et comprit la signification du coup d'œil rapide que lui lança Guillaume. Aussi, obéissant dès lors aux ordres du notaire, le condamné plaça ses bras en croix sur sa poitrine.

— Maintenant, — reprit le tabellion, — lève la tête vers notre sire et répète mes paroles : « Monseigneur, je me repens humble-« ment d'avoir eu l'audace de m'emporter en mauvaises paroles « contre vous. »

Le serf hésita un moment, puis faisant un violent effort sur lui-même, il répéta d'une voix sourde : — Monseigneur, je me repens humblement d'avoir eu l'audace de m'emporter... en... mauvaises paroles... contre vous.

— *Item*, — poursuit le notaire : « Je me repens non moins « humblement, monseigneur, d'avoir voulu méchamment m'op-« poser à ce que vous usiez de votre droit de prémices sur une de « vos vassales que j'ai prise pour femme. »

La résignation de Mazurec était à bout ; les dernières paroles du notaire rappelant au malheureux serf la violence infâme dont avait été victime la douce vierge qu'il aimait si tendrement, il poussa un cri déchirant, cacha sa figure entre ses mains et tomba la face contre terre en poussant des sanglots convulsifs. A ce spectacle, Mahiet, aussi navré que courroucé, allait, malgré lui, céder à son indignation, lorsqu'il entendit la voix de Guillaume Caillet. Celui-ci, se baissant vers Mazurec comme pour l'aider à se relever, lui avait dit deux mots à l'oreille sans être entendu de personne et continuait tout haut : — Hé ! fieu... quoi que t'as donc... à larmoyer, mon garçon ?... On te dit que notre bon seigneur te pardonnera ta faute, quand t'auras répété les mots qu'on te demande... Trédame ! dé-goise-les donc vitement, ces mots ! — Mazurec, la figure baignée de larmes, et avec un sourire de damné, répéta ces mots après que le notaire les lui eut redits :

— Monseigneur, je me repens d'avoir voulu méchamment m'opposer à ce que vous usiez de votre droit de prémices... sur ma femme.
« — En repentance de quoi, monseigneur, — poursuivit le notaire,
« — je me remets humblement à votre merci et miséricorde... »

— En repentance de quoi, monseigneur, — articula Mazurec d'une voix affaiblie, — je me remets à votre merci et miséricorde...

— Ainsi soit-il, — dit le sire de Nointel d'un ton hautain et railleur, — je t'accorde merci et miséricorde... mais tu ne seras libre qu'après avoir satisfait au duel judiciaire où tu es appelé par mon hôte *Gérard de Chaumontel*, noble homme, que tu as outrageusement diffamé en l'accusant de larcin. Puis, s'adressant à l'un des écuyers : — Que l'on garde ce manant jusqu'à l'heure du tournoi et que l'on rende la fille à son père. — Le jeune seigneur se dirigeant alors vers la porte de l'église avec ses amis, leur dit en riant : — La leçon sera bonne pour *Jacques Bonhomme*. Savez-vous, messeigneurs, que ce lourdaud commence à vouloir dresser l'oreille et se rebeller contre nos droits; quoiqu'elle fût gentillette, je me souciais assez peu de la femme de ce paysan; mais il fallait prouver à cette mauvaise plèbe rustique que nous la possédons corps et âme; aussi, messeigneurs, n'oublions jamais le proverbe : *Poignez vilain, il vous craindra; craignez vilain, il vous poindra*. Et sur ce, allons entendre la sainte messe; vous me direz si Gloriande de Chivry, ma fiancée, que vous allez admirer à mon banc seigneurial, n'est pas un astre de beauté. — Heureux Conrad ! — dit Gérard de Chaumontel, le chevalier larron, — une fiancée belle comme un astre et, par surcroît, la plus riche héritière de ce pays, puisque, après la mort du comte de Chivry, sa seigneurie, faute de hoirs mâles, retombera de lance en quenouille ! Ah ! Conrad ! quels jours tissus d'or et de soie tu fileras, grâce à l'opulente quenouille de Gloriande de Chivry !

Au moment où les seigneurs ainsi devisant venaient d'entrer dans l'église, Mazurec, gardé prisonnier, disparaissait sous la voûte, et un homme du sire de Nointel amenait *Aveline-qui-jamais-n'a-menti*. Elle avait dix-huit ans au plus; malgré sa pâleur et le bouleversement de ses traits, sa beauté était éblouissante. Elle marchait d'un pas défaillant, encore vêtue de son humble robe de noce en grosse toile blanche, ses cheveux épars couvraient à demi ses épaules; ses bras meurtris portaient encore les traces de liens durement serrés, car cette nuit-là même, pour triompher de la résistance désespérée de sa victime, le sire de Nointel avait dû la faire garrotter. Écrasée de honte à la pensée d'être ainsi livrée en spectacle à la foule, Aveline, dès son entrée sur le parvis, ferma les yeux par un mouvement involontaire, et ne vit pas d'abord Mazurec que l'on reconduisait en prison; mais, au cri déchirant qu'il poussa... elle tressaillit, trembla de tous ses membres, et son regard rencontra celui de son mari, regard navrant, désolé, où se peignaient à la fois un amour passionné et une sorte de répulsion douloureuse mêlée de jalousie féroce, soulevée chez Mazurec par le souvenir de l'outrage que sa femme avait subi. Ce dernier sentiment se trahit par un mouvement involontaire de ce malheureux qui, fuyant le regard suppliant d'Aveline, fit un geste d'horreur, cacha sa figure entre ses mains et s'élança sous la voûte comme un insensé suivi des hommes d'armes chargés de veiller sur lui.

— Il me méprise... — murmura la serve d'une voix mourante en suivant son mari d'un œil hagard, — maintenant il ne m'aime plus. — En disant ces mots, Aveline devint livide, ses genoux se dérobèrent; elle perdit connaissance et fût tombée sur le sol sans Guillaume Caillet qui, accourant, la reçut entre ses bras et lui dit:
— Ton père te reste. — Puis, aidé d'Adam le Diable, il la souleva, et tous deux, emportant la jeune fille évanouie entre leurs bras, disparurent dans la foule.

Mahiet l'Avocat, témoin de ce navrant spectacle, entra précipitamment sous la voûte qui aboutissait au parvis, rejoignit les gardiens de Mazurec, et dit à l'un d'eux :

— Ce serf que l'on emmène est appelé en duel judiciaire ?

— Oui, — répondit l'homme d'armes, — il doit se battre contre le chevalier Gérard de Chaumontel.

— Il faut que je parle à ce serf.

— Impossible...

— Je suis son parrain d'armes dans ce combat, oserais-tu m'empêcher de voir et d'entretenir mon client ? par la mort Dieu ! je connais la loi... et si tu refuses...

— Il n'est pas besoin de crier si fort... Si tu es le parrain d'armes de Jacques Bonhomme... viens... tu as là un fameux champion !

Le tournoi ou *pardon d'armes*, ruineux spectacle offert à la noblesse du pays par le sire de Nointel à l'occasion de ses fiançailles, avait lieu dans une vaste prairie située aux portes de la ville ; le lieu du combat appelé *champ clos* ou lice de bataille, était, selon l'ordonnance royale de l'an 1306, de quatre-vingts pas de longueur sur quarante de largeur et entouré d'un double rang de barrières, laissant entre elles un espace de quatre pieds. Dans cet intervalle se tiennent les sonneurs de trompe ou de clairons ; les valets des chevaliers combattants sont aussi en cet endroit, prêts à retirer leurs maîtres de la mêlée, ou à les secourir lorsqu'ils tombaient de cheval, car ces preux tournoyeurs sont couverts d'armures si épaisses, si pesantes, qu'ils peuvent difficilement remuer. En dedans de ces barrières, l'on voit encore les hérauts et sergents d'armes chargés de maintenir l'ordre dans le tournoi et de juger les coups douteux. La plèbe de la ville et des campagnes voisines, accourue à ce spectacle au sortir de la messe, se presse au dehors des lices ; rien de plus déguenillé, de plus hâve, d'un aspect plus misérable, plus poignant que cette foule dont les labeurs écrasants fournissent seuls aux folles prodigalités de leurs seigneurs. La seule consolation de ces pauvres gens hébétés et craintifs est de pouvoir assister de loin, comme en ce jour, aux somptuosités qu'ils payent de leurs sueurs, de leur sang. Les vassaux sortant de leurs huttes de terre, où, épuisés par la faim, brisés de fatigue, — ils couchent chaque soir pêle-mêle sur le sol fangeux, comme des bêtes dans leur tanière, — contemplent avec une surprise mêlée parfois d'une haine farouche la brillante assemblée couverte de soie, de velours, de broderies et de joyaux qui remplit un vaste amphithéâtre orné de tapis et de riches tentures, élevé sur toute la longueur de l'un des côtés du champ clos et réservé aux nobles dames, aux seigneurs et aux prélats du pays. De chaque côté de cet amphithéâtre, abrité contre le soleil et la pluie par des velariums, sont deux tentes destinées aux chevaliers qui prennent part aux joutes ; là ils revêtent leurs lourdes armures avant le combat, là encore on les transporte, lorsque, par suite d'une chute de cheval, ils ont été contus. De nombreuses bannières aux armes du sire de Nointel flottent au sommet des poteaux qui entourent la lice. La reine du tournoi est GLORIANDE, noble damoiselle, fille de *Raoul, comte et seigneur de* CHIVRY, et fiancée depuis un mois à Conrad de Nointel. Magnifiquement parée d'une robe de soie incarnate brochée d'or, ses cheveux noirs tressés de perles, grande et remarquablement belle, mais d'une beauté hautaine et hardie, la lèvre dédaigneuse, le regard impérieux, Gloriande trône superbement sous une espèce de dais placé au milieu de l'estrade d'où elle peut dominer le champ clos. Son père, fier de la beauté de sa fille, se tient debout derrière elle ; les nobles hommes et les nobles dames de l'assemblée, quel que soit leur âge, sont assis sur des banquettes de chaque côté du dais où se pavane la jeune reine du tournoi. Soudain les clairons sonnent l'ouverture des passes d'armes. Un héraut vêtu mi-partie rouge et jaune, aux couleurs de Nointel, s'avance au milieu du champ clos et s'écrie selon l'usage : — *Écoutez, écoutez, seigneurs chevaliers, gens de tous états : notre souverain seigneur et sire, par la grâce de Dieu,* Jean, *roi des Français, défend, sous peine de vie et de la confiscation des biens, de parler, de crier, de tousser, de cracher, de faire aucun signal pendant le combat.*

Le plus profond silence s'établit; l'une des barrières s'abaisse, et le sire de Nointel, revêtu d'une brillante armure d'acier rehaussée d'ornements d'or, paraît dans la lice; monté sur un vigoureux destrier richement caparaçonné qu'il fait piaffer, caracoler avec aisance ; puis il s'arrête au pied du dais où trône Gloriande de Chivry, et la damoiselle, détachant sa gorgerette brodée de fils d'or, la noue au fer de la lance que son fiancé abaisse devant elle. Il est accepté par ce don de sa dame comme chevalier d'honneur; en cette qualité, il exerce une surveillance souveraine sur les combattants, et si, du bout de son arme, où flotte la gorgerette de la reine du tournoi, il touche l'un des tournoyeurs, celui-ci doit à l'instant cesser de combattre. En donnant sa gorgerette à son chevalier, la belle Gloriande a complètement mis à nu ses épaules et son sein ; elle accueille sans rougir les témoignages d'admiration de ses voisins dont les louanges libertines se ressentent fort de la crudité obscène du langage de ce temps-ci. Le sire de Nointel, après avoir fait le tour du champ clos en déployant de nouveau son adresse d'écuyer, revient se placer au bas de l'estrade, où est dressé le dais de la reine du tournoi, et lève sa lance. Aussitôt les clairons retentissent, les barrières s'ouvrent aux deux extrémités du champ clos, et chacune d'elles donne passage à un quadrille de chevaliers armés de toutes pièces, visières baissées, et seulement reconnaissables aux emblèmes ou à la couleur de leur bouclier et des banderoles de leur lance. Ces deux quadrilles, montés sur des chevaux bardés de fer, restent pendant un moment immobiles comme des statues équestres aux deux confins de la lice. Les lances de ces preux, longues de six pieds et dégarnies de fer, sont, comme on dit, *courtoises*; leur atteinte, aucunement dangereuse, ne peut que renverser de leurs montures les jouteurs mauvais écuyers. Le sire de Nointel consulte du regard la belle Gloriande. Elle fait d'un air majestueux un signe avec son mouchoir brodé. Aussitôt son chevalier d'honneur de pousser par trois fois le cri consacré : — *Laissez-les aller! laissez-les aller! laissez-les aller!*

Les deux quadrilles s'ébranlent, mettent leurs chevaux au galop, leurs lances en arrêt, et arrivent rapidement au milieu de la lice, où ils se heurtent, chevaliers et chevaux, avec un incroyable tintamarre de chaudronnerie. Dans le choc, la plupart des lances volent en éclats et les jouteurs désarçonnés se déclarent vaincus; leur armure et leur cheval appartiennent de droit au vainqueur, car ces tournois sont un jeu de hasard comme celui des dés. Bon nombre de tournoyeurs renommés, plus avides de florins que d'une gloire puérile, tirent grand profit de leur adresse dans ces joutes ridicules, les adversaires qu'ils ont vaincus rachetant presque toujours leurs armes et leurs chevaux moyennant une rançon considérable. A un signal du sire de Nointel, une trêve de quelques instants succède au désarçonnement de deux des chevaliers qui ont roulé sur l'épaisse couche de sable dont le sol est prudemment couvert. Rien de plus piteux, de plus grotesque que la mine de ces preux désarçonnés. Leurs varlets les relèvent presque tout d'une pièce dans l'épaisse carapace de fer qui gêne leurs mouvements, et, les jambes raides, écartées, ils regagnent les barrières ruiselants de sueur, car ces nobles tournoyeurs portent sous leur armure, afin d'en amortir le frottement, un justaucorps et des chausses de peau rembourrés d'une épaisse garniture de crin. Les vaincus sortent honteusement de la lice, et les vainqueurs, après en avoir fait le tour en caracolant, s'approchent de l'amphithéâtre où trône la reine du tournoi; ils inclinent leurs lances devant elle, par manière de galant hommage. La belle Gloriande leur répond par un gracieux sourire, et triomphants ils quittent la lice. Deux des cavaliers de chaque quadrille restent dans l'arène; la lutte doit continuer à pied et à l'épée, épée non moins *courtoise* que la lance, c'est-à-dire sans pointe ni tranchant, de sorte que ces braves champions doivent s'escrimer avec des barres d'acier longues de trois pieds et demi, combat héroïque, d'autant moins périlleux que les vaillants qui l'affrontent sont préservés de tout danger par d'épais vêtements rembourrés de crin, recouverts d'une armure impénétrable.

A un nouveau signal du sire de Nointel, une mêlée aussi furieuse que meurtrière s'engage entre les quatre preux. L'un d'eux, trébuchant, tombe à la renverse et demeure immobile et aussi empêché de se relever qu'une tortue couchée sur le dos ; un autre de ces Césars voit son épée brisée entre ses mains ; deux de ces quatre champions continuent de se battre et font rage. L'un porte un bouclier vert armorié d'un lion d'argent, l'autre un bouclier rouge armorié d'un dauphin d'or. Le chevalier au lion d'argent assène un si violent coup d'épée sur le casque de son adversaire, que celui-ci, étourdi du choc, tombe lourdement assis sur le sable de la lice. Victoire pour le chevalier au lion d'argent ! Ce grand vainqueur savoure superbement son triomphe en contemplant avec orgueil le vaincu piteusement assis à ses pieds ; puis, aux acclamations enthousiastes de la noble assemblée, le chevalier au lion d'argent s'approche du trône de la reine du tournoi, met devant elle un genou en terre, relève sa visière, et la belle Gloriande, après avoir jeté au cou du vainqueur une riche écharpe pour prix de sa vaillance, se baisse et, selon l'usage de ce temps-ci, lui donne sur les lèvres un long et plantureux baiser. Ce devoir attaché à ses fonctions honorifiques, Gloriande l'accomplit sans rougir et avec une aisance coutumière, car grâce à sa beauté, la damoiselle de Chivry a été maintes fois choisie dans le pays comme reine des tournois. Les clairons sonnent la victoire du chevalier au lion d'argent victorieux qui, se rengorgeant sous sa riche écharpe, met le poing sur la hanche, fait le tour de la lice et sort par l'une des barrières.

Ces premières passes d'armes sont suivies d'un intervalle pendant lequel les pages du sire de Nointel, porteurs de coupes, de plats et de hanaps d'or et d'argent, qui étincellent aux yeux éblouis des manants, font circuler parmi la noble assistance de l'amphithéâtre l'hypocras et les vins épicés, accompagnés de fines et succulentes pâtisseries. Chacun fait honneur à l'hospitalière magnificence du seigneur de Nointel. Ces seigneurs, leurs femmes et leurs filles achevaient de prendre gaiement leur réfection en devisant des divers incidents du tournoi, lorsqu'un sourd frémissement courut soudain dans la foule des paysans et des bourgeois entassés en dehors des barrières. Le populaire, jusqu'alors témoin des joutes, de la passe d'armes, n'avait éprouvé qu'un sentiment de curiosité; mais dans le combat qui, disait-on, allait suivre ces luttes inoffensives, le populaire se sentait pour ainsi dire en cause. Il s'agissait d'un duel à mort entre un vassal et un chevalier, celui-ci à cheval et armé de toutes pièces, le vassal à pied, vêtu d'un sarrau et armé d'un bâton. Les plus craintifs, les plus abrutis des vassaux se sentaient révoltés à la pensée de cette lutte d'une féroce inégalité qui vouait l'un des leurs à une mort certaine. Ce fut donc au milieu d'un silence plein d'angoisse et d'irritation contenue que l'un des hérauts d'armes cria par trois fois, en s'avançant au milieu du champ clos, les mots consacrés : — *Que l'appelant vienne !...*

Le chevalier Gérard de Chaumontel, qui en *appelait* à l'épreuve du duel judiciaire contre l'accusation de vol soutenue par Mazurec, sort de l'une des tentes voisines et entre à cheval dans la lice, armé de toutes pièces ; son bouclier pend à son cou, sa visière est levée ; il porte à la main une petite image de saint Jacques, pour lequel ce bon catholique semble professer une dévotion particulière ; ses deux parrains, à cheval comme lui, chevauchent à ses côtés. Ils font, ainsi que lui, le tour des barrières, tandis que la belle Gloriande dit à son père d'un ton dédaigneux : — Quelle honte pour la noblesse de voir un chevalier réduit, pour prouver son innocence, à combattre un manant !

— Ah ! ma fille, dans quel temps vivons-nous ! — reprit le vieux seigneur en grommelant, — ces damnés légistes royaux mettent leurs griffes sur tous nos droits, sous l'impertinent prétexte de les légaliser. N'a-t-il point fallu un arrêt de la sénéchaussée de Beauvoisis pour autoriser notre ami Conrad à user de son droit seigneurial sur cette misérable vilaine révoltée... — Mais, se rappelant que sa fille était fiancée au sire de Nointel, le comte de Chivry s'arrêta court. Gloriande devina la cause de la réticence de son père et lui dit avec une hauteur presque courroucée : — Me croyez-vous jalouse d'une pareille espèce? Puis-je regarder des serves comme des rivales?

— Non, non, je ne te fais point cette injure, ma fille... mais enfin la rébellion de cette vassale contre son seigneur est chose aussi nouvelle que monstrueuse. Ah! l'esprit de révolte de ces communes populacières, quoiqu'en partie détruites aujourd'hui, s'est propagé jusque dans nos domaines et a infecté nos paysans, et voilà que, par surcroît, la royauté porte une nouvelle atteinte à nos droits en prétendant qu'ils doivent être sanctionnés par les légistes. Maudits soient tous les rois réformateurs!

— Mais, mon père, ces droits nous restent.

— Corbleu! ma fille... nos priviléges ont-ils donc besoin de la confirmation des gens de robe? Notre race ne tient-elle pas ses droits seigneuriaux de l'épée de nos aïeux? Non, non, la royauté veut tout tirer à elle et sucer seule le populaire jusqu'à la moelle des os.

— Les rois, — dit un autre chevalier, — ne nous ont-ils pas enlevé un de nos meilleurs profits, la fabrication des monnaies dans nos seigneuries, sous prétexte que nous faisions de faux-monnayage? Au diable les rois défenseurs du droit!

— Corbleu! cela fait bouillir le sang dans les veines, — s'écria le comte de Chivry; — est-il au monde pire monnaie que la monnaie royale? On a coupé en quartiers des faux-monnayeurs moins larrons que notre roi Jean et ses aïeux.

— Que ce bon prince ne compte pas sur nous, — reprit un autre chevalier. — La trêve avec les Anglais expire bientôt; si la guerre recommence, le roi Jean ne verra ni un de mes hommes, ni un de mes écus... Puisse-t-il laisser ses os dans la mêlée...

— Ah! messeigneurs, — dit Gloriande en étouffant un bâillement, — que votre conversation est pesante! Parlons donc de la cour d'amour qui doit bientôt tenir à Clermont ses plaids amoureux, pour laquelle je ferai venir les plus habiles floreresses de coiffes de Paris. J'attends aussi un lombard qui doit m'apporter de magnifiques étoffes orientales que je porterai pendant la solennité.

— Mais avec quoi payerez-vous toutes ces belles choses? — s'écria le comte de Chivry. Comment fournirons-nous aux dépenses des brillants tournois et aux somptuosités des cours d'amour, si, d'un côté, le roi nous ruine et que, de l'autre, *Jacques Bonhomme* se refuse à travailler pour nous...

— Ah! ah! ah! cher père, — dit la belle Gloriande en éclatant de rire, — Jacques Bonhomme ne regimbera pas; et au premier claquement du fouet de l'un de vos veneurs, vous verrez ces manants se coucher à plat ventre. Et tenez, — ajouta la damoiselle en redoublant ses éclats de rire, — voilà ce terrible Jacques Bonhomme... n'a-t-il pas l'air bien redoutable? Elle montrait du geste Mazurec l'Agnelet qui, au second appel du héraut d'armes, venait d'entrer dans la lice accompagné de ses deux parrains, Mahiet l'Avocat et Adam le Diable. Mazurec, vêtu de son *bliaud* ou blouse (l'antique saie gauloise) de grosse toile bise comme ses chausses, portait un bonnet de laine, et ses sabots cachaient à demi ses pieds nus. Mahiet, son parrain d'armes, tenait à la main un gros bâton de cormier, de quatre pieds de longueur (selon l'ordonnance), choisi et fraîchement coupé par l'avocat dans un taillis voisin; parce que vert le cormier est très-pesant et se brise difficilement. L'*appelé*, ainsi que l'*appelant*, dans ce duel judiciaire, devait faire le tour de la lice avant le combat. Le serf accomplit, sombre et morne, cette formalité accompagné de ses deux parrains.

— Mon brave garçon, — disait l'avocat à Mazurec, — n'oublie

pas mes conseils et tu auras chance de mettre à mal ton noble larron, quoiqu'il soit à cheval et armé de toutes pièces.

— J'aime autant mourir, — répondit le serf avec accablement et continuant de marcher entre ses deux parrains, la tête baissée, le regard fixe. — Ce matin, quand j'ai revu Aveline, ç'a été pour moi comme un coup de couteau en plein cœur, — ajouta-t-il en sanglotant. — Ah ! je suis un homme perdu !

— Ventre-Dieu ! pas de faiblesse, — s'écria Mahiet, alarmé de l'abattement de son client; — où est donc ton courage ? Ce matin, d'agnelet tu étais devenu loup.

— Vivre maintenant avec ma pauvre femme serait pour moi un supplice de tous les jours, — murmura le serf; — j'aime mieux que le chevalier me tue tout de suite.

En parlant ainsi, Mazurec avait parcouru la moitié du champ clos accompagné de ses deux parrains. Ceux-ci, de plus en plus effrayés du découragement de ce malheureux, passaient en ce moment avec lui au pied de l'amphithéâtre où siégeaient la noblesse du pays et la belle Gloriande. Adam le Diable, jetant un coup d'œil expressif à l'avocat, poussa du coude Mazurec et lui dit tout bas : — Regarde donc la fiancée de notre sire... Jarni ! est-elle belle ! Ça va-t-il faire un joli mariage ! Hein ! vont-ils être heureux, ces deux amoureux ! — A ces mots, qui tombaient comme du plomb fondu sur la plaie saignante de son cœur, le vassal tressaillit convulsivement. — Regarde-la donc, cette belle damoiselle, — poursuivit Adam le Diable, — vois comme elle est joyeuse sous ses riches atours ! Entends-tu comme elle rit?... Va, pour sûr, elle rit de toi et de ta femme qui, cette nuit, a été forcée par notre sire... Mais regarde donc la belle damoiselle ! je crois, Dieu me damne, qu'elle se moque de toi.

Mazurec, sortant de son accablement et sentant la rage lui monter au cœur, leva brusquement la tête. Pendant un moment, il contempla d'un œil ardent et rougi par les larmes la fiancée de son seigneur, cette fière damoiselle resplendissante de parures et de beauté, rayonnante de bonheur, entourée de brillants chevaliers qui, quêtant ses sourires, s'empressaient autour d'elle.

— A cette heure, ta fiancée boit sa honte et ses larmes, — dit tout bas à l'oreille de Mazurec la voix mordante d'Adam le Diable. — Quoi ! pour venger Aveline et toi, tu n'essayerais pas de tuer ce noble qui t'a volé !... Ce larron a causé ton malheur !...

— Mon bâton ! — s'écria le vassal en bondissant, ivre de fureur, au moment où un des sergents d'armes venait lui signifier qu'il ne pouvait s'arrêter ainsi dans la lice à regarder les dames et qu'il eût à se rendre dans l'une des tentes afin de prêter, avant le combat, les serments d'usage entre les mains du curé de Nointel. Mazurec, possédé de haine et de rage, suivit précipitamment les pas du sergent, et Mahiet, marchant plus lentement, dit à Adam le Diable :

— Vous avez dû souffrir beaucoup... Je vous écoutais tout à l'heure. Vous savez trouver le vif de la haine...

— Il y a trois ans, — répondit le serf d'un air farouche, — j'ai tué ma femme d'un coup de hache.

— A Bourcy... près de Senlis.

— Qui vous l'a dit ?

— Je passais en ce village le jour du meurtre... Vous avez préféré voir votre femme morte que souillée par votre seigneur.

— Oui.

— Et comment êtes-vous devenu serf de cette seigneurie ?

— Ma femme tuée, je me suis caché pendant un mois dans la forêt de Senlis, où j'ai vécu de racines, et puis je suis venu en ce pays. Guillaume m'a donné asile ; je me suis offert à l'intendant de la seigneurie de Nointel comme bûcheron. Au bout d'un an, l'on m'a compté parmi les vassaux du domaine ; j'y suis resté par amitié pour Guillaume.

Mazurec, pendant l'entretien de ses deux parrains, était arrivé près de la tente où il devait prêter les serments d'usage, ainsi que le chevalier de Chaumontel. Le curé de Nointel, vêtu de ses habits sacerdotaux et tenant à la main un crucifix, dit au serf et au chevalier :

— *Appelant et appelé*, ne fermez pas les yeux sur le péril où vous exposez vos âmes en combattant pour une mauvaise cause ; si l'un de vous veut se rétracter et se mettre à la merci de son seigneur et du roi, il le peut encore ; mais bientôt il ne sera plus temps. Vous allez, l'un ou l'autre, voir tout à l'heure les portes de l'autre monde ; là vous trouverez assis un Dieu impitoyable au parjure. *Appelant* et *appelé*, songez-y. Tous les hommes sont également faibles devant la justice de Dieu, car l'on n'entre point armé dans le royaume éternel. Voulez-vous vous rétracter ?

— Je soutiendrai jusqu'à la mort que ce chevalier m'a volé ; il a causé mes malheurs, — répondit Mazurec avec une rage concentrée ; — si le bon Dieu est juste, je tuerai cet homme !

— Et moi, je jure Dieu que ce vassal ment par sa gorge et me diffame outrageusement, — s'écria le chevalier de Chaumontel ; — je prouverai son imposture par l'intercession du Seigneur et de tous ses saints, notamment par le bon secours de messire saint Jacques, mon bienheureux patron.

— Oui, et surtout par le bon secours de ton cheval, de ton armure, de ta lance et de ton épée, — ajouta Mahiet. — Infamie ! combattre à cheval, casque en tête, cuirasse au dos, épée au côté, lance au poing, un pauvre homme à pied, armé d'un bâton. Oui, tu agis comme un lâche. *Ergò*, tout lâche doit être larron ; *ergò*, tu as volé la bourse de mon client !

— Oser me parler ainsi ! s'écria le chevalier de Chaumontel ; — toi, mauvais routier ! méchant truand !

— Joies du ciel ! des injures, — s'écria Mahiet l'Avocat avec ravissement. — Ah ! dom larron, si tu n'es pas le plus couard des lièvres à deux pattes, tu vas me suivre derrière ce pavillon, sinon je fouette à coups de fourreau d'épée ton ignoble face de malandrin.

Gérard de Chaumontel, pâle de courroux, allait peut-être, à l'extrême jubilation de Mahiet, accepter sa provocation, lorsqu'un des parrains du chevalier lui dit :

— Ce bandit veut sauver son client en te provoquant au combat, ne tombe pas dans le piége.

Gérard de Chaumontel, suivant ce prudent avis, répondit à Mahiet d'un air méprisant : — Lorsque, par les armes, j'aurai convaincu cet autre manant de son imposture, je verrai si tu mérites que je relève ton insolent défi.

— Tu veux donc tâter du fourreau de mon épée ? — s'écria l'avocat. — Mort-Dieu ! je ne te ménagerai pas le régal, et si ta face patibulaire ne rougit plus de honte, elle rougira sous mes coups !

— Pas un mot de plus, sinon je te fais expulser de la lice par mes hommes, — dit le héraut d'armes à Mahiet ; — un parrain n'a pas le droit d'injurier l'adversaire de son client.

Mahiet comprit qu'il serait obligé de céder à la force et se tut en jetant un regard navré sur Mazurec. Le curé de Nointel, élevant alors son crucifix, reprit de sa voix nasillarde : — *Appelant* et *appelé*, persistez-vous un chacun à soutenir votre cause comme bonne? jurez-vous sur l'image du Sauveur des hommes? Et le curé présenta le crucifix au chevalier qui ôta son gantelet de fer et, étendant la main sur l'image du Christ, s'écria :

— Ma cause bonne, j'en jure Dieu.

— Ma cause bonne, — dit à son tour Mazurec, — j'en prends Dieu à témoin ; mais battons-nous vitement, oh ! vitement.

— Jurez-vous, — reprit le curé, — de n'avoir sur vous, l'un et l'autre, ni pierre, ni herbe, ni autre charme magique, charroi ou invocation de l'ennemi des hommes ?

— Je le jure, — dit le chevalier.

— Je le jure, — dit Mazurec haletant de haine. — Oh ! que de temps perdu !

— Et maintenant, *appelant* et *appelé*, — s'écria le héraut d'armes, — la lice vous est ouverte... faites votre devoir.

Le chevalier de Chaumontel, saisissant sa longue lance, enfourcha son destrier, que l'un de ses parrains tenait par la bride, et Mahiet, pâle, ému, dit à Mazurec en lui remettant son bâton :

— Courage !... suis mes avis... et, je l'espère, tu assommeras ce lâche... Un dernier mot au sujet de ta mère... Jamais elle ne t'a appris le nom de ton père ?

— Jamais... je vous l'ai dit ce matin dans ma prison ; ma mère évitait toujours de me parler de mon père.

— Et elle s'appelait Gervaise ? — reprit Mahiet d'un air pensif. — De quelle couleur étaient ses cheveux ? ses yeux ?

— Ses cheveux étaient blonds et ses yeux noirs.

— Et elle n'avait aucun signe remarquable ?

— Elle avait une petite cicatrice au-dessus du sourcil droit...

Soudain les clairons retentirent ; c'était le signal du duel judiciaire. Mahiet, ne pouvant contenir ses larmes, serra Mazurec entre ses bras et lui dit : — Je ne peux, dans un pareil moment, te faire connaître la cause du double intérêt que tu m'inspires... Mes soupçons, mes espérances me trompent peut-être... mais courage...

— Courage, — reprit à son tour Adam le Diable à demi-voix. — Pour échauffer ta haine, pense à ta femme... souviens-toi que la fiancée de notre sire a ri de toi... Tue le larron, et patience... un jour nous rirons à notre tour de la noble damoiselle... surtout songe à ta femme... à sa honte de ce matin, à ta honte à toi... songe que vous êtes tous deux malheureux pour toujours, et hardi sur le noble ! Hardi... tu as un bâton, des ongles et des dents !

Mazurec l'Agnelet poussa un hurlement de rage et se précipita dans la lice au moment où, répondant à un geste du seigneur de Nointel, le maréchal du tournoi donnait le signal du combat à l'*appelant* et à l'*appelé* en criant par trois fois :

— Laissez-les aller.

La noble assistance de l'amphithéâtre riait d'avance de la piètre défaite de Jacques Bonhomme ; mais, dans la foule plébéienne, tous les cœurs se serrèrent avec angoisse, dans ce moment décisif. Le chevalier de Chaumontel, homme vigoureux, armé de toutes pièces, monté sur un grand cheval bardé de fer, sa longue lance en arrêt, occupait le milieu de la lice, lorsque Mazurec s'y élança pieds nus, vêtu de sa blouse et tenant à la main son bâton. A l'aspect du serf, le chevalier, qui, par mépris pour un pareil adversaire, avait dédaigné d'abaisser sa visière, piqua son cheval de l'éperon en baissant sa lance au fer acéré, et chargea son adversaire, certain de le transpercer du premier coup et de le fouler ensuite aux pieds de son cheval. Mais Mazurec, se souvenant des avis de Mahiet, évita le coup de lance en se jetant brusquement à plat ventre; puis, se relevant à demi au moment où le cheval allait le broyer sous ses sabots, il lui asséna des deux mains un si violent coup de bâton sur les jambes du devant que le coursier, à cette vive atteinte, fléchit, fit un faux pas, faillit s'abattre et ébranla son cavalier sur sa selle.

— Félonie, — cria le sire de Nointel avec indignation, il est défendu de frapper les chevaux.

— Bien touché, brave bonnet de laine, — cria le populaire palpitant d'angoisse et battant des mains, malgré la sévérité des ordonnances royales qui commandaient aux spectateurs d'un tournoi le plus profond silence.

— Hardi, Mazurec! — crièrent aussi Mahiet et Adam le Diable, — courage! assomme le noble! tue-le!

Mazurec, voyant le chevalier ébranlé sur ses arçons par le faux pas de sa monture, jette son bâton, ramasse d'une main une poignée de sable et, d'un bond vigoureux, s'élance en croupe de Gérard de Chaumontel pendant que celui-ci cherche à reprendre son équilibre; puis, se cramponnant d'une main au cou du chevalier, le vassal le renverse à demi en arrière et, de son autre main, il lui frotte les yeux avec le sable qu'il vient de ramasser... A cette cuisante douleur, le noble larron, presque aveuglé, pousse un cri, abandonne sa lance et les rênes de son cheval afin de porter ses mains à ses yeux. Mazurec l'enlace alors de ses deux bras, parvient à le désarçonner et à le faire choir de sa monture d'où ils tombent tous deux en roulant dans l'arène. La foule, croyant le serf vainqueur du chevalier, bat des mains, trépigne de joie en criant : — Victoire au bonnet de laine !...

Gérard de Chaumontel, quoique aveuglé par le sable et étourdi par sa chute, trouve de nouvelles forces dans la rage de se voir désarçonné par un manant et reprend facilement l'avantage ; car, dans cette lutte inégale contre cet homme couvert de fer, les étreintes de Mazurec sont vaines ; ses ongles s'émoussent sur le poli de l'armure de son adversaire, et celui-ci, parvenant à mettre le vassal sous ses deux genoux, lui martèle la tête sous les coups redoublés de son gantelet de fer. Mazurec, le visage meurtri, ensanglanté, prononce une dernière fois le nom d'Aveline et reste sans mouvement. Gérard de Chaumontel, dont la vue s'éclaircit peu à peu, non content d'avoir presque écrasé la figure du vassal, tire son poignard pour achever sa victime ; mais, après un moment de réflexion et par un raffinement de cruauté, il remet sa dague à sa ceinture, se dresse debout et appuyant son pied de fer sur la poitrine haletante de Mazurec, il s'écrie :

— Que ce vil imposteur soit lié dans un sac et jeté à la rivière comme il le mérite ; c'est la loi du duel.

Et Gérard de Chaumontel alla rejoindre ses parrains en se frottant les yeux, tandis que les sergents d'armes vinrent enlever le corps du vassal pour le porter sur le pont d'une rivière voisine de l'amphithéâtre. Le curé de Nointel suivit le condamné, afin de lui donner les derniers sacrements lorsqu'il aurait repris connaissance et avant qu'il fût mis dans un sac et jeté à la rivière selon l'ordonnance. La foule, un moment frappée de stupeur et d'épouvante par le dénoûment du combat judiciaire, commençait à sortir de son silence et, malgré ses habitudes de respect envers les seigneurs, murmurait avec une indignation croissante. Plusieurs voix, s'élevant, disaient que le chevalier ayant été désarçonné par le vassal, celui-ci devait être regardé comme vainqueur et ne pas être supplicié ; mais un événement imprévu venant surprendre et captiver l'attention populaire coupa court à ces récriminations. Une assez nombreuse troupe d'hommes d'armes, couverts de poussière et dont l'un portait une bannière blanche fleurdelisée d'or, parut au loin dans la prairie, se rapprocha rapidement des barrières de la lice, et Mazurec fut oublié. Le sire de Nointel, partageant l'étonnement de la noble assistance à la vue de la troupe armée qui déjà touchait aux barrières, piqua des deux, et s'adressant à l'un de ces nouveaux-venus, héraut d'armes au surcot blasonné de fleurs de lis, il lui dit :

— Messire héraut, qui t'amène ici ?

— Un ordre du roi, notre maître. Je suis chargé d'un message pour tous les seigneurs et hommes nobles du Beauvoisis ; apprenant que grand nombre d'entre eux étaient ici réunis, je suis venu. Écoutez donc l'envoyé du roi Jean.

— Entre dans la lice et lis ton message à haute voix, — répondit Conrad de Nointel au héraut qui, tirant d'un sac richement brodé un parchemin, se mit en devoir d'en donner lecture.

— Ce message extraordinaire ne flaire rien de bon, — dit à sa fille Gloriande le seigneur de Chivry ; — le roi Jean va nous demander quelque levée d'hommes pour sa guerre contre les Anglais, à moins qu'il ne s'agisse d'un nouvel édit sur les monnaies, autre royale pillerie.

— Ah ! mon père, si, comme tant d'autres seigneurs, vous aviez voulu aller à la cour de Paris... vous auriez eu part aux largesses du roi Jean, si magnifiquement prodigué, dit-on, envers ses courtisans ; ainsi vous retrouveriez d'un côté ce que vous auriez donné de l'autre... Et puis, c'est, dit-on, un si charmant séjour que la cour... Ce sont fêtes royales, danses continuelles rehaussées de la plus fine galanterie. Il faudra que Conrad, après notre mariage, me conduise à Paris. Je veux briller à la cour du roi.

— Tu es une écervelée, — dit le vieux seigneur en haussant les épaules ; puis il ajouta en fermant à demi sa main et l'approchant de son oreille en manière de cornet, afin de mieux entendre le héraut royal : — Quelle diable d'antienne va-t-il nous chanter ?

« Jean, par la grâce de Dieu, roi des Français, — disait le hé-
« raut lisant sur son parchemin, — à ses chers, amés et féaux sei-
« gneurs du Beauvoisis, salut. »

— Bon, bon, nous nous passerions fort bien de ta politesse et de tes saluts, — grommela le vieux seigneur de Chivry ; — on emmielle la pilule pour nous la faire avaler.

— De grâce, mon père, laissez-moi donc écouter le messager, — dit Gloriande avec impatience. — Il y a dans le langage royal comme un parfum de cour qui me ravit.

Le héraut poursuivit ainsi : — « L'ennemi mortel des Français,
« le prince de Galles, fils du roi d'Angleterre, a perfidement rompu
« la trêve qui ne devait expirer que dans quelque temps. »

— Nous y voilà, — s'écria le comte de Chivry en frappant du pied avec colère, — c'est une levée d'hommes que l'on va nous demander. Le héraut continua la lecture de son message.

« Les Anglais, après avoir mis tout à feu et à sang sur leur
« passage, s'avancent vers le cœur du pays. Afin d'arrêter cette
« invasion désastreuse et dans ce cas de grand danger public, nous
« imposons à nos peuples et à notre bien-aimée noblesse un double
« impôt pour cette année-ci ; de plus, nous enjoignons, mandons
« et ordonnons à tous nos chers, amés et féaux seigneurs du Beau-
« voisis de prendre les armes, de lever leurs hommes et de venir,
« sous huit jours, nous rejoindre à Bourges, d'où nous marcherons
« contre les Anglais, que nous vaincrons avec l'aide de Dieu et de
« notre vaillante noblesse.

« Telle est notre volonté. « JEAN. »

Cet appel du roi des Français à sa vaillante noblesse du Beauvoisis fut accueilli par la noble assistance avec une morne stupeur qui fit bientôt place à des murmures de courroux et de révolte.

— Au diable le roi Jean ! — s'écria le comte de Chivry. — Il nous a déjà imposé des subsides pour entretenir des gendarmes ; qu'il les mène guerroyer !

— Bon ! — dit un autre seigneur, — il n'a pas levé un seul homme d'armes ; tout notre argent a passé en plaisirs et en festins ; la cour de Paris est un gouffre !

— Quoi ! — reprit un autre, — nous nous efforcerons de faire suer à *Jacques Bonhomme* tout ce qu'il peut rendre, et le plus clair de ce revenu passerait dans les coffres du roi ! Non, de par Dieu ! non !

— Que le roi se défende ; ses domaines sont plus exposés que les nôtres, qu'il les protége !

— C'est à peine si nous suffisons, nous et nos hommes, à sauvegarder nos châteaux des bandes de routiers, de Navarrais et de souldoyers qui ravagent le pays ; et nous abandonnerions nos demeures pour marcher contre l'Anglais ! Corbleu ! nous serions de fiers oisons.

— Et en notre absence, *Jacques Bonhomme*, qui semble avoir des velléités de révolte, ferait de beaux coups !...

— Par la mort-Dieu, messieurs, — s'écria un jeune chevalier, — nous ne pouvons cependant pas, à la honte de la chevalerie, rester cantonnés dans nos manoirs, tandis que l'on va se battre aux frontières.

— Hé ! qui vous retient, mon jeune batailleur ? — s'écria le comte de Chivry ; — êtes-vous curieux de guerroyer ? eh bien ! partez vite et tôt :... Chacun dispose à son gré de sa personne et de ses hommes.

— Quant à moi, — s'écria la belle Gloriande avec une fière indignation, — je n'accorde pas ma main à Conrad de Nointel, s'il ne part pour la guerre et s'il ne revient couronné des lauriers de la victoire, amenant à mes pieds dix Anglais enchaînés. Honte et lâcheté ! un preux chevalier rester coi, lorsque son roi l'appelle aux armes ! Je ne reconnaîtrai pour mon seigneur qu'un vaillant chevalier.

Malgré les héroïques paroles de Gloriande et quelques rares protestations contre l'égoïste et ignominieuse couardise du plus grand nombre de ces seigneurs, un murmure général d'approbation accueillit les paroles du vieux sire de Chivry qui, encouragé par cet assentiment presque unanime, se dressa sur sa banquette et répondit au héraut d'une voix retentissante :

— Messire, au nom de la noblesse du Beauvoisis, je te réponds que nous avons si fort à faire dans nos domaines qu'il nous serait désastreux de nous en aller guerroyer au loin ; d'ailleurs, l'on avisera aux demandes du roi, lorsque les députés de la noblesse et du clergé seront prochainement réunis en assemblée aux états généraux. Jusque-là nous demeurerons tranquilles chez nous.

Une soudaine explosion de huées, partie de la foule, répondit aux paroles du sire de Chivry, et Adam le Diable, laissant pour quelques instants Mahiet l'Avocat auprès de Mazurec qui, revenu à lui, attendait l'heure de son supplice, courut se mêler à différents groupes de serfs, leur disant :

— Les entendez-vous, ces beaux sires...? A quoi sont-ils bons ? A se battre dans les tournois avec des lances sans fer et des épées sans tranchant, ou à faire les bravaches en se battant armés de pied en cap contre Jacques Bonhomme armé d'un bâton.

— C'est vrai, — répondirent plusieurs voix courroucées.

— Pauvre Mazurec l'Agnelet ! ça fendait le cœur de voir son visage saigner sous les gantelets de fer de ce noble.

— Et maintenant, ils vont mettre Mazurec dans un sac et le jeter à l'eau ! Ma fine... c'est vraiment point juste...

— Ah ! lorsque, par la lâcheté de nos seigneurs, l'Anglais arrivera jusqu'en ce pays, reprit Adam le Diable, nous serons entre nos maîtres et l'Anglais comme le fer battu entre l'enclume et le marteau. Pressurés par ceux-ci, pillés, larronnés par ceux-là, notre sort sera deux fois pire.

— C'est ce qui arrive déjà quand les bandes de routiers s'abattent sur nos villages. On se sauve dans les bois, et, quand on revient, on trouve les maisons en flamme ou en cendres !

— Hélas ! mon Dieu ! quel sort que le nôtre !

— Notre curé dit pourtant que c'est notre salut !... dans le ciel !

— Misère de nous ! si, par-dessus tous nos maux, il faut encore être ravagés, torturés par les Anglais, c'est à périr tous.

— Oui, et tous nous périrons par la lâcheté de nos seigneurs, — reprit Adam le Diable. — Retranchés et approvisionnés dans leurs châteaux forts, eux, leurs familles et leurs hommes, ils nous laisseront piller, massacrer par les Anglais !

— Et quand tout aura été dévasté chez nous, — reprit un autre serf avec désespoir, — notre seigneur nous dira comme il nous a dit lorsque la dernière bande de routiers a passé sur le pays comme un ouragan : « Paye ta redevance, *Jacques Bonhomme*. — Mais, « monseigneur, les routiers nous ont tout pris ; il ne nous reste que « nos yeux pour pleurer, et nous pleurons. — Ah ! tu regimbes, « Jacques Bonhomme ! vite les coups de bâton, la torture. » Ah ! c'est par trop fort aussi... trop est trop ! faut que ça finisse !

Les murmures de la plèbe rustique, d'abord sourds, éclatèrent bientôt en huées, en imprécations si menaçantes et si directes à l'endroit de la noblesse, que les seigneurs, un moment abasourdis de l'incroyable audace des récriminations de Jacques Bonhomme, se dressèrent furieux, mirent l'épée à la main et, au milieu des cris effarés des dames et des damoiselles, descendirent précipitamment les degrés de l'amphithéâtre, afin de châtier les manants en se mettant à la tête des sergents du tournoi, de leurs hommes d'armes et de ceux du héraut royal qui se rangéa du côté de la seigneurie contre les vassaux.

— Amis, — cria Adam le Diable en courant parmi les groupes

des serfs pour enflammer leur courage, — si les seigneurs sont cent, nous sommes mille. Est-ce que tout à l'heure Mazurec avec son bâton et une poignée de sable n'a pas désarçonné un chevalier ? Prouvons à ces nobles que nous ne les craignons pas. Aux pierres ! aux bâtons ! délivrons Mazurec l'Agnelet !

— Oui, oui, aux pierres ! aux bâtons ! délivrons Mazurec ! — répondirent les plus hardis de la foule, — au diable nos seigneurs qui veulent nous laisser à la merci des Anglais !

Déjà, sous la pression de cette multitude furieuse, une partie des barrières de la lice s'était rompue ; grand nombre de vassaux, s'armant de ces débris de charpente, redoublaient d'imprécations et de menaces contre les seigneurs, lorsque Mahiet l'Avocat, attiré par le tumulte, se jeta dans la foule et, avisant Adam le Diable qui, l'œil étincelant, brandissait déjà comme une massue l'un des pieux de la barrière, courut à la rencontre du serf et s'écria : — Ces malheureux vont être écharpés... tu vas tout perdre... le moment n'est pas venu.

— Il est toujours temps d'assommer les nobles; — répondit Adam le Diable en grinçant des dents, et il redoubla ces cris : — Aux pierres ! aux bâtons ! délivrons Mazurec !

— Mais tu le perds ! — s'écria Mahiet désespéré, — tu le perds ! et j'espérais le sauver. — Puis, s'adressant aux serfs qui l'entouraient : — N'attaquez pas les seigneurs, vous êtes en rase plaine, ils sont à cheval, vous serez massacrés.

La voix de Mahiet se perdit au milieu du tumulte, et ses efforts demeurèrent impuissants devant l'exaspération de la multitude. Il se trouva séparé d'Adam le Diable par un reflux de la foule, et bientôt les prévisions de l'avocat ne se réalisèrent que trop. La noblesse, un moment surprise et effrayée de l'agression de *Jacques Bonhomme,* agression jusqu'alors inouïe, se rassura, et bientôt ayant à sa tête le sire de Nointel, une cinquantaine d'hommes d'armes, de sergents et de chevaliers sautant à cheval, s'avança en bon ordre, chargea à coups d'épée, de lance et de masses d'armes, les vassaux révoltés ; les femmes, les enfants mêlés à la foule, renversés, broyés sous les pieds des chevaux, poussèrent des cris déchirants ; les paysans, sans ordres, sans chefs et déjà effrayés de leur propre audace, dont ils redoutaient les suites, prirent la fuite de tous côtés à travers la prairie ; quelques-uns d'entre eux, les plus valeureux et les plus acharnés, se firent massacrer par les chevaliers, ou, trop grièvement blessés pour pouvoir s'échapper, restèrent prisonniers. Au plus fort de cette mêlée, Adam le Diable, déjà renversé d'un coup d'épée à la tête, cherchait à se relever, lorsqu'il sentit une main d'Hercule le saisir par le collet, le relever et, malgré sa résistance, l'entraîner loin de ce champ de carnage ; le serf reconnut Mahiet, qui lui dit, en le forçant toujours de le suivre : — Tu seras un homme précieux au jour de la révolte... mais se faire tuer aujourd'hui, c'est folie... Viens.

— Mazurec est perdu ! — s'écria le serf avec désespoir en se débattant contre l'Avocat ; mais celui-ci, sans répondre à Adam le Diable, déjà très-affaibli par la perte du sang qui coulait de sa blessure, le força de se blottir à l'abri d'un amoncellement de branchages provenant des arbres abattus pour construire l'enceinte des lices, et tous deux restèrent étendus sur l'herbe.

Le soleil s'est couché, la nuit vient. Les nobles dames, effrayées de l'émotion populaire, ont quitté le lieu du tournoi et, remontant sur leurs haquenées ou en croupe de leurs chevaliers, se sont dirigées vers leurs manoirs. A deux portées de trait des lices où sont restés les cadavres d'un assez grand nombre de serfs tués lors de leur vaine tentative de révolte, coule la rivière l'Orville. D'un côté, ses bords sont escarpés, mais de l'autre, ils sont bordés de nombreuses touffes de roseaux ; on la traverse sur un pont de bois : à droite de ce pont sont plantés quelques vieux saules. Ils viennent d'être ébranchés à coups de hache, moins quelques gros rameaux fourchus assez forts pour servir de potence. Là sont déjà pendus les corps de quatre des vassaux restés prisonniers après leur rébellion ; les corps de ces suppliciés se dessinent comme des ombres sur la limpidité du ciel crépusculaire ; la nuit s'approche rapidement. Debout, au milieu du pont et entouré de ses amis, au milieu desquels se trouve Gérard de Chaumontel, le sire de Nointel fait un signe, et le dernier des révoltés restés captifs est, malgré ses cris, ses prières, pendu comme ses compagnons, à la saulaie de la rive. Alors un homme apporte sur le pont un grand sac de grosse toile grise, pareil à ceux dont se servent les meuniers ; une forte corde passée à son orifice en forme de coulisse permet de fermer étroitement ce sac. L'on amène Mazurec l'Agnelet étroitement garrotté ; il s'est tenu jusqu'alors assis à l'une des extrémités du pont, à côté du curé. Celui-ci, après avoir été faire baiser le crucifix aux serfs que l'on a pendus, est revenu près du patient que l'on va noyer. Mazurec n'est plus reconnaissable : sa figure meurtrie, couverte de sang caillé, est hideuse ; l'un de ses yeux a été crevé et son nez écrasé sous les coups furieux que lui a portés le chevalier de Chaumontel avec son gantelet de fer. Le bourreau entr'ouvre l'orifice du sac, tandis que le bailli de la seigneurie s'approche de Mazurec et lui dit : — Vassal, ta félonie est notoire, tu as osé accuser de larcin Gérard, noble homme de Chaumontel. Il en a appelé au duel judiciaire où tu as été vaincu et convaincu de mensonge et de diffamation ; tu vas être, selon l'ordonnance royale, noyé jusqu'à ce que mort s'ensuive.

Mazurec s'approche, et au moment où l'on va le saisir pour l'enfermer dans le sac, il lève la tête et, s'adressant au sire de Nointel et à Gérard, il leur dit, comme inspiré par une exaltation prophétique :

— On dit au pays que les gens qui vont périr sont devins ; voilà ce que je prédis : — Gérard de Chaumontel, tu m'as volé et tu me fais noyer, tu seras noyé... Sire de Nointel, tu as violenté ma femme, ta femme sera violentée; ma femme mettra peut-être au jour un fils de noble; ta femme mettra peut-être au jour un fils de serf. Que Dieu se charge de ma vengeance!

A peine Mazurec l'Agnelet achevait-il ces paroles que le bourreau se mit en devoir d'enfermer le patient dans le sac; Conrad pâlit, tressaillit à la sinistre prédiction de son vassal et ne put prononcer un mot; mais Gérard de Chaumontel, s'adressant au serf que l'on *ensaquait*, se mit à rire, et lui montrant du geste les cinq pendus qui se balançaient au vent du soir et que l'on apercevait encore vaguement comme des spectres à travers les pâles clartés du soir:

— Regarde les cadavres de ces vilains qui ont osé se rebeller contre leurs seigneurs! Regarde l'eau qui coule sous ce pont et qui va t'engloutir... si *Jacques Bonhomme* ose encore broncher, nos longues lances sont là pour le percer, les arbres branchus pour le pendre, et les rivières pour le noyer.

Mazurec a été enfermé dans le sac; au moment où ses bourreaux vont le précipiter dans la rivière, la voix du vassal crie une dernière fois du fond de son linceul:

— Gérard de Chaumontel, tu seras noyé... Sire de Nointel, ta femme sera violentée...

Un éclat de rire méprisant du chevalier répondit à la prédiction du serf, et l'on entendit, au milieu du silence de la nuit, le bruit du corps de Mazurec l'Agnelet tombant dans les eaux profondes de la rivière.

— Viens, viens, — dit le seigneur de Nointel à Gérard d'une voix altérée, — retournons au château, ce lieu m'épouvante. La prophétie de ce misérable vilain me fait frissonner malgré moi...

— Quelle faiblesse! Conrad, deviens-tu fou?

— Tout en ce jour est pour moi de mauvais augure!

— Que veux-tu dire? — reprit Gérard en suivant son ami qui

s'éloignait d'un pas précipité. — Que parles-tu de mauvais augure? Allons, explique-moi la cause de cette terreur!

— Ce soir, Gloriande, avant de retourner à Chivry, m'a dit : — « Conrad, nous serons demain fiancés dans la chapelle du château « de mon père; je veux que le soir même vous partiez pour aller « guerroyer avec le roi; mais je ne serai votre femme que si, au « retour de la bataille, vous ramenez à mes pieds, comme gage de « votre valeur, dix Anglais enchaînés faits prisonniers par vous. »

— Au diable la folle! — s'écria Gérard, — les romans de chevalerie lui ont tourné la tête!

« — Je veux, — ajouta Gloriande, — que mon époux soit illustre « par ses prouesses. Aussi, Conrad, demain je jurerai sur l'autel « de finir mes jours dans un monastère, si vous êtes tué à la ba-« taille ou si vous manquez aux promesses que j'exige de vous! »

— Mais, ventre-Dieu! cette fille est folle avec ses Anglais enchaînés! Il n'y a que des coups à gagner à la guerre, et ta fiancée risque de te voir revenir borgne, boîteux ou manchot... si tu reviens... Au diable la folle damoiselle!...

— Il me faut céder au désir de Gloriande, il n'est pas de caractère plus opiniâtre que le sien; d'ailleurs elle m'aime autant que je l'aime; ses biens sont considérables; j'ai dissipé une partie de ma fortune à la cour du roi Jean; je ne peux donc renoncer à ce mariage, et, quoi qu'il m'en coûte, j'irai rejoindre l'armée avec mes hommes! C'est triste, mais il faut s'y résigner.

— Soit! mais alors bats-toi... prudemment et modérément.

— Je tiens fort à vivre afin d'épouser Gloriande... pourvu que pendant mon absence la prédiction de ce misérable vassal...

— Ah! ah! ah! — reprit Gérard de Chaumontel éclatant de rire et interrompant son ami, — ne vas-tu pas croire qu'en ton absence *Jacques Bonhomme* forcera ta fiancée?

— Ces vilains, chose inouïe, ont osé nous injurier, nous menacer, se ruer sur nous comme des bêtes féroces qu'ils sont.

— Tu as vu ces croquants fuir devant nos chevaux comme une nichée de lapins! les supplices de ce soir compléteront la leçon, et *Jacques Bonhomme* restera Bonhomme comme devant. Allons, déride-toi... et... quoique je préfère cent fois la chasse, les tournois, le vin, le jeu et l'amour aux sottes et périlleuses prouesses de la guerre, je t'accompagnerai à l'armée, afin de te ramener vite près de la belle Gloriande. Quant aux Anglais prisonniers que tu dois conduire enchaînés à ses pieds, comme gage de ta vaillance, nous ramasserons à quelques lieues du manoir de ta dame les premiers manants qui nous tomberont sous la main, nous les garrotterons en leur défendant de prononcer un seul mot sous peine d'être pendus, et ils représenteront suffisamment les dix Anglais captifs. Ne trouves-tu pas l'idée plaisante? Conrad, Conrad, à quoi songes-tu?

— J'ai peut-être eu tort d'user de mon droit sur la femme de ce vassal, — reprit le sire de Nointel d'un air sombre et pensif; — c'était un caprice libertin, car j'aime Gloriande; mais la résistance de ce coquin qui t'accusait de vol... m'a irrité. — Puis, après un moment de silence, le sire de Nointel s'adressant à son ami : — Dis-moi la vérité; entre nous, tu n'as pas larronné ce vilain? le tour eût été plaisant... et je voudrais bien savoir si tu es le voleur.

— Conrad, ce soupçon...

— Eh! ce n'est pas dans l'intérêt de ce manant défunt que je te fais cette question, mais dans mon intérêt à moi.

— Comment cela?

— Si ce vassal avait été injustement noyé... sa prophétie serait peut-être plus menaçante.

— Mort-Dieu! est-ce que tu perds tout à fait la raison, Conrad? Me vois-tu attristé parce que *Jacques Bonhomme* m'a prédit que je serai noyé?... Corps-Dieu! c'est moi qui veux noyer ta tristesse dans une coupe de ton vieux vin de Bourgogne... Allons, Conrad, à cheval... à cheval! le souper nous attend; vivent la joie et l'amour! courons ventre à terre jusqu'au manoir...

— J'ai peut-être eu tort de forcer la femme de ce serf, — répétait à part soi le sire de Nointel ; — je ne sais pourquoi en ce moment me revient à l'esprit une tradition conservée par la branche aînée de ma famille, qui habite l'Auvergne. Cette tradition raconte que la haine des serfs a souvent été fatale aux *Neroweg !*

— Hé ! Conrad, à cheval ; ton varlet tient l'étrier depuis une heure, — dit la joyeuse voix de Gérard. — A quoi penses-tu ?

— Je n'aurais pas dû forcer la femme de ce vassal, — murmura encore le sire de Nointel en montant à cheval et prenant la route de son manoir, accompagné de Gérard de Chaumontel.

La salle basse du cabaret d'Alison la Vengroigneuse est close ; une lampe l'éclaire, la porte et les volets sont au dedans verrouillés. *Aveline qui n'a jamais menti* est à demi-étendue sur un banc ; ses mains croisées sur son sein, la tête appuyée sur les genoux d'Alison ; elle semblerait sommeiller, si de temps à autre un tressaillement convulsif n'agitait son corps ; son visage décoloré porte les traces des larmes qui, plus rares, s'échappent encore parfois de ses paupières gonflées. La cabaretière contemple cette infortunée avec une expression de pitié profonde. Guillaume Caillet, assis près de là, les coudes sur ses genoux, son front dans la main, ne quitte pas sa fille des yeux ; il s'est souvenu d'Alison, et, comptant sur sa bonté, il a conduit Aveline dans la taverne à l'aide d'Adam le Diable, qui est ensuite retourné sur le lieu du tournoi, rejoindre Mahiet l'Avocat, qui plus tard l'a arraché du milieu de la mêlée.

Aveline, se redressant tout à coup effarée, s'écrie en proie à une sorte de délire :

— On le noie... je le vois... il est noyé ! Avez-vous entendu le bruit de son corps tombant dans l'eau ?

— Chère fille ! — dit Alison en fondant en larmes, — calmez-vous... Ayez confiance en Dieu...

— Elle a raison... c'est l'heure, — dit Guillaume Caillet d'une voix sourde ; — on devait noyer Mazurec à la fin du jour. Patience ! toute nuit a son lendemain.

Alison, qui soutient Aveline dans ses bras, entend heurter à la porte et dit à Guillaume : — Qui peut venir à cette heure ?

Le vieux paysan se lève, s'approche de l'huis et dit au dehors :

— Qui va là ?

— Moi, Mahiet l'Avocat, — répond une voix.

— Ah ! — murmure le père d'Aveline, — il vient de là-bas...

Et il ouvre à Mahiet ; celui-ci s'avance rapidement ; il va parler ; mais à l'aspect de la femme de Mazurec, soutenue presque défaillante dans les bras d'Alison, il se contient, s'approche de l'oreille de Guillaume et lui dit : — Il est sauvé !

— Lui ! — s'écrie le serf avec stupeur, — sauvé !

— Silence ! — reprend Mahiet en montrant Aveline du regard, — une pareille nouvelle trop brusquement apprise peut être fatale.

— Où est-il ?

— Adam l'amène... il se soutient à peine... je le précède de quelques pas... Il pleut à torrents ; nous sommes venus à travers champs ; le couvre-feu a sonné, nous n'avons rencontré personne ; le pauvre Mazurec est sauvé...

— Je vais à leur rencontre, — dit Guillaume Caillet d'une voix palpitante. — Pauvre Mazurec ! cher fils ! cher enfant !

Mahiet s'approche d'Aveline, qui a jeté ses bras autour du cou d'Alison et sanglote amèrement. — Aveline, — lui dit l'Avocat, — écoutez-moi, de grâce...

— Il est mort, — murmure la serve en gémissant sans répondre à l'Avocat, — ils l'ont noyé.

— Non... il n'est pas mort... — reprend Mahiet, — il y a espoir de le sauver.

— Grand Dieu ! — s'écrie Alison, pleurant de joie et embrassant Aveline avec transport, — entends-tu, chère petite, il n'est pas mort...

Aveline joint les mains, veut parler, mais les paroles expirent sur ses lèvres qui tremblent convulsivement.

— Voilà ce qui est arrivé, — reprit l'Avocat; — on a mis Mazurec dans un sac... on l'a jeté à l'eau; mais heureusement, — se hâta d'ajouter Mahiet, au moment où Aveline poussait un cri étouffé, — Adam le Diable et moi, profitant de la nuit, nous nous étions cachés dans les roseaux qui, à cent pas du pont, bordent la rivière; son courant venait de notre côté; nous voulions, au moyen d'une longue perche, attirer à nous le sac où l'on avait enfermé Mazurec et l'en retirer à temps.

— Hélas! — balbutia la jeune femme, — il est trop tard!

— Non, non, rassurez-vous, nous sommes parvenus à amener le sac sur la rive. Adam l'a fendu d'un coup de couteau, et nous avons retiré de ce linceul Mazurec respirant encore.

— Il vit! — s'écria la jeune fille folle de joie, et dans son premier mouvement elle se précipita vers la porte et tomba dans les bras de son père qui, rentré depuis quelques moments, est resté immobile au seuil.

— Oui, il vit, — dit Guillaume Caillet à sa fille en la serrant contre sa poitrine, — il vit... et le voilà...

Au même instant apparaît Mazurec, pâle, défait, ruisselant d'eau et soutenu par Adam le Diable; soudain Aveline, au lieu de courir au devant de son époux, s'arrête et recule avec épouvante en s'écriant : — Ce n'est pas lui!...

Elle ne reconnaissait plus Mazurec! son œil crevé entouré de contusions bleuâtres, son nez écrasé, sa lèvre fendue et gonflée, changeaient tellement ses traits naguère si doux, si avenants, que l'hésitation de la femme du vassal dura pendant quelques instants; mais bientôt revenue de sa poignante surprise, elle se jeta au cou de Mazurec et baisa ses blessures avec une sorte de frénésie. Il répondit aux étreintes d'Aveline, en murmurant d'une voix navrée : — Hélas! ma pauvre femme... quoique je sois encore vivant, tu es veuve...

Ces mots rappelant aux deux époux qu'ils étaient à jamais séparés par l'outrage infâme dont Aveline avait été victime et qui pouvait la rendre mère... tous deux fondirent en larmes et restèrent embrassés dans un morne et muet désespoir.

— Ah! — s'écria Guillaume Caillet dont la rude figure ruisselait de pleurs en contemplant les deux infortunés qu'il montrait du geste à Mahiet, — pour les venger... que de sang... oh! que de sang... que d'incendies... que de massacres...

— Il faut égorger cette race seigneuriale, — reprit Adam le Diable en se rongeant les ongles avec une rage sourde, — il faut l'égorger... il faut tout tuer, tout... jusqu'aux enfants au berceau... Il faut qu'il n'en reste pas de cette race... — Puis se retournant vers Mahiet, le paysan ajouta d'un air de reproche farouche :

— Et toi, tu nous dis de prendre patience...

— Oui, — répondit Mahiet, — oui, patience, si tu veux venger en un seul jour... ces millions d'esclaves, de serfs, de vilains de notre race qui, depuis des siècles, sont morts écrasés, torturés, massacrés par les seigneurs; oui, patience, si tu veux que ta vengeance soit féconde et affranchisse tes frères! Pour cela, je t'en conjure, et toi aussi, Guillaume, pas de révolte partielle! que tous les serfs de la Gaule se lèvent ensemble le même jour, au même signal, et la race seigneuriale n'aura pas de lendemain.

— Attendre, — reprit Adam le Diable avec une sombre impatience; — toujours attendre!

— Et quand viendra-t-il, le signal de la révolte? — reprit Guillaume. — D'où viendra-t-il, ce signal?

— Il viendra de Paris, la ville des révoltes, des soulèvements du populaire, — dit Mahiet, — et ce sera dans peu de temps.

— De Paris! — s'écrièrent les deux paysans d'un air de surprise et de doute. — Quoi! ces Parisiens...

— Comme vous, les Parisiens sont las des outrages et des exactions des seigneurs; comme vous, les Parisiens sont las des voleries du roi Jean et de sa cour, qui ruinent et affament le pays ; comme vous, ils sont las de la couardise de la noblesse, seule force armée du pays, qui laisse ravager la Gaule par les Anglais ; enfin, les Parisiens sont las d'avoir tenté auprès du roi prières, sacrifices, remontrances, pour obtenir de lui la réforme d'abus exécrables ; aussi les Parisiens sont-ils résolus d'en appeler aux armes contre la royauté ; la rupture de la trêve avec les Anglais, annoncée tantôt par le messager royal, hâtera sans doute l'heure de la révolte ; mais jusqu'à cette heure solennelle, patience, ou tout est perdu.

— Et ces Parisiens, — reprit Guillaume avec un redoublement d'attention, — qui les dirige? Est-ce qu'ils ont un chef?

— Oui, — reprit Mahiet avec enthousiasme, — le plus courageux, le plus sage, le meilleur des hommes !

— Et son nom?

— ÉTIENNE MARCEL, un bourgeois, marchand de draps, prévôt des échevins de Paris ; tout le peuple est avec lui parce qu'il veut le bien et l'affranchissement du peuple... Grand nombre des bourgeois des villes communales, aujourd'hui retombées sous le pouvoir royal, aussi prêtes à se soulever, correspondent avec Marcel ; mais il sent que bourgeois et artisans commettraient une méchante action, s'ils n'offraient leurs conseils, leurs secours aux serfs des campagnes, pour les aider à briser enfin le joug des seigneurs ! En agissant avec ensemble, serfs, artisans et bourgeois, nous aurons facilement raison des seigneurs et de la royauté. Comptons-nous, comptons nos oppresseurs ; combien sont-ils? Quelques milliers au plus, et nous sommes des millions et des millions !...

— C'est vrai, — dirent Guillaume et Adam en échangeant un regard approbatif, — les villes unies aux campagnes, c'est tout le monde ! les seigneurs, ce n'est rien !

— D'après l'avis de Marcel, — reprit Mahiet, — j'étais venu en ce pays, où, selon l'usage, le tournoi devait amener grand nombre de vassaux ; je voulais savoir si, dans cette province comme dans d'autres, les paysans, poussés à bout, songeaient enfin à la révolte ! Maintenant je n'en doute plus, car je vous ai rencontrés, vous, Guillaume et Adam, et j'ai vu tantôt, tout en regrettant ce mouvement partiel et trop hâté, que *Jacques Bonhomme*, las de ses hontes, de ses misères, de ses tortures, le moment venu, prendra les armes... Je m'en retourne à Paris le cœur plein d'espoir; donc patience... amis... patience, et bientôt sonnera l'heure des grandes représailles, l'heure de la justice inexorable.

— Oui, — repartit Guillaume, — nous règlerons les comptes de nos pères... et moi je règlerai le compte de ma fille... Vois-tu, mon enfant? vois-tu... — Et le vieux paysan montrait du geste Aveline, assise à côté de Mazurec; tous deux accablés, muets, le regard fixe, attaché sur le sol, ils semblaient abîmés dans leur désespoir.

— Mais j'y songe, — dit l'Avocat, — Mazurec ne peut maintenant rester dans le pays.

— J'ai pensé à cela, — reprit Guillaume, — cette nuit nous retournerons à Cramoisy avec ma fille et son mari; je connais une caverne au plus épais de la forêt : cette cachette a longtemps servi d'asile à Adam; je vais y conduire Mazurec. Chaque nuit, ma fille ira lui porter une partie de notre pitance; la pauvre enfant est si désolée que la séparer tout à fait de son mari, ce serait la tuer... Il restera donc caché jusqu'au jour de la vengeance, et ce jour venu... compte sur moi, sur Adam et sur tant d'autres.

— Mais qui donnera le signal, auquel les gens des villes et des campagnes doivent se soulever? — dit Adam le Diable.

— Paris, — répondit Mahiet. — Avant peu je vous ferai tenir ou je vous apporterai de l'argent pour acheter des armes; mais n'éveillez pas les soupçons des seigneurs; achetez les armes une à une, à la ville... les jours de foire... et cachez-les chez vous. Si vous connaissez des forgerons de qui vous soyez sûrs, faites-leur façonner des piques... l'argent des villes vous donnera du fer... et avec le fer, vous aurez la vengeance et la liberté.

Soudain un hennissement prolongé retentit derrière la porte. — C'est *Phœbus*, mon cheval, — s'écria Mahiet frappé d'une joyeuse surprise; — je l'avais attaché près du lieu du tournoi; lassé de m'attendre, il aura brisé son licou et retrouvé le chemin de cette auberge, où il n'est pourtant venu qu'une fois... Brave *Phœbus*, — ajouta l'Avocat en allant vers la porte, — ce n'est pas la première preuve d'intelligence qu'il me donne. — A peine Mahiet eut-il ouvert la partie supérieure de l'huis que la tête de *Phœbus* y parut; il fit entendre un nouveau hennissement et lécha les mains de son maître qui lui dit :

— Allons, mon bon compagnon, tu vas avoir une provende d'avoine, et en route!

— Quoi! messire, vous partez cette nuit? — dit Alison la Vengroigneuse en essuyant ses larmes, qui n'avaient cessé de couler depuis le retour de Mazurec, — vous partez malgré la nuit et la pluie? Demeurez au moins jusqu'à demain matin avec nous.

— Le messager royal a apporté des nouvelles qui hâtent mon retour à Paris, ma belle hôtesse... mais au revoir; j'espère bientôt revenir à Nointel.

— Avant de nous quitter, messire Avocat, — reprit Alison en fouillant dans sa poche, — prenez ces trois florins d'argent, je vous les dois pour le gain de mon procès...

— Votre procès... mais je n'ai pas plaidé.

— Vous avez gagné ma cause sans plaider.

— Et comment cela?

— Ce matin, lorsque vous êtes revenu chercher votre cheval pour vous rendre au tournoi, Simon le Hérissé sortait de sa maison au moment où vous passiez. « Voisin, — lui ai-je dit, — je n'avais pu « jusqu'ici trouver un champion, maintenant j'en ai un. — Et où « est-il ce beau champion, m'a répondu Simon d'un ton gogue« nard. — Tenez, lui ai-je dit, le voyez-vous? c'est ce grand « jeune homme qui passe là monté sur ce cheval bai. — Simon le

« Hérissé a couru sur vos pas, et après vous avoir attentivement
« regardé des pieds à la tête, il est revenu l'oreille basse et m'a dit :
« — Tenez, voisine, je vous donne trois florins, et soyons quittes.
« — Non, voisin, vous me rendrez mes douze florins, sinon vous
« aurez affaire à mon avocat ; si ce n'est aujourd'hui, ce sera de-
« main. » — Au bout d'un quart d'heure, Simon le Hérissé, devenu
doux comme miel, m'apportait mes douze florins ; en voilà donc
trois pour vous, messire Avocat.

— Je n'ai pas plaidé, je n'ai rien à recevoir de vous, chère hôtesse, sinon un baiser que vous me donnerez en tenant mon étrier.

— Oh ! de grand cœur, messire Avocat, — répondit cordialement
Alison ; — on embrasse ses amis, et je suis certaine que maintenant
vous avez pour moi un peu d'affection.

Lorsque Phœbus eut mangé sa provende et Mahiet endossé par-
dessus son armure une épaisse cape de voyage, il revint dans la salle
basse, s'approcha de Mazurec, et lui dit avec émotion : — Courage
et patience... embrasse-moi... Je ne sais pas pourquoi je sens qu'un
autre intérêt que celui de tes malheurs m'attache à toi... avant peu
j'aurai éclairci mes doutes et je reviendrai ; — puis, s'adressant à
Aveline qui jamais n'a menti : — Adieu ! pauvre enfant ; vos espérances sont détruites, du moins il vous reste un compagnon de chagrin ; vos larmes souvent se confondront avec les siennes et vous
sembleront moins amères ; — et, se retournant vers Guillaume Caillet et Adam le Diable, serrant dans ses mains les mains calleuses
des deux paysans : — Adieu ! frères... n'oubliez pas vos promesses,
je n'oublierai pas les miennes ; sachons attendre le jour de la justice et des grandes représailles.

— Voir ce jour-là... et venger ma fille, — répondit Guillaume
Caillet ; — je pourrai mourir après.

Mahiet l'Avocat, après avoir donné un cordial baiser sur la joue
vermeille d'Alison qui tenait l'étrier, s'élança sur son cheval et,
malgré la pluie et les ténèbres, reprit en hâte le chemin de Paris.

CHAPITRE II

Les États-généraux. — Paris au quatorzième siècle. — Guillaume Caillet et *Rufin-Brisé-Pot*, écolier de l'Université de Paris. — L'enterrement de *Perrin Macé*. — L'enterrement de *Jean Baillet*. — ÉTIENNE MARCEL *le Drapier*, prévôt des marchands de Paris, sa femme et sa mère. — Pétronille Maillart. — *Charles le Mauvais*, roi de Navarre. — Le retour de Mahiet l'Avocat. — Étienne Marcel harangue le peuple au couvent des Cordeliers. — Guillaume Caillet. — Le régent et ses courtisans. — Le sire de Nointel et le chevalier de Chaumontel. — La justice du peuple. — *Aux armes!* — JACQUES BONHOMME.

Avant de poursuivre ce récit, fils de Joël, il est nécessaire de vous parler d'une institution, oppressive aux temps abhorrés de la conquête franque et de la féodalité, mais qui est devenue, en ces derniers temps, un instrument d'affranchissement. La conquête franque, il y a près de dix siècles, fonda la première dynastie de ces rois étrangers à la Gaule, sous le pouvoir desquels nous vivons encore aujourd'hui. CLOVIS et ses descendants convoquèrent presque annuellement, à des réunions qu'ils appelaient *champs de mai*, leurs principaux *leudes*, ou chefs de bandes; dans ces assemblées, d'où les Gaulois vaincus étaient exclus, les guerriers franks délibéraient avec le roi, et dans leur langage germanique, sur de nouvelles entreprises guerrières ou sur de nouvelles exactions à imposer au peuple asservi. Ce fut à ces *champs de mai* que, sous la domination envahissante des maires du palais, les rois fainéants, ces derniers rejetons de Clovis, abrutis et énervés, paraissaient une fois l'an, avec des barbes postiches, comme de grotesques et vains simulacres de la royauté. Ces assemblées se tinrent également sous les règnes de Charlemagne et des rois karolingiens. Les évêques, complices des Franks conquérants, faisaient partie de ces réunions, où siégeaient seuls la noblesse et le clergé. Hugues Capet et ses descendants tinrent aussi de temps à autre dans leurs domaines des *cours* ou *parlements* composés de seigneurs et de prélats, mais d'où les bourgeois, les artisans et les serfs, descendants des Gaulois conquis, restèrent exclus, ainsi que par le passé, ces assemblées représentant uniquement les intérêts des descendants ou des complices des conquérants.

Cependant, vers la fin du siècle dernier, en 1290, les légistes ou gens de loi, d'origine plébéienne, commencèrent d'entrer dans ces parlements. Le pouvoir royal, établi sur les ruines de la féodalité, devenant de plus en plus oppressif et absolu, les parlements se bornaient à enregistrer et à promulguer servilement les ordonnances royales, au lieu de rester, comme par le passé, de libres assemblées où rois, seigneurs et prélats délibéraient en pairs, en égaux, sur les affaires de l'État (qui n'étaient point celles du populaire, tant s'en faut). Mais bientôt il advint qu'en dépit des enregistrements, ni lois ni ordonnances n'étaient exécutées. L'esprit de liberté, soufflant enfin sur la vieille Gaule, avait amené une sorte d'insurrection générale contre la royauté; les bourgeois, retranchés dans leurs cités, les seigneurs dans leurs châteaux, les évêques dans leurs diocèses, refusaient de payer les impôts, fixés selon le bon plaisir du roi. Ainsi *Philippe le Bel*, au commencement de ce siècle-ci, ne put faire exécuter l'ordonnance qui frappait d'un cinquième le revenu de chacun; et quoique le décret eût été enregistré par le parlement, les officiers du roi, accueillis à coups d'épées, de pierres et de bâtons à Paris, à Orléans et ailleurs, ne purent faire entrer l'argent dans le Trésor. En cette occurrence, *Enguerrand de Marigny*, ministre habile, qui fut pendu plus tard, dit au roi Philippe le Bel :
« — Beau sire, vous n'êtes pas le plus fort; donc, au lieu d'or-
« donner, demandez, priez, suppliez, s'il le faut, et, pour ce faire,
« convoquez des *assemblées nationales*, ou états généraux, compo-
« sées de prélats, de seigneurs et de bourgeois, députés des com-
« munes; car de nos jours, beau sire, il faut absolument compter
« avec la bourgeoisie, qui a fini par s'émanciper. A cette assemblée
« nationale, exposez gentiment, doucement, honnêtement, vos be-
« soins, et vous avez grand chance de voir remplir vos coffres. »

L'avis était sage; Philippe le Bel le suivit. De sorte que, pour la première fois depuis neuf siècles, et grâce aux insurrections communales, les bourgeois, ces plébéiens représentant le peuple vaincu, la race gauloise asservie, prirent place à l'assemblée nationale à côté des seigneurs, représentant la conquête, et des évêques, leurs complices. Ces États généraux assemblés, le roi, se faisant humble, petit, pauvret et bon prince, obtint d'eux les levées d'hommes et des subsides dont il avait besoin. Depuis lors, ses descendants, tous cupides, prodigues ou besoigneux s'il en fut, convoquaient l'assemblée nationale lorsqu'ils voulaient établir de nouvelles taxes ou faire des levées d'hommes ; à ces assemblées, les bourgeois députés des communes se rendaient toujours avec défiance ; car la royauté ne les convoquait jamais que pour exiger d'eux l'or et le sang de la Gaule. Exiger, c'est le mot ; car en vain les députés bourgeois refusaient les levées d'hommes et l'argent qui leur paraissaient injustement demandés, ces refus étaient nuls et voici pourquoi : Los états généraux se composaient de *trois états ;* LA NOBLESSE, — LE CLERGÉ, — LA BOURGEOISIE, chaque ordre étant représenté par un nombre égal de députés. Or, la bourgeoisie se trouvait seule de son avis contre la noblesse et le clergé, toujours fort empressés de satisfaire aux désirs de la royauté à l'endroit des impôts.

La raison en était simple : les prélats et les seigneurs, exemptés de taxes en vertu des priviléges de leur noblesse ou de leur prêtrise, recevant, grâce aux prodigalités royales, une grosse part des impôts, ils les consentaient à cœur joie, puisqu'ils en profitaient et que le poids écrasant de ces taxes retombait tout entier sur la bourgeoisie et sur le populaire. Ceci est très-fâcheux ; mais enfin, progrès immense, dû aux premières insurrections communales, ces bourgeois, quoiqu'en minorité, ces bourgeois, représentants des Gaulois vaincus et asservis depuis des siècles, avaient voix et place à l'assemblée nationale à côté des seigneurs et des évêques, représentant la conquête !

Quels progrès immenses accomplis depuis ces temps maudits où les rois franks et leurs leudes se réunissaient seuls dans leurs champs de mai pour délibérer, dans leur langage germanique, sur l'horrible servitude qu'ils nous imposaient à nous, peuple vaincu? Et ces pas vers un avenir meilleur encore, ces pas, ainsi que le disait notre aïeul Fergan, ont été lentement, laborieusement tracés d'âge en âge par nos pères, toujours persévérants, toujours en lutte, toujours en armes contre les prêtres, les nobles ou les rois, s'arrêtant parfois pour reprendre haleine ou panser leurs glorieuses blessures, mais ne reculant jamais. Souvenez-vous de ces exemples, fils de Joël!

Donc, le progrès était immense; mais la bourgeoisie, en minorité dans les états généraux, ne pouvait jamais faire prévaloir sa volonté. Étienne Marcel le Drapier, prévôt des marchands, l'un des plus grands hommes qui aient illustré la Gaule, sut faire rendre à la bourgeoisie sa légitime prépondérance dans les états généraux : l'an passé (1355) le roi Jean voit son trésor vidé par sa ruineuse prodigalité, la Gaule est en feu, la guerre partout, le roi d'Angleterre, maître d'une partie de notre pays, prétend le conquérir entièrement; *Charles le Mauvais*, roi de Navarre, à qui Jean a donné sa fille en mariage, revendique à main armée plusieurs provinces pour la dot de sa femme. Dans cette situation désespérée le roi Jean convoque les états généraux afin d'obtenir de leurs députés des levées d'hommes et de l'argent; l'archevêque de Rouen, chancelier du roi, expose ses demandes avec hauteur; mais cet impérieux chancelier comptait sans Étienne Marcel. Ce grand citoyen envoyé aux états généraux par la ville de Paris, indigné de voir la noblesse et le clergé écarter, par leurs votes, les justes réclamations des députés des communes, tonne contre cet abus odieux, et soutenu par l'attitude menaçante du peuple de Paris, il déclare qu'à l'avenir l'ADHÉSION DE LA NOBLESSE ET DU CLERGÉ N'ENCHAÎNERA PAS LES DÉPUTÉS DE LA BOURGEOISIE, et que si, contre la volonté des bourgeois, les seigneurs et les prélats accordent aux rois des levées d'hommes ou de l'argent sans garanties du bon emploi de ces troupes et de ces impôts pour la chose publique, les villes refuseront de se soumettre aux décrets et ne fourniront ni hommes ni argent.

Ce langage énergique et sensé, mais inouï jusqu'alors, impose aux états généraux ; Marcel, au nom des députés de la bourgeoisie, pose à la royauté les conditions auxquelles il consent à accorder des hommes et des subsides ; la royauté accepte, sachant le peuple de Paris prêt à soutenir Marcel. Malheureusement (et il devait en faire plus d'une fois l'épreuve), il reconnut bientôt la vanité des promesses royales ; l'argent voté par l'Assemblée nationale est follement dépensé par le roi et par ses courtisans ; les levées d'hommes, au lieu d'être employées contre les Anglais, dont les envahissements vont toujours croissant, servent aux guerres privées du roi Jean contre plusieurs seigneurs, afin d'agrandir ou de sauvegarder ses domaines particuliers. L'audace des Anglais redouble ; ils rompent une trêve conclue et menacent le cœur de la Gaule. C'est alors que le roi Jean convoque en hâte sa fidèle et bien-aimée noblesse, l'appelant à la défense du pays.

Vous avez vu, fils de Joël, de quelle façon ces vaillants coureurs de tournois ont accueilli le héraut royal, lors de la passe d'armes de Nointel ; pourtant, bon gré malgré, la plupart de ces preux, qui redoutaient pour eux-mêmes l'invasion étrangère, entraînent leurs vassaux à leur suite et rejoignent le roi Jean aux environs de Poitiers. Mais à la première attaque des archers anglais, cette brillante chevalerie tourne bride, joue des éperons, fuit lâchement et fait massacrer les pauvres gens qu'elle avait contraints à la suivre ; le roi Jean reste prisonnier des Anglais, et son fils *Charles, duc de Normandie*, âgé de vingt ans à peine, n'échappe à cette honteuse défaite avec ses frères que pour revenir à toute bride à Paris, où il convoque, en sa qualité de régent, les états généraux, afin d'en obtenir de nouvelles sommes d'argent destinées à la rançon du roi des Français et des seigneurs prisonniers de l'ennemi. Sans Marcel le Drapier la Gaule était perdue ; mais l'ascendant de son génie et de son patriotisme domine l'Assemblée nationale. Marcel répond au chancelier, interprète des demandes du régent, qu'avant de s'occuper du rachat du roi et de sa chevalerie, il faut songer au salut du pays, qui exige des réformes urgentes et radicales qu'il énumère; puis, suffisant à tout et déployant une activité surhumaine, il fait enclore Paris de nouvelles fortifications, afin de mettre la ville à l'abri des Anglais, qui s'avancent jusqu'à Saint-Cloud; il arme les populations, organise la police des rues, assure les subsistances de la cité par des arrivages de grains, calme, raffermit les esprits alarmés, donne une pareille impulsion aux principales cités de la Gaule; et en même temps, fidèle à son plan de réformes, poursuivi, mûri durant de longues années de sa vie obscure et laborieuse, il fait nommer une commission de quatre-vingts députés de la bourgeoisie, chargés de la rédaction des réformes imposées au régent. Les députés de la noblesse et du clergé se retirent dédaigneusement de l'Assemblée nationale, révoltés de l'audace de ces bourgeois législateurs. Ceux-ci, maîtres du terrain, sous la présidence et la haute inspiration de Marcel, rédigent un plan de réformes qui est à lui seul tout une immense révolution. C'est le gouvernement républicain de nos anciennes communes, étendu de la cité à la Gaule entière; c'est le pouvoir des députés choisis par le pays substitué à l'absolutisme du pouvoir royal. Le roi n'est plus que le premier agent des états généraux, et il ne peut, sans leur volonté souveraine, disposer ni d'un homme ni d'un florin. Ces réformes, fruit des longues veilles d'Étienne Marcel, et solennellement acceptées, jurées par CHARLES, duc de Normandie, régent pour son père le roi Jean, prisonnier des Anglais, ces réformes ont été promulguées sous ce titre : *Ordonnance royale du 17ᵉ jour de janvier* 1357.

Voici cet édit, fils de Joël : il a été proclamé à son de trompe dans Paris et dans les principales cités de la Gaule; je transmets ce parchemin à notre descendance, de même que Fergan, notre aïeul, nous a transmis la copie de la *Charte de la commune de Laon*. Lisez et méditez, vous jugerez du nombre des abominables abus, nés du pouvoir royal, par la réforme même qui les atteint.

« Les États généraux se réuniront à l'avenir toutes les fois qu'il
« leur paraîtra convenable (et ce sans avoir besoin du consentement
« du roi), pour délibérer sur le gouvernement du royaume, *sans que*
« *l'avis de la noblesse et du clergé puisse lier ou obliger les députés*
« *des communes.*

« Les membres des États généraux seront mis sous la sauvegarde
« du roi ou du duc de Normandie, protégés par leurs héritiers, et
« en outre les membres des États pourront aller par tout le royaume
« *avec une escorte armée chargée de les faire respecter.*

« Les deniers provenant des subsides accordés par les États gé-
« néraux seront levés et distribués, *non par les officiers royaux, mais*
« PAR DES DÉPUTÉS ÉLUS PAR LES ÉTATS et ils *jureront de résister à*
« *tout ordre du roi et de ses ministres* si le roi ou ses ministres vou-
« laient employer l'argent à d'autres dépenses qu'à celles ordonnées
« par les États généraux.

« Le roi n'accordera plus de pardons pour meurtre, viol, rapt ou
« infraction des trêves.

« Les offices de justice ne seront plus vendus *ni donnés à ferme.*

« Les frais de procédure et d'enquêtes et d'expédition seront ré-
« duits dans la chambre du parlement et celle des comptes, et les
« gens de ces deux chambres *seront chassés comme exacteurs des*
« *deniers publics.*

« Toutes prises de vivres, fourrages, argent, au nom et pour le
« service du roi ou de sa famille, seront interdites, et faculté donnée

« aux habitants de se rassembler au son de leur beffroi, *pour courir
« sus contre les preneurs.*

« Afin d'éviter tout monopole et toute vexation, nul des officiers
« du roi *ne pourra faire le commerce des marchandises ou du change.*

« Les dépenses de la maison du roi, du dauphin et de celle des
« princes, seront modérées et réduites à des bornes raisonnables
« par les États généraux; et les maîtres d'hôtels royaux seront
« *obligés de payer ce qu'ils achèteront pour ces maisons.*

« Désormais, le roi, le dauphin, les princes, la noblesse, les pré-
« lats, quel que soit leur rang, *seront soumis à l'impôt ainsi que
« tous les citoyens.* »

Oh! fils de Joël, à ces antiques champs de mai où les Franks conquérants et les évêques, leurs complices, disposaient de nous,
Gaulois vaincus, comme on dispose d'un vil bétail, comparez les
Assemblées nationales de ce temps-ci, assemblées où domine cette
laborieuse *roture* qui, par son industrie, son commerce, ses métiers,
ses arts, enrichit le pays, tandis que la royauté, la noblesse et
l'Église le ruinent et l'épuisent... Comparez et méditez, fils de Joël:
alors, instruits par la connaissance du passé, pleins de foi dans
l'avenir, jamais, quelles que soient les épreuves qui vous attendent,
vous n'éprouverez de lâches défaillances; vous continuerez vaillamment, à travers les siècles, l'œuvre d'affranchissement commencée
par nos pères, et vous marcherez d'un pas plus ferme, plus confiant
encore, vers ce but glorieux promis à notre race par la voix prophétique de Victoria la Grande.

Revenons maintenant à notre récit, interrompu au moment où
Mahiet l'Avocat quittait le cabaret d'Alison pour retourner à Paris.

Paris a beaucoup changé d'aspect depuis le neuvième siècle, époque à laquelle vivait notre aïeul *Eidiol*, le doyen des nautoniers parisiens. Alors cette cité était renfermée tout entière dans l'île que baignent les deux bras de la Seine; mais peu à peu, siècle à siècle, elle s'est beaucoup étendue à gauche et à droite de son antique berceau. Les champs, les prairies, au milieu desquels s'élevaient les abbayes et les habitations des faubourgs, se sont couverts d'innombrables maisons alignées sur des rues, dont quelques-unes sont pavées de grès depuis l'an 1185. Peut-être un jour nos descendants seront-ils curieux de comparer le Paris de ce temps-ci (an 1356) au Paris de leur temps, de même qu'à cette heure nous le comparons à ce qu'il était, alors que notre aïeul Eidiol y résidait.

L'ancienne ville, renfermée entre les deux bras de la Seine, continue de s'appeler *la Cité* et sert généralement de demeure au clergé, dont les habitations semblent se grouper à l'ombre des hautes tours de l'immense basilique de *Notre-Dame*. L'évêque de Paris possède la juridiction de la Cité presque entière. Sur la rive droite de la Seine commence, à l'endroit où s'élève la grosse tour de la porte du Louvre, l'enceinte fortifiée de ce que l'on appelle communément *la ville*. Elle est peuplée de commerçants, d'artisans, de bourgeois, et contient les halles, à l'extrémité desquelles se trouve la tour du pilori, où l'on expose et exécute les malfaiteurs avant de porter leurs cadavres aux gibets de Montfaucon. La ceinture de fortifications dont Paris est entouré au nord s'étend depuis la grosse tour du Louvre jusqu'à la porte Saint-Honoré; puis, la muraille, continuant vers la porte au *Coquillier*, va aboutir à la porte Montmartre, décrit une courbe à peu de distance de la rue Saint-Denis, remonte dans la direction des portes du Temple et de Saint-Antoine, arrive à la porte *Barbette*, flanquée de la grosse tour de *Billy*, bâtie sur le bord de la Seine vis-à-vis Notre-Dame et l'île aux Vaches. L'enceinte de remparts, interrompue par le cours de la rivière, recommence sur la rive gauche, entoure le quartier de *l'Université*, habité par les écoliers et qui a pour issues les portes *Saint-Victor*, *Saint-Marcel*, *Sainte-Geneviève*, *Saint-Jacques* et *Saint-Germain*; puis, longeant l'hôtel de Nesle, aboutit à la tour *Philippe-Hamelin*, bâtie sur la rive gauche en face de la tour du Louvre, élevée sur la rive droite. Cette vaste enceinte, qui assure la défense de Paris, a été complétée par les immenses travaux de fortifications dus au génie et à la prodigieuse activité d'Étienne Marcel. Il a fait armer les remparts de nombreuses machines de guerre et de plusieurs de ces nouveaux engins d'artillerie nommés *canons*, sortes de tubes faits de barres de fer reliées entre elles par des cercles de même métal; ces canons, au moyen d'une poudre surprenante récemment inventée par un moine allemand, lancent des balles de pierre et de fer à une grande distance avec un bruit pareil à celui du tonnerre. Sans ces immenses travaux, exécutés en trois mois, la capitale de la Gaule tombait au pouvoir des Anglais.

Un assez long espace de temps s'était écoulé depuis que Mahiet l'Avocat avait quitté la petite ville de Nointel. Un homme coiffé d'un bonnet de laine, vêtu d'un vieux sarrau de toile grise, portant bissac au dos et gros bâton à la main, entrait dans Paris par la porte Saint-Denis : c'était Guillaume Caillet, le père d'*Aveline qui jamais n'a menti*. Le vieux paysan semblait encore plus sombre que d'habitude; son œil cave et ardent, ses joues creuses, son sourire amer, témoignaient de sa douleur profonde et concentrée. Elle céda pourtant tout d'abord à l'étonnement que causait à Guillaume l'aspect tumultueux des rues de Paris, où il entrait pour la première fois. Cette multitude affairée, ces costumes divers, ces chevaux, ces chariots, ces litières, qui se croisaient en tous sens, donnaient au campagnard une sorte de vertige; tandis que ses oreilles tintaient au bruit assourdissant des cris incessamment poussés par les marchands ou leurs apprentis, qui, debout au seuil des boutiques, provoquaient les chalands. *Étuves chaudes, bains chauds*, — criaient les baigneurs. — *Échaudés, croquants, pâtés frais*, — criaient les pâtissiers. — *Vin nouveau! il arrive d'Argenteuil et de Suresne,* — criait un tavernier armé d'un grand hanap d'étain, en conviant les buveurs du geste et du regard. — *Qui veut faire raccommoder son pourpoint?* — criait le tailleur. — *Le four est chaud: qui veut faire cuire son pain?* — criait le fournier. Plus loin, on criait un édit royal annoncé d'abord par le tambour ou la trompette; ailleurs, des moines quêteurs d'une confrérie criaient en tendant leur escarcelle : — *Donnez pour le rachat des âmes du purgatoire!* — tandis que des mendiants, étalant leurs plaies réelles ou feintes, criaient : — *Donnez aux pauvres pour l'amour de Dieu!* Guillaume Caillet, avant de s'aventurer plus loin dans Paris, s'assit sur un montoir de pierre placé près d'une porte, voulant à la fois se reposer et accoutumer ses yeux et ses oreilles à ce spectacle et à ce bruit si nouveaux pour lui.

Bientôt les *crieries* furent presque couvertes par une rumeur lointaine qui s'élevait de la rue *Mauconseil* ; à cette rumeur se joignaient de temps à autre les sourds roulements du tambour et les sons lugubres des clairons. Soudain le vieux paysan entendit répéter de bouche en bouche autour de lui, avec un accent à la fois sinistre et courroucé : « Voici l'enterrement de ce pauvre Perrin Macé! » Puis tous les passants et grand nombre de marchands et d'apprentis, laissant leurs boutiques sous la garde des femmes de comptoirs, coururent aux abords de la rue Mauconseil et de la rue *Où-l'on-cuit-les-oies*, qui lui fait presque face et par laquelle devait défiler le funèbre cortége, après avoir traversé la rue Saint-Denis.

Guillaume Caillet, frappé de l'empressement des Parisiens à se trouver sur le passage de cet enterrement, qui semblait un deuil public, suivit la foule, dont l'affluence devint bientôt considérable; le hasard le plaça près d'un écolier de l'Université de Paris. Ce jeune homme, âgé de vingt-cinq ans environ, se nommait *Rufin-Brise-Pot*, surnom justifié du reste par la mine joviale et tapageuse de ce grand garçon, coiffé d'un mauvais chaperon de feutre devenu fauve de vétusté, habillé d'un surcot noir non moins rapiécé que ses chausses, et aussi dépenaillé que le fut jamais écolier de Paris. Guillaume, longtemps retenu par sa timidité rustique, n'avait osé adresser la parole à Rufin-Brise-Pot; et cependant quelques propos tenus autour de lui dans la foule et par l'écolier lui-même augmentaient la curiosité du paysan; telles étaient ces paroles :

— Pauvre Perrin Macé! — disait un Parisien, — avoir eu le poing coupé et avoir été ensuite pendu sans jugement, de par le bon plaisir du régent et de ses courtisans!

— Voilà comment la cour respecte la fameuse ordonnance de notre ami Marcel!

— Oh! cette noblesse!... c'est la peste et la ruine du pays!

— Les nobles! — s'écria Rufin-Brise-Pot, — ce sont des chevaux de parade houssés, empanachés, bons à piaffer, sans rien porter ni tirer; mais s'agit-il de donner un coup de collier, ils bronchent, ils renâclent!

— Pourtant, messire écolier, — se hasarda de dire un gros homme à chaperon fourré, — la noble chevalerie est digne de nos respects!

— La chevalerie, — s'écria Rufin avec un éclat de rire méprisant, — la chevalerie ne sert qu'à tournoyer dans les tournois par le seul appât du gain, puisque le cheval et les armes du vaincu appartiennent au vainqueur! Par Jupiter! ces vaillants joutent à renverser leurs adversaires, de même que nous essayons d'abattre des quilles pour gagner l'enjeu lorsque nous faisons une partie de mail dans notre Val-des-Écoliers; mais, s'agit-il de risquer sa peau à la guerre sans autre gain que des horions, la noblesse fuit honteusement, comme il lui est arrivé de faire à la bataille de Poitiers, où elle a donné le signal du sauve-qui-peut à une armée de quarante mille hommes qui avait à combattre huit mille archers anglais! Ventre du pape! vos nobles ne sont pas des hommes, ce sont des lièvres!

— Allons, messire écolier, — reprit en riant un autre citadin,

— ne médisons pas de la noblesse. Ne nous a-t-elle pas débarrassés du roi Jean en le laissant prisonnier des Anglais?

— Oui, — dit une voix, — mais il nous faudra payer la rançon royale, et, en attendant, être gouvernés par le régent, un garçonnet de vingt ans, qui fait pendre les gens lorsqu'ils réclament l'argent que leur doit le trésor royal, et se regimbent lorsqu'on les frappe, comme a fait Perrin Macé.

— Grâce à Dieu, l'ami Marcel mettra bientôt ordre à tout cela...

— Marcel est la providence de Paris.

— Vous n'avez, mes compères, que le nom de Marcel à la bouche, — reprit l'homme au chaperon fourré, avec une aigreur sournoise; — quoique maître Marcel soit prévôt des marchands et président de l'échevinage, il n'est pas « Jean-fait-tout; » les autres échevins le valent en prud'hommie, à commencer par maître Jean Maillart...

— Qui ose dire ici que quelqu'un peut être comparé au grand Marcel? — s'écria Rufin-Brise-Pot. — Par Jupiter! celui qui dit cette sottise parle comme un oison!

— Hum! hum! — reprit en grommelant l'homme au chaperon fourré, — c'est moi qui dis cela.

— Alors c'est vous qui parlez comme un oison! — reprit Brise-Pot. — Quoi! vous osez soutenir que Marcel n'est pas le premier des citoyens! lui, l'ami, le père du peuple!

— Oui, oui, — répondit la foule, — Marcel est notre sauveur; sans lui, Paris était pris et ravagé par les Anglais.

— Marcel, — reprit Rufin-Brise-Pot avec un enthousiasme croissant, — lui qui a rétabli l'économie dans les finances, l'ordre et la sécurité dans la cité : ventre du pape! j'en sais quelque chose! Il y a quinze jours, vers les minuit, je tapageais, en compagnie de mon ami *Nicolas-Poire-Molle*, à la porte d'une honnête maison de la rue *Trace-Pute;* la dame du lieu, *Jeanne la Bocacharde*, refusait de nous recevoir, prétendant que *Margot la Savourée* et *Audruche la Bernée*

n'étaient point au logis. A cette réponse, moi et mon ami Poire-
Molle nous avons failli enfoncer la porte ; mais à ce moment passait
une ronde d'arbalétriers institués par Marcel pour maintenir la police dans les rues, et ils nous ont arrêtés, puis fourrés à la prison
du Châtelet, malgré nos priviléges d'écoliers de l'Université de
Paris !... Dites maintenant que Marcel ne maintient pas l'ordre
dans la cité !

— Il se peut, — reprit l'homme au chaperon fourré ; — mais tout
autre échevin eût agi pareillement ; et maître Jean Maillart...

— Jean Maillart ! — s'écria Brise-Pot. — Ventre du pape ! si
lui ou tout autre, ou le roi lui-même, avait osé attenter aux franchises de l'Université, les écoliers, soulevés en masse, seraient des-
cendus en armes de leur quartier Saint-Germain, et il y aurait eu
bataille dans Paris. Mais ce que l'on permet à Marcel, parce qu'il
est l'idole des Parisiens, on ne le permettrait à nul autre.

— L'écolier a raison, — s'écria-t-on dans la foule ; — Marcel est
notre idole, parce qu'il est juste, parce qu'il prend l'intérêt des
bourgeois contre les courtisans, des petits contre les grands.

— Sans l'activité de Marcel, sans son courage, sa prévoyance,
Paris serait déjà mis à feu et à sang par les Anglais.

— Marcel n'a-t-il pas aussi empêché notre ville d'être affamée,
lorsqu'il est allé lui-même, à la tête de la milice, jusqu'à Corbeil
pour défendre un arrivage de grains que les Navarrais voulaient
piller ?

— Je ne dis point non, — reprit l'homme au chapeau fourré
avec une envieuse ténacité ; — mais, au lieu et place de Marcel,
maître Maillart eût agi comme Marcel.

— Certainement, si l'échevin Maillart avait le génie de Marcel,
il ferait, pardieu ! tout ce que fait Marcel, — reprit Rufin-Brise-
Pot. — Il en est ainsi de *Jeanne-la-Bocacharde ;* si elle portait barbe
au menton, elle serait *Jeannot-le-Bocachard !*

Cette saillie de l'écolier fut accueillie par les rires approbatifs de l'assistance; car l'immense majorité des Parisiens éprouvait pour Marcel autant d'attachement que d'admiration.

Guillaume Caillet, renfermé dans un sombre silence, écoutait attentivement ces propos divers et y trouvait la confirmation de ce que Mahiet l'Avocat, quelque temps auparavant, lui avait dit à Nointel de la légitime influence du prévôt des marchands sur le peuple de Paris. Soudain le bruit des tambours, des clairons, et les rumeurs lointaines d'une foule considérable se rapprochèrent de plus en plus; le convoi débouchait de la rue Mauconseil pour traverser la rue Saint-Denis. Une compagnie d'arbalétriers de la cité, commandée par son capitaine, ouvrait la marche, précédée des tambours et des clairons, qui tour à tour faisaient retentir des glas funèbres; puis venaient deux hérauts de la ville, vêtus, à ses couleurs, d'habits mi-partis rouges et bleus. Ces hérauts criaient alternativement, et de temps à autre, cette psalmodie lugubre d'une voix solennelle :

« — Priez pour l'âme de Perrin Macé, bourgeois de Paris, injus-
« tement supplicié!

« — Jean Baillet, trésorier du régent, — reprenait l'autre héraut, —
« avait au nom du roi, emprunté une somme d'argent à Perrin Macé.

« — Celui-ci réclama son argent, en vertu du nouvel édit qui
« ordonne aux officiers royaux de payer ce qu'ils ont acheté ou em-
« prunté pour le roi, sous peine de voir leurs créanciers leur courir
« sus en vertu de la loi!

« — Jean Baillet a refusé de payer, et, en outre, a injurié, me-
« nacé, frappé Perrin Macé.

« — Perrin Macé, usant de son droit de légitime défense et du
« droit que lui donnait le nouvel édit, a rendu coup pour coup, a
« tué Jean Baillet, et s'est rendu dans l'église de Saint-Méry, lieu
« d'asile d'où il a réclamé des juges.

« — Le duc de Normandie, régent, a envoyé aussitôt l'un de ses
« courtisans, le maréchal de Normandie, à l'église de Saint-Méry,
« en compagnie d'une escorte de soldats et du bourreau.

« — Le maréchal de Normandie a arraché Perrin Macé de l'é-
« glise et, sur l'heure et sans jugement, Perrin Macé, après avoir
« eu le poing coupé, a été pendu.

« — Priez pour l'âme de Perrin Macé, bourgeois de Paris, in-
« justement supplicié ! »

Après ces paroles, alternativement prononcées d'une voix solennelle par les deux hérauts, les sourds roulements du tambour et les sons plaintifs des clairons retentissaient de nouveau et dominaient à peine les imprécations de la foule, indignée contre le régent et sa cour. A la suite des hérauts venaient des prêtres avec leurs croix et leurs bannières; puis, recouvert d'un long drap noir brodé d'argent, le cercueil du supplicié, porté par douze notables vêtus de longues robes et coiffés de chaperons mi-partis rouges et bleus, ainsi qu'en portaient presque tous les partisans de la cause populaire; le collet de leurs robes était fermé par des agrafes d'argent ou de vermeil, aussi émaillés rouge et bleu, sur lesquelles on lisait cette devise ou cri de ralliement donné par Marcel : *A bonne fin!* Derrière le cercueil s'avançaient les échevins de Paris, ayant à leur tête Étienne Marcel, prévôt des marchands. Ce bourgeois obscur, sorti de sa boutique de drapier pour devenir l'un des plus illustres citoyens de la Gaule, atteignait alors la pleine maturité de l'âge; sa taille, moyenne mais robuste, s'était un peu voûtée par suite des fatigues, car sa prodigieuse activité d'homme d'action et de pensée ne lui laissait aucun repos. Sa figure ouverte et mâle, fortement caractérisée, se terminait par une épaisse touffe de barbe brune; mais ses joues et ses lèvres étaient rasées. Les agitations fiévreuses et son incessante préoccupation des affaires publiques avaient dégarni le front de Marcel, creusé ses traits, sans altérer en rien cette auguste sérénité qu'une conscience irréprochable donne à la physionomie de l'homme de bien. Rien de plus doux, de plus affectueux, que son sourire, lorsqu'il était sous l'impression des sentiments délicats et tendres, si familiers à son cœur; rien de plus imposant que son attitude, de plus redoutable que son regard, lorsque Marcel, aussi puissant orateur que grand citoyen, tonnait, avec l'indignation d'une âme honnête et courageuse, contre les lâchetés, les trahisons et les crimes de la noblesse féodale et de la royauté despotique ! Le prévôt des marchands portait le chaperon rouge et bleu et l'agrafe à devise de ralliement, ainsi que les échevins dont il était accompagné.

Fils de Joël, gardez en souvenir et honorez les noms de ces échevins ; car, sauf un traître (Jean Maillart), ils furent, comme Marcel, martyrs de la liberté. Ils se nommaient : *Delille,—Philippe Giffart, — Simon le Paonnier, — Jean Sorel, — Consac, — Josserand, — Pierre Caillart, — Jean Godard, — Pierre Puisier,* et *Jean Maillart.* Ce dernier prêtait souvent son bras à Marcel, qui, fatigué de cette longue marche à travers les rues de Paris, acceptait cordialement l'appui de l'un de ses plus vieux amis ; car, depuis son enfance, il vivait dans une étroite intimité avec Maillart. Celui-ci, sans manifester ouvertement les ressentiments d'envie et de jalousie que lui inspirait la gloire du prévôt des marchands, ne put cependant s'empêcher de sourire amèrement lorsqu'il entendit les clameurs enthousiastes dont la foule salua le passage de Marcel.

Une femme vêtue de longs habits de deuil et dont la présence semblait étrange au milieu d'une pareille cérémonie, marchait à côté de Maillart ; c'était sa femme Pétronille, jeune encore, assez belle, mais d'une figure bilieuse et revêche. Aussitôt après que les hérauts de la ville avaient terminé la psalmodie lugubre, qu'ils recommençaient de temps à autre, Pétronille Maillart éclatait en sanglots, en gémissements, et s'écriait, se tordant les mains de désespoir :

— Malheureux Perrin Macé ! vengeance à ses cendres ! vengeance !

Mais les cris plaintifs et les contorsions de dame Maillart paraissaient exciter dans la foule plus de surprise que d'intérêt.

— Par Jupiter! — s'écria Rufin-Brise-Pot, — que vient faire cette hurleuse à l'enterrement ? qu'a-t-elle à se démener ainsi comme une possédée? Elle n'est ni la veuve ni la parente de Perrin Macé!

— C'est là ce qui rend sa présence ici encore plus admirable, — s'écria l'homme au chaperon fourré en s'adressant à la foule. — La voyez-vous, mes compères, la digne épouse de Jean Maillart? Voyez-vous comme elle témoigne par son désespoir la part qu'elle prend, ainsi que son mari, au terrible sort du pauvre Perrin Macé?... Vous en êtes témoins, mes amis, dame Pétronille est là seule parmi toutes les femmes des échevins qui assiste à la cérémonie!

— C'est vrai, — dirent plusieurs voix, — pauvre chère femme! il faut qu'elle soit courageuse et fièrement désolée.

— Oui, et il n'en est pas sans doute ainsi de la femme de Marcel, notre premier magistrat; celle-là et les autres restent tranquillement chez elles sans le moindre souci de ce deuil public, — reprit l'homme au chaperon fourré ; — remarquez cela, mes amis.

— Ventre du pape! — s'écria Rufin-Brise-Pot, — la femme de Marcel agit en personne sensée; elle a raison de ne pas venir ici se donner en spectacle et pousser des glapissements à rendre Belzébuth sourd, juste au moment que les tambours se taisent... car l'affliction de cette hurleuse me paraît notée comme un papier de musique. Cette femme joue une comédie...

— Vous avez beau plaisanter, messire écolier, — reprit l'homme au chaperon fourré, — on saura que l'épouse de maître Maillart assistait à l'enterrement de Perrin Macé et que l'épouse de Marcel n'y assistait point. Hum! hum! mes amis, cela fait soupçonner beaucoup de choses, ou plutôt cela confirme certains bruits.

— Quelles choses? — reprit Rufin-Brise-Pot, — quels bruits?

Mais l'homme au chaperon fourré, sans répondre à l'écolier, se perdit dans la foule en parlant bas à ses voisins. Durant ce léger incident, le cortége avait continué de défiler; les notables, portant des torches funéraires, venaient à la suite de l'échevinage ; puis les corporations des artisans de métiers, précédées de leurs bannières ; puis enfin une foule de gens de tous états éclatant en imprécations contre le régent et ses courtisans, et acclamant Marcel avec un redoublement d'enthousiasme ; Marcel qui saurait, disait la foule, tirer vengeance d'une nouvelle et sanglante iniquité de la cour.

Bientôt le bruit circula de proche en proche qu'après la cérémonie Marcel haranguerait le peuple dans la grande salle du couvent des Cordeliers. Guillaume Caillet avait silencieusement assisté à cette scène qui semblait l'impressionner profondément. Aussi, après quelques moments de réflexion, surmontant sa timidité sauvage, il arrêta par le bras Rufin-Brise-Pot au moment où celui-ci allait se perdre dans la foule. L'écolier se retourna et, cédant à la jovialité de son caractère et voulant berner le campagnard, selon l'antique usage de l'Université de Paris, il lui dit en ricanant : — Je gage, mon rustique, que tu m'as tout à l'heure entendu parler de Jeannette la Bocacharde, honnête matrone de la rue Trace-Pute ? Hein ! je te devine, champêtre sylvain ! tu voudrais admirer des beautés citadines ? Ventre du pape ! tu n'auras que le choix ! sans parler d'*Audruche la Bernée* et de *Margot la Savourée,* je connais une certaine *Isabiau la Boudinière,* non moins appétissante que ses compagnes, *Agnès la Tronchette* et *Jehanne la Clopine*...

Guillaume Caillet, blessé des railleries de l'écolier, lui répondit brusquement : — Je suis étranger à Paris, je viens de loin...

— Tu veux sans doute entrer à l'Université ? — dit Rufin en interrompant Guillaume et redoublant d'hilarité. — Tu es un peu barbon pour un bachelier ; mais il n'importe ; quelle faculté choisiras-tu ? la théologie ou la médecine ? les arts, les lettres ou le droit canon ?

— Ah ! ces gens des villes ! — reprit le vieux paysan avec une poignante amertume, — ils ne valent pas mieux que les gens des châteaux! Va, pauvre Jacques Bonhomme, tu as partout des ennemis et nulle part des amis!

Guillaume fit un pas pour s'éloigner; mais Rufin, touché de l'accent navré du campagnard, l'arrêta : — Ami, si je vous ai blessé, excusez-moi... Non, nous ne sommes pas les ennemis de Jacques Bonhomme, nous autres citadins, car nous avons un ennemi commun : la noblesse.

Guillaume, toujours soupçonneux, gardait le silence et essayait de lire sur les traits de l'écolier si ses paroles ne cachaient pas un piége ou une nouvelle raillerie. Rufin devina la pensée du serf, l'examina plus attentivement, et, frappé du caractère sinistre de ses traits résolus, il reprit : — Que je meure comme un chien si je ne vous parle pas sincèrement! Ami, vous paraissez avoir beaucoup souffert; vous êtes étranger; disposez de moi! Je ne vous offre pas ma bourse, car elle est vide; mais je vous offre la moitié du grabat où je couche, dans une chambre d'écoliers de ma province et votre part de notre maigre pitance!

Le paysan, convaincu cette fois de la franchise du citadin, lui répondit : — Je n'ai pas le temps de rester à Paris; je voudrais seulement parler à deux personnes, à Mahiet l'Avocat et à Marcel; pourriez-vous m'indiquer où je les rencontrerai?

— Vous connaissez Mahiet l'Avocat? — reprit vivement Rufin, et une expression de tristesse rembrunit sa figure joviale.

— Lui serait-il donc arrivé malheur?

— Il était parti pour assister à un tournoi en Beauvoisis, il y a déjà quelque temps de cela, et le pauvre garçon n'est jamais revenu... Son vieux père, déjà malade, est mort de chagrin par suite de la disparition de son fils... Brave Mahiet! je suis entré à l'Université un an avant qu'il en sortît! C'était le meilleur, le plus vaillant garçon du monde... il aura été tué au tournoi ou assassiné en revenant à Paris, car les routiers infestent tous les chemins.

— Non, il n'a pas été tué au tournoi de Nointel, car, dans la nuit qui a suivi la passe d'armes, j'ai vu Mahiet monter à cheval pour s'en retourner à Paris.

— Vous êtes donc du Beauvoisis?

— Oui, — répondit Guillaume Caillet. Puis il ajouta avec un soupir : — Allons, ce jeune homme est mort; c'est dommage; ils sont rares ceux qui, comme lui, aiment Jacques Bonhomme. — Et, après un moment de silence : — Et comment parviendrai-je auprès de Marcel?

— En me suivant au couvent des cordeliers où le prévôt des marchands doit se rendre pour haranguer le peuple après l'enterrement de Perrin Macé.

— Marchez, — dit Guillaume, — je vous suis.

— Venez, nous sortirons par la porte au *Coquillier ;* ce sera le chemin le plus court.

Le vieux paysan marcha silencieusement à côté de Rufin qui voulut lui arracher quelques paroles au sujet de son voyage; mais le serf resta impénétrable. Sortis par la porte Saint-Denis, et suivant les rues des faubourgs, beaucoup moins encombrées de population, Guillaume et son guide venaient de quitter la rue *Traversine* pour entrer dans la rue Montmartre *extra muros,* lorsqu'ils entendirent au loin les chants lugubres que le clergé psalmodie pour les enterrements, et, de temps à autre, retentissait une plaintive sonnerie de clairons. A ce bruit, les paysans rétrogradaient et les habitants de la rue fermaient leurs portes.

— Pardieu! — dit l'écolier, — le hasard nous sert à souhait; vous venez de voir honorer par le prévôt des marchands et par le peuple les cendres de Perrin Macé; vous allez voir honorées les cendres de Jean Baillet, cause première de la sanglante iniquité dont Paris s'est indigné; oui, honorées par le régent et par sa cour... Venez, venez; sans doute le cortége reconduit le cercueil au couvent des Augustins.

Et l'écolier hâtant sa marche, suivi du paysan et de quelques rares curieux, ils atteignirent l'angle de la rue Montmartre et de la rue *Quoque-Héron*, en face de laquelle se trouve l'entrée du couvent des Augustins, dont les portes s'ouvrirent pour recevoir le cercueil.

— Voyez, — dit l'écolier à Guillaume, — rien de plus significatif que le contraste offert par ces deux enterrements : à celui de Perrin Macé se pressait un peuple immense, grave, recueilli dans sa juste indignation ; à l'enterrement de Jean Baillet assistent seulement le régent, les princes ses frères, les courtisans et les officiers ou serviteurs de la maison royale ; mais de peuple, point !... Les citoyens font le vide autour de cette manifestation royale, jetée comme un défi à la manifestation populaire. Dites, ami, l'aspect même de ces deux convois ne parle-t-il pas aux yeux ? A l'enterrement de Perrin Macé, c'était une innombrable multitude de bourgeois, d'artisans simplement ou pauvrement vêtus ; au convoi de Jean Baillet, c'est une poignée de courtisans, d'officiers ou de serviteurs splendidement dorés et couverts de soie, de velours, de brocart d'or et d'argent ou de livrées magnifiques.

— Guillaume Caillet, après avoir écouté l'écolier en attachant sur lui ses yeux perçants, secoua la tête d'un air pensif et reprit :

— Mahiet ne me trompait pas. — Puis, après une pause : — Mais qu'attendent donc les Parisiens ? Nous sommes prêts, nous autres, et depuis longtemps !

— Que voulez-vous dire ? — demanda Rufin.

Le paysan, retombant dans sa sombre taciturnité, ne répondit rien. Le cortége, en ce moment, défilait ; le cercueil de Jean Baillet, décoré d'une housse magnifique et précédé de hérauts et de sergents royaux, était porté par douze serviteurs du régent richement habillés à ses livrées. Le jeune prince et ses frères, accompagnés des seigneurs de leur cour, suivaient le cercueil. Charles, duc de Normandie et régent des Français comme fils aîné du roi Jean, alors prisonnier des Anglais, avait, ainsi que ses frères et la noblesse française, ignominieusement pris la fuite à la bataille de Poitiers.

Ce jouvenceau, qui gouvernait alors la Gaule, atteignait à peine sa vingtième année ; il était frêle et pâle, sa figure maladive cachait, sous un masque benin et timide, un grand fonds d'obstination, de perfidie, de ruse et de méchanceté, vices odieux généralement rares chez les adolescents autres que ceux des races royales. Magnifiquement vêtu de velours vert brodé d'or, coiffé d'un chaperon noir orné d'une chaîne de pierreries et d'une aigrette, le régent, chétif et languissant, marchait à pas lents et s'appuyait sur une canne. A peu de distance de lui s'avançaient les princes ses frères, puis les seigneurs de sa cour; parmi ceux-ci, le maréchal de Normandie, qui, par ordre du jeune prince, avait présidé à la mutilation et au supplice de Perrin Macé. Le maréchal et le sire de Conflans, autre conseiller favori du régent, tous deux superbes, arrogants, jetèrent sur les rares spectateurs du cortége des regards dédaigneux et menaçants, et échangèrent quelques mots à demi-voix avec le sire de Charny, courtisan non moins aimé du prince que détesté du peuple. Soudain Rufin-Brise-Pot sentit son bras brusquement saisi par la main vigoureuse de Guillaume Caillet, qui, les yeux fixes, étincelants, la poitrine bondissante, disait à l'écolier d'une voix entrecoupée :

— Regarde... les voilà !... les voilà tous deux !... le seigneur de Nointel ! et l'autre, le chevalier Gérard de Chaumontel !... Oh ! les vois-tu tous deux avec leurs chaperons écarlates, là-bas, à côté de ce gros homme qui porte un manteau d'hermine ?

— Oui, oui, je vois ces deux seigneurs, — reprit l'écolier, surpris de l'émotion du paysan ; — mais pourquoi tremblez-vous ainsi ?

— Au pays on les croyait morts ou prisonniers des Anglais, — reprit Guillaume ; — heureusement, il n'en est rien... Les voilà... les voilà... je les ai vus de mes yeux !... — Puis, les lèvres contractées par un sourire effrayant, le serf ajouta en levant ses deux poings vers le ciel : — Oh ! Mazurec !... oh ! ma fille ! enfin voilà ces deux hommes ! Ils vont retourner au pays pour le mariage de la belle Gloriande... nous les tenons... nous les tenons !...

— Le regard de cet homme me donne le frisson, — se dit l'écolier en contemplant le paysan avec stupeur; et il ajouta tout haut : — Quels sont ces deux seigneurs dont vous parlez?

Mais Guillaume reprit, sans répondre à Rufin : — Oh! plus que jamais, j'ai hâte de parler à Marcel !

— En ce cas, — reprit l'écolier, — venez vous reposer chez moi, et à la tombée du jour nous irons attendre le prévôt des marchands au couvent des Cordeliers, où il doit haranguer le peuple ce soir. Mais, encore une fois, quelle est la cause de votre surprise à la vue de ces deux seigneurs de la suite du régent?

Le paysan jeta un regard oblique et défiant sur l'écolier, resta muet et devint de plus en plus sombre.

— Ventre du pape! — se dit Rufin-Brise-Pot, — j'ai là un singulier compagnon; il reste muet ou il parle en énigmes. Il m'attriste, moi qui ne suis pas d'humeur chagrine! il m'effraye, moi qui ne suis pas d'humeur poltronne!

Et l'écolier, accompagné de Guillaume Caillet, se dirigea vers le quartier de l'Université.

La maison d'Étienne Marcel était située près de l'église Saint-Huitace (Saint-Eustache), dans le quartier des Halles. La boutique, remplie de pièces de drap rangées sur des tablettes, située au rez-de-chaussée, communiquait avec une salle à manger; dans cette salle aboutissait un escalier conduisant à l'appartement du premier étage.

La nuit venue, le magasin fermé, Marguerite, femme de Marcel, et Denise, sa nièce, étaient remontées dans l'une des chambres du premier étage, où elles s'occupaient d'un travail de couture à la clarté d'une lampe. Marguerite est âgée de quarante-cinq ans environ; elle a dû être belle; son visage est doux, pensif et grave. Sa nièce Denise touche à sa dix-huitième année; son gracieux visage, habituellement d'une sérénité candide, semble ce soir-là profondément attristé. Depuis quelques instants, les deux femmes, diversement absorbées, sont silencieuses. Denise, la tête baissée, ralentit peu à peu le mouvement de son aiguille; bientôt ses mains retombent sur ses genoux et des larmes coulent de ses yeux; Marguerite, non moins rêveuse que sa nièce, lève machinalement son regard vers la jeune fille, et, remarquant ses pleurs, lui dit avec tendresse :

— Pauvre enfant! je devine la cause de ton chagrin; car je connais ta pensée constante. Je ne voudrais pas te faire partager une espérance que je conserve à peine moi-même; mais enfin, quoique la durée de l'absence de *Mahiet* justifie nos craintes, rien n'est pourtant désespéré... il reviendra peut-être...

— Non, non, — répondit Denise, donnant un libre cours à ses larmes; — si Mahiet vivait encore, il n'aurait pas laissé son père dans la cruelle incertitude qui a hâté la fin de ses jours; si Mahiet vivait encore, il aurait instruit de son sort mon oncle Marcel, qu'il aimait et vénérait à l'égal de son père! Non, non, — ajouta Denise en sanglotant, — il est mort; je ne le verrai plus!

— Mon enfant, il est bien possible que Mahiet, entraîné par son imprudent courage, soit allé combattre à Poitiers, où il sera peut-être resté prisonnier des Anglais? Or, de prison l'on revient! aussi, je t'en conjure, ne t'afflige pas ainsi... je souffre tant de te voir pleurer!

La jeune fille, au lieu de répondre à Marguerite, se rapprocha d'elle, prit ses deux mains, qu'elle baisa, et lui dit :

— Chère et bonne tante, oubliant vos chagrins, vous essayez de me consoler... J'ai honte de ne pas savoir contenir ma douleur, lorsque vous vous montrez si ferme, si courageuse, devant maître Marcel et votre fils!

— En vérité, Denise, je ne te comprends pas, — dit Marguerite avec un léger embarras; — ma vie est si heureuse, qu'il ne me faut aucun courage pour la supporter...

— Mon Dieu! ne vous vois-je pas chaque jour accueillir maître Marcel et André, votre fils, le sourire aux lèvres et le front tranquille, tandis que votre cœur est bourrelé d'angoisses...

— Tu es dans l'erreur... Denise.

— Oh! croyez-moi, ce n'est pas une curiosité indiscrète qui m'a guidée lorsque j'ai essayé de pénétrer vos sentiments; c'est le désir de ne rien dire qui puisse blesser votre pensée secrète quand je suis seule avec vous, ainsi que cela m'arrive si souvent maintenant, bonne et chère tante.

— Excellente enfant! — reprit Marguerite en embrassant Denise avec effusion et ne retenant plus ses larmes; — comment ne serais-je pas profondément touchée de tant de délicatesse et d'affection? comment ne pas y répondre par une confiance sans réserve? — Puis, après un dernier moment d'indécision et faisant un effort sur elle-même, Marguerite ajouta : — Eh bien, tu ne t'es pas trompée! oui, ma vie se passe dans les angoisses, dans les alarmes. Merci à toi de m'avoir arraché cette confidence; maintenant, du moins, je pourrai pleurer devant toi sans contrainte! épancher mon cœur!... et, ce tribut payé à la faiblesse, je pourrai me montrer plus ferme devant mon mari et mon fils!... Hélas! je l'avoue, ma seule crainte est de leur laisser deviner ce que je souffre! Je connais l'affection de Marcel pour moi; elle égale celle que j'ai pour lui,... et, s'il me savait malheureuse, peut-être ferais-je faiblir en lui ce calme, cette force d'esprit qui ne l'ont jamais abandonné jusqu'ici et dont, plus que jamais, il a besoin dans ces temps difficiles...

— Ah! les femmes qui vous envient vous plaindraient à cette heure si elles vous entendaient!

— Oui, — reprit Marguerite avec amertume, — l'on envie la femme de Marcel, l'idole du peuple... de Marcel, le vrai roi de Paris... On envie... la compagne de ce grand citoyen... Hélas! elle devrait exciter au contraire la pitié... Tendres épanchements, douces joies du foyer, bonheur des plus humbles! depuis longtemps je ne vous connais plus ! L'artisan, le commerçant, après leur journée de labeur accomplie, jouissent du moins, au sein de leur famille, du repos jusqu'au lendemain ; tandis que mon pauvre mari passe les nuits entières à travailler... Et moi, sa femme, je demeure en proie à des appréhensions incessantes, le jour et la nuit, redoutant qu'on intente à sa vie ou à celle de mon fils !...

— Vous n'avez aucun motif de trembler pour la vie de maître Marcel, qui ne peut faire un pas sans être entouré par une foule idolâtre.

— Je redoute la haine du régent, celle des prêtres et celle des nobles.

A ce moment, *Agnès la Béguine*, servante de confiance de Marguerite, entra dans la chambre et dit à sa maîtresse : — Madame, la femme de maître Maillart l'échevin vient vous visiter.

— Si tard ! Tu lui as dit que j'étais céans ?

— Oui, madame.

Marguerite fit un mouvement d'impatience chagrine, essuya en hâte ses yeux pleins de larmes et dit à mi-voix à Denise :

— Tout à l'heure tu parlais des envieuses... Pétronille Maillart est de ce nombre... Aussi, je t'en conjure, cache tes pleurs pour éviter que cette femme fasse de méchantes réflexions sur notre tristesse !... Elle est cruellement jalouse de la popularité de Marcel ; et Maillart partage, je le crois, les sentiments envieux de sa femme.

— Maillart serait jaloux de mon oncle, son ami d'enfance !

— Maillart est un homme faible et dominé par sa femme.

— Maître Maillart parle toujours de courir aux armes !...

— La violence n'est pas la force, Denise, et les caractères les plus emportés sont souvent aussi les moins fermes... Mais silence ! voici Pétronille... Quel peut être le but de sa visite à cette heure ?

Pétronille Maillart entrait à ce moment, encore vêtue de ses habits de deuil. Dès son arrivée dans la chambre, elle jeta un regard inquisiteur sur l'épouse de Marcel et sur Denise, et remarqua sans doute les traces de leurs larmes récentes, car un sourire effleura ses lèvres. Puis elle dit, en affectant une grande commisération :

— Excusez-moi, dame Marguerite, de venir si tard dans votre logis; mais je désirais vous entretenir de choses graves.

— Vous êtes toujours la bienvenue, dame Pétronille!...

— Pas en ce moment, je le crains. — Le chagrin aime la solitude, et je m'aperçois avec douleur que vos yeux et ceux de votre chère nièce sont encore rouges de larmes. Juste ciel! est-ce que vous auriez quelques craintes au sujet de notre excellent ami Marcel? est-ce que le populaire s'aviserait de méconnaître les services qu'il a rendus à Paris?

— Rassurez-vous, madame, — reprit Marguerite en interrompant Pétronille; — Dieu merci, je n'éprouve aucune crainte au sujet de mon mari. Denise et moi nous sommes en effet fort attristées; car, peu d'instants avant votre arrivée, nous parlions de l'un de nos amis dont le sort nous cause de cruelles inquiétudes. Vous l'avez vu souvent ici; c'est Mahiet l'Avocat.

— Certainement, je me le rappelle fort bien; c'était un véritable Hercule... Ainsi donc le pauvre garçon est trépassé?

— Nous ne voulons pas croire à un pareil malheur; mais depuis longtemps nous n'avons reçu aucune nouvelle de Mahiet.

— Rien de plus naturel, dame Marguerite; et je m'explique alors votre tristesse... Maintenant, j'arrive au but de ma visite, qui, vu l'heure avancée, doit vous surprendre; car le couvre-feu a depuis longtemps sonné. Vous savez combien Maillart et moi nous sommes affectionnés à votre mari et à vous?

— Je vous sais gré de cette amitié.

— Or, le devoir des vrais amis est de parler en toute sincérité.

— Certes, rien de plus précieux que des amis sincères!

— Eh bien! chère dame Marguerite, l'on a malheureusement remarqué votre absence à l'enterrement de ce pauvre Perrin Macé. J'en arrive; vous le voyez à mes habits de deuil. Je devais, en ma qualité de femme d'échevin, rendre ce dernier hommage à la mémoire de cette pauvre victime d'une iniquité.

— Madame... je ne puis que plaindre la victime.

— Vous n'êtes pas révoltée en songeant au sort de cet infortuné !

— Cette grande iniquité a révolté mon mari. En sa qualité de premier magistrat de la cité, il a dû se mettre à la tête du convoi.

— Premier magistrat de la cité ! — reprit dame Maillart avec une sorte d'aigreur, — jusqu'à ce que l'on en choisisse un autre, puisque tous les échevins peuvent devenir prévôt des marchands.

— Certainement, — dit Marguerite en échangeant un regard avec Denise qui avait repris son travail de couture. — Le devoir de mon mari, poursuivit la femme de Marcel, était d'abord de protester contre le crime des courtisans du régent en se rendant solennellement à l'enterrement de Perrin Macé... Quant à moi, dame Pétronille, sachant que la coutume n'est pas que les femmes assistent à ces tristes cérémonies, je suis restée à la maison.

— Est-ce qu'en de si graves circonstances l'on a souci de la coutume ! — s'écria dame Maillart. — On consulte d'abord son cœur ; ainsi ai-je fait. De noir vêtue de la tête aux pieds, j'ai suivi l'enterrement en gémissant et pleurant toutes les larmes de mon corps ; aussi je vous le dis en amie, chère dame Marguerite, il est très-regrettable que vous ne m'ayez pas imitée.

— Chacun est juge de sa conduite, madame.

— Sans doute, lorsqu'il ne s'agit que de soi ; mais, dans cette affaire, il s'agissait aussi de votre mari, notre excellent ami Marcel. Aussi je crains qu'en cette circonstance vous ne lui ayez fait grand tort dans l'esprit du populaire !

— Que voulez-vous dire ?

— Hé ! mon Dieu ! pauvre chère dame ! est-ce que je me serais empressée d'accourir céans après le couvre-feu, s'il ne s'agissait de vous donner un avis charitable ?

— Je ne doute pas de votre bonne volonté, madame ; Marcel a

lui-même provoqué le caractère solennel que l'on a donné aux funérailles de Perrin Macé; il y a assisté à la tête des échevins.

— Sans doute, mon mari ne venait qu'après le vôtre, madame, — reprit l'envieuse avec dépit, — puisque maître Marcel a le pas sur tout l'échevinage en sa qualité de prévôt des marchands...

— Eh, madame! il ne s'agit pas du rang, — s'écria Marguerite, — je voulais seulement vous dire que Marcel a assisté à ces funérailles.

— Oui, mais vous n'y assistiez pas, dame Marguerite; aussi l'on disait dans le peuple : — « Tiens, la femme de maître Maillart,
« l'échevin, suit le convoi de Perrin Macé! Oh! oh! elle ne se
« soucie point de la coutume, celle-là; avant tout elle a voulu,
« comme son mari, protester par sa présence et par ses larmes con-
« tre l'iniquité de la cour. Pourquoi donc l'épouse du premier de
« nos magistrats reste-t-elle chez elle? Est-ce que maître Marcel
« serait moins courroucé qu'il ne le paraît contre l'attentat des
« courtisans du régent? Est-ce qu'il voudrait ménager, comme on
« dit, la chèvre et le chou? se préparer secrètement des moyens de
« rapprochement avec la cour? est-ce que maître Marcel voudrait
« trahir le peuple? »

— Oh! c'est infâme! — s'écria Denise, ne pouvant contenir son indignation, — oser accuser maître Marcel de trahison, parce que ma tante, en femme de bon sens, n'est pas allée à cet enterrement faire montre et enseigne d'une douleur de commande!

— Denise! — dit vivement Marguerite à la jeune fille, craignant d'envenimer cette discussion, puérile en apparence, mais dont les suites pouvaient être dangereuses pour Marcel. Il était trop tard, et dame Pétronille, se levant, reprit aigrement en s'adressant à Denise :

— Apprenez, ma mie, que ma douleur, non plus que celle de mon mari, n'était point une douleur de commande.

— Dame Pétronille, — ajouta Marguerite avec anxiété, — ce n'est pas là ce que Denise a voulu dire... écoutez-moi, de grâce.

— Madame, — répondit sèchement la femme de Maillart, — j'étais venue ici pour vous avertir en véritable amie de propos, sans doute peu réfléchis, mais dangereux pour la popularité de maître Marcel; car, à cette heure, ces propos circulent dans tout Paris... Loin de me remercier, l'on m'accueille ici par des paroles insultantes. La leçon est bonne, j'en profiterai...

— Dame Pétronille...

— Il suffit, madame; ni moi ni mon mari nous ne remettrons jamais les pieds chez vous. Je voulais amicalement vous signaler le danger que courait la bonne renommée de maître Marcel; j'ai fait mon devoir, advienne que pourra!

— Dame Pétronille! — répondit Marguerite avec une dignité triste et sévère, — depuis que Marcel a consacré sa vie aux affaires publiques, il n'est pas une de ses paroles, pas un de ses actes, dont il ne puisse répondre le front haut; il a fait le bien pour le bien, sans rien attendre de la reconnaissance des hommes; il saura rester indifférent à leur ingratitude; si un jour ses services sont méconnus, il emportera dans sa retraite la conscience de s'être toujours conduit en honnête homme. Quant à moi, je bénirai le jour où mon mari quittera les affaires publiques pour reprendre notre vie obscure et nos occupations ordinaires.

Marguerite s'exprimait avec une si évidente sincérité en parlant de son goût pour la retraite et l'obscurité, que dame Pétronille, furieuse de n'avoir pu blesser la femme qu'elle enviait, perdit toute mesure :

— Votre erreur est grande, madame; en ces temps-ci, il ne dépend pas d'un homme comme maître Marcel de s'ensevelir tranquillement dans la retraite; non, non, quand on a été l'idole de Paris, il s'agit de conserver, ou non, la confiance du peuple. Si on la perd, on est regardé comme traître, et vous savez ce que l'on fait des traîtres?

— Les ennemis de Marcel auraient-ils donc l'audace de vouloir le signaler comme un traître ? — s'écria dame Marguerite les larmes aux yeux; — est-ce à sa vie que l'on en veut? Allons, répondez, dame Pétronille, vos réticences bouleversent mon esprit.

Cet entretien fut interrompu par l'arrivée du prévôt des marchands. Quoiqu'il parût harassé de fatigue, sa figure rayonnait de joie, et dès la porte il s'écria : — Marguerite! Denise! bonne nouvelle! excellente nouvelle!

A peine eut-il prononcé ces mots, que Pétronille Maillart, le saluant d'un air sec et guindé, passa rapidement devant lui et sortit sans prononcer une parole. Très-surpris de ce brusque et silencieux départ, le prévôt des marchands regarda Marguerite et Denise d'un air interrogatif; puis, remarquant le trouble et l'inquiétude éveillés en elles par les odieuses calomnies de dame Pétronille : Qu'as-tu, Marguerite? et pourquoi la femme de notre ami nous quitte-t-elle d'une façon si étrange?

— Ah! mon oncle, — dit la jeune fille les larmes aux yeux, — il y a des gens bien méchants !...

— Il faut les plaindre, mon enfant; mais tu ne parles pas, je l'espère, de méchantes gens à propos de la femme de Maillart?

— Mon ami, — reprit Marguerite avec embarras, — il faut mépriser les sots propos; cependant la sottise, en ces temps-ci, peut avoir des résultats bien graves...

— Allons, — dit tristement Marcel, — je n'avais qu'une heure à passer près de vous; je suis brisé de fatigue; j'espérais goûter quelque repos; j'arrivais tout joyeux d'une bonne nouvelle qui devait vous rendre aussi heureuses que moi, et voilà tout mon plaisir gâté ! Ils sont pourtant si doux pour moi ces moments de paix et d'épanchement que je goûte près de vous deux !

— Ces moments-là sont bien rares, — dit Marguerite avec un soupir mélancolique ; — et ils nous sont aussi précieux qu'à toi... cher et bien-aimé Marcel, tu ne dois pas en douter...

— Je le sais; mais heureusement tu n'es pas de ces femmes sans courage, dont les continuelles anxiétés font le tourment de l'époux qui les aime et qui souffre de leurs angoisses ! Non, tu es vaillante, tu acceptes avec fermeté la condition que les événements nous ont faite, certaine que je me conduis en homme de bien; aussi je te vois toujours le front tranquille, le sourire aux lèvres; et, dans ta sage et douce sérénité, je me retrempe, je reprends de nouvelles forces pour la lutte; car maintenant ma vie n'est qu'une lutte. Cette lutte est sainte, glorieuse, féconde... mais elle épuise... et du moins, grâce à toi, chère Marguerite, je retrouve toujours dans notre foyer ce calme heureux, ce confiant abandon qui est à l'âme ce qu'un paisible sommeil est au corps !

— Cher Étienne, nous parlerons plus tard de la visite de dame Pétronille, — reprit Marguerite en interrompant son mari et craignant de troubler les instants de repos qu'il venait chercher auprès d'elle. — Tu nous annonces une bonne nouvelle...

— J'aime mieux cela, — répondit le prévôt des marchands avec un soupir d'allégement en s'asseyant entre sa femme et Denise, tandis que celle-ci le débarrassait avec prévenance de son chaperon et de son manteau. — En montant ici, — ajouta Marcel, — j'ai dit à Agnès de mettre un couvert de plus pour le souper.

— Notre fils reviendrait-il ce soir de la Bastille Saint-Antoine? — demanda vivement Marguerite; — est-ce la bonne nouvelle que tu nous apportais?

— Non, non, André ne reviendra que demain matin, après avoir passé sa nuit de guet à la Bastille avec sa compagnie d'arbalétriers. Mon fils doit donner l'exemple de la régularité dans le service.

— Et qui donc viendra ce soir souper avec nous, mon oncle?

— Qui cela, chère Denise? — répondit Marcel en souriant, — qui cela? L'un de nos meilleurs amis.

— Simon le Paonnier? Pierre Caillart? maître Delille? Philippe Giffart? Jean Godard? Josserand? Jean Sorel?

— Non, Denise. Ne cherche pas notre convive parmi mes compères les échevins; il n'est pas encore d'âge à occuper ces graves fonctions. Mais, pour t'aider à deviner, j'ajouterai que notre convive de ce soir arrive de province.

— Serait-ce donc mon bon vieux cousin qui réside avec sa fille à *Vaucouleurs?* aurait-il quitté la paisible vallée de la Meuse pour venir nous voir?

— Non, chère Denise; l'ami que nous attendons est seulement absent de Paris depuis quelque temps.

— Depuis quelque temps?... — reprit d'abord machinalement Denise; puis, frappée d'une idée soudaine, mais osant à peine y arrêter son esprit, la pauvre enfant pâlit, joignit ses deux mains tremblantes, et, attachant sur le prévôt des marchands un regard à la fois rempli d'angoisse et d'espérance, elle balbutia : — Mon oncle, que dites-vous?

— J'ajouterai, de plus, que le sort de cet ami nous a causé de vives inquiétudes...

— Lui! — s'écria Denise en se jetant au cou de Marcel; — il serait vrai... Mahiet est de retour!...

— Mahiet! — reprit à son tour Marguerite, partageant la surprise et la joie de sa nièce. — Tu l'as vu? Il est à Paris?

— Oui, ce matin, à l'hôtel de ville, j'ai vu ce digne garçon. Il est en bonne santé, quoiqu'il ait beaucoup souffert.

Il faut renoncer à peindre l'émotion, les douces larmes de Denise. Cette émotion calmée, le prévôt des marchands dit à sa femme :

— Je présidais ce matin à l'hôtel de ville notre conseil des échevins, lorsqu'un de nos sergents me remet une lettre : je l'ouvre et je lis que Mahiet demande à m'entretenir. On le fait monter, par mon ordre, dans la chambre où je travaille, et j'y cours aussitôt après notre séance... Ah! ma pauvre Denise! je l'avoue, j'ai eu peine à reconnaître notre ami, tant il était changé, maigri...

— Que lui est-il donc arrivé, mon Dieu? — demanda Denise. —

Est-il allé guerroyer contre les Anglais, ainsi que le craignait ma tante ? Sort-il de prison ?

— Il sort de prison ; mais il n'est point allé à la guerre, — reprit Marcel. — Voici ce qui lui est arrivé : il était, vous le savez, parti pour Nointel en Beauvoisis. Après avoir quitté Nointel dans la nuit et s'être reposé une heure au point du jour à Beaumont-sur-Oise, il se remet en route ; au bout de quelque temps, il entend derrière lui le galop précipité d'un cheval, et il voit venir, fuyant à toute bride, un homme ayant une femme en croupe, poursuivi par trois cavaliers armés qui accouraient au loin. Le couple s'arrête à quelques pas de Mahiet, et l'homme, un jouvenceau de vingt ans au plus, dit à notre ami : « — Nous fuyons le château du sire de « Beaumont ; il est le tuteur de ma sœur, qui m'accompagne, et « a voulu la violenter. Il accourt sur nos pas avec ses hommes ; « vous êtes armé, par pitié, protégez-nous, aidez-moi à défendre « ma sœur !... »

— Je connais le cœur et le courage de Mahiet, — dit Denise avec émotion ; — il aura pris la défense de ces malheureux !

— Sans aucune hésitation ; car, « en sa qualité d'avocat, m'a-t-il « dit, il ne pouvait refuser une si bonne cause. » Le sire de Beaumont arrive avec ses deux écuyers...

— Et le combat s'engage ! — s'écria Denise en joignant les mains. — Pauvre Mahiet ! ainsi seul contre trois...

— Il était de force à les vaincre. Malheureusement, au début de l'action, l'un des combattants lui assène par derrière un si furieux coup de masse d'armes sur la tête, que le casque de Mahiet est brisé. Il tombe sans connaissance aux pieds de son cheval... et quand il revient à lui, il se trouve demi-nu sur la paille et tout endolori, au fond d'un cachot.

— Pauvre Mahiet ! — dit Marguerite. — Ce cachot était sans doute l'une des prisons du château de Beaumont, où l'on avait, après le combat, transporté notre ami dépouillé de ses armes ?

— Oui, chère Marguerite ; et c'est dans ce cachot que Mahiet est resté durant sa longue absence de Paris.

— Hélas ! combien il a dû souffrir ! Mais, mon oncle, comment a-t-il pu s'échapper de prison !

— Le sire de Beaumont, peu de jours après avoir fait emprisonner Mahiet, était parti avec ses hommes pour guerroyer contre les Anglais. A-t-il été tué ou retenu captif lors de la déroute de Poitiers? Mahiet l'ignore; mais, il y a deux jours, le château du sire de Beaumont a été attaqué et enlevé par la bande d'un certain capitaine Griffith.

— Ce terrible aventurier anglais qui est venu jusqu'à Saint-Cloud, ce jour où nous avons eu tant de frayeur; car, parti à la tête de la milice, vous l'avez combattu et heureusement refoulé loin de Paris. Grand Dieu ! — ajouta Denise avec effroi, — entre quelles mains le pauvre Mahiet était-il tombé !

— Rassure-toi, chère enfant; car, par un singulier hasard, notre ami n'a eu qu'à se louer de cet aventurier. — Cet homme féroce et étrange a parfois quelques mouvements de générosité. Donc, ses Anglais, après avoir, selon leur coutume, mis à sac le château de Beaumont, massacré les hommes, violenté les femmes, ont, dans leur ardeur du pillage, fouillé le manoir jusqu'aux souterrains. Ils arrivent au cachot de Mahiet, brisent ses chaînes et le conduisent devant le capitaine Griffith, heureusement ce jour-là en belle humeur. Après avoir interrogé notre ami, frappé sans doute de sa vaillante et robuste apparence, il lui propose d'entrer dans sa compagnie; Mahiet refuse. Alors le capitaine Griffith, sans doute à moitié ivre, lui fait donner des vêtements, deux florins d'argent, et lui dit, faisant allusion à la maigreur de notre ami : « — Lorsque
« tu as de la viande sur les os, tu dois être un rude compagnon;
« si je te retrouve, je serai content de rompre une lance contre toi.
« Tu es libre, va-t-en; et que le diable, mon patron, te soit en
« aide! »

— Le capitaine Griffith est un effroyable bandit, — reprit Denise, — et cependant je ne puis m'empêcher de lui être reconnaissante d'avoir rendu la liberté à Mahiet.

— De sorte qu'en quittant le château de Beaumont, — reprit Marguerite, — notre ami est revenu directement à Paris?

— Oui, — répondit tristement Marcel; — et un chagrin cruel et imprévu l'attendait ici.

— Hélas! — dit Denise, — la mort de son père?

— Ce coup a été affreux pour lui. Jugez de sa douleur : en arrivant, il court joyeux à la maison de notre vieil ami Lebrenn le Libraire... et là, Mahiet apprend la perte qu'il a faite... Il a passé la fin du jour d'hier et cette nuit dans la solitude et dans les larmes. Ce matin, il est venu me trouver à l'hôtel de ville; et ce soir nous pourrons du moins lui offrir les consolations d'une amitié éprouvée...

Agnès la Béguine, entrant à ce moment, dit à Marcel en lui remettant une petite médaille d'or émaillée de vert, sur laquelle on voyait un C et une N surmontés d'une couronne : — Un homme, encapé jusqu'au nez et dont on voit à peine les yeux, est dans la boutique; il désire vous entretenir à l'instant, maître Marcel; et il m'a donné cet émail en me recommandant de vous l'apporter.

Marcel, à la vue de la médaille, tressaillit de surprise et dit à sa femme : — Chère Marguerite, je ne jouirai même pas de cette heure de repos sur laquelle je comptais. Laissez-moi seul; descends avec Denise. Mahiet ne peut tarder à venir; ne m'attendez pas pour souper. — Puis, s'adressant à Agnès la Béguine : — Faites monter cet homme.

— Marcel, — reprit Marguerite avec inquiétude, tandis que la servante sortait pour accomplir les ordres de son maître, — tu es harassé de fatigue, et tu n'auras pas même le temps de prendre ton repas?

— Tout à l'heure, en descendant, je mangerai à la hâte quelque chose avant de sortir.

— Quoi! mon ami, encore une nuit de veillée!

— J'ai convoqué une réunion nocturne au couvent des Cordeliers. Ah! Marguerite! — ajouta Marcel, dont les traits s'assombrirent, — l'enterrement de Perrin Macé sera peut-être le signal de grands événements!

Le prévôt des marchands s'interrompit à la vue de l'homme encapé qu'Agnès venait d'introduire. Marguerite sortit d'autant plus alarmée que les paroles inachevées de son mari réveillaient en elle le souvenir de son dernier entretien avec Pétronille Maillart. Après le départ des deux femmes, l'étranger, s'assurant que la porte était close, se débarrassa de sa chape et la jeta sur un meuble. Cet homme, d'une très-petite stature, âgé de vingt-cinq ans au plus et simplement vêtu d'un pourpoint de buffle, avait des traits fins et réguliers; mais, malgré la grâce de sa figure, l'affabilité de ses manières et la douceur presque caressante de sa voix, quelque chose de sardonique dans son sourire et d'insidieux dans son regard trahissait la méchanceté de son âme et la dangereuse perversité de son esprit. Marcel, de plus en plus soucieux, semblait accepter la visite de l'étranger comme l'une de ces nécessités pénibles que subissent souvent les hommes mêlés aux grandes affaires publiques; mais son attitude glaciale, son coup d'œil soupçonneux, révélaient sa répulsion pour ce personnage, auquel il dit : — Je ne m'attendais pas à recevoir cette nuit dans ma maison le roi de Navarre.

Charles le Mauvais (c'était son surnom mérité) répondit en souriant et de sa voix insinuante, l'un de ses charmes les plus perfides :
— Les rois ne se visitent-ils pas entre eux? Quoi d'étonnant à ce que Charles, roi de Navarre, vienne visiter Marcel, roi du peuple de Paris?

— Sire, — répondit Marcel avec impatience, — arrivez au but de votre visite; que me voulez-vous?

— Tu es bref dans tes paroles!

— Bref est le langage des affaires; et d'ailleurs, il est bon de mesurer les paroles qu'on vous dit.

— Tu te défies donc toujours de moi ?

— Toujours et beaucoup.

— J'aime ta franchise.

— Venez au fait et dites-moi ce que vous voulez.

Charles-le-Mauvais resta un moment silencieux ; puis, attachant hardiment son œil de vipère sur le prévôt des marchands, il répondit lentement en pesant sur chacun de ses mots : — Ce que je veux, Marcel ? Je veux être roi des Français !... Cela t'étonne !

— Non, — répondit le prévôt des marchands avec un sang-froid qui stupéfia d'abord Charles le Mauvais ; — tôt ou tard vous deviez en venir à cette ouverture.

— Tu prévois les choses de loin... Et quand cette prévision t'est-elle venue ?

— Lorsque j'ai vu votre créature *Robert le Coq*, évêque de Laon, se jeter avec ardeur dans le parti populaire, et se montrer l'un des plus fougueux ennemis du roi JEAN, dont vous avez épousé la fille...

— Cependant, si j'ai bonne mémoire, tu t'es fort servi de l'influence de l'évêque de Laon sur les états généraux pour leur faire accepter ta fameuse ordonnance de réformes.

— J'emploie tout instrument qui m'aide à faire le bien.

— Et ensuite, tu le brises ?

— Si cela est nécessaire ; mais Robert le Coq est trop souple pour qu'on le brise. Pourtant, malgré sa finesse, j'ai deviné son but secret.

— Et ce but ?

— Le peuple de Paris, dans son bon sens, a surnommé l'évêque de Laon *une bisaguë à deux tranchants;* et le peuple, sire, a raison. En se montrant si hostile au roi Jean, votre beau-père, et plus tard si hostile au régent, votre beau-frère, l'évêque de Laon jouait un double jeu : il voulait, à l'aide du parti populaire, d'abord détrôner la dynastie régnante... et puis... vous donner la couronne. Voilà pourquoi, sire, je ne suis pas surpris de vous entendre dire que vous voulez être roi des Français.

— Que penses-tu de ma prétention?

— Vous avez quelques chances de monter sur le trône.

— Avec ton concours?

— Peut-être.

— Il serait vrai! — s'écria le roi de Navarre pouvant à peine dissimuler sa joie. Puis, réfléchissant et jetant sur le prévôt des marchands un regard défiant, il garda un moment le silence et reprit : — Marcel, tu me tends un piége... Je sais comment, et plus d'une fois, tu t'es exprimé sur mon compte.

— Sire, on vous appelle *Charles le Mauvais*, et je vous tiens pour bien nommé ; mais vous êtes actif, subtil, aventureux ; vous commandez à de nombreuses bandes armées ; vos partisans sont puissants, vos richesses considérables ; vous êtes une force qui, le moment venu, peut être utile. Aussi vous ai-je fait délivrer de la prison où vous retenait le roi Jean, votre beau-père.

— De sorte que moi, Charles, roi de Navarre, je ne serais qu'un instrument entre les mains de Marcel le marchand drapier?

— Sire, vous avez vos vues ; j'ai les miennes que je vais vous exposer. Le régent, hypocrite et tenace, se fait un jeu de ses serments. Il a signé, promulgué les ordonnances de réformes ; il m'a embrassé en pleurant, en m'appelant son bon père ; il a juré Dieu et tous ses saints qu'il voulait le bien du peuple, qu'il s'associait loyalement aux grandes mesures décrétées par l'Assemblée nationale. Le régent manque à toutes ses promesses ; sa ruse, son inertie calculée, son mauvais vouloir, l'audace croissante de ses courtisans et de la noblesse, souveraine en ses domaines, entravent ou empêchent l'exécution des nouveaux édits. Le régent excite en secret la jalousie de grand nombre de villes communales contre Paris, qui veut, dit-on, « gouverner la Gaule. » La noblesse, dans son inaction raisonnée, à l'abri de ses châteaux forts, laisse les Anglais étendre leurs ravages jusqu'aux portes de Paris. La fausse monnaie royale continue de ruiner le commerce, d'anéantir le crédit. Enfin,

il y a deux jours, des favoris du régent ont fait mutiler et supplicier un bourgeois de Paris sous leurs yeux, affichant ainsi l'insolent mépris de la cour pour les lois rendues par les états généraux. Le plan de la cour est simple : lasser le pays à force de désastres ; rendre impossible le bien que l'on attendait si justement de l'Assemblée nationale, gouvernement populaire ayant le roi, non plus pour maître, mais pour agent ; enfin l'on espère pouvoir dire un jour au peuple, dont ces odieuses menées auront rendu la misère intolérable : « Peuple, voilà les fruits de ta rébellion. Au lieu de de-
« meurer soumis, comme par le passé, à l'autorité souveraine de
« tes rois, tu as voulu régner par toi-même, en envoyant tes dé-
« putés aux états généraux ; tu portes aujourd'hui la peine de ton
« audace. Puisse cette rude leçon te prouver une fois de plus que
« les princes sont nés pour commander, les peuples pour obéir.
« Maintenant, paye les impôts, reprends avec une humble repen-
« tance ton joug séculaire ! »

— Vrai Dieu ! tu aurais assisté souvent aux secrets entretiens de mon beau-frère et de ses conseillers, que tu ne serais pas mieux instruit de leurs projets !... Et s'ils triomphent, te voilà désespéré ?

— Désespéré pour aujourd'hui, sire ; mais plein d'espoir pour demain. La conquête de la liberté est aussi certaine qu'elle est lente, laborieuse et pénible... Je ne désespère pas encore d'aujourd'hui ; je veux faire une dernière tentative auprès du régent.

— Et si tu échoues, tu viens à moi ?

— Entre deux maux, sire, il faut bien choisir le moindre.

— Enfin, tu crois trouver en moi ce qui manque au régent ?

— Vous avez sur lui un avantage immense. Vous voulez devenir roi ; et la naissance du régent l'a fait roi.

— Oublies-tu ma royauté de Navarre ?

— En effet, sire, je l'oubliais... ainsi que vous l'oubliez pour la couronne de France. Je disais donc qu'un roi par droit de naissance regarde toute réforme comme une atteinte à son pouvoir... Vous, au contraire, vous regarderez les réformes comme un moyen d'usurper le pouvoir. Or, si perfide, si méchant que vous soyez, Charles le Mauvais, je vous défie de ne pas signaler votre avènement au trône, et cela dans votre seul intérêt, par de grande mesures utiles au bien public. Ce sera autant d'acquis... plus tard nous aviserons...

— A me renverser ?

— J'y travaillerais, sire, et de toutes mes forces, du moment où vous vous écarteriez de la bonne voie.

— Ainsi, tu détruirais sans remords ton ouvrage ?

— Sans remords ! Et puis, il est bon que ce ne soient plus, comme au temps de la première et de la seconde race, les maires du palais ou les grands seigneurs féodaux qui détrônent les rois et changent les dynasties !

— Et qui donc accomplirait cette rude besogne ?

— Le peuple, sire !... Il faut qu'il apprenne, ce peuple encore enfant et crédule, qu'il peut d'un souffle balayer ses maîtres souverains, issus de la conquête et sacrés par l'Église. Aussi, lorsqu'un jour, dans des siècles peut-être, ce peuple atteindra l'âge de virilité, il comprendra la ruineuse superfluité du pouvoir royal ; mais ces temps sont lointains ! De nos jours, le peuple, ignorant et coutumier, voudra, s'il détrône un maître, en couronner un autre, à condition qu'il soit prince. Vous êtes, sire, de ces prédestinés ; vous pouvez même prétendre à régner sur la Gaule au nom d'une de vos aïeules dépossédée de la couronne au bénéfice de son cousin Philippe de Valois, ancêtre du roi Jean. Donc, il n'est point impossible que vous régniez un jour... éventualité déplorable, mais réelle !

— Il te faut du courage pour me parler ainsi !

— Au lieu de vous dire la vérité, je vous flatterais bassement, que, roi demain, votre premier soin serait toujours de vous défaire de moi.

— De toi, qui m'aurais si utilement servi ?

— A plus forte raison, car ma présence vous rappellerait sans cesse votre dette... Mais il n'importe ; que je meure aujourd'hui ou demain, que vous soyez roi ou non, que ma dernière tentative sur le régent échoue, que le parti de la cour triomphe, quoi qu'il arrive, si le présent échappe au parti populaire, l'avenir lui appartient. Oui, quoi qu'on fasse, l'ordonnance des réformes de 1356 et l'action souveraine de l'Assemblée nationale en ces temps-ci laisseront des traces impérissables. J'ai semé trop hâtivement, disent les uns... et ils ajoutent : « A semaille hâtive, moisson tardive ; » soit, mais j'ai semé... le grain est en terre, tôt ou tard l'avenir récoltera ! ma tâche est accomplie, je puis mourir. Maintenant, sire, je me résume : si je ne réussis point dans ma dernière tentative sur le régent, j'ai recours à vous. L'on vous nommera d'abord capitaine général de Paris... ce sera votre premier pas vers le trône... ensuite nous aviserons à conduire la chose à *bonne fin*, selon notre devise.

— Mes premières paroles, en entrant chez toi, ont été : — Marcel, je veux être roi des Français. J'avais mon projet ; j'y renonce pour me ranger au tien, — dit Charles le Mauvais en reprenant sa chape. — Tu es un de ces hommes inflexibles que l'on ne convainc pas plus que l'on ne les corrompt. Je ne chercherai pas à te faire revenir de tes préventions contre moi, ou à acheter ton alliance. Si dangereuse qu'elle puisse être pour moi, je l'accepte telle que tu me l'offres ; je retourne à Saint-Denis attendre l'événement ; dans le cas où ma présence serait nécessaire à Paris, écris-moi et j'arrive. Je te demande un secret absolu sur notre entrevue.

— Nos intérêts communs exigent ce secret.
— Adieu, Marcel.
— Adieu, sire.

Et le roi de Navarre, s'encapant jusqu'aux yeux, quitta le prévôt des marchands. Celui-ci le suivit du regard et se dit après le départ de Charles le Mauvais : — Nécessité fatale ! concourir à l'élévation de cet homme ! et pourtant il le faut ! Ce changement de dynastie peut m'aider à sauver la Gaule, si demain le régent trompe ma dernière espérance... Oui, Charles le Mauvais, pour usurper et conserver la couronne, entrera forcément dans cette large voie de réformes qui seules peuvent alléger le poids qui écrase le peuple des villes et surtout le peuple des champs ! O pauvre plèbe rustique, si patiente dans ton martyre séculaire ! ô pauvre Jacques Bonhomme ! ainsi que t'appelle la noblesse dans son insolent orgueil, ton jour d'affranchissement approche ! Uni pour la première fois dans une cause commune avec la bourgeoisie et le peuple des cités, lorsque tu seras debout et en armes, Jacques Bonhomme, comme tes frères des villes, nous verrons si ce Charles le Mauvais, si mauvais qu'il soit, osera dévier de la voie où il faudra qu'il marche ! — A ce moment une cloche ayant sonné, Marcel tressaillit et ajouta : — J'aurai à peine le temps de me rendre au couvent des Cordeliers pour préparer nos amis à la mesure de demain... mesure terrible ! mais légitime comme la loi du talion... loi suprême et nécessaire en ces temps désastreux, où la violence ne peut être combattue, vaincue que par la violence ! Ah ! que le sang versé retombe sur ceux qui, poussant le peuple à bout, ont provoqué ces luttes impies !

Et ce disant, le prévôt des marchands descendit l'escalier de sa boutique pour aller rejoindre sa femme, sa nièce et Mahiet l'Avocat, qui, selon le désir de Marcel, soupaient en l'attendant.

Guillaume Caillet, après s'être reposé dans la demeure de Rufin-Brise-Pot, l'avait accompagné au couvent des Cordeliers, où se pressait une foule avide d'entendre le prévôt des marchands. Les *Cordeliers*, ordre monacal pauvre, jalousant profondément les autres ordres et le haut clergé, si splendidement dotés, s'étaient rangés du parti de la ville contre la cour ; la grande salle de leur couvent servait habituellement de lieu de réunion aux assemblées populaires. Rufin, connaissant le frère portier, obtint pour lui et pour son compagnon la permission d'attendre Marcel dans le réfectoire, qu'il devait traverser avant de se rendre dans la salle où il devait haranguer le peuple. Cette salle immense, aux murailles et aux voûtes de pierre, seulement éclairée par deux lampes brûlant sur une sorte de tribune placée à l'une de ses extrémités, déjà s'encombrait d'une foule impatiente dont les premiers rangs étaient seuls vivement éclairés; les autres, selon qu'ils s'éloignaient de plus en plus de la lumineuse estrade, restaient dans une demi-obscurité qui, à l'autre bout de la salle, se changeait presque en ténèbres. L'auditoire se composait de bourgeois et d'artisans dont un grand nombre portaient des chaperons mi-partie rouges et bleus, couleurs adoptées par le parti populaire, et des agrafes ayant pour devise ces mots : *A bonne fin!*

Les deux enterrements qui avaient eu lieu durant le jour, et dont le contraste et la signification étaient si évidents, servaient de texte aux entretiens de la réunion bruyante et animée; les esprits les moins clairvoyants pressentaient l'imminence d'une crise décisive et d'un conflit inévitable entre le parti de la cour et le parti populaire, représentés, l'un par le régent, l'autre par le prévôt des marchands. Aussi, l'arrivée de ce dernier était-elle attendue avec autant d'impatience que d'anxiété. Au bout de peu d'instants, il entra par une porte pratiquée près de la tribune, et accompagné de plusieurs échevins, parmi lesquels se trouvait Jean Maillart; puis venaient Mahiet l'Avocat, Rufin-Brise-Pot et Guillaume Caillet. Ce dernier s'était assez longuement entretenu avec Mahiet et le prévôt des marchands avant leur entrée dans la grand' salle. Des acclamations enthousiastes saluèrent l'arrivée de Marcel et des échevins; il monta sur l'estrade, au pied de laquelle resta Maillart; les autres échevins s'assirent non loin de Marcel, qui bientôt s'exprima de la sorte au milieu du profond silence qui se fit peu à peu :

— Mes amis, le moment est grave; pas de découragement, mais plus d'illusion : le régent et la cour ont jeté le masque! Ce matin, à notre protestation solennelle contre l'arrêt inique et sanglant qui, au mépris des lois, a frappé Perrin Macé, la cour a répondu en suivant le convoi de Jean Baillet; c'est un défi... Acceptons le défi!

— Oui! oui! — s'écria la foule; — le régent et ses courtisans ne nous feront pas reculer!

— Un moment effrayé par l'énergie de l'Assemblée nationale, le régent avait accordé, juré l'accomplissement des réformes! Les députés des villes de la Gaule, réunis à Paris en états généraux, devaient, avec le loyal concours du régent, régir sagement, paternellement, le pays tout entier, comme les magistrats des communes régissent les cités. Ainsi, plus de tyrannie royale et féodale, plus de prodigalités ruineuses, plus de fausse monnaie, plus de justice vénale, plus d'impôts immodérés, plus de taxes arbitraires, plus d'exactions pillardes au nom du roi et des princes, plus d'odieux priviléges pour l'Église et pour la noblesse; enfin, plus de ces droits seigneuriaux infâmes, horribles, qui soulèvent le cœur et révoltent la raison. Voilà ce que nous voulions; mais, c'est aussi ce que le régent et la cour ne veulent pas!...

— Sang et tuerie! il faudra bien qu'ils le veuillent! — s'écria Maillart d'une voix tonnante en se dressant sur son siége et gesticulant; — sinon, nous les massacrerons tous, depuis le régent jusqu'au dernier de ses courtisans! à mort les traîtres! aux armes! mettons le feu aux palais et aux châteaux!

Grand nombre de voix dans la foule applaudirent à l'exaltation des paroles de Maillart! et l'homme au chaperon fourré, qui se trouvait à cette réunion ainsi qu'il s'était trouvé le matin au convoi de Perrin Macé, allait disant de groupe en groupe : — Hein! mes amis, quel intrépide que maître Maillard! il ne parle que de sang et de massacre! Maître Marcel, au contraire, semble toujours craindre de se compromettre. Cela ne m'étonne point; car l'on dit qu'il a secrètement embrassé le parti de la cour.

— Marcel... trahir le peuple de Paris!... — répondirent plusieurs voix, — vous radotez, bonhomme!

— Enfin, mes amis, Marcel se tait et ne répond pas à l'appel aux armes si bravement jeté par maître Maillart.

— Comment voulez-vous que Marcel parle au milieu de ce bruit? Mais, silence! le calme se rétablit, il va parler; écoutons!

— Pas de criminelle faiblesse, — reprit Marcel, — mais aussi pas de vengeance aveugle!... Il faudra que bientôt peut-être ce cri : Aux armes! éclate d'un bout à l'autre de la Gaule, et dans les villes et dans les campagnes!

— Eh! que nous importent les campagnes? — s'écria Maillart. — Faisons nos affaires nous-mêmes, pour nous-mêmes; retroussons nos manches et frappons sans pitié!

— Ami, ton courage t'emporte, — dit Marcel à Maillart avec un accent de reproche cordial. — Est-ce que le bonheur et la liberté doivent être le privilége de quelques-uns? est-ce que nous autres, bourgeois et artisans des cités, nous sommes le peuple entier? est-ce qu'il n'y a pas des millions de serfs, de vassaux, de vilains, abandonnés sans merci au pouvoir féodal? Qui prend souci de ces malheureux? Personne! Qui représente leurs intérêts aux états généraux? Personne!... Puis se retournant vers Guillaume Caillet, qui, à l'écart et dans l'ombre, écoutait attentivement le prévôt des marchands, il désigna le vieux paysan aux regards de l'auditoire et ajouta : — Je me trompe!... Les serfs, en ce jour, sont ici représentés. Contemplez ce vieillard, et écoutez-moi...

Tous les yeux se tournèrent vers Guillaume, qui, dans sa timidité rustique, baissa la tête; Marcel continua :

— Écoutez-moi! et votre cœur, comme le mien, bondira d'indignation; comme moi, vous crierez : Justice et vengeance! L'histoire de ce vassal est celle de tous nos frères des campagnes.

Cet homme avait une fille, la seule consolation de ses misères; le nom de cette enfant, aussi belle que sage, vous dira sa candeur : on l'appelait *Aveline-qui-jamais-n'a-menti.* Elle fut fiancée à un garçon meunier, vassal comme elle; on l'appelait, à cause de sa douceur, *Mazurec l'Agnelet*. Le jour de leur mariage est fixé... Mais, de nos jours, la première nuit de noces de l'épousée appartient à son seigneur... Les nobles appellent cela le droit de prémices...

— C'est une honte! — s'écria la foule dans son indignation furieuse, — une exécrable honte!

— Et de cette honte exécrable, ne sommes-nous pas complices en laissant nos frères la subir? — s'écria Marcel d'une voix tonnante qui domina les frémissements courroucés de la foule. Puis il reprit, au milieu d'un profond silence : — Si la mariée est laide ou si les seigneurs sont dans l'impuissance de violenter leurs vassals, ils se montrent bons princes; l'époux leur donne de l'argent, et il échappe à l'ignominie. Guillaume Caillet, c'est le nom du père de l'épousée, cet homme qui est là, a voulu soustraire sa fille à la honte; le bailli, en l'absence du seigneur, consentait au rachat du droit de prémices. Guillaume vend son unique bien, sa vache nourricière, et en remet le prix à Mazurec, qui, tout heureux, se rend au château pour rédimer l'honneur de sa femme. Un chevalier passait d'aventure sur la route ; il dévalise le vassal. Celui-ci, arrivant éploré au manoir, reconnaît son voleur parmi les hôtes de son seigneur, récemment de retour; le vassal lui demande grâce pour sa femme et justice contre son larron. « — Ah! ta fiancée, dit-on, est jolie, et tu accuses « de larcin un de mes nobles hôtes, — reprend le seigneur. — Je « mettrai ta fiancée dans mon lit, et tu seras puni de mort comme « diffamateur d'un chevalier... » — Ce n'est pas tout... — s'écria Marcel en comprimant du geste une nouvelle explosion de la foule, de plus en plus indignée. — Le vassal, désespéré, injurie son seigneur; on jette le vassal en prison ; c'est la coutume ; on traîne la fiancée au château... Elle résiste à son seigneur... il peut la garrotter et la violer; le fait-il? Non. Il s'agit de donner une éclatante leçon à Jacques Bonhomme; de prendre sa femme, non plus seulement au nom du droit du plus fort, mais au nom de la loi, au nom de la justice, au nom de ce qu'il y a de plus sacré en ce monde après

Dieu ! Le seigneur se donne cette féroce jouissance. Il dépose à la sénéchaussée de Beauvoisis une PLAINTE CONTRE LA RÉSISTANCE DE SA VASSALE ! Les juges s'assemblent; un arrêt est rendu au nom du droit, de la justice et de la loi, ainsi conçu : « Le seigneur ayant
« droit aux prémices de l'épousée sa vassale, il usera de son droit
« sur elle ; l'époux, ayant osé se révolter contre le légitime exercice
« de ce droit, fera, les mains jointes et à genoux, amende hono-
« rable à son seigneur ! De plus, ledit vassal ayant accusé de larcin
« un noble homme, et celui-ci demandant à prouver son innocence
« par les armes, nous ordonnons le duel judiciaire. Le chevalier,
« selon la loi, se battra armé de toutes pièces et à cheval, le serf à
« pied, armé d'un bâton ; et s'il est vaincu et qu'il survive, il sera
« noyé comme diffamateur d'un chevalier. »

A ces dernières paroles de Marcel, une explosion de fureur éclata dans l'auditoire ; Guillaume Caillet cacha dans ses mains son pâle et sombre visage. Le prévôt des marchands, dominant le tumulte, continua de la sorte :

— La *justice* a prononcé ; l'arrêt est exécuté. On traîne la vassale garrottée dans le lit de son seigneur ; il la déshonore, et on la rend ensuite à son époux. Ce malheureux fait amende honorable à genoux devant son suzerain ; puis il va combattre demi-nu le chevalier couvert de fer... Vous devinez l'issue de ce duel... le vassal, vaincu, est mis dans un sac et jeté à la rivière...

— Et aujourd'hui, ma fille porte en son flanc un enfant de son seigneur ! — s'écria Guillaume Caillet, effrayant de haine et de rage, en faisant quelques pas vers l'auditoire. — Que faudra-t-il faire de cet enfant, s'il vient au monde, bourgeois de Paris ? — ajouta le vieux paysan. — Vous avez des femmes, des filles, des sœurs, vous autres ! répondez, que feriez-vous ? faudra-t-il aimer cet enfant de la honte ? faudra-t-il le haïr comme l'enfant du bourreau d'Aveline ? et au jour de la naissance du louveteau, devrai-je lui briser la tête pour qu'il ne devienne pas loup ?

A ces paroles de Guillaume Caillet, personne ne répondit. Un morne silence régna dans la foule, et Marcel s'écria :

— Voilà donc ce qui se passe aux portes de nos cités! Le peuple des campagnes est livré sans pitié à la merci des seigneurs! les femmes sont violées! les hommes sont mis à mort! Nous avons été complices des bourreaux de tant de victimes par notre criminelle indifférence; mais nous portons aujourd'hui la peine de notre égoïsme. Nous avions cru, nous autres habitants des villes, que nous serions assez forts pour dompter les seigneurs et la royauté, nous avions pensé que nous pourrions les contraindre à réformer les exécrables abus qui nous écrasent; aujourd'hui il faut bien reconnaître que nous avions trop présumé de notre puissance. Le régent et ses partisans trahissent leurs serments, ruinent nos espérances; en vain, pour rappeler à ce prince ses promesses sacrées, je lui ai demandé audience sur audience, au nom des états généraux... les portes du Louvre m'ont été fermées. L'audace de nos ennemis vient de ce que notre pouvoir finit aux portes de nos villes. Unissons-nous aux serfs de la campagne; ne séparons plus notre cause de la leur, et les choses prendront un autre aspect. Nous n'obtiendrons jamais de réformes sincères, durables et fécondes, sans une étroite alliance avec les gens des campagnes. Si demain, à un signal donné, les serfs se soulevaient en armes contre leurs seigneurs, les gens des villes contre les officiers royaux, aucune puissance humaine ne serait capable de dominer ce soulèvement de tout un peuple. Le régent, les seigneurs et leurs hommes d'armes seraient emportés, anéantis, dans cette tempête. Alors, le peuple des Gaules, rentrant en possession de sa liberté, de son sol, verrait s'ouvrir pour lui un avenir de paix, de grandeur et de prospérité sans fin!... Voulez-vous réaliser cet avenir en vous unissant étroitement avec nos frères les paysans?

— Oui! oui! — s'écrièrent les échevins présents à cette réunion.

— Oui! oui! — répétèrent les mille voix de la foule avec un enthousiasme impossible à rendre ; — unissons-nous à nos frères des campagnes ! que notre devise soit aussi la leur : *A bonne fin* pour les gens des villes ! *A bonne fin* pour les paysans !

— Viens, pauvre martyr ! — s'écria Marcel les yeux baignés de larmes, en pressant contre sa poitrine Guillaume Caillet, non moins ému que le prévôt des marchands, — j'en prends à témoin le ciel et ces cris échappés de tant de cœurs généreux apitoyés par le récit des tortures de ta famille... l'indissoluble alliance de tous les enfants de notre mère-patrie est conclue en ce jour ! Unissons-nous contre l'ennemi commun ! Artisans, bourgeois et paysans : *Tous pour chacun ; chacun pour tous !* et *à bonne fin la bonne cause!*

O fils de Joël ! moi, Mahiet l'Avocat, qui écris cette légende, jamais je n'oublierai l'élan sublime, le saint enthousiasme de la foule à la vue du prévôt des marchands, vêtu de la robe magistrale, serrant dans ses bras le serf aux mains calleuses et vêtu de haillons ! Je me disais : « — La voilà donc à jamais cimentée cette alliance « si ardemment désirée par *Fergan*, notre aïeul ; cette alliance qui « peut seule assurer l'affranchissement de la Gaule ! »

Guillaume, profondément surpris et touché de ce qu'il voyait et entendait, se sentit, malgré sa rudesse énergique, prêt à défaillir ; il fut obligé de s'adosser au mur, tandis que Marcel s'écriait :

— Que tous ceux qui veulent mener la bonne cause à bonne fin se trouvent demain matin en armes sur la place de l'église Saint-Éloi.

— Compte sur nous, Marcel ! — cria la foule ; — nous serons tous au rendez-vous ! — Nous te suivrons les yeux fermés ! — Vive Marcel ! — Vivent les paysans ! — A bonne fin ! à bonne fin !

Et la foule sortit en tumulte de la grand' salle des Cordeliers.

— Voyez-vous, mes compères, à quel point ce Marcel se défie du bon peuple de Paris ! — dit l'homme au chaperon fourré à plusieurs citadins qui, comme lui, quittaient la salle. — L'avez-vous entendu ?

— Qu'a-t-il dit de si fâcheux pour le peuple de Paris?

— Comment! il appelle à son secours les manants! les rustres des campagnes! Ne sommes-nous donc pas assez vaillants pour faire nous-mêmes nos affaires sans l'appui de Jacques Bonhomme? Vraiment, maître Marcel n'a jamais montré plus ouvertement tout le mépris qu'il a pour nous! Jean Maillart est bien autrement ami du peuple!

Le soleil est depuis longtemps levé. Le régent, qui, récemment et pour cause, est venu habiter la tour du Louvre, a quitté son lit, placé au fond de sa vaste chambre à solives peintes et dorées, aux tentures magnifiques; de riches fourrures couvrent le plancher. Quelques favoris ont l'insigne honneur d'assister au lever de ce mièvre et sournois jouvenceau qui règne sur la Gaule. L'un de ces courtisans, le seigneur de Norville, jaloux de l'emploi des serviteurs du prince, s'est agenouillé à ses pieds et lui chausse ses souliers, à longues pointes recourbées; tandis que le régent, assis au bord de sa couche, la tête baissée, soucieux, pensif et faisant, selon son habitude, tourner ses pouces, se laisse machinalement chausser. Hugues, sire de Conflans, maréchal de Normandie, l'ordonnateur de la mutilation et du supplice de Perrin Macé, s'entretient à voix basse dans l'embrasure d'une fenêtre avec Robert, maréchal de Champagne, autre conseiller du prince. Celui-ci, après avoir pendant quelque temps encore regardé ses pouces tourner, lève la tête; et, de sa voix grêle, appelant le maréchal de Normandie: — Hugues, à quelle heure ferme-t-on le barrage de la Seine au-dessous de la poterne qui conduit au bord de la rivière?

— Sire, le barrage est fermé à la tombée du jour. — Et le maréchal ajouta avec un ricanement sardonique : — C'est l'ordre de Marcel!

— La nuit venue, aucun bateau ne peut sortir de Paris?

— Non, sire ; la nuit venue, personne ne peut sortir de Paris ni par eau ni par terre ; toujours par ordre de Marcel.

— En ce cas, — reprit le régent sans regarder son interlocuteur et après avoir réfléchi pendant quelques instants, — tu te procureras ce matin un bateau ; tu le feras amarrer sur la rive en dehors du barrage, à peu de distance de la poterne où aboutit le petit escalier de la tour. Toi et Robert, — ajouta le régent en désignant le maréchal de Champagne, — vous vous tiendrez prêts à m'accompagner. Prudence et discrétion !

Les deux favoris restèrent un moment muets de surprise ; puis le maréchal s'écria : — Vous songeriez à quitter Paris de nuit et furtivement, sire ? vous laisseriez ainsi la place à ce misérable Marcel ? Eh ! mordieu ! si cet insolent bourgeois vous gêne, sire, suivez le conseil que je vous ai donné tant de fois ! Faites pendre Marcel et son échevinage, comme j'ai fait pendre Perrin Macé ! Cette exécution a-t-elle soulevé les Parisiens ? Non, pas un de ces musards n'a osé broncher ; ils se sont contentés de se rendre en masse aux funérailles du pendu ! Chargez-moi du soin de vous débarrasser de Marcel ainsi que de sa bande ; ce sera bientôt fait.

— Entre autres croquants à pendre haut et court, — ajouta le maréchal de Champagne, — il y a un certain Maillart qui ne tarit point en propos violents et meurtriers contre la cour !

— Maillart ! — Qu'on ne touche pas à un cheveu de la tête de Maillart, — reprit vivement le régent en attachant sur ses courtisans son regard morne et faux.

— Il sera fait selon votre volonté, sire, — répondit le maréchal de Normandie assez surpris des paroles du prince, — nous épargnerons Maillart ; mais, pour Dieu ! commandez que ces autres insolents meneurs des états généraux soient mis à mort, et Marcel le premier de tous !

— Hugues, — répondit le prince en se levant pour endosser sa robe, que le seigneur de Norville s'empressa d'offrir à son maître après l'avoir chaussé, — que le bateau soit, selon mes ordres, préparé pour ce soir. Soyez exacts au rendez-vous.

— Vous ne faites point cas de mes avis! — s'écria le maréchal presque courroucé... votre clémence pour ces vils bourgeois vous perdra! Votre bonté vous égare!

— Ma clémence! ma bonté! — reprit le jeune prince en jetant sur le maréchal un regard d'une expression sinistre.

Le courtisan, comprenant la secrète pensée de son maître, répondit : — Si vous êtes décidé à faire prompte justice de cette insolente bourgeoisie, pourquoi tant tarder, sire?

— Oh! oh! pourquoi? — dit le jeune prince en hochant la tête; puis, restant de nouveau pensif, il reprit après quelques moments de silence : — Que ce soir le bateau soit prêt!

Les favoris du régent connaissaient trop sa ténacité et sa profonde dissimulation pour essayer d'obtenir de lui qu'il s'expliquât plus clairement; cependant le maréchal de Normandie allait encore insister sur le même sujet, lorsqu'un des officiers du palais entra et dit : — Sire, le seigneur de Nointel et le chevalier de Chaumontel demandent à être introduits pour prendre congé de vous, faveur que vous leur avez accordée hier.

Sur un signe du régent, l'officier sortit à reculons et revint presque aussitôt accompagné de Conrad de Nointel et du chevalier de Chaumontel. Les fatigues de la guerre n'avaient en rien altéré la santé des deux seigneurs. Tous deux avaient des premiers lâché pied à la bataille de Poitiers; et le fiancé de la belle Gloriande de Chivry ne ramenait point les dix prisonniers anglais que la noble damoiselle voulait voir enchaînés à ses pieds, comme gage de la vaillance de son futur époux.

— Ainsi donc, Conrad de Nointel, tu quittes déjà notre cour pour retourner dans ta seigneurie? — dit le régent. — Nous espérons te revoir en de meilleurs temps; nous aimons toujours à compter un Neroweg parmi nos fidèles, car ta famille est, dit-on, aussi ancienne que celle des premiers rois franks qui ont conquis cette terre des Gaules... N'as-tu pas un frère aîné ?

— Oui, sire ; la branche aînée de ma famille habite l'Auvergne, où elle possède des domaines qu'elle doit à l'épée de mes aïeux, compagnons de guerre de Clovis. Mon père avait quitté son château de Ploërmel, situé près de Nantes, pour venir habiter Nointel, qui lui était échu en héritage de ma mère. Il préférait le voisinage de Paris et de la cour au voisinage de la sauvage Bretagne ! Je suis de l'avis de mon père, et je compte bien ne jamais habiter les domaines que je possède en ces pays et qui sont régis par mes baillis.

— Je compte sur ta promesse, car l'illustration de ta race me rend plus jaloux encore de te conserver à ma cour.

— Sire, j'y reviendrai pour un double motif, d'abord pour plaire au régent, ensuite parce que ma fiancée, la damoiselle de Chivry, a le plus grand désir de voir la cour. Mais il me faut quitter Paris en hâte, pour aller chercher l'argent nécessaire à ma rançon et à celle de mon ami.

— Vous avez donc été faits tous deux prisonniers par les Anglais ?

— Oui, sire, — reprit le chevalier de Chaumontel ; — mais comme je ne possède que mon casque et mon épée, Conrad, en loyal frère d'armes, se charge de payer pour moi...

— Les Anglais vous ont laissés libres sur parole ?

— Oui, sire, — répondit Conrad de Nointel, — j'ai été pris par les hommes du duc de Norfolk ; il a mis notre rançon au prix de six mille florins. « Mais, lui ai-je dit, si tu me gardes prisonnier,
« jamais mon bailli ne pourra obtenir de mes vassaux une somme
« aussi considérable ; il faut la main vigoureuse de leur seigneur
« pour arracher tant d'argent à ces vilains. Laisse-moi donc retour-
« ner dans mes domaines, et je te jure ma foi de catholique et de che-
« valier que je te rapporterai les six mille florins de notre rançon. »

— Et l'Anglais a accepté ?

— Sans hésitation, sire, et apprenant que ma seigneurie était située dans le Beauvoisis, il m'a dit : — « Tu rencontreras dans « ces parages un certain bâtard, qu'on nomme le capitaine Grif- « fith, qui bat depuis longtemps les environs du Beauvoisis avec « sa bande. »

— C'est parbleu vrai ! — dit l'un des courtisans ; — mais heureusement les châteaux fortifiés des seigneurs sont à l'abri des ravages de ce chef d'aventuriers ; il ne peut étendre ses ravages que sur le pays plat, mais il ne s'en fait pas faute. Ses hommes mettent tout à feu et à sang !

— Eh bien ! — reprit le régent avec un sourire cruel, — que les bourgeois, qui prétendent gouverner à notre place, fassent cesser ces désastres ! — Puis s'adressant au seigneur de Nointel : — Apprends-nous ce que ce capitaine aventurier a de commun avec ta rançon !

— C'est à Griffith que je dois remettre le prix de mon rachat, ainsi qu'une lettre que m'a donnée pour lui le duc de Norfolk.

Le maréchal de Normandie, prêtant l'oreille du côté de la fenêtre, interrompit Conrad de Nointel en disant : — Quel est ce bruit?... il me semble entendre des rumeurs lointaines.

— Des rumeurs ! — s'écria le seigneur de Norville, — quels audacieux se permettraient de pousser des rumeurs aux abords du palais du roi !

— Ce ne sont plus des rumeurs, mais des cris menaçants, — ajouta vivement le maréchal de Champagne en courant à la porte qu'il ouvrit, et aussitôt une bouffée de clameurs furieuses pénétra dans la chambre royale ; presque en même temps un des officiers du palais, accourant du fond d'une longue galerie, pâle et épouvanté, s'écria en se précipitant dans l'appartement : — Sire, fuyez ! le peuple de Paris envahit le Louvre ! vos gardes sont désarmés ! fuyez !

— A moi, mes amis !... — s'écria le régent, blême de terreur, en se réfugiant sur son lit et essayant de se cacher dans les rideaux, — défendez-moi !... ces scélérats en veulent à ma vie.

Au premier signal du danger, les maréchaux de Normandie et de Champagne, ainsi que quelques autres courtisans, avaient résolûment mis l'épée à la main ; Conrad de Nointel et son ami le chevalier de Chaumontel, d'une vaillance tempérée par une extrême prudence, cherchèrent des yeux une issue protectrice, tandis que le seigneur de Norville, sautant sur le lit, cherchait à se cacher sous le même rideau que le régent. Soudain une seconde porte, faisant face à celle de la galerie, s'ouvrit, et un grand nombre d'officiers du palais, de prélats et de seigneurs, entrèrent précipitamment en criant : — Le Louvre est envahi par le peuple !... Marcel est à la tête d'une bande de meurtriers ! Sauvez le régent !

Presque au même instant les courtisans virent apparaître, au fond de la galerie aboutissant à la chambre royale, Marcel accompagné d'une foule compacte armée de piques, de haches et de coutelas. Ces hommes, bourgeois ou artisans de Paris, ne poussaient plus aucun cri ; l'on n'entendait que le piétinement de leurs pas sur les dalles de la galerie. Le silence de cette foule armée semblait plus redoutable que les clameurs qu'elle poussait naguère. A sa tête s'avançait le prévôt des marchands, calme, grave et résolu ; un peu derrière lui marchaient Guillaume Caillet armé d'une pique, Rufin-Brise-Pot tenant une masse d'armes, et Mahiet l'Avocat l'épée à la main. Pendant le peu d'instants que Marcel mit à traverser la galerie, ces courtisans éperdus tinrent à mots rompus une sorte de conseil ; mais aucun de ces avis confus et précipités ne prévalut ; le régent resta caché dans les rideaux de son lit, ainsi que le seigneur de Norville ; la majorité des courtisans, pâles et tremblants, mais que le respect humain empêchait de fuir, se pressèrent dans la partie la plus reculée de la chambre, tandis que Conrad de Nointel et son ami, moins scrupuleux, ayant trouvé moyen de se rapprocher de la seconde porte qui donnait sur un autre appartement, s'esquivèrent prudemment.

Marcel, en se présentant au seuil de la chambre royale, ne trouva prêts à en défendre l'accès que les deux maréchaux l'épée à la main. Mais, en ce moment suprême, soit que l'aspect du prévôt des marchands leur en imposât, soit qu'ils reconnussent l'inutilité d'une lutte mortelle pour eux, ils abaissèrent leurs épées.

— Où est le régent? — demanda Marcel d'une voix haute et ferme, — je désire lui parler; il n'a rien à craindre de nous.

L'accent du prévôt des marchands était si sincère, la loyauté de sa parole si généralement reconnue, même par ses ennemis, que, cédant à la fois à un sentiment de dignité royale et à la confiance que lui inspirait la parole de Marcel, le prince sortit de derrière ses rideaux, enhardi d'ailleurs par la présence des gens de cour et par l'attitude impassible des gens armés qui venaient d'envahir le Louvre :

— Me voici, — dit le régent en faisant quelques pas à la rencontre de Marcel, et pouvant à peine, malgré sa dissimulation, cacher la colère qui succédait chez lui à l'épouvante; — que me veut-on?

— Marcel se retourna vers les hommes armés dont il était suivi, leur commanda du geste et du regard de rester silencieux et de ne pas dépasser la porte de la chambre royale où il entra seul ; le régent, après s'être consulté pendant quelques instants à voix basse avec ses courtisans, reprit d'une voix de plus en plus rassurée en s'adressant au prévôt des marchands : — Ton audace est grande !... entrer en armes dans mon palais !...

— Sire ! depuis longtemps je vous ai demandé par lettres une audience sans pouvoir l'obtenir ; j'ai dû forcer vos portes pour vous faire entendre, au nom du pays, un langage d'une sincérité sévère...

— Finissons, — dit le régent avec impatience. — Que veux-tu?

— Sire ! d'abord l'accomplissement loyal des ordonnances de réformes que vous avez signées et promulguées.

— On t'appelle le roi de Paris, — répondit le régent avec un sourire amer et sardonique. — Eh bien ! règne... sauve le pays !

— Sire ! la voix de l'Assemblée nationale a été écoutée à Paris et dans quelques grandes villes ; mais vos partisans et vos officiers, souverains dans leurs seigneuries, ou dans les pays qu'ils gouvernent en votre nom, se liguent pour empêcher l'exécution des lois dont dépend le salut de la Gaule. Il faut qu'un pareil état de choses cesse promptement, sire... très-promptement !

Le régent se retourna vers un groupe de prélats et de seigneurs, à la tête desquels se trouvait le maréchal de Normandie, se consulta de nouveau pendant quelques instants avec eux à voix basse ; puis il répondit au prévôt des marchands d'un ton hautain : — Sont-ce là toutes tes doléances ?

— Ce sont d'impérieux avertissements.

— Que demandes-tu encore ?

— Un acte de justice et de réparation, sire : Perrin Macé, bourgeois de Paris, a été mutilé, puis mis à mort, au mépris du droit et des lois, par l'ordre de l'un de vos courtisans... Il faut que celui-là qui a fait supplicier un innocent soit condamné à mort !

— Par la croix du Sauveur ! — s'écria le régent, — tu oses venir me demander ici la condamnation du maréchal de Normandie, le meilleur de mes amis !

— Cet homme vous perd par ses détestables conseils.

— Impudent coquin ! — s'écria le maréchal de Normandie furieux, en menaçant Marcel de son épée, — tu as l'audace de t'attaquer à moi !

— Pas un mot de plus, — reprit le régent en interrompant son favori et abaissant d'un geste l'épée dont il menaçait Marcel, — c'est à moi de répondre ici ; et j'ordonne à maître Marcel de sortir de céans et sur l'heure.

— Sire, — répondit le prévôt des marchands avec une sorte de commisération protectrice, — vous êtes jeune, et j'ai les cheveux gris... votre âge est impétueux, le mien est calme... donc, j'ai le droit et le devoir de vous donner une leçon ; je vous conjure au nom du pays, au nom de votre couronne, d'accomplir loyalement vos promesses; et, si pénible qu'elle vous semble, d'accorder la réparation que je vous demande au nom de la justice. Prouvez ainsi que, lorsque la loi est audacieusement violée, vous punissez le coupable, quel que soit son rang... Sire, il est temps encore pour vous d'écouter enfin la voix de l'équité !...

— Et moi, je te dis, maître Marcel, — s'écria le prince, furieux, — qu'il est temps, plus que temps, de mettre terme à tes insolentes requêtes ! Sors d'ici à l'instant !...

— Hors d'ici ce manant rebelle à son roi ! — s'écrièrent les courtisans, rassurés et trompés, comme le régent, par l'attitude des gens armés dont Marcel était accompagné, et qui demeuraient immobiles et muets; aussi, s'adressant à eux, le maréchal de Normandie s'écria :

— Et vous, bonnes gens de Paris, qui maintenant regrettez la criminelle démarche où cet endiablé rebelle vous a entraînés malgré vous, joignez-vous à nous, les vrais amis de votre roi, pour punir la trahison de ce misérable Marcel...

Le prévôt des marchands étouffa un soupir de regret, se recula de deux pas pour se mettre hors d'atteinte de l'épée dont le maréchal le menaçait, se retourna vers ses hommes et leur dit : — Faites ce pour quoi vous êtes venus.

A ces mots, les hommes armés, jusqu'alors fidèles aux recommandations de Marcel, se dédommagèrent de leur silence et de leur contrainte prolongée par une explosion de cris indignés, menaçants, qui frappèrent de stupeur et d'épouvante le régent et ses courtisans. Rufin-Brise-Pot s'élança sur le maréchal de Normandie et le saisit au collet : — Tu as fait mutiler et pendre Perrin Macé ; tu seras pendu !... La potence est préparée...

— Voilà pour toi, truand ! — riposta le maréchal en portant à l'écolier un coup d'épée qui lui traversa le bras gauche ; — la corde qui doit me pendre n'est pas encore tressée.

— Non ; mais le fer qui t'assommera est forgé, mon noble homme ! — répondit l'écolier en asséhant sur la tête du maréchal un furieux coup de masse d'armes. — On m'appelait Rufin-Brise-Pot ; on m'appellera Rufin-Brise-Tête !...

L'écolier disait vrai : le crâne du maréchal éclata ; et il expira en tombant aux pieds du régent, dont il ensanglanta la robe. Durant le tumulte qui suivit ces représailles, le maréchal de Champagne s'élança sur Marcel, le poignard à la main ; mais Guillaume Caillet, qui jusqu'alors avait cherché d'un œil ardent le sire de Nointel parmi la foule brillante, se jeta au devant du prévôt des marchands, prévint Mahiet, qui s'élançait dans la même intention, et le vieux paysan plongea sa pique dans le ventre du maréchal. Le corps du courtisan roula sur le plancher.

Les seigneurs et les prélats qui étaient successivement accourus dans la chambre royale s'enfuirent éperdus par la porte qui leur avait donné accès ; et lorsque le régent, qui, défaillant de terreur, venait de s'affaisser sur son lit en cachant sa figure entre ses mains, rouvrit les yeux, il se vit seul avec Marcel, non loin des cadavres de ses deux conseillers. Les hommes armés s'étaient lentement retirés dans la galerie, ainsi que Guillaume ; et Mahiet s'occupait, près d'une fenêtre, de bander, à l'aide de son mouchoir, la blessure de l'écolier ; enfin, dépassant l'une des draperies du lit, derrière lesquelles il s'était jusqu'alors tapi immobile et coi, l'on voyait les pieds du seigneur de Norville, qui n'avait pas même eu la force de fuir.

— Grâce ! maître Marcel ! — s'écria le régent, livide d'épouvante, en se jetant aux genoux du prévôt des marchands et levant vers lui ses mains suppliantes et ses yeux noyés de larmes ; — ne me tuez pas, ayez pitié de moi, mon bon père !

— Vous tuer ! — dit Marcel péniblement ému de ce soupçon et se courbant pour relever le régent, — vous tuer ! Ah ! que mon nom soit maudit si la pensée d'un pareil crime m'est jamais venue ! Ne craignez rien, sire, et relevez-vous !

— Non, bon père ! c'est à genoux que je vous demande pardon d'avoir si longtemps méconnu vos sages avis et écouté de mauvais conseillers. — Puis, éclatant en sanglots, le jeune prince ajouta en se tordant les mains de désespoir : — Hélas ! mon Dieu ! seul et si jeune, loin de mon pauvre père, prisonnier... est-ce ma faute si j'ai placé ma confiance dans les hommes dont j'étais entouré ? — Jetant alors les yeux sur les cadavres des deux maréchaux, il reprit avec un accent de douleur déchirante : — Les voilà ceux qui m'ont perdu ! Ils m'aimaient, ils m'avaient vu naître ; mais, comme moi, ils étaient aveuglés par l'erreur !... Ah ! bon père ! ne me reprochez pas de pleurer sur le sort de ces malheureux ; ce sont les derniers adieux que je leur adresse ! — Et le régent, toujours agenouillé, s'affaissa sur lui-même, cacha sa figure dans ses mains et continua de sangloter.

Marcel, depuis longtemps, connaissait par expérience la profonde duplicité du régent, duplicité presque incroyable dans un âge si tendre ; cependant, la sincérité de l'accent de ce jeune homme, ses prières touchantes, ses pleurs, les regrets qu'il ne craignait pas de témoigner au sujet de la mort de ses deux conseillers, tout fit penser au prévôt des marchands que le prince, effrayé des terribles représailles accomplies sous ses yeux, se reprochait amèrement ses erreurs, et qu'enfin, convaincu que son intérêt surtout lui commandait de rompre avec un passé funeste, il voulait fermement marcher dans la bonne voie. Aussi Marcel, se félicitant de cet heureux changement, dit tout bas à Mahiet : — Fais retirer nos gens de la galerie ; qu'ils sortent du palais et aillent s'assembler avec le peuple sous la grande fenêtre du Louvre ; toi et Rufin, restez près de moi. Je vais emmener le régent hors de cette chambre : la vue de ces deux cadavres lui est trop pénible.

Mahiet et l'écolier exécutèrent les ordres du prévôt des marchands. Le régent, affaissé sur lui-même, continuait de sangloter ; le seigneur de Norville sortit de sa cachette sans être remarqué du prince et, s'approchant sur la pointe du pied, lui dit : — Sire, le plus fidèle de vos serviteurs est glorieux d'avoir bravé mille morts plutôt que de vous laisser seul avec ces rebelles scélérats; souffrez, noble et cher maître, que je vous aide à vous relever.

Le régent obéit machinalement, et, s'apercevant que Marcel, occupé de donner ses instructions à Mahiet et à Rufin, ne pouvait ni le voir ni l'entendre, il dit tout bas à Norville : — Ne me quitte pas, épie le moment où je pourrai te parler sans être vu de personne.

— Remarquant alors que Marcel se rapprochait de lui, tandis que l'avocat et l'écolier sortaient de la chambre, le régent, poussant un sanglot lamentable, se tourna vers les cadavres des deux maréchaux et murmura d'une voix étouffée : — Adieu, ô vous qui m'aimiez et de qui j'ai partagé les funestes erreurs... Adieu!

— Venez, sire, venez! — dit Marcel avec douceur en emmenant le régent dans la galerie; — venez, appuyez-vous sur moi!

Le seigneur de Norville suivit le prince, qu'il couvait de l'œil, et dit à demi-voix au prévôt des marchands : — Ah! maître Marcel, soyez le protecteur, le tuteur de mon pauvre jeune maître... il a toujours eu un grand fonds de tendresse pour vous!

— Maintenant, sire, — dit Marcel au régent lorsqu'ils eurent fait quelques pas, — je crois à vos promesses... je crois à la salutaire influence du terrible exemple dont vous avez été témoin!... Ah! ce sont là de douloureuses extrémités; mais la violence engendre fatalement la violence!... Il dépend de vous, sire, que de pareilles représailles ne se renouvellent plus... Donnez le premier l'exemple de votre respect pour la loi. Tous alors en appelleront à la loi au lieu d'en appeler à la force, dernier recours des hommes lorsqu'ils ont invoqué en vain la justice! Le moment est décisif; si vous trompiez encore nos espérances... nos dernières espérances; s'il nous était malheureusement démontré par une suprême épreuve que vous êtes incapable ou indigne de régner, sous le contrôle vigilant et sévère des états généraux, élus par la nation, je vous le dis sincèrement, sire, le peuple, à bout de déceptions, de souffrances, de désastres, de misères, respecterait votre vie, mais choisirait un roi plus soucieux du bien public...

— Hélas! bon père! pourquoi me faire des menaces? Je suis un pauvre jeune homme à votre merci!

— Sire, je ne vous menace pas; loin de moi une pareille lâcheté! Je vous montre les choses sous leur véritable aspect : il dépend de vous de concourir au salut du pays.

— Parlez, parlez, bon père... je vous obéirai comme le fils le plus respectueux; je vous le jure sur le salut de mon âme : désormais vous serez mon seul conseiller... Parlez; qu'ordonnez-vous?

— Le peuple est assemblé devant le Louvre... il connaît déjà la mort du maréchal de Normandie. Paraissez à la fenêtre... dites à la foule quelques bonnes paroles; annoncez hautement vos sages résolutions; déclarez que la cause du peuple est désormais la vôtre; et, tenez, sire, — ajouta Marcel en ôtant son chaperon et le présentant au régent : — En gage d'alliance, de bon vouloir et de concorde, portez mon chaperon aux couleurs du parti populaire; les habitants de Paris vous sauront gré de cette première preuve de condescendance et de bon accord.

— Donnez, donnez, — reprit vivement le jeune prince en se coiffant avec empressement du chaperon de Marcel, chaperon mipartie rouge et bleu. — Un ami comme vous, bon père, pouvait seul me donner un pareil conseil... Ouvrez cette fenêtre, je veux parler à mon bien-aimé peuple de Paris, — ajouta le régent, s'adressant au seigneur de Norville, qui, se tenant à l'écart durant l'entretien de Marcel et du prince, s'était peu à peu rapproché de lui, comme il en avait reçu l'ordre.

— Mahiet, — reprit à demi-voix Rufin-Brise-Pot à l'Avocat pendant que le régent, se dirigeant lentement vers la fenêtre que le sire de Norville s'empressait d'ouvrir, semblait se consulter avec Marcel, — que penses-tu des bonnes résolutions de ce jeune homme?

— Ainsi que maître Marcel, je le crois sincère ; non que je me fie au cœur de ce garçon de race royale, mais parce qu'il est de son intérêt de suivre de sages avis..., et il les suit...

— Hum! hum! m'est avis qu'il joue la comédie...

— Supposes-tu le régent assez dissimulé ou assez fou pour tromper maître Marcel?

— Aussi vrai qu'Homerus est le roi des rapsodes! jamais Margot la Savourée n'a été si près de me jouer un tour sournois et scélérat que lorsqu'elle m'appelle son *rat musqué*, son *beau roi*, son *canard doré*, et autres dénominations non moins flatteuses que fallacieuses.

— Mais, quel rapport existe-t-il entre le régent et ta Margot?

— Écoute-moi jusqu'à la fin... J'ai précisément rendez-vous ce soir près du Louvre, au bord de la rivière, avec Margot la Savourée, parce que, suivant elle, Jeannette la Bocacharde ne veut pas me voir dans sa maison. Eh bien, j'en jure par Ovidius, le poëte chéri de Cupido, cette Margot ne s'est montrée si câline, si chatte en m'engageant à aller humer les brouillards de la Seine, que parce qu'elle a résolu de me manquer de parole ce soir.

— Rufin, parlons sérieusement.

— Sérieusement, Mahiet, je crains qu'il en soit des promesses du régent comme des promesses de Margot! Tiens... j'aurais préféré recevoir un coup d'épée de plus, quoique celui que j'ai emboursé me cuise diablement, et avoir assommé ce mièvre jouvenceau comme j'ai assommé son maréchal de Normandie.

— Allons, ce sont là des exagérations dignes de Jean Maillart... Mais, à propos, est-ce qu'il ne nous a pas accompagnés au palais?

— Non, non; après avoir, à l'insu de Marcel et de toi qui marchiez en tête de nos amis, poussé quelques misérables brutes à massacrer maître Dubreuil qui passait sur sa mule, Maillart a disparu!

— Ciel et terre! ce meurtre est déplorable! C'était assez du maréchal de Normandie et du maréchal de Champagne.

— Écoutons, écoutons... — reprit Mahiet en interrompant son

compagnon et lui montrant le régent qui, s'étant avancé sur le balcon, s'adressait au peuple rassemblé dans la rue.

— Bien-aimés habitants de ma bonne cité de Paris, — disait le jeune prince d'une voix émue et pleine de larmes, — je me présente à vous fermement résolu de réparer mes torts. Je le jure par ces couleurs qui sont les vôtres et qui seront désormais les miennes, — ajouta-t-il en portant la main au chaperon rouge et bleu dont il s'était coiffé. — Le maréchal de Normandie, l'un de mes conseillers, avait fait injustement supplicier Perrin Macé, honnête bourgeois de Paris. Le maréchal vient d'être mis à mort ; puisse cette réparation vous satisfaire, chers et bons Parisiens ! Oublions nos discordes ; unissons-nous dans un commun accord pour le bien du pays... Aimons-nous, aidons-nous ! Je confesse mes erreurs ! ne me les pardonnerez-vous pas ? Hélas ! je suis si jeune ! de mauvais conseillers m'avaient égaré ; mais je n'en aurai qu'un seul : ce conseiller... le voilà. — Et le régent, se tournant vers Marcel, ajouta : — Bons habitants de Paris, recevez cet embrassement que je vous donne du fond du cœur dans la personne du grand citoyen que nous chérissons, que nous vénérons tous... — En prononçant ces derniers mots, le jeune prince se jeta en pleurant dans les bras du prévôt des marchands et le serra contre sa poitrine.

A ce spectacle touchant, les clameurs enthousiastes de la foule mobile et crédule retentirent de toutes parts, et les cris prolongés de : — *Vive Marcel ! vive le régent ! à bonne fin !* — saluèrent ce rapprochement comme un heureux augure pour l'avenir.

Marcel, profondément ému, dit au régent en rentrant avec lui dans la galerie : — Sire, le peuple, plein d'espoir et de confiance, acclame de ses cris joyeux une ère de paix, de justice, de grandeur et de prospérité. Ne trompez pas tant d'heureuses espérances ; le bien vous est si facile ! il est si beau de léguer à la postérité un nom glorieux et béni de tous !

— Mon bon père ! — répondit le régent d'une voix palpitante,

— mes yeux s'ouvrent à la lumière ; mon cœur s'épanouit... je renais pour une vie nouvelle... Vous ne me quitterez pas de la journée, de la nuit s'il le faut. A l'œuvre, à l'œuvre... prenons de concert des mesures promptes, énergiques... Ah ! vos vœux seront exaucés ; je léguerai à la postérité un nom béni de tous... venez, mon bon père ! — Et le jeune prince, passant avec une familiarité filiale son bras au cou de Marcel, fit quelques pas avec lui dans la galerie en se dirigeant vers son cabinet de travail ; mais, s'arrêtant soudain, il ajouta de l'air le plus naturel en paraissant réfléchir : — Ah ! j'oubliais ! — Et, quittant le prévôt des marchands, il fit quelques pas au-devant du seigneur de Norville et l'appela. Celui-ci accourut, et le prince lui dit à voix basse : — Ce soir, à la tombée de la nuit, qu'un bateau, monté de deux hommes sûrs, m'attende en dehors du barrage de la rivière en face de la poterne du Louvre... Rassemble dans un coffre mon or, mes pierreries, et tiens-toi prêt à m'accompagner. Prudence et discrétion !

— Sire, comptez sur moi !

— Et bien ! Mahiet, — disait Marcel à l'avocat pendant le secret entretien du régent et de son courtisan, — tu le vois... mon espoir n'a pas été trompé. La leçon a été terrible, mais salutaire... Retourne chez moi et dis à Marguerite que je ne rentrerai qu'à une heure assez avancée de la soirée ; je veux mettre à profit sur-le-champ les bonnes résolutions de ce jeune homme. Lui et moi nous travaillerons peut-être une partie de la nuit.

— Pardonnez-moi, bon père, — dit le régent au prévôt des marchands en revenant près de lui ; — nous veillerons fort tard sans doute, et je voulais faire prévenir la reine que je ne la verrai pas de la journée. — Puis, replaçant son bras autour du cou de Marcel, il lui dit en l'emmenant vers son cabinet : — Et maintenant, à l'œuvre ! mon bon père, à l'œuvre ! et promptement...

Tous deux, suivis du seigneur de Norville, quittèrent la galerie d'où Mahiet et Rufin sortirent aussi en devisant.

prit le capitaine, — et d'ailleurs si ce bailli à museau de fouine nous trompait, qu'il se tienne pour averti : aux premiers soupçons d'une embûche, nous le découpons proprement en morceaux.

— C'est juste ! — répondit le chapelain ; — en route !

— En route ! — répéta Griffith. Et la troupe, guidée par le bailli, que ses hommes avaient rejoint, quitta le village de Cramoisy et se dirigea vers une forêt dont la lisière s'étendait à l'horizon.

A deux lieues environ du village de Cramoisy se trouve, au plus profond de la forêt seigneuriale de Nointel, un immense souterrain, taillé dans un tuf calcaire, offrant peu de résistance au pic et à la pioche ; ce souterrain date de ces temps lointains et désastreux, où les pirates *north-mans,* remontant le cours de la Somme, de la Seine et de l'Oise, ravageaient les contrées arrosées par ces rivières. Ceux des serfs que leur misère atroce ne poussait pas à se joindre aux *North-Mans*, et qui voulaient échapper à leurs pilleries, à leurs massacres, avaient creusé ce lieu de refuge ; et, emportant le peu qu'ils possédaient, emmenant leur bétail, ils restaient cachés dans ces retraites jusqu'à ce que les pirates eussent quitté le pays. De semblables abris ont été, dans ces temps-ci, pratiqués sur presque tous les points de la Gaule par les vassaux de la noblesse, afin d'échapper au brigandage des Anglais, des routiers, des soudoyers qui dévastent les provinces, et aussi afin d'échapper aux exactions des seigneurs, devenues intolérables depuis que Jacques Bonhomme est forcé de payer la rançon de ses seigneurs et maîtres faits prisonniers à la bataille de Poitiers. Les paysans, dans d'autres parties de la Gaule, se retirent, eux et leur famille, sur des radeaux qu'ils ancrent au milieu des rivières, et qui, souvent submergés ou emportés par les grandes eaux, s'engloutissent avec les pauvres gens dont ils sont encombrés ; jamais la désolation, jamais l'épouvante, n'ont à ce point régné sur cette malheureuse terre ; la plupart des hameaux sont abandonnés, les champs restent incultes ; l'on prévoit des disettes comparables à celles qui ont dépeuplé la Gaule avant et après l'an 1000.

Le souterrain où se sont réfugiés les habitants de Cramoisy et de quelques autres villages de la seigneurie de Nointel, se compose d'une longue voûte à l'extrémité de laquelle sont pratiqués, de droite et de gauche, deux autres vastes couloirs, où s'entassent les bestiaux, bœufs, vaches, chèvres et moutons; un puits destiné à les abreuver est creusé au milieu de la galerie principale. Au-dessus de ce puits, une ouverture pratiquée dans la voûte et à demi-masquée par de grosses pierres et des broussailles donne un peu de jour et un peu d'air à cet asile souterrain, sombre, glacial et suintant incessamment les pleurs de la terre. Là sont rassemblées plus de mille personnes, hommes, femmes, enfants; tous ont fui leurs demeures. Le lait du bétail, quelques poignées de seigle ou de blé qu'ils mangent après l'avoir concassé entre deux pierres, entretiennent plutôt qu'ils n'apaisent l'angoisse de la faim chez ces infortunés. Une chaleur humide, suffocante, nauséabonde, causée par cette agglomération d'hommes et d'animaux, règne dans ces lieux sinistres. Tantôt l'on entend des gémissements plaintifs ; tantôt l'éclat de querelles violentes, ainsi qu'il en surgit toujours parmi des hommes presque sauvages exaspérés par la souffrance. Des enfants hâves, demi-nus, mais conservant l'insouciance de leur âge, jouaient en ce moment aux abords du puits, alors éclairés par un rayon de soleil filtrant à travers les roches et les broussailles dont était à demi obstruée l'unique ouverture de la voûte ; ce rayon jetait aussi sa vive lumière sur un groupe de trois personnes placées dans un enfoncement, à peu de distance du puits. Ces trois personnes sont *Aveline-qui-jamais-n'a-menti, Alison la Vengroigneuse* et *Mazurec l'Agnelet.*

La cabaretière, lors du pillage de la petite ville de Nointel par les hommes du capitaine Griffith, ayant pu sauver ce qu'elle possédait d'argent, s'était rendue au village de Cramoisy, où elle savait retrouver Aveline. En apprenant dans ce village que les Anglais continuaient de ravager le pays, elle avait, ainsi que les paysans, cherché un abri dans le souterrain.

Aveline, dans un état de grossesse avancé, s'attend d'un jour à l'autre à mettre au monde l'enfant de sa honte et du viol commis sur elle par son seigneur. A peine vêtue de quelques haillons, elle est couchée sur la terre froide et dure; Alison, toujours compatissante, soutient sur ses genoux la tête languissante et pâle de la jeune femme, dont la maigreur est effrayante. Ses joues caves font paraître ses yeux démesurément grands; elle les attache en ce moment d'un air suppliant sur Mazurec, qui, non loin d'elle, aiguise sur une pierre les pointes acérées d'une fourche de fer en murmurant à demi voix : — Guillaume tarde bien à revenir de Paris; nous l'attendons pourtant pour commencer la tuerie !...

Et Mazurec continue d'aiguiser silencieusement sa fourche; il est hideux à voir... Devenu borgne depuis son duel judiciaire contre le chevalier de Chaumontel, ses paupières renfoncées, flasques et à demi closes laissent apercevoir entre elles, au lieu du globe de l'œil, une cavité sanguinolente ; son nez, aplati, écrasé, est couturé de cicatrices violettes comme sa lèvre supérieure, fendue en deux, qui découvre ses dents à demi-brisées. Ses longs cheveux touffus, hérissés, tombent sur les lambeaux de son sayon de poil de chèvre, d'où sortent ses bras nerveux et décharnés. Aveline, attachant toujours son regard suppliant sur son mari, lui dit d'une voix triste et affaiblie :

— Mazurec, si, avant de mourir, je mets au monde mon enfant... promets-moi de ne pas le tuer !... Réponds-moi... je t'en conjure au nom de Dieu.

— Je ne promets rien, — dit le vassal d'une voix sourde en continuant d'aiguiser sa fourche; — nous verrons plus tard ce qu'il faudra faire.

— Il tuera l'innocente créature, dame Alison ! — s'écrie Aveline en pleurant et cachant sa tête dans le sein de la cabaretière.

— Tais-toi ! — reprit Mazurec avec un regard de tigre qui rendit sa figure plus effrayante encore, — tais-toi ! autrement je croirai que tu es fière d'avoir un enfant de ton seigneur !

Aveline pousse un sanglot convulsif, et Alison, indignée, s'écrie :

— Malheureux ! vous serez cause de la mort de votre femme !

— J'aimerais autant la voir morte que vivante... mais l'enfant qu'elle porte dans son sein... ne verra pas le jour... j'étoufferai ce fils de noble !

— Eh bien ! tuez tout de suite la mère et l'enfant ; ce sera moins cruel que de faire ainsi mourir la pauvre Aveline à petit feu ! — Et Alison ajoute d'un ton de reproche navrant : — Ah ! Mazurec l'Agnelet ! cette infortunée de qui vous souhaitez aujourd'hui la mort faisait autrefois bondir votre cœur quand vous passiez devant sa porte, où elle filait sa quenouille...

A ces mots, qui rappellent à Mazurec les premiers temps de son amour, temps si doux, même pour le misérable serf, il fond en larmes, jette sa fourche loin de lui, et, embrassant étroitement sa femme, dont il baise la pâle figure, il s'écrie en pleurant :

— Pardon, ma pauvre Aveline !... Hélas ! mon sang s'est tourné en fiel ; j'ai tant souffert !... je souffre tant !...

Mazurec parlait ainsi, lorsque soudain l'espèce de soupirail pratiqué au-dessus du puits est presque entièrement obstrué au moyen de grosses pierres roulées en dehors par les hommes du bailli de Nointel ; et sa voix arrivant à travers l'étroit orifice, qui laisse filtrer un peu de clarté dans le souterrain, fait entendre ces paroles :

— Vous tous, vassaux de la paroisse de Cramoisy et villages voisins, vous êtes, pour votre quote-part de la rançon de notre très-noble, très-haut, très-cher et très-puissant seigneur, taxés à mille florins ; les autres paroisses de la seigneurie seront taxées de même. Boursillez donc vite entre vous afin de parfaire la somme exigée ;

vous avez des cachettes où vous enfouissez votre pécule... Choisissez donc, et promptement, entre la mort et votre argent; car si, durant le temps qu'il me faut pour dire un *pater* et un *ave*, l'un de vous n'apporte point les mille florins à l'entrée du souterrain, vous serez tous fumés comme renards dans leur terrier, après quoi l'on fouillera vos cadavres.

Le bailli se tut, le soupirail fut complétement bouché avec des mottes de terre, et la caverne plongée dans de profondes ténèbres.

— Oh! mon Dieu! que va-t-il arriver? Ne me quitte pas, Mazurec, — dit Aveline en frémissant et enlaçant de ses bras son mari, qui s'était redressé pour écouter les paroles du bailli; d'abord accueillies par un morne silence de stupeur et d'effroi, elles se répètent de bouche en bouche parmi les vassaux. Ces malheureux tenaient d'autant plus âprement à leur petit pécule, leur suprême ressource, fruits de leurs labeurs écrasants, de privations homicides, qu'ils n'avaient pu jusqu'alors le soustraire à la rapacité de leurs seigneurs qu'à force de soins, de ruses, luttant même avec une héroïque ténacité contre la torture qu'on infligeait afin de leur arracher l'aveu de l'endroit où ils enfouissaient le peu qu'ils possédaient. Aussi, le premier moment de stupeur passé, des cris d'indignation et de révolte éclatent parmi les serfs.

— Nous quittons nos maisons pour vivre dans les cavernes comme des bêtes fauves, et l'on vient nous traquer jusqu'ici!

— Être pillés par les Anglais, et nous voir encore forcés de payer la rançon de notre seigneur!

— Non, non! Qu'on nous fume, qu'on nous brûle, qu'on nous massacre... on ne tirera pas un denier de nous!

— Nous jetterons dans le puits les quelques sous qui nous restent, plutôt que de les donner à notre bourreau!

Il fallut peu de temps au bailli pour dire son *pater* et son *ave ;* et comme il ne vit aucun des serfs sortir de leur refuge pour apporter la somme exigée, il donna l'ordre de *fumer le terrier de Jacques*

Bonhomme, opération facile. L'on descendait dans le souterrain par un passage étroit et d'une pente assez rapide taillé dans le roc ; les Anglais de Griffith et les gens du bailli entassèrent dans ce couloir des broussailles sèches, y mirent le feu, et, à l'aide de leurs longues lances, poussèrent dans ce foyer embrasé des branchages verts dont la vapeur, âcre, épaisse, remplit bientôt l'intérieur du souterrain, la seule ouverture qui aurait pu donner issue à la fumée ayant été d'avance hermétiquement bouchée.

Ce fut quelque chose d'affreux ! d'après ce que me rapporta plus tard mon frère Mazurec. Les vassaux suffoqués, aveuglés par cette noire et cuisante fumée, ressentaient des douleurs atroces ; les bestiaux, partageant les mêmes souffrances, devinrent furieux, rompirent leurs liens, se ruèrent dans les ténèbres au milieu de la foule, l'écrasant sous leurs pieds, la transperçant à coups de cornes. Les cris plaintifs des femmes et des enfants, les imprécations des hommes, les mugissements du bétail, formaient un concert infernal. Plusieurs vassaux parviennent à se diriger à tâtons vers le puits et s'y précipitent afin d'échapper à une torture prolongée ; d'autres s'élancent éperdus afin de sortir du gouffre ; mais, étouffés par les flots de vapeur qui s'échappent de l'étroite entrée du souterrain, changée en fournaise, ils tombent brûlés au milieu des flammes ; d'autres se jettent à plat ventre et, rampant la face contre terre, ils grattent le sol avec leurs ongles et collent leurs bouches aux excavations qu'ils creusent, espérant, dans leur délire, pouvoir aspirer ainsi un peu d'air ; enfin, voulant leur épargner un plus long supplice, des mères étranglent leurs enfants à l'agonie.

Mazurec revient à des sentiments d'autant plus tendres pour Aveline qu'il frémit à l'idée de l'horrible mort dont elle est menacée, il l'a tenue étroitement embrassée dès que la fumée a commencé d'envahir la caverne ; mais la jeune vassale, depuis longtemps épuisée par la misère, la douleur et le chagrin, ne devait pas survivre à ce nouveau péril, et, râlant déjà, elle attache ses lèvres

glacées sur celles de Mazurec, comme si l'infortunée, pour échapper
à la suffocation, voulait aspirer le souffle de son mari; puis il se
sent convulsivement serré entre les bras raidis d'*Aveline-qui-jamais-
n'avait-menti*...

— Morte! — s'écrie le serf d'une voix déchirante, — morte sans
vengeance!... morte, ma chère, ma bien-aimée Aveline!...

— Tu peux la venger, nous sauver tous deux et grand nombre
de ces malheureux, — dit la voix haletante d'Alison, qui conservait
encore sa raison et son énergie. — Hâtons-nous! — poursuivit la
tavernière d'une voix de plus en plus oppressée; — essayons de
sortir d'ici; je donnerai au bailli trois cents florins que j'ai cousus
dans ma robe; il nous fera grâce, sinon, tue-le... Prends ta fourche
qui est là... sous ma main... essayons de fuir!

Mazurec pousse un cri de joie sauvage : l'imminence du danger,
l'espoir de la vengeance, décuplent ses forces; il saisit sa fourche
de sa main droite, et de la gauche traînant Alison derrière lui;
guidé par la lueur rougeâtre projetée sur l'issue du souterrain, le
vassal manœuvre de sa fourche pour se frayer un passage à travers
la foule éperdue, renverse les uns, passe sur le corps des autres, et
arrive non loin du foyer de feu et de fumée, dont les abords sont
jonchés des cadavres. Abandonnant alors la main d'Alison et s'avisant d'un moyen auquel personne n'avait songé au milieu de la
panique générale, Mazurec plonge sa fourche dans l'amoncellement
de broussailles embrasées, les écarte, en jette une partie derrière
lui, s'ouvre une issue, traverse le sol couvert de débris enflammés
et gravit en quelques bonds l'entrée de la caverne. Il s'arrête un
instant pour respirer un air pur; son énergie redouble, et d'un
dernier effort il s'élance au dehors... A l'aspect inattendu de Mazurec, effrayant de rage et brandissant sa fourche, les Anglais et
les gens du bailli reculent frappés de stupeur. Le vassal court sus
au bailli, lui enfonce son fer dans le ventre, le renverse, s'acharne
sur lui avec furie, le foule aux pieds, continue à le cribler de coups

à travers le corps, à travers la figure, partout enfin où il peut l'atteindre, et disant à chaque blessure :

— Voilà pour Aveline, que tu as traînée au lit de ton seigneur!... Voilà pour Aveline, que tu as fait mourir étouffée!

Le capitaine Griffith pousse un éclat de rire cruel et s'écrie : — Je prends ce forcené lardeur sous ma protection ; j'admire sa dextérité à se servir de sa fourche... — Puis s'interrompant, Griffith ajoute en frappant dans ses mains : — Par l'enfer! voici mes beaux yeux noirs et ma paire de jambes rondes! Ah! cette fois, tu ne m'échapperas pas, la belle!

L'Anglais s'exclamait ainsi à la vue d'Alison qui apparaissait à l'entrée du souterrain, pâle, haletante, les cheveux en désordre, ses vêtements à demi brûlés, et si affaiblie qu'elle ne pouvait marcher qu'en s'appuyant aux blocs de rochers. Le capitaine Griffith, sans être touché de l'aspect lamentable d'Alison, n'écoute que la férocité de sa luxure, s'élance d'un bond sur sa proie et, l'enlaçant de ses bras nerveux, s'écrie : — Cette fois, je te tiens!

— Grâce! crie Alison en se débattant, — grâce... je vous donnerai tout l'argent que je possède...

— L'amour d'abord, l'argent après! — répond le bâtard de Norfolk en emportant Alison.

— Mazurec... au secours! — murmure la cabaretière. Mais celui-ci, exaspéré par l'ivresse du sang, par l'ardeur de la vengeance, déchiquetait, à coups de fourche, le cadavre du bailli, et n'entendit pas l'appel d'Alison.

Tout à coup Mahiet l'Avocat d'armes sortant d'un épais taillis et apparaissant au sommet d'une éminence rocheuse, se précipite sur les pas du ravisseur, suivi de Guillaume Caillet, d'Adam le Diable, de Rufin-Brise-Pot et de quelques serfs armés de haches, de fourches et de faux. Cette petite troupe, attirée par les cris perçants d'Alison, accourait, précédant un grand nombre de paysans révoltés, cheminant à travers la forêt et s'avançant plus lentement.

— Me voici, belle hôtesse ! — cria Mahiet en sautant de roche en roche, son épée à la main, — me voici...

— Mon hercule du château de Beaumont ! — exclame le bâtard de Norfolk en dégaînant à la vue de Mahiet qu'il reconnaît. Abandonnant alors Alison, il s'élance l'épée haute sur Mahiet : — Je ne demandais à Satan que deux choses : forcer cette fraîche commère et te retrouver un peu remplumé, mon vigoureux garçon ! Commençons par toi ; la belle aura son tour !

— Je n'ai point encore grand' chair sur les os, — reprit l'Avocat d'armes en attaquant intrépidement le bâtard de Norfolk, — mais tu ne tarderas pas à reconnaître que mon poignet n'a pas perdu toute vigueur.

Un combat acharné s'engage entre Mahiet et le capitaine, tandis que Guillaume, Adam le Diable, l'écolier Rufin-Brise-Pot et plusieurs serfs leurs compagnons se jettent avec furie sur le chapelain de Griffith et quelques archers dont il s'était fait suivre, quand il avait laissé le gros de la troupe des Anglais vers la lisière de la forêt, d'après le conseil du bailli.

— Tue, tue les Anglais !... A mort les Anglais !...

Écrasés par le nombre, tailladés à coups de faux, éventrés à coups de fourche, assommés à coups de cognée, pas un des hommes du capitaine Griffith n'échappa au carnage. Le chapelain, après s'être héroïquement défendu contre Adam le Diable, armé d'un coutre de charrue, et contre Rufin, faisant rage de sa grande épée, tomba sous leurs coups. Mazurec, distrait de son acharnement contre les restes sanglants du bailli par l'arrivée des paysans et de Guillaume Caillet, brandit sa fourche, prêt à se joindre aux combattants ; mais, frappé d'une idée subite, il gravit le monticule où était pratiquée, au-dessus du souterrain, l'ouverture récemment bouchée par les ordres du seigneur de Nointel, et, se servant de sa fourche comme d'un levier, il fait rouler au loin les pierres qui obstruaient ce soupirail. La fumée, trouvant une issue, s'en échappe à flots pressés, noirs et épais ; Mazurec, rentrant alors dans la caverne, y disparaît.

A ce moment, Mahiet, blessé au bras, mais tenant sous ses genoux le capitaine Griffith, cherchait son poignard à sa ceinture pour le plonger dans sa gorge en disant : — Tu vas mourir, chien d'Anglais qui veux forcer jusqu'aux femmes mourantes !

— Aussi vrai que tu es la meilleure épée que j'ai rencontrée dans ce pays, mon seul regret est de laisser derrière moi cette commère !

Telles furent les dernières paroles du bâtard de Norfolk. Mazurec reparut bientôt sortant du souterrain, et portant entre ses bras le cadavre d'Aveline :

— Guillaume, voilà votre fille ! voilà ma femme !... Et vous tous qui avez des femmes, des fils, des parents, des amis, entrez dans ce souterrain ; cherchez-les parmi les morts et les agonisants ! Notre seigneur, le sire de Nointel, nous a fait fumer dans notre refuge, parce que nous n'avons pas voulu donner d'argent pour payer sa rançon !... Allez relever les cadavres !

Grand nombre de paysans courent au souterrain. Guillaume Caillet s'approche de Mazurec qui tient toujours enlacé le corps de sa femme. — Couchons-la sur le gazon, — dit le vieillard. — Nous allons creuser sa fosse...

Mais à peine le corps est-il déposé à terre que, se précipitant sur ces restes inanimés avec des cris arrachés du plus profond de ses entrailles paternelles, Guillaume sanglotant couvre de pleurs et de baisers le visage glacé de sa fille.

— J'ai trop pleuré ; je n'ai plus de larmes, — dit Mazurec l'Agnelet en contemplant d'un œil sec et ardent ce spectacle navrant, tandis qu'Adam le Diable, à l'aide de son coutre de charrue, creuse silencieusement la fosse d'Aveline.

Un massif d'arbres et de rochers avait jusqu'alors caché cette scène funèbre à Mahiet, qui, n'ayant pas non plus remarqué son frère pendant la chaleur du combat, était alors assis sur l'herbe, soutenu par Rufin-Brise-Pot et abandonnant son bras blessé aux soins d'Alison. La cabaretière, toujours courageuse et serviable, malgré tant d'émotions diverses, avait déchiré sa gorgerette, et, agenouillée devant l'Avocat d'armes, s'occupait de le regarder avec tendresse et de panser sa blessure.

— Lors de notre première rencontre, vous avez gagné mon procès : aujourd'hui je vous dois l'honneur et la vie ; comment jamais m'acquitter envers vous? Hélas! je vous sais trop dédaigneux de l'argent pour vous offrir trois cents florins cousus dans ma jupe.

— Voulez-vous vous acquitter envers moi, chère et bonne hôtesse? Allez à Paris ; et, quand vous y serez arrivée, vous demanderez où demeure maître Étienne Marcel ; tout le monde vous enseignera son logis, vous direz à sa femme que j'ai reçu une blessure légère et nullement dangereuse. Cela rassurera dame Marcel et sa nièce... ma fiancée...

— Ah! vous êtes fiancé, messire? — reprit Alison en tressaillant et devenant vermeille ; puis, étouffant un soupir, elle ajouta d'une voix tremblante : — Dieu protége vos amours! Je ferai ce que vous désirez, j'irai à Paris... Je rassurerai celle que vous aimez ; je serais à sa place heureuse, oh! bien heureuse... d'être rassurée, si j'aimais quelqu'un. — Ce disant, Alison baissa la tête pour cacher une larme furtive qui brilla dans ses beaux yeux noirs.

— Ah! Mahiet, — dit tout bas Rufin frappé de la grâce et de la bonté de la jeune femme, — une gentille et honnête personne comme celle-là vaut cent fois *Margot la Savourée!*

— Chère hôtesse! — reprit Mahiet après un moment de réflexion, — voulez-vous me permettre de vous donner un conseil?... en ces temps-ci, une femme voyageant seule court de grands dangers, acceptez pour compagnon mon ami Rufin que voilà.

— Mahiet, — dit vivement l'écolier, — je veux rester avec toi.

— Tu t'es bravement battu, malgré ta blessure reçue avant-hier et qui te fait encore beaucoup souffrir ; tu peux rendre un grand service à notre cause, en allant apprendre à Marcel que les paysans sont en armes dans cette province, et que Guillaume Caillet a donné le signal de l'insurrection. Marcel attend ces nouvelles pour agir... et s'il a quelque message de confiance à m'adresser, il me l'enverra par ton entremise. Tu viendras alors me rejoindre en Beauvoisis; tu seras facilement renseigné dans le pays sur la direction de la troupe de Jean Caillet, que je ne quitterai pas. — Voyant enfin l'écolier ébranlé, Mahiet ajouta tout bas : — Malgré tes étourderies de jeunesse, tu es un honnête garçon; promets-moi de veiller sur Alison comme un frère sur sa sœur...

— Je te le promets, Mahiet, et tu peux te fier à ma parole !

Soudain Mahiet tressaillit : il venait d'apercevoir Mazurec et Guillaume transportant les restes d'Aveline... Il comprit tout ce qui avait dû se passer... ses traits exprimèrent une douleur profonde, et, s'agenouillant, il dit :

— A genoux, Rufin... à genoux, bonne hôtesse... Je dois attendre la fin de ces funérailles pour révéler à Mazurec qu'il est mon frère...

Adam le Diable venait d'achever de creuser la fosse d'*Aveline-qui-jamais-n'avait-menti*. Guillaume et Mazurec, tenant par les épaules et par les pieds le corps de la jeune femme, la descendaient dans sa tombe... Les paysans s'agenouillèrent mornes et silencieux.

Oh ! fils de Joël ! ce fut un tableau d'une grandeur lugubre, que ces humbles funérailles de la pauvre vassale pieusement accomplies sous la voûte de la forêt, au milieu de ces rocs entassés aux abords du souterrain... immense tombeau de tant d'autres victimes ! Tout concourait à rendre cette scène terrible, saisissante ! Ici les débris sanglants et sans forme du bailli, l'exécuteur impitoyable des ordres du sire de Nointel; plus loin, les cadavres des Anglais, non moins exécrés que les seigneurs par le peuple des campagnes; plus loin encore, la foule des serfs, à genoux, tête nue, vêtus de haillons, armés d'armes étranges, meurtrières, et contenant à peine leur sombre fureur; enfin, ce père, cet époux, enterrant de leurs mains celle-là qui devait être la consolation de la vieillesse de l'un... la joie, l'amour de la jeunesse de l'autre !

Lorsque le corps de la morte fut étendu au fond de la fosse, Adam le Diable commença de la combler de terre; alors Guillaume Caillet, debout près de la sépulture de sa fille, et tenant serré sur sa poitrine Mazurec, s'écria d'une voix qui fit palpiter tous les cœurs :

— Adieu, ma fille ! adieu, ma pauvre Aveline ! toi qui jamais n'avais menti ! toi qui jamais n'avais fait le mal ! adieu ! et pour toujours adieu ! — Puis levant vers le ciel sa main tremblante, le vieux paysan s'écria d'une voix éclatante : — Je le jure ici par le corps de mon enfant enterré de mes mains ! par les os de nos amis, de nos parents dont ce souterrain est le tombeau ! par les tortures que nous endurons ! par la sueur, par le sang de nos pères ! je vengerai ma fille ! je vengerai nos pères ! je vengerai notre race des souffrances qu'elle a endurées !

Les vassaux, entraînés par ces paroles, se dressèrent debout en agitant leurs cognées, leurs bâtons, leurs fourches, leurs faux, et répondirent tous d'une voix répétée à l'infini par les échos de la forêt : — Vengeance ! — Justice !

Tout à coup ceux des paysans qui étaient entrés dans la caverne sortirent avec épouvante en criant : — Morts... tous morts ou agonisants, les enfants, les femmes, les vieux, les jeunes... tous morts...

— Tous morts ! — répéta Guillaume Caillet d'une voix terrible, — les petits enfants ! les femmes ! les vieux ! les jeunes ! tous morts ! Debout, Jacques Bonhomme ! Debout, mes Jacques ! la Jacquerie commence !

— Elle commencera par le château de Chivry, — s'écria Adam le Diable. — Au château de Chivry doit aujourd'hui se rendre notre sire pour épouser la belle Gloriande... — Le jour du tournoi elle a ri de toi, Mazurec ! tu vas rire à ton tour de la noble damoiselle... Hardi, mon Jacques, la Jacquerie commence !

— Ah! ah! la belle Gloriande! — reprit Mazurec avec un éclat de rire féroce et délirant. — Je vais me présenter à elle avec un œil crevé, le nez écrasé! Oh! pour la belle Gloriande... que d'épouvante, que d'épouvante... Son mari m'a pris ma fiancée!... Hardi, mes Jacques, la Jacquerie commence!

Les paysans révoltés suivirent en tumulte les pas de Guillaume Caillet, d'Adam le Diable et de Mazurec en criant, à travers la forêt :

— A Chivry... Hardi, les Jacques... la Jacquerie commence!

— Adieu, bonne hôtesse! — dit Mahiet en se levant et se préparant à suivre Mazurec, — Adieu, Rufin... veille avec la sollicitude d'un frère sur l'excellente femme qui se confie à ta sauvegarde.

— J'ai foi dans votre ami, — reprit Alison; — car vous m'avez dit : « Fiez-vous à lui... »

— Et j'en jure Dieu! — répondit l'écolier d'une voix pénétrée, — vous pouvez vous fier à moi comme à Mahiet.

— Adieu, Rufin; je vais rejoindre mon frère, lui révéler les liens qui nous unissent et combattre avec lui. Encore adieu, bonne Alison; dites à dame Marcel et à Denise ma fiancée que, si je ne les revois pas, ma dernière pensée aura été pour elles. Et toi, Rufin, dis à Marcel que les paysans de cette province sont à la besogne.

— Au revoir, Mahiet, — reprit tristement l'écolier en tendant la main à son ami. — Si maître Marcel a quelque message à t'envoyer, je le prierai de m'en charger... Adieu.

L'Avocat serra une dernière fois la main de son compagnon et rejoignit en hâte les Jacques, dont on entendait au loin les clameurs retentissantes. La bonne Alison, avant de suivre l'écolier, s'agenouilla en pleurant sur la fosse d'*Aveline-qui-jamais-n'avait-menti*, et lui adressa du cœur et des lèvres un suprême adieu.

CHAPITRE IV

Le château de Chivry. — La salle du dais. — Le sire de Nointel conduit aux pieds de sa fiancée dix captifs enchaînés. — Un repas de noce au quatorzième siècle. — La poterne du château. — La loi du talion. — Le pont de l'Orville. — Le sire de Nointel et le chevalier de Chaumontel. — Charles le Mauvais. — Message de Mahiet. — Politique du roi de Navarre. — Guillaume Caillet couronné roi des Jacques.

Le château de Chivry, situé à trois lieues de Nointel et bâti, comme presque tous les manoirs féodaux, au sommet d'une montagne escarpée, n'a rien à redouter d'une attaque de vive force; défendu par cent hommes d'armes et par sa position, il peut résister à un long siége; et pour entreprendre une pareille attaque, des machines de guerre et des engins d'artillerie eussent été indispensables. La magnificence intérieure de cet édifice seigneurial égale sa force défensive; entre autres somptuosités, la salle du *dais*, ou salle d'honneur, offre un coup d'œil splendide. Ses solives, peintes et dorées, étincellent sur le bleu du plafond; de riches tentures couvrent les murailles, et d'énormes cheminées de pierre sculptée, où brûlent des troncs d'arbres entiers, s'élèvent aux deux extrémités de cette immense galerie, éclairée par dix fenêtres à ogives, aux vitraux armoriés, et large de cent pas sur deux cents de longueur; vastes dimensions indispensables aux cérémonies des festins d'apparat, dans lesquels les majordomes du sire de Chivry entrent, selon la coutume, à cheval, par l'une des portes de la salle, apportant solennellement dans des plats d'argent les *mets d'honneur*, tels que paons et faisans rôtis, ornés de leur tête, de leurs ailes et de leurs queues chatoyantes, ou encore pâtisseries gigantesques représentant le manoir seigneurial orné d'un écusson de vives couleurs; glorieux mets que les pages placent sur la table devant la reine du festin.

Ce jour-là, une brillante compagnie, nobles, seigneurs, dames, damoiselles et enfants de châtellenies voisines, réunis dans la galerie du château de Chivry, s'empressent autour de la belle Gloriande, triomphalement assise sous le dais, sorte de siége élevé recouvert de brocart d'or et surmonté d'un ciel empanaché ; jamais la damoiselle n'a paru aux yeux éblouis de ses admirateurs plus superbe et plus rayonnante : elle resplendit de parure ; ses cheveux noirs, tressés d'un fil de perles et d'escarboucles, sont à demi cachés par son virginal chapel de fiancée ; sa robe de velours blanc, brochée d'argent, découvre hardiment sa poitrine et ses bras accomplis. Une écharpe de soie orientale, frangée de perles, ceint sa taille svelte et élevée. L'œil brillant, la joue animée, la lèvre souriante, Gloriande reçoit les compliments de la noble assemblée qui la félicite sur son mariage, dont l'heure va bientôt sonner à la chapelle du château. Le vieux sire de Chivry jouit du bonheur de sa fille et des hommages dont il la voit entourée. Cependant, malgré l'épanouissement de ses traits, Gloriande fronce de temps à autre ses noirs sourcils en regardant avec impatience du côté des portes de la grande galerie ; le comte de Chivry, surprenant un de ces regards impatients, dit à sa fille en souriant : — Sois tranquille... Conrad ne tardera pas à paraître. Tiens, voici ton fiancé... regarde-le... ma belle amoureuse !

Au moment où le vieux seigneur parle ainsi, un cortége triomphal entre dans la salle immense. Des joueurs de clairon ouvrent la marche, sonnant un air de bravoure, puis viennent des pages, aux livrées du sire de Nointel, suivis de ses écuyers ; ceux-ci conduisent enchaînés dix hommes hideux à voir ; leur crâne et leur visage, complétement rasés, sont d'un brun couleur de suie ; mornes, accablés, ils tiennent leur tête tristement baissée et portent de longs sarraus tout neufs, en étoffe mi-partie blanche et verte (couleurs armoriales de la maison de Chivry). De temps à autre ces captifs secouent leurs chaînes avec fracas en poussant des gémissements lamentables ; derrière eux s'avance Conrad Neroweg, sire et seigneur de Nointel, superbement campé sur son cheval de guerre, la visière baissée, sa lance au poing, et revêtu d'une splendide armure de bataille. A ses côtés, mais à pied, marche Gérard de Chaumontel, aussi armé de toutes pièces et semblant partager le triomphe de son ami. Les acclamations de la noble assistance accueillent ce cortége, et la belle Gloriande, envermillonnée, se lève de son siége et, agitant son mouchoir, s'écrie :

— Gloire au victorieux! honneur au plus vaillant des preux!

— Gloire au victorieux! — répète la noble assistance, — honneur au plus vaillant des preux!

Le sire de Nointel descend alors de son cheval, relève la visière de son casque, et tandis que ses écuyers font signe aux prisonniers de s'agenouiller, il prononce le discours suivant :

« — Ma dame m'avait ordonné d'aller guerroyer contre l'Anglais,
« et de lui ramener dix captifs; le devoir de tout preux chevalier
« est d'obéir à la reine de ses pensées. Voici les dix soldats anglais
« que j'ai faits prisonniers à la bataille de Poitiers... C'est moi, captif
« du dieu d'amour, qui conduis ces hommes enchaînés aux pieds
« de ma dame. »

Ces chevaleresques et galantes paroles excitent les transports de l'assemblée ; le sire de Nointel s'incline modestement et reprend :

— Ces captifs appartiennent à ma dame ; qu'elle dispose de leur sort en souveraine !

— Puisque mon vaillant chevalier me prie de décider du sort de ces captifs, — reprend la belle Gloriande, — j'ordonne qu'ils soient délivrés de leurs chaînes... et qu'on leur fasse largesse ! Le jour de mon mariage doit être pour tous un jour de liesse... — Puis, tendant sa main à Conrad qui met un genou en terre devant sa fiancée :

— Voici ma main, sire de Nointel ; je ne saurais la donner à un plus valeureux chevalier.

— Heureux jours aux deux époux ! — crie l'assemblée, — gloire et bonheur à Gloriande de Chivry et à Conrad de Nointel !!!

Pendant que la brillante compagnie témoigne ainsi de la part qu'elle prend à la félicité des deux futurs époux, le sire de Chivry, s'approchant du chevalier de Chaumontel, lui dit à demi-voix en regardant les prisonniers anglais :

— Gérard, quelle diable d'espèce d'Anglais est donc celle-là?... ils sont noirs comme des taupes !

— Messire comte, — répond gravement le chevalier, — ces coquins sont de la tribu anglaise des *Ratamorphrydich !*

— Comment appelez-vous cette tribu ? — dit le vieux seigneur stupéfait de ce nom barbare ; — je n'en ai jamais entendu parler.

— Les *Ratamorphrydich*, — reprend le chevalier, — sont une des tribus les plus féroces du nord de l'Angleterre; on la croit issue d'une colonie gyptiaque ou même syriaque, venue des déserts de Moscovie aux rivages d'Albion, sur des chevaux marins !...

— Très-bien, — repart le vieux seigneur abasourdi de la science géographique du chevalier.

La cloche de la chapelle du château de Chivry ayant en ce moment tinté, le sire de Chivry dit au chevalier : — Voici le premier coup de la messe de mariage. Ah ! Gérard, c'est un beau jour pour mes vieux ans que celui-ci... doublement beau, car il luit en de tristes temps !

— Mais il me semble, messire, que vous n'avez pas lieu de vous plaindre des événements ; Conrad vous revient couvert de lauriers, prisonnier des Anglais, sur parole, il est vrai ; mais en ce moment ses vassaux boursillent sa rançon ; il est aimé de votre fille qu'il adore; votre château bien approvisionné, bien fortifié, défendu par une vaillante garnison, n'a rien à redouter des Anglais et des routiers; Jacques Bonhomme, encore tout meurtri de la leçon qu'il a reçue l'an passé au tournoi de Nointel, n'ose lever le nez de dessus les sillons qu'il laboure pour vous : vivez donc en paix et en joie !

— Mon père, — dit au comte de Chivry la belle Gloriande, — voici le second coup de cloche pour la messe... Partons !

— Eh bien ! chère impatiente, — réplique le vieux seigneur en souriant à sa fille, — donne la main à Conrad et allons à l'autel.

— Ah! mon père, vous ne savez pas que Conrad a parlé de moi au régent, notre sire? Ce jeune et gracieux prince désire me voir à la cour... Nous partirons avant huit jours pour Paris... D'ici là, j'aurai le temps de faire faire trois robes : l'une de brocart d'or... l'autre de brocart d'or et d'argent... la troisième lamée et à ramages.

— Tu te feras faire dix robes, vingt robes, si tu le veux, et des plus riches! Rien de trop beau pour Gloriande de Chivry, lorsqu'elle paraîtra à la cour! Il est bon de prouver à ces rois, qui prétendent primer la seigneurie, qu'autant qu'eux autres nous sommes grands seigneurs; l'argent ne te manquera pas : mes baillis frapperont double taxe sur mes vassaux en l'honneur de ton mariage, selon la coutume. Mais voici un autre impatient qui te prie d'avoir pitié de son martyre,—ajouta gaiement le comte en montrant Conrad qui s'approchait de Gloriande. Le sire de Nointel prit avec amour la main de sa fiancée, le cortège se forma, et la noble assistance, suivie des pages, des écuyers, se dirigea vers la chapelle du manoir.

Les prisonniers anglais, délivrés de leurs chaînes par ordre de la damoiselle de Chivry, venaient les derniers. Au moment où ils passaient le seuil de la porte de la galerie, il tomba de dessous le sarrau de l'un des captifs, un grand couteau à manche de bois grossier et à lame fraîchement aiguisée.

— Adam le Diable, — dit à voix basse un autre prisonnier, — ramasse donc ton couteau... sans attirer sur toi l'attention des soldats.

Le mariage de la damoiselle de Chivry et du seigneur de Nointel a eu lieu le matin, et dans la galerie du manoir, transformée en salle de festin, sont réunis tous les invités à ces brillantes épousailles; le repas a duré jusqu'à une heure assez avancée de la soirée, il touche à sa fin. Durant six heures et plus, les nobles convives ont fait fête à tous les *services* de cet interminable repas; car pendant que Jacques Bonhomme soutient à peine sa triste vie avec des fèves

presque pourries et de l'eau pour boisson, les seigneurs mangent
à crever dans leur peau ; jugez-en, fils de Joël, d'après le festin de
noces de la belle Gloriande. Le *premier service*, destiné à ouvrir
l'appétit, se composait de limons, de fruits confits au vinaigre, de
cerises aigres, de salaisons, de salades et autres mets appétissants.
Second service : Pâtes d'écrevisses et d'amandes à la crème, brouets
de viandes macérées cuites avec du bouillon, potages au riz, à l'a-
voine, à la fromentée, au *macaroni*, à la chair pilée, au millet,
servis sur table de façon à ce que les diverses couleurs dont ils sont
habilement teints par un cuisinier expert réjouissent agréablement
la vue des convives; potages blancs, bleus, jaunes, rouges, verts
ou *dorés*, harmoniaient leurs nuances. *Troisième service :* Rôtis à la
sauce, et combien d'innombrables sauces ! sauce à la cannelle, à la
noix muscade, aux bourgeons, aux raisins, au genêt, aux roses,
aux fleurs, toutes ces sauces teintes aussi de couleurs variées. *Quatrième service :* Pâtés de toutes sortes, pâtés de sanglier, pâtés de
cerf, pâtés monstrueux renfermant, au milieu de rangées d'oisons
gras, un agneau farci; enfin les pâtisseries, des tartes à *double visage*, aux herbes, aux feuilles de roses, aux cerises, aux châtaignes,
et, au milieu de cette profusion de tartes, s'élevait une pâtisserie
monumentale de trois pieds de hauteur, représentant les donjons,
les tours, les remparts du noble manoir de Chivry... La longue
table, chargée d'une riche vaisselle où se reflète la clarté de grands
luminaires d'argent, garnis de flambeaux de cire, offre un joyeux
désordre ; les hanaps, les coupes d'argent ou de vermeil, remplis de
vins herbés, circulant de main en main, redoublent la bonne humeur des convives; quelques-uns commencent à chanceler sur leur
siége, étourdis par les fumées de l'ivresse; beaucoup de nobles
dames et damoiselles, sans avoir fêté jusqu'au délire bachique les
épousailles de Gloriande, ont la joue plus que vermeille, l'œil émé-
rillonné, le sein palpitant, et rient aux éclats des récits licencieux
que les seigneurs, assis à côté d'elles et buvant à la même coupe,

leur content à l'oreille. Au dehors de la salle du banquet, les serviteurs et les hommes d'armes du château, partageant la liesse générale, célèbrent le mariage de la damoiselle de Chivry à grand renfort et reconfort de pots de bière, de cidre ou de vin ; grand nombre de ces buveurs sont complétement ivres.

La belle Gloriande et Conrad restent étrangers à l'allégresse causée par la bonne chère et les propos graveleux ; plus doux est l'enivrement des deux fiancés ; ils se chérissent, et bientôt pour eux va sonner l'heure du déduit amoureux ; parfois, ils échangent sournoisement un coup d'œil d'impatience ; ardents sont les regards de Conrad, troublés sont les regards de Gloriande ; son beau sein fait doucement onduler ses colliers de perles et de diamants ; elle fronce même ses noirs sourcils et hausse ses blanches épaules en entendant son père, déjà fort aviné, crier à tue-tête pour demander silence, déclarant qu'il veut chanter une vieille chanson à boire en vingt-huit tensons ! ! ! et chaque couple buvant au même hanap sera tenu de le vider entre chaque tenson ! après quoi les fiancés seront cérémonieusement conduits par les damoiselles d'honneur dans la chambre nuptiale, dont la porte s'ouvre sur la galerie. A cette proposition de son père, de chanter vingt-huit tensons ! proposition acclamée par les convives, la belle Gloriande jette un regard désolé sur Conrad, et celui-ci, s'adressant à son ami Gérard de Chaumontel, lui dit à voix basse :

— Au diable le vieil ivrogne... et sa chanson !

— A propos, — répond en éclatant de rire le chevalier à moitié ivre, — le bonhomme m'a demandé tantôt pourquoi nos prisonniers anglais étaient noirs comme des taupes ? — Mais, s'interrompant, le chevalier reprit après un moment de réflexion : — Conrad, n'y avait-il pas onze manants au lieu de dix que nous avons ramassés sur la lisière de la forêt, d'où ils sortaient armés de fourches, de faux, de cognées ? Ils allaient chasser des loups qui leur causaient grand dommage ! Ah ! ah ! ah ! je ris encore en pensant à notre capture... Mais par le diable... c'est onze manants et non point dix que nous avons pris... Comment se fait-il qu'étant onze... ils ne soient plus que dix?

— Oublies-tu que l'un de ces manants s'est échappé en route?

— Quel trait de lumière ! — s'écria Gérard en calculant sur ses doigts avec une gravité d'ivrogne, — ces manants étaient au nombre de onze. Bien... l'un d'eux s'est échappé... donc il ne doit en rester que dix ! Conrad, tu es le plus lumineux des mortels !

En cet instant, le seigneur de Chivry entonnait d'une voix forte le quatrième tenson de son chant bachique; la belle Gloriande ne put endurer plus longtemps son amoureux martyre; elle échangea un coup d'œil d'intelligence avec Conrad, et presque aussitôt elle poussa un léger cri étouffé, en saisissant le bras de son père auprès de qui elle siégeait. Le vieux seigneur s'interrompit brusquement de chanter, et dit à Gloriande avec surprise :

— Qu'as-tu, chère fille?

— J'éprouve une sorte d'éblouissement, je me sens indisposée; je vais me retirer chez moi.

— Ma bien-aimée Gloriande, — dit vivement le sire de Nointel en se levant, — souffrez que je vous accompagne...

— Oui, je vous en prie, Conrad... Je prendrai l'air à la fenêtre de notre chambre; il me semble que cela me fera du bien...

— Allons, — reprit tristement le seigneur de Chivry, — je recommencerai ma chanson au repas de demain matin. — Puis il ajouta : — Que les damoiselles d'honneur de l'épousée veuillent bien l'accompagner, selon l'usage, jusqu'à la porte de la chambre nuptiale.

A ces mots, plusieurs jeunes damoiselles quittèrent à regret les chevaliers auprès de qui elles étaient assises, et entourèrent la mariée, tandis que Conrad faisait le tour de la table immense pour aller rejoindre sa femme, et que deux pages allaient ouvrir la porte de la chambre des époux, brillamment éclairée par des flambeaux de cire parfumée. Au fond l'on apercevait le lit nuptial, surmonté d'un dais armorié et à demi entouré de rideaux de tapisserie scintillante de fils d'argent; mais voici que soudain Gérard de Chaumontel, de plus en plus ivre, se hissant sur son siége, se met à crier :

— Nobles dames et damoiselles, je demande à vous prouver que je suis un homme... de divination singulière !

— Voyons... prouvez, — reprit gaiement l'assistance, — prouvez-nous cela, chevalier ! Nous écoutons !

— L'an passé, — reprit Gérard, — lors du tournoi de Nointel, où vous assistiez tous et où Jacques Bonhomme a osé regimber, Conrad a fait pendre quelques-uns de ces croquants et noyer celui que j'avais vaincu en combat judiciaire.

— Je voudrais bien voir noyer un vilain ! moi, — cria un enfant de douze ans, le fils du sire de Bourgueil. — J'en ai vu fouetter, essoriller, pendre et écarteler des vilains, mais point je n'en ai vu noyer ! Mon père, vous ferez noyer un vilain... pour voir... n'est-ce pas ? Je veux voir noyer un vilain.....

— Mon fils, — répondit à l'enfant le sire de Bourgueil d'un ton doctoral, — votre interruption est messéante... vous deviez attendre que le chevalier eût fini de parler et alors m'exprimer votre désir.

— Ce manant que j'avais vaincu, — poursuivit Gérard de Chaumontel, — ce manant, au moment de prendre son premier et son dernier bain, m'a dit d'une voix de diable enrhumé : — « Tu me fais noyer, tu seras noyé. » — Et à Conrad : — « Tu as outragé ma femme, ta femme sera outragée. »

— Allons, il est ivre, le sire de Chaumontel ! — dirent en murmurant quelques assistants.

— Cette lugubre histoire de pendus et de noyés est incongrue en un jour de noces !

— Assez ! chevalier, assez !

— Cuvez en paix votre vin, bon sire !

— Attendez que je vous prouve... en quoi je suis un homme des plus singulièrement divinatoires... — reprit Gérard. Mais les huées couvrent sa voix, et le sire de Nointel, frissonnant malgré lui au souvenir funèbre évoqué par son ami, prend la main de Gloriande, que les damoiselles d'honneur entourent, et lui dit en se dirigeant avec elle vers la chambre nuptiale :

— N'écoutez pas ce fou, il est ivre... venez, ma bien-aimée...

Tout à coup un écuyer, livide, ensanglanté, paraît comme un spectre à la grande porte de la galerie... fait deux pas, chancelle, tombe sur les dalles qu'il rougit de son sang, et en expirant murmure ces seuls mots : — Monseigneur... oh !... monseigneur !

A ce spectacle, un cri d'horreur et d'effroi part de toutes les bouches. La belle Gloriande, saisie d'épouvante, se jette dans les bras de Conrad. L'assemblée, morne, stupéfaite, garde pendant un instant le silence, et l'on entend au loin éclater de formidables rumeurs... Un autre écuyer, pâle, couvert de sang, accourt et s'écrie d'une voix entrecoupée :

— Trahison !... trahison !! Les prisonniers anglais ont égorgé les gardes de la poterne du château... et l'ont ouverte à une multitude furieuse... Voilà les assaillants !...

Aussitôt ces cris, répétés par une foule de voix : *Jacquerie! Jacquerie!* retentissent au dehors de la grande salle, et les vitraux des fenêtres défoncées à coups de fourche et de hache volent en éclats.

Une bande nombreuse de Jacques, conduits par Adam le Diable et par ses compagnons, à figure noircie, qui avaient joué le rôle de captifs anglais, pénètrent dans la salle du festin, à travers les portes et les croisées ; la noble assistance épouvantée reflue d'un même mouvement vers la porte principale, espérant fuir de ce côté ; mais à cette porte apparaissent Guillaume Caillet et Mazurec l'Agnelet, à la tête d'une autre troupe de Jacques armés de bâtons, de coutres de charrue et de faux. Presque tous ces paysans révoltés étaient vassaux des seigneurs de Nointel et de Chivry. A l'aspect de cette foule hâve, farouche, ensanglantée, demi-nue, traînant les haillons de la misère et du servage, les dames, les damoiselles, poussent des cris de terreur et s'entassent éperdues au fond de la grande salle. Les seigneurs ayant, selon l'usage, quitté leurs armures et leurs armes pour vêtir leurs habits de gala, saisissent des couteaux de table, des hanaps d'argent ou des escabeaux, afin de se défendre ; les joyeuses fumées du vin se dissipent soudain, et ils se rangent en tumulte devant les femmes afin de les protéger.

Guillaume Caillet lève sa hache par trois fois ; à ce signal, les clameurs tumultueuses des Jacques cessent peu à peu, et bientôt se fait un grand silence, troublé seulement par les exclamations d'effroi et les gémissements des femmes épouvantées.

— Mes Jacques ! — s'écrie Guillaume Caillet, — vous avez apporté des cordes, garrottez d'abord tous ces nobles hommes, tuez ceux qui résistent, mais épargnez le père et l'époux de la mariée... épargnez aussi le chevalier de Chaumontel.

— Je me charge de ces trois-là, je les connais, — dit Adam le Diable. — A moi, mes Anglais !

Les vassaux s'élancent sur les seigneurs ; quelques-uns opposent aux Jacques une résistance désespérée et sont tués ; mais la plupart de ces chevaliers, démoralisés, atterrés par cette brusque attaque, se laissent garrotter, et, parmi ceux-là, le vieux seigneur de Chivry, Gérard de Chaumontel et Conrad de Nointel, que l'on arrache des bras de la belle Gloriande. Celle-ci, plus furieuse encore qu'effrayée, s'emporte en imprécations, en injures contre ces manants révoltés ; Adam le Diable s'empare d'elle, la maîtrise et lui attache les mains derrière le dos, en disant avec un ricanement farouche :

— Chacun son tour, ma noble damoiselle... L'an passé, tu as ri de nous au tournoi de Nointel ; à cette heure... nous allons rire de toi, ma belle amoureuse...

— Ce prisonnier anglais me connaît ! — s'écria Gloriande. — Est-ce un rêve horrible que tout ceci ?

— Je suis vassal de la seigneurie de Nointel et non point Anglais, ma belle, — répondit Adam le Diable. — Ce rôle de captifs nous a été imposé par ton noble époux, ton vaillant chevalier, le sire de Nointel, trop lâche pour faire de véritables prisonniers ; il nous a rencontrés sur la lisière de la forêt et nous a ordonné, sous peine d'être pendus, de l'accompagner ici, afin de servir de complices à sa fourberie, et de figurer les prisonniers anglais qu'il devait te ramener de la bataille de Poitiers ; nous avons consenti à la mascarade ; elle nous donnait accès dans le château de ton père. L'un de nous, s'échappant en route, est allé donner l'ordre à nos compagnons de s'approcher des remparts de ce manoir à la faveur de la nuit. Nous avons égorgé les hommes d'armes qui étaient de garde à la poterne ; puis nous avons baissé le pont et introduit ici nos Jacques ; maintenant, nous allons rire de toi, ma belle... comme tu as ri de nous au tournoi de Nointel !

Gloriande laisse parler Adam le Diable sans lui répondre, et elle s'écrie, frémissant d'une indignation douloureuse :

— Conrad a menti !... Conrad est un lâche !...

— Ton noble époux est un menteur et un lâche ! — répond Adam le Diable en entraînant Gloriande vers l'extrémité de la salle. — Il te faut un mari plus vaillant ; je vais te conduire à lui...

Gloriande de Chivry oublie un instant ses dangers, ses terreurs. Accablée par cette pensée, horrible pour son orgueil, que Conrad de Nointel était un lâche, elle se laisse entraîner presque sans résistance par Adam le Diable vers l'extrémité de la salle.

Au milieu des Jacques formés en cercle, se tient Guillaume Caillet s'appuyant sur le manche de sa lourde hache ; près de lui se trouvent Mahiet l'Avocat d'armes, les bras croisés sur la poitrine, le front pensif, et Mazurec l'Aguelet, veuf d'*Aveline-qui-jamais-n'avait-menti*. Ce serf, à demi vêtu d'un sayon de peau de chèvre, les cheveux hérissés, les bras nus et sanglants, l'œil crevé, le nez écrasé, la lèvre fendue, est d'une épouvantable laideur. Adam le Diable pousse Gloriande vers Mazurec en lui criant : — Voilà ton nouveau mari ! Voilà ton seigneur et maître ! — Gloriande recule d'un pas et jette un cri d'effroi à l'aspect du serf défiguré.

Mais quelle est son épouvante, lorsqu'elle voit Mazurec s'avancer lentement en fixant sur elle son œil cave, étincelant de haine, et qu'elle sent s'appesantir sur son épaule la main calleuse du serf lui disant d'une voix sourde :

— Au nom de la force... tu es à moi... de même qu'au nom de la force Aveline, ma fiancée, a appartenu à Conrad de Nointel...

— Que dit ce monstre ? — murmure Gloriande éperdue en se rejetant en arrière afin de se dégager de l'étreinte du vassal. — Mon père... au secours, mon père !...

Le vieux seigneur de Chivry était là, garrotté comme Gérard de Chaumontel et Conrad de Nointel. Ce dernier, hébété par la frayeur, écrasé par le remords, n'entend rien, ne voit rien, et murmure :

— Ayez pitié de moi ! Seigneur, mon Dieu !... Je suis un grand pécheur... je me repens d'avoir outragé la fiancée de ce vassal...

— Mon père, au secours ! — crie toujours Gloriande en essayant d'échapper aux robustes mains de Mazurec l'Agnelet, dont les ongles, crispés comme les serres d'un oiseau de proie, retiennent la fiancée du sire de Nointel à ses côtés.

— Vassal ! — dit d'une voix haletante le vieux seigneur de Chivry à Guillaume Caillet, — tu es le chef de cette bande de forcenés ; sauve la vie et l'honneur de ma fille, et je te promets le pardon... J'en jure par le Dieu vivant ! je te ferai grâce du châtiment que méritent tes crimes !

— Noble seigneur, — reprend le chef des Jacques avec un calme sinistre, — c'est un beau jour que le jour des noces d'une enfant qu'on aime !

— Hélas ! ce matin, je croyais, en effet, que le jour du mariage de ma fille Gloriande serait un beau jour pour moi !

— Je pensais de même au matin du jour des noces de ma fille *Aveline-qui-jamais-n'avait-menti*... Un vassal a des entrailles de père...

j'aimais tendrement mon enfant ! Elle était douce, belle et pure ; elle faisait la joie, l'orgueil de ma misérable vie... Le sire de Nointel, ton gendre, a fait traîner ma fille dans son lit... et puis le lendemain il me l'a rendue !...

— Le sire de Nointel a usé des droits qu'il a sur toute fille non noble ! Il a usé des droits de cuissage !...

— Conrad de Nointel a usé des droits qu'il tenait de la force... Aujourd'hui, les Jacques sont les plus forts, ils vont user de leur puissance... — répondit Guillaume Caillet sans se départir de son calme farouche. — Mazurec, le fiancé de ma fille, a voulu s'opposer à ce qu'elle fût violentée... et, en punition de sa rébellion, il a dû faire amende honorable à genoux devant son seigneur... Hier, ma fille a été, comme tant d'autres victimes, étouffée par la fumée dans un souterrain, par l'ordre du bailli du sire de Nointel... — « Œil pour œil, dent pour dent ! » — dit l'Écriture ; le sire de Nointel a outragé la fiancée de Mazurec l'Agnelet ; la fiancée du sire de Nointel appartient à Mazurec...

Les Jacques accueillent avec des cris de triomphe l'arrêt prononcé par leur chef, pendant qu'Adam le Diable enfonce d'un coup de pied une porte située au fond de la grande galerie, et, aux clartés des flambeaux de cire parfumée qui brûlent dans des luminaires de vermeil, les Jacques voient l'intérieur éblouissant de la chambre nuptiale du sire de Nointel...

La belle Gloriande, défaillante de terreur, se débat en vain contre Mazurec, qui l'entraîne. — Mon père ! délivrez-moi !...

— Aveline m'appelait aussi à son secours... — dit Guillaume Caillet en maintenant le vieux comte de Chivry.

— Oh ! la mort !... — crie Conrad de Nointel, chez qui la rage succède à l'épouvante, et qu'Adam le Diable et un des Jacques contiennent à grand' peine, — oh ! la mort, et ne pas voir ces horreurs ! Ciel et terre ! ce misérable vassal oser porter la main sur Gloriande !... Ce truand va forcer ma fiancée !...

— Oh! oh! tu fais rébellion! — dit Adam le Diable en éclatant de rire. — Nous te condamnons à faire amende honorable à deux genoux devant ton maître et seigneur Jacques Bonhomme, dans la personne de Mazurec, et tu lui demanderas pardon de l'avoir injurié... de l'avoir appelé truand...

— Conrad, sachons mourir! — reprend le chevalier Gérard de Chaumontel. — Nous serons bientôt vengés de ces truands; pas un n'échappera aux lances des chevaliers.

Mahiet l'Avocat d'armes, jusqu'alors impassible, s'avance et, appuyant son gantelet sur l'épaule du chevalier :

— Tu t'es battu couvert de fer contre mon frère Mazurec demi-nu, armé d'un bâton; j'ai décidé que tu te battrais contre lui, toi demi-nu et armé d'un bâton, lui, armé et couvert de fer. Si tu es vaincu, tu seras mis en sac et noyé; aujourd'hui, Jacques Bonhomme, d'appelé... est devenu appelant...

— Mais avant le combat, — s'écrie Adam le Diable, — soupons, mes Jacques, la table est mise, il reste du vin dans les amphores... des viandes sur les plats!... Faisons chère lie, à la barbe de ces seigneurs, pères, frères ou maris de ces nobles dames et damoiselles!... Hardi, mes Jacques! vive l'amour! vive le vin! Après le festin, nous enfermerons dans les souterrains du château toute cette noblesse, hommes, femmes, enfants! Les ruines du manoir incendié seront leur tombeau!... Hardi, Jacques Bonhomme! vive l'amour! vive le vin! A nous les dames et les damoiselles de ces nobles!...

. . . .

A cet endroit de mon récit, moi, Mahiet, qui écris ceci, je frissonne encore d'horreur au souvenir de l'infernale orgie dont j'ai été le témoin et des férocités qui l'ont suivie!...

Ces Jacques à demi sauvages, poussés à bout par le désespoir, n'ayant à attendre aucune justice des hommes, rendaient, dans leur aveugle fureur, le mal pour le mal!... Hélas! je dois le reconnaître ici, la vengeance est pleine d'amertume, et les représailles dont j'ai été le témoin m'ont presque fait oublier les cruautés de nos oppresseurs séculaires !... les atrocités des prêtres, des nobles et des rois !...

La nuit va bientôt faire place au jour, la lune se couche, les premières lueurs de l'aube empourprent l'orient. La troupe de Jacques, qui a mis à feu et à sang le manoir de Chivry, se dirige vers le pont de l'*Orville*, du haut duquel, l'année précédente, Mazurec, mis en sac, a été jeté à la rivière. A la tête de cette troupe marchent Guillaume Caillet, Mazurec, Mahiet et Adam le Diable ; viennent ensuite les Jacques, conduisant garrottés le sire de Nointel et le chevalier de Chaumontel, demi-nus et désarmés. Mazurec l'Agnelet, coiffé du casque du chevalier de Chaumontel, revêtu de sa cuirasse et de sa cotte de mailles, armé de son poignard et de son épée, marche entre Mahiet l'Avocat d'armes et Guillaume. Celui-ci, s'arrêtant au sommet de la colline qu'ils venaient de gravir, et d'où l'on découvrait le pays à quatre lieues à la ronde, grâce aux premières lueurs de l'aube, s'écrie en désignant tour à tour différents points de l'horizon rougi par les flammes ou obscurci par leurs noires fumées :

— Voyez-vous le château de Chivry, le château de Bourgueil, le château de Saint-Prix, le château de Montserin, le château de Villiers, le château de Rochemur, et tant d'autres, et tant d'autres ! mis cette nuit à feu, à sac et à sang par des bandes de vassaux révoltés ?... Entendez-vous le tocsin des villages appelant les serfs aux armes ?... Il a sonné toute la nuit, il sonne encore, ce tocsin ! Il appelle les Jacques à la curée des nobles !....

En effet, les tintements précipités des cloches, sonnant à toute volée dans une foule de villages disséminés au milieu des plaines et des bois, arrivaient jusqu'au sommet de la colline, apportés par la brise matinale. L'horizon, réverbérant la lueur des incendies qui dévoraient tant de manoirs féodaux, semblait en feu ; les premiers rayons du soleil pouvaient à peine pénétrer l'épaisseur de ces sombres nuages.

— Le coup d'œil vaut la musique! — dit Adam le Diable prêtant l'oreille aux retentissements du tocsin. Puis, croisant les mains derrière son dos, écartant les jambes, se cambrant sur ses robustes reins, il embrasse d'un regard avide le rideau flamboyant des lointains incendies. — Les voilà donc en feu, en ruines! ces fiers donjons cimentés du sang, de la sueur de notre race, et qui, pendant des centaines d'années, ont été l'effroi de nos pères! Ah! ah! ah! — ajoute le paysan avec un éclat de rire farouche, — combien, à cette heure, il doit se passer de choses lugubres dans ces manoirs!...

— A cette heure, — reprend Guillaume Caillet, — en Beauvoisis, en Laonnais, en Picardie, en Vermandois, en Champagne, partout enfin dans l'Ile-de-France, Jacques Bonhomme fait de pareils feux de joie!... Partout on massacre les prêtres et les nobles!...

— Je voudrais voir toutes les flammes, — dit Adam le Diable en hochant la tête, — je voudrais entendre tous les cris!

— Ah! — dit Mahiet avec une amertume profonde, — si les cris des Gaulois nos pères, esclaves, serfs ou vassaux, morts martyrs depuis la conquête franque, pouvaient s'entendre à travers les âges... ah! si les cris de nos mères, écrasées sous le servage, affamées par la misère, outragées par les seigneurs, pouvaient s'entendre à travers les âges!... cet effroyable concert de malédictions, de hurlements, de douleur, arriverait du fond des siècles jusqu'à nous!... Elle est donc venue l'heure de la justice!

— Mon frère, — reprend Mazurec l'Agnelet, sombre et abattu, en hâtant le pas pour devancer Adam le Diable et Guillaume Caillet, et afin de se trouver un moment seul avec Mahiet, — j'ai un aveu à te faire... et, peut-être, à réclamer ton indulgence pour une défaillance de mon cœur... Lorsque j'ai eu entraîné la fiancée de Conrad dans la chambre nuptiale... et après que la porte de la chambre se fut refermée sur nous, la belle Gloriande est tombée à

genoux devant moi, les mains jointes, elle a demandé grâce ! je me suis dit : — « Ma pauvre Aveline a dû crier ainsi grâce... en sup-
« pliant mon seigneur de ne pas l'outrager... elle a dû bien souf-
« frir... » — J'ai pleuré en pensant à Aveline ; j'ai oublié ma haine et ma vengeance... — La belle Gloriande, me voyant pleurer, a redoublé ses supplications ; alors je lui ai dit : — « Dans ma condition
« de serf, je n'avais qu'une joie au monde, l'amour d'*Aveline-qui-*
« *jamais-n'avait-menti*... Elle a été outragée par mon seigneur, ton
« fiancé ; et, après des mois de douleur et de désespoir, elle est
« morte étouffée dans le souterrain du bois de Nointel, au moment
« de mettre au jour l'enfant de sa honte... Il me semble voir ma
« pauvre Aveline, à genoux, comme toi, demandant grâce ; c'est
« elle qui me fait pitié... ne crains rien de moi !... » — La belle Gloriande a pris mes mains dans les siennes, elle les a baisées en pleurant... elle m'a supplié de la laisser fuir par un passage secret ; j'y ai consenti. Je suis resté dans la chambre songeant à Aveline... jusqu'au moment où l'on a mis le feu au château. Je n'ai pas voulu outrager la fiancée de mon seigneur... La vengeance ne m'aurait pas rendu mon bonheur perdu !...

— Oh ! pauvre frère ! âme tendre ! cœur généreux ! — répond Mahiet vivement ému, — toi que la nature avait fait *Mazurec l'Agnelet*, et que la férocité de tes maîtres a transformé en *Mazurec le Loup !* tu étais né pour aimer, non pour haïr... Hélas ! tu dis vrai, la vengeance ne rend pas le bonheur perdu !... Martyr sublime, tu n'as pas besoin de mon indulgence pour ta généreuse conduite ! ton cœur n'a pas eu de défaillance ; mais il s'est inspiré du principe de miséricorde proclamé par le jeune maître de Nazareth !... — Puis, voyant Adam le Diable et Guillaume Caillet se rapprocher, Mahiet l'Avocat d'armes ajoute tout bas : — Frère, que personne ne sache que tu as respecté Gloriande ; il faut surtout que Conrad, pour sa punition, croie au déshonneur de sa fiancée !... — S'adressant alors à Guillaume, qui venait de le rejoindre : — Nous voici bientôt au pont de l'Orville, hâtons-nous... Nos compagnons ont hâte de nous voir arriver.

Le soleil levant éclaire de ses rayons les eaux rapides de l'Orville, où, l'année précédente, Mazurec a été précipité, garrotté et lié dans un sac. L'on voit encore sur la berge les troncs des vieux saules où les vassaux faits prisonniers après leur révolte ont été pendus ; le vent du matin courbe les roseaux à l'abri desquels Adam le Diable et Mahiet, cachés pendant les préparatifs du supplice de Mazurec, avaient pu ensuite le retirer de l'eau.

Bientôt les Jacques arrivent au pont, le traversent et atteignent la grande prairie au milieu de laquelle a eu lieu le tournoi donné par leur seigneur, le sire de Nointel ; là, ils s'arrêtent. Grand nombre d'entre eux s'étaient trouvés spectateurs de la passe d'armes, puis du duel judiciaire entre Mazurec et le chevalier de Chaumontel. Quelques paysans, d'après les ordres de Guillaume Caillet, vont couper, à l'aide de leurs cognées, des pieux et des tiges de jeunes arbres au moyen desquels ils établissent des barrières autour d'un espace de trente pieds carrés environ. Les Jacques se rangent et se pressent autour de ce champ clos improvisé.

Guillaume Caillet s'approche de ceux de ses hommes qui amènent garrottés le sire de Nointel et le chevalier de Chaumontel. Ce dernier est pâle, mais résolu ; Conrad, abattu, découragé, s'abandonne à une terreur superstitieuse : il voit se réaliser la sinistre prédiction de son vassal, qui, l'année précédente, lui avait dit :

— *Tu as outragé ma fiancée; ta fiancée sera outragée!...*

Le sire de Nointel n'a conservé de ses riches habits que son pourpoint et ses chausses de velours, déjà mis presque en lambeaux par les ronces du chemin ; une sueur froide colle ses cheveux à ses tempes. Guillaume Caillet lui dit :

— L'an passé, ma fille a été mise de force dans ton lit... cette nuit; Mazurec a rendu outrage pour outrage... ma fille et tant d'autres victimes ont péri d'une mort atroce dans le souterrain de la forêt de Nointel... Cette nuit ta fiancée et tant d'autres nobles sont morts dans les souterrains du château de Chivry, incendié par Jacques Bonhomme. Mais cela ne suffit point... Mazurec a été condamné à te faire amende honorable parce qu'il t'avait injurié... Comme tu as injurié Mazurec, lorsqu'il entraînait ton épousée... tu vas faire amende honorable aux pieds de Mazurec... Si tu refuses, — ajoute Guillaume Caillet voyant son seigneur frapper du pied avec rage, — si tu refuses... je te condamne au même supplice que tu as fait subir à plusieurs de tes vassaux : deux jeunes arbres vigoureux seront courbés, l'on t'attachera à l'un par les pieds, à l'autre par les mains, et on laissera ensuite les baliveaux se redresser... Te voilà prévenu, sire de Nointel!...

— J'ai assisté au supplice de mon compère *Toussaint-Cloche-Gourde*, ainsi écartelé, par tes ordres, entre deux baliveaux de chêne! — dit Adam le Diable. — Je sais comment on s'y prend pour mener cette torture à bien... choisis : l'amende honorable ou le supplice.

— Soumets-toi, Conrad! — dit Gérard de Chaumontel avec une dédaigneuse amertume, — subissons jusqu'au bout les avanies de ces manants; nous serons vengés. Oh! bientôt le casque aura raison du bonnet de laine, et la lance de la fourche...

Conrad de Nointel, frissonnant d'épouvante à la menace de la torture, dit à Guillaume d'une voix rauque :

— Marche... je te suis... — Et se retournant vers son ami : — Gérard, ne me laisse pas seul.

— Je serai ton fidèle compagnon jusqu'à la fin, — répond le chevalier. — Nous avons vidé joyeusement plus d'une coupe ensemble, nous mourrons ensemble!

Les deux nobles, conduits par les Jacques, arrivent au milieu de l'enceinte, autour de laquelle se pressent les vassaux révoltés; presque tous aussi avaient été témoins de l'amende honorable de

Mazurec. Celui-ci, revêtu de l'armure de Gérard de Chaumontel, se tient debout, au milieu de la lice, appuyé sur sa longue épée.

— A genoux! — dit Adam le Diable au sire de Nointel; et, pesant de sa forte main sur l'épaule de son seigneur, il le fait tomber agenouillé devant le vassal. — Et maintenant répète mes paroles:

— « Seigneur Jacques Bonhomme, je m'accuse et me repens « humblement de m'être emporté en mauvaises paroles contre vous, « lorsque, cette nuit, vous entraîniez ma noble fiancée... »

Les éclats de rire, les moqueries, les huées des Jacques accueillent ces mots qui rappellent au sire de Nointel la perte de son bonheur et l'outrage dont sa fiancée a été victime; il s'affaisse sur lui-même, pousse un rugissement de douleur, et des larmes brûlantes tombent de ses yeux.

— Voilà qui est douloureux, seigneur de Nointel!... — dit Guillaume Caillet, — se voir obligé de demander à genoux pardon d'avoir voulu s'opposer à l'outrage qui désespère votre vie! Le pauvre Mazurec l'Agnelet a subi cette honte, l'an passé, comme tu la subis en ce moment!... C'est justice!

— Allons, dépêchons! — reprend Adam le Diable, — fais amende honorable à genoux devant Jacques Bonhomme, sinon tu es écartelé sur l'heure, noble sire!

Le sire de Nointel ne répond que par un nouveau rugissement de fureur en se tordant sous ses liens.

— Conrad, — dit Gérard, — répète donc ces vaines paroles, cède à ces lâches truands: que peux-tu contre la force?

— Jamais, — s'écrie le sire de Nointel exaspéré; — plutôt souffrir mille morts! Demander pardon à ce misérable serf... lorsqu'à mes yeux il a entraîné... ma fiancée... ma belle et fière Gloriande...

— Puis il éclata en cris de rage: — Sang et massacre! Tout à l'heure j'étais anéanti,.. maintenant j'ai l'enfer dans l'âme... Oh! si j'étais libre... je déchirerais ces manants avec les ongles, avec les dents! Je leur ferais subir mille morts pour une!....

— Sire de Nointel, si tu fais amende honorable aux genoux de Mazurec, je te mets ensuite une épée à la main, — dit Mahiet l'Avocat d'armes en s'approchant lentement. — Je te promets de me battre avec toi, et tu mourras du moins en homme.

— Vrai! — balbutie Conrad dans l'égarement du désespoir et de la fureur, — tu me donneras une épée!... je pourrai mourir en voyant couler le sang d'un de vous... misérables serfs révoltés!

Alors Mahiet, prenant l'épée nue que son frère Mazurec tenait à la main, il la jette sur le sol à peu de distance de Conrad, et, mettant le pied sur la lame, il ajoute :

— Fais l'amende honorable... tu seras aussitôt délivré de tes liens; tu prendras cette épée, et... combat à mort entre nous, fils des Neroweg !

— Allons, beau sire, — reprend Adam le Diable s'adressant à Conrad, — allons, répète après moi : — « Seigneur Jacques Bon« homme, je m'accuse et me repens humblement... »

— « Seigneur Jacques Bonhomme, » — répète Conrad de Nointel d'une voix stranglulée par la colère et couvant d'un œil ardent l'épée dont la vue seule lui donnait la force d'accomplir cette expiation terrible, — « seigneur Jacques Bonhomme, je m'accuse et me re« pens humblement... »

— « De m'être emporté de mauvaises paroles contre vous, sei« gneur Jacques Bonhomme, » — poursuit Adam le Diable au milieu des nouveaux éclats de rire et des huées des Jacques, — « lorsque vous alliez outrager ma fiancée... la belle Gloriande de « Chivry. »

— Non, non, jamais ! — s'écrie Conrad de Nointel en écumant, — jamais! je ne répéterai ces paroles infâmes !

Mahiet jette son casque loin de lui, déboucle son corset d'acier, dégrafe ses brassards, ôte son pourpoint de buffle et, ne gardant sur lui que la partie de son armure qui couvre ses cuisses et ses jambes, il écarte sa chemise, met sa poitrine à nu, et dit au sire de Nointel :

— Voilà de la chair à trouer, si tu le peux... je suis déjà blessé à la cuisse... cela égalise pour toi les chances ; de plus, je te jure de ne te frapper qu'à la poitrine ; oui, je te le jure, aussi vrai que, esclaves ou serfs, ceux de ma race se sont déjà rencontrés le fer à la main, à travers les âges, avec tes aïeux !

— Ah ! chien bâtard de cette vile race gauloise conquise par mes ancêtres... je te tuerai ! — s'écrie Conrad de Nointel presque délirant ; et, toujours agenouillé aux pieds de Mazurec, il murmure d'une voix pantelante : — « Je me repens, seigneur Jacques Bon« homme, de m'être... emporté en mauvaises paroles... contre « vous... lorsque vous avez voulu... outrager... ma fiancée... »

— « La belle Gloriande de Chivry... » et prononce le nom distinctement, — reprit Adam le Diable. — Allons, vite...

— « La belle... Gloriande... de... Chivry... » répète Conrad avec un sanglot déchirant.

— Haut, puissant et redouté seigneur de Nointel ! Jacques Bonhomme te pardonne l'outrage qu'il t'a fait ! — répond Mazurec au milieu d'une nouvelle explosion de cris de triomphe et de huées méprisantes poussés par les Jacques.

— L'épée ! l'épée ! — crie Conrad en se redressant livide, effrayant, les mains toujours liées derrière le dos ; et s'adressant à Mahiet : — Tu m'as promis du sang... le tien... ou le mien... mais je veux mourir en voyant du sang...

— Délivrez-le de ses liens, — dit l'Avocat d'armes tenant toujours sous son pied l'épée placée sur le sol et tirant la sienne.

Pendant que les Jacques délient les cordes dont est garrotté le seigneur de Nointel, le chevalier Gérard de Chaumontel fait un pas vers son ami et lui dit :

— Adieu, Conrad... La fureur t'aveugle, tu es affaibli par les fatigues de cette nuit... tu seras tué par cet hercule... champion de son état... mais nous serons vengés.

— Moi ! tué... — s'écrie le sire de Nointel avec un éclat de rire effrayant. — Non, non, c'est moi qui vais tuer ce chien bâtard... C'est moi qui vais égorger ce truand...

— Recommande ton âme à messire saint Jacques, — dit Gérard d'un ton pénétré ; — son invocation est sans égale dans les duels.

— Oh! j'invoquerai ma haine, — reprend Conrad en secouant ses bras qu'Adam le Diable allait débarrasser de leurs derniers liens; mais Mahiet fait signe à son compagnon de suspendre un moment encore la délivrance du sire de Nointel, et reprend d'une voix forte et recueillie en s'adressant aux révoltés :

— Il y a onze cents ans de cela... l'un de mes aïeux, *Schanvoch le Soldat*, frère de lait de Victoria la Grande, la femme empereur, qui a prédit l'affranchissement de la Gaule, Schanvoch le Soldat s'est battu contre l'un des chefs des hordes franques qui déjà menaçaient d'envahir la Gaule, notre mère patrie; ce chef s'appelait *Neroweg l'Aigle-Terrible*... il était l'ancêtre du sire de Nointel que voici... Deux siècles plus tard, les Francs, grâce à la complicité des évêques de Rome, avaient conquis la Gaule et réduit ses habitants au plus cruel esclavage; depuis lors, notre terre est devenue la proie de nos conquérants; depuis lors, nous l'avons arrosée de nos sueurs, de nos larmes, de notre sang... Aux premiers jours de cette conquête, *Karadeuk le Bagaude*, notre aïeul à Mazurec et à moi, un esclave révolté, s'est battu contre Neroweg, comte au pays d'Auvergne, comte de par le droit de la rapine et du meurtre. Ce Neroweg avait soumis à une torture atroce *Loysik l'Hermite-Laboureur* et *Ronan le Vagre*, fils de Karadeuk le Bagaude. Bagaudie et Vagrerie étaient la Jacquerie de ce temps-là... Vagres et Bagaudes se vengeaient déjà comme les Jacques de l'oppression des seigneurs d'origine étrangère; le comte Neroweg est tombé sous la hache de Karadeuk... Enfin, il y a près de trois cents ans, un autre de mes aïeux, *Dèn-Braô le Maçon* et plusieurs serfs, ses compagnons de travail, ont été enterrés vifs par Neroweg V, sire de Plouernel au pays de Bretagne. Ce noble homme enterrait ainsi avec Dèn-Braô le secret de la construction d'un passage souterrain conduisant à son manoir féodal. Le fils de Dèn-Braô, resté serf de la seigneurie de Plouernel, s'appelait *Fergan le Carrier*. Neroweg VI enleva le fils de Fergan, afin de faire servir cet enfant aux sanglants sortiléges d'une magicienne. Fergan put délivrer son fils; mais il vit le supplice de deux de ses parents: *Bezenecq le Riche* et *Isoline*, sa fille. Imposé à une énorme rançon par Neroweg VI et hors d'état de la payer, Bezenecq périt au milieu d'affreux tourments; Isoline, témoin de la torture de son père, devint folle de terreur; elle mourut sous les yeux de Fergan le Carrier: il creusa sa fosse. Vint le temps des croisades... Fergan retrouva seul à seul son seigneur au fond des déserts de la Syrie. Il pouvait le tuer par surprise; il lui proposa le combat... Enfin, il y a un an, mon frère *Mazurec l'Agnelet* a vu sa fiancée déshonorée par le sire de Nointel, fils des Neroweg, qui a contraint mon frère à faire amende honorable à ses pieds, puis à se battre demi-nu contre le chevalier de Chaumontel armé de toutes pièces. Mazurec, vaincu dans cette lutte inégale, condamné à être noyé dans un sac, périssait sans Adam le Diable et moi: nous l'avons retiré de la rivière... Enfin, *Aveline-qui-jamais-n'avait-menti* a péri d'une mort affreuse... L'histoire des maux de ma famille, c'est l'histoire des maux de notre race à nous tous qui sommes ici... c'est l'histoire de notre race asservie, opprimée par la tienne, sire de Nointel, depuis tant de siècles! oui, parmi ces milliers de vassaux révoltés qui à cette heure courent aux armes, il n'en est pas un dont la famille n'ait souffert ce que la mienne a souffert! notre légende est la leur! Comprends-tu maintenant le trésor de haine, de vengeance accumulé de siècle en siècle dans l'âme navrée de Jacques Bonhomme? Comprends-tu que d'âge en âge les pères aient légué à leurs enfants cette haine, seul héritage que leur laisse la servitude? Comprends-tu que le vassal a un terrible compte à régler avec son seigneur? Comprends-tu que Jacques Bonhomme soit à son tour sans merci ni pitié? Comprends-tu, enfin, que si, en ce moment, au lieu de me battre contre toi, je t'assommais dans tes liens, comme un loup pris au piége, ce serait justice? justice incomplète! tu n'as qu'une vie... et ils sont innombrables les fils de la vieille Gaule morts victimes des Francs conquérants!...

Ces dernières paroles furent suivies d'une explosion de fureur des Jacques, exaspérés contre le sire de Nointel; ils sentaient que la légende de la famille de Mahiet était la légende du martyre séculaire de Jacques Bonhomme.

— A mort notre seigneur!... à mort sans combat!... — répètent les paysans insurgés; — à mort comme un loup pris au piége!...

— Vassal, tu as promis de te battre avec moi!... — s'écrie Conrad de Nointel. — A quoi bon parler ici du passé?

— Tu répudies les actes de tes ancêtres? Tu renies donc ta race?

— Ton épée entrerait dans ma gorge, que jusqu'à la fin je me dirais fier d'appartenir à la race guerrière qui vous a tenus sous le fouet et le bâton, misérables serfs!... En mourant, je vous cracherai encore à la face!...

Mahiet contient du geste une nouvelle explosion de fureur des Jacques, et dit à Adam le Diable :

— Délivre ce noble seigneur de ses derniers liens... Une fois de plus, à travers les âges, un fils de Joël et un fils de Neroweg vont se mesurer l'épée à la main!...

— Puisse notre descendance se rencontrer encore avec la tienne pour son malheur! — répond d'une voix sourde Conrad de Nointel. — La branche aînée de ma famille habite ses domaines d'Auvergne... et le frère de mon père a plusieurs fils!

— Commençons par toi, — dit Mahiet en dégaînant. — C'est un combat à mort, sans merci ni pitié!...

— Et moi aussi, frère, je serai sans pitié ni merci pour ce lâche voleur, cause de tous mes maux! — s'écrie Mazurec l'Agnelet en montrant du poing Gérard de Chaumontel; et il ajoute : — Adam, délie-lui les mains; il y a de la place ici pour se battre deux contre deux. A mon frère notre sire... à moi ce chevalier larron... Donne-moi une fourche, la fourche est la lance de Jacques Bonhomme !

Gérard de Chaumontel, délivré de ses liens et seulement vêtu de sa chemise et de ses chausses, reçoit de Guillaume Caillet un bâton pour se défendre, et est poussé par Adam le Diable en face de Mazurec ; celui-ci, protégé de la tête aux pieds par l'armure de fer du chevalier, qu'il lui a enlevée, tient à la main une fourche à trois pointes acérées.

— Avance donc, double larron ! — dit Mazurec ; — faut-il que j'aille à ta rencontre ?

Le chevalier, blême d'effroi et poursuivi des huées des Jacques, serre des deux mains son bâton et répond en essayant de sourire :

— Les hérauts d'armes n'ont pas encore donné le signal...

Conrad de Nointel, dont les bras ont été déliés, se baisse vers la terre afin de saisir l'épée que Mahiet tient toujours sous son pied.

— Un moment ! — dit l'Avocat d'armes en pesant toujours sur le glaive. — Seigneur de Nointel, regarde-moi en face... si tu l'oses !

Conrad se relève, attache ses yeux étincelants sur son adversaire et lui dit d'une voix sourde : — Que veux-tu ?

— Je veux, beau sire, t'aiguillonner au combat ; je me défie de ton courage, car tu as fui lâchement à la bataille de Poitiers. Tout à l'heure tu m'as traité de vil esclave bon pour le fouet et le bâton ?...

— Et je le répète, — dit Conrad pâle de rage, — vil truand !

— Tiens, voici pour cet outrage ! — répond Mahiet soufiletant le visage livide du sire de Nointel. — Ce soufflet est l'aiguillon que je t'ai promis... Serais-tu plus couard qu'un lièvre, la fureur maintenant te tiendra lieu de courage, — ajoute-t-il en faisant un bond en arrière pour se mettre en défense. Conrad de Nointel, exaspéré, s'élance l'épée haute sur l'Avocat, au moment où Gérard de Chaumontel, armé de son bâton, reculait prestement hors de portée de la fourche de Mazurec.

— Infâme larron ! — crie le vassal courant sus au chevalier en brandissant sa fourche, — j'étais plus brave que toi... Je me suis jeté sous les pieds de ton cheval et je t'ai pris corps à corps!...

— Mes Jacques, — dit Adam le Diable voyant le chevalier de Chaumontel reculer à chaque pas de Mazurec, — croisons nos faux derrière ce chevalier de la couardise; il tombera sur nos fers s'il veut échapper à la fourche de Mazurec.

Les Jacques suivent le conseil d'Adam, et Gérard de Chaumontel, au moment où Mazurec se précipite sur lui sa fourche en arrêt, voit s'élever derrière lui un redoutable cercle de faux menaçantes.

— Lâches manants! vous abusez de votre force!

— Et toi, beau sire, — répond Adam le Diable, — n'abusais-tu pas de ta force en combattant à cheval et armé de toutes pièces contre Mazurec demi-nu, n'ayant qu'un bâton pour se défendre?

Pendant que ceci se passait, le sire de Nointel chargeait Mahiet avec impétuosité. Rendu très-dextre au maniement de l'épée par l'habitude des tournois, jeune, agile, vigoureux, il porte plusieurs coups très-adroits à l'Avocat d'armes; celui-ci les pare en gladiateur consommé, disant avec mépris :

— Savoir si bien se servir d'une épée, et avoir fait une si piteuse retraite à la bataille de Poitiers! Quelle honte!...

En cet instant, Mahiet, par une brusque retraite de corps, évite l'épée de Conrad de Nointel, riposte vigoureusement, atteint son adversaire à l'épaule, et, à son grand étonnement, le voit soudain rouler sur le sol, roidir ses membres et rester immobile.

— Quoi? — dit l'Avocat d'armes en baissant son épée, — mort pour si peu? abattu si vite?....

— Mon frère, défie-toi... c'est peut-être une ruse!... — s'écrie Mazurec, à qui Gérard de Chaumontel vient enfin d'asséner un si furieux coup de bâton, qu'il se brise en éclats sur le casque de fer du vassal. — Sans ce casque, j'étais assommé. Oh! c'est une bonne coutume pour vous, sires chevaliers, de vous battre ainsi armés contre Jacques Bonhomme demi-nu! — dit Mazurec. Et, quoique ébranlé du choc, il enfonce sa fourche dans le ventre du chevalier larron ; celui-ci tombe en blasphémant. Et Mazurec répète, à la vue de Conrad immobile sur le sol : — Mon frère, défie-toi ; c'est une ruse !

En effet, Mahiet, surpris de la chute de son adversaire, se courbait vers lui, lorsque le sire de Nointel se redresse brusquement sur son séant, se cramponne d'une main aux jambes de l'Avocat d'armes, et, tenant de son autre main une courte dague jusqu'alors cachée dans ses chausses, il essaye de percer le flanc de son ennemi, qui, saisi par les jambes, perd l'équilibre.

— Ah ! vipère ! — dit Mahiet laissant échapper malgré lui son épée en tombant sur le corps de Conrad dont il peut à temps maîtriser le bras, — j'avais l'œil au guet... ta mort était feinte !... — Et, arrachant la dague des mains du sire de Nointel, il la plonge dans sa poitrine : — Meurs donc, fils des Neroweg !

— Gérard... — murmure Conrad d'une voix agonisante, — j'ai... eu tort de violenter... la femme de ce vassal... Oh !... Gloriande...

— Je garde cette dague au pommeau armorié du blason des Neroweg, — dit Mahiet en retirant du corps de Conrad l'arme ensanglantée ; — elle augmentera les reliques de notre famille !

A peine Mahiet s'était-il éloigné du cadavre du sire de Nointel, que ses vassaux, tant de fois victimes de sa cruauté, se précipitent dans l'arène, et, à coups de faux, de fourche, de hache, s'acharnent sur ses restes encore pantelants, et les mutilent avec une furie sauvage, tandis qu'Adam le Diable, aidé de deux Jacques, relevait le chevalier de Chaumontel, encore vivant quoique grièvement blessé par le coup de fourche de Mazurec.

— Donnez le sac et la corde ! — dit Adam. L'un des paysans apporte un sac dont il s'était précautionné au château de Chivry. Le corps sanglant du chevalier Gérard de Chaumontel est ensaqué ; sa tête cadavéreuse sort de ce linceul. Les Jacques le chargent sur leurs épaules, et se dirigent vers le pont de l'Orville.

— Rappelle-toi ma prédiction, — dit Mazurec au chevalier avec un sourire sinistre... — Je t'ai prédit que tu serais noyé !

Gérard de Chaumontel pousse des gémissements lamentables ; une terreur superstitieuse succède à son audace, et il murmure d'une voix défaillante :

— Messire saint Jacques, ayez pitié de moi... messire saint Jacques, intercédez pour moi... auprès du Seigneur Dieu et de tous ses saints... Je suis puni justement... J'avais volé la bourse de ce vassal... Seigneur... Seigneur... mon Dieu, ayez pitié de moi !

Les paysans arrivent sur le pont de l'Orville, transportant le corps du chevalier de Chaumontel, garrotté dans le sac ; il est précipité dans la rivière, aux acclamations frénétiques des Jacques.

Mahiet, du haut du pont où sont massés les paysans, aperçoit au loin un cavalier arrivant à toute bride, le reconnaît bientôt et s'écrie : — Rufin-Brise-Pot !

L'Avocat d'armes court au-devant de l'écolier que suivent à une assez grande distance plusieurs groupes d'insurgés, Rufin saute à bas de son cheval et dit à Mahiet :

— J'ai appris par les paysans que je précède qu'il y avait ici un grand rassemblement de Jacques, j'espérais te trouver parmi eux et je suis venu, afin de te remettre une lettre de maître Marcel...

Mahiet prend la missive avec empressement, et pendant qu'il la lit, Rufin-Brise-Pot lui dit :

— Par Jupiter ! la compagnie d'une honnête femme porte vraiment bonheur ! Quand j'avais Margot la Savourée sous le bras, il m'arrivait toujours malencontre, tandis que rien n'a été plus heureux que mon voyage avec cette charmante Alison la Vengroigneuse, qui, je le crains, ne vengroigne qu'à l'endroit de Cupido ! Nous sommes arrivés à Paris sans encombre, et dame Marguerite a parfaitement accueilli Alison. Ah ! mon ami, j'idolâtre cette divine cabaretière ! Fi... le vilain mot ! Non, non, cette Hébé ! ! Hébé n'était-elle point la cabaretière olympique ! Ah ! si Alison m'acceptait pour époux, nous fonderions une agréable taverne, particulièrement destinée aux écoliers de l'Université. L'enseigne serait splendide, on y lirait des vers grecs et latins en manière d'appel aux buveurs ; de ces vers voici le sens : — *De même que messire Bacchus peut...*

Mahiet interrompt l'écolier et lui dit vivement, après avoir lu la lettre d'Étienne Marcel :

— Rufin, je retourne à Paris avec toi ; le prévôt des marchands a des ordres à me donner ; Mazurec est vengé, partout les Jacques se soulèvent, selon ce que Marcel a appris par des gens arrivés des provinces ; il faut maintenant mettre à profit et diriger ce mouvement formidable... il faut organiser la Jacquerie... Attends-moi là pendant quelques instants, je reviens.

Et Mahiet, retournant vers Guillaume Caillet, Mazurec et Adam le Diable, les prend à l'écart et leur dit :

— Marcel me rappelle près de lui ; le régent s'est retiré à Compiègne ; il a mis Paris hors la loi, et se dispose à marcher, à la tête des troupes royales, contre cette cité ; on l'attend, il y sera, de par Dieu, bien reçu ! Toutes les villes de communes, *Meaux, Amiens, Laon, Beauvais, Noyon, Senlis,* sont en armes ; partout les paysans s'insurgent, les bourgeois, les corporations de métiers s'allient à eux. Le roi de Navarre est capitaine général de Paris ; cet homme mérite son nom de *Mauvais,* mais c'est un puissant instrument. Marcel le brisera s'il dévie de la bonne voie et ne s'incline pas devant la souveraineté populaire... L'heure de l'affranchissement de la Gaule a enfin sonné... Mais pour mener l'œuvre à bonne fin, il faut régulariser la Jacquerie ; ses bandes éparses doivent se rallier, se discipliner et former une armée capable de combattre celle du régent d'abord, et les Anglais ensuite ; écrasons nos ennemis du dedans, et après ceux du dehors...

— C'est juste, — dit Guillaume Caillet pensif ; — dix bandes éparses ne peuvent pas grand'chose, dix bandes réunies peuvent beaucoup. Je suis connu en Beauvoisis ; nos Jacques me suivront où je les conduirai. L'extermination des prêtres et des seigneurs achevée, nous tomberons sur les Anglais... vermine qui ronge le peu que la seigneurie et le clergé nous laissent...

— La tuerie d'hier me met en goût ! — s'écrie Adam le Diable en brandissant sa faux. — Nous faucherons les Anglais jusqu'au dernier... A mort les prêtres, les nobles et les Anglais...

— Et la moisson sera belle si nous fauchons avec ensemble, — reprend Mahiet. — Meaux, Senlis, Beauvais, Clermont, attendent les Jacques ; leurs portes seront ouvertes aux paysans ; ils trouveront là des vivres et des armes...

— Du fer et du pain ! rien de plus ! — dit Guillaume Caillet. — Ensuite... quel est le projet de Marcel ?

— Ces villes fortes, occupées par les Jacques et par la bourgeoisie armée, tiendront en échec les troupes du régent dans cette province, — répond Mahiet. — Les autres contrées s'organiseront pareillement... Maintenant, écoute bien les instructions que me donne Marcel. Le roi de Navarre est des nôtres parce qu'il espère, avec l'appui du parti populaire, détrôner le régent ; il occupe Clermont avec ses troupes, il doit se rendre de là sous les murs de Paris, pour y attendre l'armée royale ; il a besoin de renfort. Marcel se défie de lui ; rallie toutes les bandes des Jacques, et rends-toi à Clermont à la tête d'une force de sept à huit mille hommes ; tu pourras ainsi sans crainte te joindre à Charles le Mauvais, dont il faut toujours se méfier ; mais sa troupe ne comptant qu'environ deux mille gens de pied et cinq cents cavaliers, elle serait, en cas de trahison, écrasée par les Jacques, trois ou quatre fois supérieurs en nombre !

— C'est entendu, — reprend Guillaume Caillet après avoir attentivement écouté l'Avocat d'armes. — Et de Clermont... marcherons-nous droit sur Paris ?

— Aussitôt après ton arrivée à Clermont, tu recevras de nouvelles instructions de Marcel. Dompter la seigneurie, détrôner le régent, chasser l'étranger de notre sol, tel est le but du prévôt des marchands. La campagne terminée, l'heure de l'affranchissement de Jacques Bonhomme sera venue : délivré de la tyrannie des seigneurs, des pilleries des Anglais, libre, heureux, paisible enfin, il jouira des fruits de ses rudes labeurs, et goûtera sans crainte les douces joies de la famille... Oui... toi Guillaume, toi Adam, toi Mazurec, et tant d'autres, hélas ! frappés dans leurs plus chères affections, vous aurez été les derniers martyrs des seigneuries et les libérateurs de notre race...

— Mahiet... quoi qu'il arrive maintenant, vainqueur ou vaincu, je peux mourir, ma fille est vengée, — répond Guillaume Caillet. — Je te promets de conduire plus de dix mille hommes sous les murs de Clermont; le sang des prêtres et des seigneurs, l'incendie de leurs châteaux, de leurs églises marqueront la route des Jacques...

— Marcel me rappelle à Paris; je retourne près de lui; mais tu me verras à Clermont, où je t'apporterai de nouvelles instructions...
— Puis serrant Mazurec entre ses bras : — Adieu, mon frère... mon pauvre frère... adieu... et à bientôt... Guillaume, je le laisse auprès de toi... veille sur lui.

— Je l'aime comme j'aimais ma fille ! Nous parlerons d'elle... et nous combattrons en hommes qui ne tiennent plus à la vie !

Mahiet, après ses adieux à son frère, se dirige en toute hâte vers Paris, prenant en croupe Rufin-Brise-Pot ; les Jacques, dont le nombre grossit à chaque instant, se préparent à marcher sur Clermont, où se trouvait alors Charles le Mauvais, roi de Navarre.

Charles le Mauvais, roi de Navarre, occupait, à Clermont en Beauvoisis, le château des comtes de ce pays, vaste édifice dont l'une des tours dominait la place dite « *du Faubourg.* » Le premier étage de ce donjon, éclairé par une longue et étroite fenêtre ogivale, formait une vaste salle circulaire ; là était assis auprès d'une table Charles le Mauvais ; le jour venait à peine de paraître, le prince disait à l'un de ses écuyers :

— A-t-on fini de dresser l'échafaud ?

— Oui, sire... vous pouvez le voir d'ici par la fenêtre...

— Quelle contenance font les bourgeois ?

— Ils sont consternés, toutes les boutiques sont closes, personne ne circule dans les rues.

— Et le populaire ?... les corporations des métiers ?

— Sire, depuis l'exécution d'hier, il ne reste guère de menues gens... dans les rues ni sur les places...

— Mais enfin ce qui reste ?

— Ce qui reste est consterné, épouvanté, comme la bourgeoisie.

— Néanmoins, que mes Navarrais fassent bonne garde aux portes de la ville, aux remparts et dans les rues, qu'ils tuent sans miséricorde tout bourgeois, manant ou artisan qui oserait mettre le nez hors de chez lui ce matin.

— L'ordre est déjà donné, sire ; il sera exécuté.

— Et les chefs de ces maudits Jacques ?

— Toujours impassibles, sire.

— Sang du Christ ! il faudra bien qu'ils remuent tout à l'heure... L'on s'est procuré un trépied ?

— Oui, sire.

— Que tout soit prêt pour sept heures sonnant.

— Tout sera prêt, sire.

Charles le Mauvais réfléchit un instant, et dit, en montrant une médaille émaillée de son chiffre placée près de lui sur une table :

— L'homme arrêté cette nuit, aux portes de la ville, et qui m'a envoyé cette médaille par l'un de mes archers, est-il arrivé ?

— Oui, sire... on vient de l'amener désarmé et garrotté selon vos ordres... Il est gardé à vue dans la salle basse.

— Qu'on l'introduise ici ..

L'écuyer sort, Charles le Mauvais se lève de son siége, s'approche de la fenêtre donnant sur la place où est dressé l'échafaud, et, après l'avoir entr'ouverte afin de regarder au dehors, il la referme et revient s'asseoir près de la table, les lèvres contractées par un sourire sinistre. A ce moment, l'écuyer rentre précédant des archers entre lesquels marche Mahiet l'Avocat d'armes, les mains liées derrière le dos, les traits enflammés de courroux. Charles le Mauvais fait un signe à l'écuyer; celui-ci s'éloigne avec les Navarrais; le prince et Mahiet restent seuls.

— Sire, je suis victime d'une méprise ou d'une indigne trahison! — s'écrie l'Avocat d'armes. — Je désire pour votre honneur qu'il y ait méprise...

— Il n'y a point de méprise.

— Alors c'est trahison! me désarmer! me garrotter!... moi, porteur de la médaille que je vous ai fait remettre avec un billet constatant que j'étais envoyé près de vous par maître Marcel! C'est trahison, sire! indigne félonie!...

— Il n'y a dans tout ceci ni méprise, ni félonie.

— Qu'est-ce donc alors?

— Une simple mesure de prudence, — répond froidement Charles le Mauvais, et il ajoute : — Tu as signé ta lettre, *Mahiet l'Avocat d'armes*... C'est ton nom et ta profession?

— Oui.

— Marcel t'envoie près de moi?

— Je vous l'ai dit et prouvé en vous faisant parvenir cette médaille; que désirez-vous de moi?

— Quel est le but de ton message?

— Vous le saurez lorsque vous m'aurez fait délivrer de mes liens.

— Les cordes ne te lient pas la langue... ce me semble?

— Vous méconnaissez mon caractère d'ambassadeur!

— C'est subtil... mais prends garde, les instants sont précieux, ton message est sans doute important... sa réussite peut être compromise par ton silence prolongé.

— Sire, je venais à vous, sinon en ami, du moins en allié, vous me traitez en ennemi ; maître Marcel me saura gré de ma réserve...

— Soit... — dit Charles le Mauvais ; et il frappe sur un timbre. A ce bruit, son écuyer rentre : — Que l'on reconduise cet homme hors de la ville, et que les portes soient refermées sur lui.

Mahiet fait un mouvement, et, après quelque hésitation, il reprend : — Si outrageant que soit votre accueil envers un envoyé de Marcel, je parlerai.

L'écuyer sort de nouveau à un signe du roi de Navarre, et celui-ci dit à Mahiet : — Quel est ton message ?

— Maître Marcel m'a chargé de vous signifier, sire, qu'il est temps d'ouvrir la campagne ; l'armée du régent marche sur Paris, tous les vassaux sont soulevés en armes ; de nombreuses troupes de *Jacques* doivent être en marche sur Clermont pour se joindre à vous... Je suis même surpris de ne pas trouver les Jacques ici...

— Par quelle porte es-tu entré dans Clermont ?

— Par la porte du chemin de Paris. Il faisait encore nuit lorsque je suis arrivé dans cette ville et quand je vous ai dépêché l'un des archers qui m'ont arrêté.

— Tu n'as causé avec aucun soldat ?

— L'on m'a laissé seul et enfermé dans l'une des tourelles du rempart, je n'ai pu causer avec personne.

— Continue...

— Maître Marcel veut connaître quel sera votre plan de campagne lorsque vos troupes seront renforcées de huit à dix mille Jacques qui, d'un moment à l'autre, arriveront à Clermont.

— Nous parlerons de ceci tout à l'heure... Auparavant, dis-moi quel est l'état des esprits à Paris ?

— Les adversaires de Marcel, partisans du régent, s'agitent fort ; ils essayent d'égarer la population en imputant à la révolte tous les maux dont souffre la cité. Des troupes royales s'étaient emparées d'Étampes et de Corbeil, afin d'empêcher les arrivages de grain et d'affamer Paris; Marcel s'est mis à la tête des milices bourgeoises et, après un combat meurtrier, il a repoussé les royaux et assuré la subsistance de Paris. Mais les adversaires du prévôt des marchands redoublent leurs sourdes menées, afin d'amener une partie de la bourgeoisie à repentance envers le régent; le peuple, plus habitué aux privations, se résigne; toujours plein de foi dans un avenir qui doit l'affranchir, il ne défaille ni dans son énergie ni dans son dévouement à Marcel, surtout depuis que la nouvelle du soulèvement des Jacques est parvenue à Paris. Les vassaux de toute la vallée de Montmorency sont insurgés... — Mais, s'interrompant, Mahiet ajoute : — Sire! faites-moi délivrer de ces liens, ils sont une honte pour moi et pour vous...

— Tu disais donc que les partisans du régent s'agitent? Maillart doit être parmi les meneurs de ce mouvement?

— Non... pas ouvertement du moins. Les chefs avoués du parti de la cour sont de nobles hommes; entre autres le chevalier de Charny et le chevalier Jacques de Pontoise. Il faut donc agir promptement, résolûment. Vous avez de grandes chances de régner sur la Gaule, si vous venez au secours des Parisiens, si vous combattez les troupes du régent, et si vous utilisez, selon les vues de maître Marcel, le puissant concours que vous offre la Jacquerie! Les paysans n'ont pas, après les prêtres et les seigneurs, d'ennemis plus implacables que les Anglais. Le but de Marcel en appuyant l'insurrection des Jacques, en organisant leurs bandes, est surtout de les lancer en masse contre les Anglais au nom de la patrie ravagée par leurs bandes, et de repousser enfin l'étranger de notre sol. Le triomphe est certain si l'on profite de l'exaltation des Jacques en la dirigeant vers ce but sacré : le salut et la délivrance du pays! Voilà pourquoi, sire, maître Marcel a voulu opérer la jonction des Jacques avec les forces dont vous disposez.

— Notre ami Marcel, — reprend Charles le Mauvais avec un sourire sardonique, — avait bien choisi mes auxiliaires.

Le roi de Navarre frappe sur un timbre ; un écuyer paraît et sort après avoir écouté quelques mots que le prince lui dit à l'oreille.

— Sire, — dit Mahiet, — voici bien des mystères : se trame-t-il quelque nouvelle trahison contre moi ?

— Il ne se trame aucune trahison, — reprend Charles le Mauvais en haussant les épaules !... — Je désire seulement me précautionner afin que notre entretien reste calme et mesuré comme il convient à des gens comme nous.

— Sire, ai-je donc manqué jusqu'ici de calme et de mesure ?

— Jusqu'ici... non... mais, tout à l'heure, il se pourrait que ta modération fût mise à une rude épreuve...

La rentrée de deux écuyers robustes, accompagnant le confident de Charles de Navarre, interrompt les dernières paroles de ce prince ; et avant que Mahiet, dont les mains étaient déjà liées, ait pu faire un mouvement, il est terrassé malgré son énergique résistance.

— Tudieu ! mon hercule !... quelle vigueur d'athlète !... Ai-je tort de me précautionner contre les suites de notre entretien, malgré tes assurances de rester calme et mesuré ?

Les trois écuyers parviennent, non sans peine, à garrotter ses jambes aussi étroitement que ses bras, après quoi le roi de Navarre leur dit :

— Placez le messire envoyé sur ce siége, près de la fenêtre ; il se tiendra assis ou debout à sa guise... Maintenant, sortez.

Resté seul avec Mahiet en proie à une fureur impuissante, le prince reprend :

— A cette heure, notre conversation peut continuer paisiblement.

— Ah ! Charles le Mauvais, tu t'appliques chaque jour à justifier ton nom ! — s'écrie Mahiet. — Mes soupçons ne me trompaient pas ! Tu as à m'apprendre quelque infâme trahison...

Le roi de Navarre hausse les épaules avec dédain et répond :

— Vassal ! si je te faisais l'honneur de te craindre, je t'aurais déjà fait pendre... si je trahissais Marcel, je serais à Compiègne aux côtés du régent... Tu n'es pas pendu, je ne suis point à Compiègne!... Reprenons tranquillement notre entretien, interrompu au moment où tu me parlais des Jacques... Eh bien! les Jacques sont venus... les dignes auxiliaires de ton ami Marcel...

— Ici?... à Clermont?...

— Ils sont venus ici... à Clermont, au nombre de huit à dix mille.

— Où sont-ils?

— Oh! oh!... où ils sont? — répond Charles le Mauvais avec un sourire féroce, — où ils sont?... Embarrassante question que celle-là!... Elle fait, depuis que l'homme est homme, le désespoir de ceux qui cherchent à savoir où l'on va... en sortant de ce monde-ci... Ils sont où nous irons tous...

— Qu'entends-je?... les Jacques?...

Ils sont... où nous irons tous!... tu ne me comprends donc pas?

— Morts! — s'écrie Mahiet frappé de stupeur et d'effroi, — morts! massacrés! mon Dieu!...

— Allons, calme-toi... et écoute les détails de l'aventure...

— Cet homme m'épouvante! — dit Mahiet le front baigné d'une sueur froide. — Est-ce un piége qu'il me tend?

— Les Jacques sont venus, — reprend Charles le Mauvais, — ces bêtes féroces qui pillent et incendient les châteaux, égorgent les seigneurs, violentent les femmes, massacrent les enfants, afin, disent ces forcenés, que la seigneurie soit anéantie !

— Misère de Dieu ! — s'écrie Mahiet en se dressant debout ; — — les représailles de Jacques Bonhomme ont duré un jour... son martyre a duré des siècles !...

— Vassal! — dit avec une hauteur souveraine le roi de Navarre en interrompant Mahiet, — les droits du conquérant sur la race conquise, les droits du seigneur sur le serf sont absolus, sont divins!... Tout vilain ou manant révolté mérite la mort !

L'Avocat d'armes tressaille, regarde fixement le roi de Navarre et lui dit : — Charles le Mauvais, tu ne me laisseras pas sortir vivant d'ici ; tu serais perdu si je rapportais tes paroles à Marcel !...

— Tu sortiras vivant d'ici, — répond froidement le prince ; — et en outre de mes paroles, tu rapporteras à Marcel des faits...

Mahiet, en proie à d'inexprimables angoisses, retombe sur son siége ; le roi de Navarre continue :

— D'abord, tu diras à Marcel que, si rusé qu'il soit, je n'ai point été sa dupe : les chefs de ces Jacques, qu'il m'envoyait comme auxiliaires, devaient devenir mes surveillants, et au besoin mes bourreaux... si je m'écartais de la ligne tracée par cet insolent bourgeois. Je n'étais entre ses mains, m'a-t-il dit, « qu'un instrument « qu'il briserait au besoin !... » Eh bien ! j'ai brisé l'un des redoutables instruments de Marcel, j'ai anéanti la Jacquerie... et, en ce moment, mes amis Gaston Phœbus, comte de Foix, et le captal de Buch écrasent à Meaux les derniers tronçons de ce serpent de révolte qui voulait se dresser contre la seigneurie...

— La Jacquerie écrasée ! anéantie ! — dit Mahiet avec une stupeur croissante. Puis, revenant à son premier soupçon : — Charles le Mauvais, tu es le plus fourbe des hommes... tu me tends un piége... Si les Jacques sont venus à Clermont au nombre de huit à dix mille, tu n'avais pas de forces suffisantes pour les exterminer.

— Messire envoyé, tu es trop prompt dans tes jugements. Écoute d'abord, tu apprécieras ensuite. Je t'ai promis des faits ; les voici : Hier, vers le milieu du jour, j'ai été averti de l'approche des Jacques ; la bourgeoisie de Clermont et les corps de métiers, infectés du vieux levain communier, sont sortis de la ville afin d'aller à la rencontre de ces forcenés et de leur faire fête. J'ai encouragé ces démarches ; et pendant que les Jacques faisaient halte dans certain vallon situé en dehors de Clermont, trois de leurs chefs se sont présentés au pont-levis demandant à m'entretenir...

— Quels sont les noms de ces chefs ?

— Guillaume Caillet... Adam le Diable... et Mazurec l'Agnelet..
J'ai ordonné d'introduire près de moi les trois chefs des Jacques ;
je les ai fort courtoisement accueillis, leur touchant dans la main,
les appelant mes compères, leur donnant l'accolade ! Nous sommes
convenus que, d'après les volontés de Marcel, ils seraient mes auxiliaires, et que bientôt nous nous mettrions en marche vers Paris ;
en attendant le départ, leurs hommes devaient rester campés dans
le vallon ; les chefs, après avoir été donner l'ordre de ce campement,
se concerteraient avec moi pour nos opérations. Chose dite, chose
faite. Les trois chefs vont veiller au campement des Jacques et reviennent ici ; mon premier soin est de les faire jeter au cachot : je
savais de reste que, privées de leurs chefs, ces exécrables bandes
seraient à moitié vaincues. J'envoie alors l'un de mes officiers, le
sire de Bigorre, prévenir les Jacques qu'ensuite de ma conférence
avec leurs chefs, ceux-ci désirent que leurs hommes commencent
sur l'heure quelques exercices de bataille avec mes archers et
mes cavaliers, afin de s'habituer à l'ordonnance militaire. Les Jacques, donnant dans le piége, acceptent joyeusement cette proposition... ils se forment en bataille.....

Charles le Mauvais voit l'indignation et la colère de Mahiet se
trahir par de brusques mouvements malgré ses liens, s'interrompt
un moment et ajoute : — Je me félicite de plus en plus de t'avoir
fait garrotter. Réserve ta fureur, elle aura tout à l'heure de quoi
s'exercer... Je poursuis... Les bourgeois et les corps de métiers de
Clermont avaient fait mettre de nombreux tonneaux en perce, afin
de fêter les Jacques, leurs compères ; la liesse est complète après
boire, les Jacques demandent à grands cris une première marche
militaire en manière d'exercice. Le sire de Bigorre, habile capitaine,
commande la manœuvre, de telle sorte qu'après quelques marches
et contre-marches, les Jacques se trouvent entassés en troupeaux
dans le fond du vallon, tandis que mes archers garnissent toutes
ses pentes à bonne portée du trait, et que mes cavaliers occupent

les deux seules issues qui pouvaient permettre aux fuyards de s'échapper de cette gorge profonde...

— Vous êtes experts, vous autres princes, dans les massacres !... — dit Mahiet avec une amertume désespérée.

— Ce fut une vraie battue aux loups, — répond Charles le Mauvais. — Les Jacques, en stupides et féroces animaux, tout fiers de parader aux yeux de la bourgeoisie de Clermont, essayent de régler leur marche au pas militaire, se redressent, portant aussi fièrement leurs bâtons, leurs fourches et leurs faux que s'ils portaient les nobles armes de la chevalerie ; ils applaudissent à la belle ordonnance de mes gens d'armes, qui couronnent les hauteurs du vallon au fond duquel cette Jacquerie est amoncelée. Soudain les clairons sonnent ; cette sonnerie divertit fort ces manants révoltés ; mais leur divertissement ne dure guère ; aux premiers sons du clairon, mes archers bandent leurs arcs, et une grêle de traits meurtriers lancés de haut en bas par mes soldats au milieu des masses compactes de cette Jacquerie la décime. La panique se met dans le troupeau sauvage, ces brutes veulent fuir par les deux issues du vallon ; mais ils se trouvent en face de mes cinq cents cavaliers couverts de fer, qui, à coups de lance, d'épée, de masse de fer, chargent furieusement cette canaille, tandis que mes archers continuent de cribler de traits les flancs de la bande et ceux qui tentent de gravir les pentes de la colline... C'était une superbe tuerie !...

... Mahiet, consterné, ne peut retenir un sourd gémissement ; Charles le Mauvais sourit d'un air sinistre et poursuit ainsi :

— Rien de plus couards que ces truands après leur premier élan. Telle était leur épouvante, selon le sire de Bigorre, qu'ils se laissaient égorger comme des veaux, se jetant à genoux, tendant la gorge à l'épée, la poitrine à la flèche, la tête à la massue. Bref, tous ceux que le fer n'a pas carnagés sont morts étouffés sous les cadavres. Les bourgeois et la plèbe, spectateurs de la tuerie, aussi entassés au fond de la vallée, ont en grand nombre partagé le sort de Jacques Bonhomme, leur compère; de sorte que, du même coup, je me suis débarrassé des paysans et de la plèbe de la ville ainsi que d'une notable partie de bourgeois communiers. Je tiens leur cité en mon pouvoir, je la garde; c'est affaire à régler entre leur comte et moi. Maintenant, messire ambassadeur, dis à Marcel de ma part de ne plus mêler les Jacques à nos opérations; d'abord, il reste peu ou prou de ces bêtes féroces; puis, c'est un méchant compagnonnage. Tout à l'heure tu seras délivré de tes liens, ton cheval te sera rendu. Si, doutant de mes paroles, tu veux t'assurer de la réalité de cette boucherie, avant de retourner à Paris, rends-toi au vallon, regarde, et surtout bouche-toi le nez... car la charogne de cette Jacquerie commence à puer très-fort!

Mahiet, oubliant qu'il est garrotté, fait un nouveau mouvement afin de s'élancer sur Charles le Mauvais; celui-ci reprend en riant :

— Ingrat!... tu voudrais m'étrangler... Mais tu ignores combien j'ai été généreux; j'ai épargné la vie des trois chefs de cette bande de loups enragés... Tu en doutes? — ajoute le roi de Navarre, répondant à un soupir douloureux de Mahiet, qui songeait à son frère, tu mets en doute ma clémence et ma générosité!

— Il serait vrai? — s'écrie l'Avocat d'armes, cédant à une vague espérance; — Mazurec mon frère aurait échappé au massacre?

— Si tu parles paisiblement, au lieu de mugir comme un taureau entravé, je te donne ma foi de chevalier que tu verras ton frère.

— Mazurec vit... je le verrai!...

— Il vit... et tu le verras, foi de chevalier! Mais, de par Dieu! causons raisonnablement; il nous faut maintenant aviser aux moyens à prendre, afin que Marcel et moi nous puissions agir de concert pour la réussite de nos projets.

— Marcel n'agira pas de concert avec le bourreau de tant de victimes! — s'écrie Mahiet, — Marcel ne s'alliera pas avec toi, qui m'as dit que tout vassal rebelle méritait la mort!... Cette funeste alliance, contractée sous l'impérieuse nécessité des circonstances, est à jamais rompue ! C'est un terrible enseignement ; il éclairera les peuples tentés de chercher un appui dans les princes pour combattre un ennemi commun !

— Tu calomnies le bon sens de Marcel, de qui j'apprécie la sagesse politique. C'est un maître homme que ce marchand drapier ! Sais-tu ce qu'il te répondra lorsque, de retour à Paris, tu vas lui annoncer le carnage de cette Jacquerie ?

— Oh ! oui, je le sais...

— Il répondra ceci : « — Bourgeoisie et Jacquerie étaient mon « armée à moi, Marcel ; j'espérais la discipliner et pouvoir dire au « roi de Navarre : Mon armée est supérieure à la vôtre, acceptez « mes conditions, marchons ensemble contre le régent, je vous pro- « mets sa couronne si vous consentez à subir la loi absolue des « Assemblées nationales ; sinon, non. Alliez-vous au régent contre « nous, peu m'importe ; les bourgeoisies tiennent les villes, les « paysans la campagne ; je ne vous crains pas. Mais voici que la « Jacquerie, le gros de mon armée, est anéantie, — ajoutera judi- « cieusement Marcel ; — le désastre est irréparable. Il me reste deux « partis à prendre : faire ma soumission au régent, lui livrer ma « tête et celle de mes amis, ou bien servir les projets du roi de Na- « varre qui possède une armée capable de résister aux troupes « royales. Donc, au lieu d'imposer des conditions au roi de Navarre, « je suis forcé de subir les siennes. » — Voilà ce que te dira Marcel.

— Jamais Marcel ne trahira la cause à laquelle il a voué sa vie.

— Bien loin de trahir la cause du peuple, il assurera l'exécution d'une partie de ses desseins. Me crois-tu donc assez sot pour ignorer que, forcément... (Marcel me l'a dit, et il disait vrai), que, forcément, si je monte au trône, je devrai accomplir la plupart des réformes que ce redresseur d'abus poursuit depuis tant d'années ? Est-ce que, tôt ou tard, les bourgeoisies ne se rebelleraient pas contr moi, comme elles se sont rebellées contre le régent, si je ne leur donnais plus de libertés ? Marcel m'a encore dit avec son bon sens

ordinaire : « — Vous, sire, qui ambitionnez la couronne, vous ne
« verrez dans chaque réforme qu'un moyen de vous affermir sur le
« trône ; le régent, au contraire, ne verrait dans chaque réforme
« qu'une atteinte à la souveraineté de ses droits héréditaires. »

— Charles le Mauvais, si telles sont tes intentions, si chacune de tes paroles n'est pas un mensonge ou ne cache pas un piége, pourquoi as-tu massacré les Jacques ? pourquoi as-tu écrasé ce soulèvement populaire ? Ne devait-il pas assurer l'affranchissement de la Gaule et chasser les Anglais de notre sol...

— Me prends-tu pour une buse ? Sur quoi régnerais-je si la Gaule était complètement libre ? et que deviendrait la seigneurie ? Non, non, bon gré, malgré, je serai forcé de consentir bon nombre de réformes qui satisferont les bourgeoisies ; je me résignerai non pas à être l'instrument passif des Assemblées nationales, ainsi que le veut Marcel, mais à gouverner de concert avec elles ; et j'emploierai tous mes efforts à terminer la guerre contre les Anglais. Quant à débâter Jacques Bonhomme, non point ; je me ferais un ennemi de chaque seigneur ! Jacques Bonhomme restera Jacques Bonhomme comme devant ! Qui donc remplirait le trésor royal si j'affranchissais Jacques Bonhomme ? Qui donc taillerait-on à merci et à miséricorde ? L'affranchissement de Jacques Bonhomme serait la fin de la seigneurie et de la royauté !... Ces pestes de franchises bourgeoises, issues des exécrables communes, sont déjà trop menaçantes pour les trônes... Ceci entendu, tu diras à Marcel que, dès demain, je réunirai les différentes troupes de mon armée, et que je marcherai vers Paris, dont il m'ouvrira les portes... Aussi, afin de convenir avec lui de ce fait et d'autres, tu lui diras de venir me trouver à Saint Ouen, où je serai après-demain soir...

L'impitoyable logique de Charles le Mauvais redoublait encore l'horreur qu'il inspirait à Mahiet ; cette horreur, il allait la témoigner, lorsque sept heures sonnèrent au loin à l'église paroissiale de Clermont. Le roi de Navarre sourit et dit à l'Avocat d'armes :

— Je t'ai promis que tu verrais ton frère... tu vas le voir. Je veux bien t'apprendre comment j'ai découvert votre parenté... J'avais fait placer dans un endroit secret de la prison des trois chefs de cette Jacquerie un coquin tout oreilles chargé d'épier ces truands ; il a entendu l'un d'eux, s'adressant à ses complices, exprimer le regret de ne pouvoir s'entretenir une dernière fois avec son frère Mahiet, l'Avocat d'armes, ami de Marcel. Or, ce matin, recevant ta lettre, signée Mahiet, et dans laquelle tu t'annonçais comme envoyé du prévôt des marchands... il m'a été facile de reconnaître ta parenté avec ce Jacques.

— Où est mon frère, où est ce pauvre Mazurec ?

— Tu vas le voir ; ne t'en ai-je pas donné ma foi de chevalier ?... N'oublie pas de prévenir Marcel que je l'attendrai à Saint-Ouen, après-demain soir.

Le roi de Navarre sort de la chambre. Un moment après son départ, la porte s'ouvre de nouveau, l'Avocat d'armes fait un mouvement de joie, s'attendant à voir entrer Mazurec ; il n'en est rien, il voit paraître l'un des écuyers du prince.

— Ton maître m'avait promis que je verrais mon frère... — dit Mahiet à l'écuyer avec une anxiété croissante. Celui-ci ouvre la fenêtre près de laquelle est assis l'Avocat d'armes, et la lui désignant du geste, il répond :

— Regarde.

Puis il s'éloigne, après avoir enfermé le prisonnier dans la salle.

Mahiet, saisi d'un pressentiment sinistre, s'approche de la fenêtre aussi rapidement qu'il le peut, malgré les liens dont ses jambes sont garrottées. Tel est le spectacle qui s'offre à ses yeux...

Au-dessous de lui, à une profondeur de trente pieds environ, se trouve une enceinte assez vaste, entourée de maisons, et à laquelle aboutissent deux rues, alors barrées par des pelotons de soldats chargés d'empêcher les habitants de la cité de pénétrer dans cette place. A son extrémité, à peu de distance de la fenêtre où se tient

Mahiet, s'élève un vaste échafaud ; en son milieu se dresse un poteau garni d'une sellette formant siége ; de chaque côté de ce poteau, deux billots servent de base à deux pieux très-aigus. Plusieurs bourreaux vont et viennent sur la plate-forme de l'échafaud : les uns garnissent de chaînes le poteau du milieu ; les autres, occupés autour d'un fourneau, tournent et retournent au milieu d'un ardent brasier, à l'aide de tenailles, l'un de ces petits trépieds de fer dont se servent les paysans pour poser leur marmite auprès de l'âtre. Ce trépied commence à rougir ; les bourreaux agenouillés autour du fourneau soufflent de tous leurs poumons afin d'aviver l'incandescence des charbons.

Le son de plusieurs trompettes se fait entendre dans la direction de l'une des deux rues ; les soldats postés à son issue s'écartent et donnent passage à une première troupe d'archers. Entre celle-ci et la seconde s'avancent d'un pas ferme Guillaume Caillet, Adam le Diable et Mazurec l'Agnelet ; celui-ci à demi-vêtu d'un vieux sayon de peau de chèvre, les deux autres paysans portant l'antique blaude (blouse) gauloise, des sabots et des bonnets de laine. L'on a dédaigné de garrotter leurs mains et leurs pieds ; Adam et Mazurec ont passé chacun un bras sur l'épaule de Guillaume, placé entre ses deux compagnons. Tous trois, ainsi enlacés, la tête haute, le regard intrépide, la démarche résolue, se dirigent vers l'échafaud préparé pour ces martyrs.

Un grand nombre d'archers composant l'arrière-garde de l'escorte se disséminent sur la place, leur arc bandé, les yeux levés vers les fenêtres des maisons environnantes. L'une de ces croisées s'ouvre, aussitôt deux traits lancés par des archers volent, sifflent, disparaissent à travers l'ouverture de la fenêtre... un gémissement lugubre et un cri de mort s'élèvent de l'intérieur de la maison. Les deux archers garnissent leurs arcs de nouveaux traits ; ils exécutent les ordres qu'ils ont reçus de leurs chefs : défense a été faite aux bourgeois de la ville habitant les demeures voisines de la place de paraître à leurs fenêtres durant le supplice des trois chefs de la Jacquerie. Tous trois arrivent près de l'échafaud.

Mahiet, haletant, la figure baignée d'une sueur froide, saisi d'horreur, de désespoir à la vue de ce spectacle, sent son esprit se troubler; il se croit obsédé par un songe effrayant... Il distingue les figures, il entend la voix de Mazurec, d'Adam et de Guillaume échangeant un suprême adieu au pied de l'échafaud, pendant que les bourreaux s'occupent des derniers préparatifs du supplice... Guillaume Caillet, prenant les mains d'Adam et de Mazurec, s'écrie d'une voix forte qui parvient aux oreilles de l'Avocat d'armes :

— Hardi, mes Jacques ! hardi jusqu'à la fin !... Adam, ta femme est vengée !... Mazurec, notre Aveline est vengée !... nos parents, nos amis étouffés, brûlés dans le souterrain de la forêt de Nointel sont vengés !... Le bourreau va nous torturer, nous mettre à mort, qu'importe ? Notre mort ne fera pas revivre ces belles dames, ces nobles seigneurs tombés sous nos coups au milieu de leur bonheur ! Ils regrettaient la vie... nous ne la regrettons pas, nous autres dont la vie est pleine de misères et de larmes !... La Jacquerie nous a vengés !... Un jour, d'autres achèveront ce que nous avons commencé !... Hardi, mes Jacques ! hardi jusqu'à la fin !...

— Oh ! Jacques Bonhomme, martyr pendant tant de siècles !... — répètent Adam et Mazurec dans un élan d'exaltation farouche ; — la Jacquerie t'a vengé !... D'autres achèveront ce que nous avons commencé !... Hardi, mes Jacques ! hardi jusqu'à la fin !...

Les bourreaux, occupés des apprêts du supplice, ne s'inquiètent point de ce que peuvent dire les trois paysans, dont les paroles ne peuvent avoir d'écho sur cette place déserte ; mais lorsque le trépied de fer est chauffé à blanc, l'un des tourmenteurs s'écrie :

— C'est prêt.

Aussitôt les archers enchaînent les trois Jacques sur la plateforme de l'échafaud et les livrent aux bourreaux. Guillaume Caillet est assis garrotté sur la sellette placée au bas du poteau dressé entre les deux billots surmontés d'un pieu aigu ; Mazurec et Adam, les mains liées derrière le dos, dépouillés de leurs vêtements, sauf leurs braies, sont conduits vers ces billots. Un bourreau arrache le bonnet de laine qui couvre les cheveux gris de Guillaume Caillet, tandis que l'un des autres tourmenteurs, saisissant avec des tenailles le petit trépied chauffé à blanc et les pieds renversés en l'air, emboîte dans le cercle de fer brûlant le crâne du vieux paysan et lui dit :

— Je te couronne, roi des Jacques !...

Guillaume Caillet pousse des rugissements de douleurs atroces ; ses cheveux flambent, la peau de son front grésille, saigne, se fend sous la pression du trépied de fer incandescent. Les haches des autres bourreaux se lèvent sur Adam et sur Mazurec agenouillés devant les billots.

— Mon frère !... — s'écrie Mahiet l'Avocat d'armes parvenant à vaincre cette oppression qui suffoquait et étouffait sa voix comme au milieu d'un rêve horrible, — mon frère !...

A cet appel déchirant, Mazurec relève et tourne vivement la tête vers la fenêtre d'où est parti le cri... mais au même instant l'éclair de la hache des bourreaux, qui s'abaisse et frappe, luit aux yeux de Mahiet, le corps de son frère s'affaisse... sa tête roule sur la plate-forme de l'échafaud qu'elle arrose de jets de sang.

L'Avocat d'armes est saisi de vertige, le cœur lui manque, il chancelle et tombe privé de connaissance.

. . . .

Lorsqu'il reprit ses sens, Mahiet était délivré de ses liens et étendu sur de la paille, dans une salle basse. Un archer veillait à ses côtés à la clarté d'une lampe. La nuit était venue ; rassemblant ses souvenirs comme s'il se fût éveillé d'un sommeil pénible, l'Avocat d'armes se rappela l'affreuse réalité ; l'archer lui apprit que, trouvé sans connaissance, dans la salle de la tour, par les écuyers de Charles le Mauvais, et transporté en ce lieu, il était, après un long accès de délire, tombé dans une torpeur profonde. Il lui annonça que ses armes et son cheval lui seraient rendus, et qu'il pouvait quitter Clermont quand il le voudrait. Mahiet pria l'archer de le conduire auprès de l'un des officiers du roi de Navarre, dans l'espoir d'obtenir la permission de rendre un pieux hommage aux restes de Mazurec; le prince consentit à la demande de l'Avocat d'armes; celui-ci quitta le château, se dirigea vers le lieu du supplice, et, à la clarté de la lune, monta sur l'échafaud gardé par des soldats; les cadavres des trois Jacques devaient rester encore exposés durant la journée du lendemain. Guillaume Caillet, après sa torture, avait été, ainsi que ses deux compagnons, décapité; sa tête et les leurs étaient plantées à l'extrémité des pieux aigus qui surmontaient les billots. Mahiet baisa religieusement le front glacé de son frère Mazurec l'Agnelet... et descendit de l'échafaud; son pied heurta le petit trépied de fer, tombé sur le sol après l'exécution de Guillaume Caillet.

— Cet instrument de supplice, témoin de la mort de mon frère, augmentera les reliques de notre famille; je le joindrai à la dague de Neroweg, seigneur de Nointel! — se dit l'Avocat d'armes en ramassant furtivement le trépied qu'il cacha sous sa cape; il alla chercher son cheval à la porte de Clermont, et quitta cette ville pour se rendre en hâte à Paris auprès d'Étienne Marcel.

CHAPITRE V

La maison d'Étienne Marcel. — Marguerite et Denise. — La femme d'un grand citoyen. — Dame Pétronille Maillart. — L'offre de service. — Alison la Vengroigneuse. — Retour de Marcel. — Le testament. — Rufin-Brise-Pot et l'homme au chaperon fourré. — La porte Saint-Antoine. — Le val des écoliers. — Principaux événements de 1300 à 1428.

Un mois environ s'était écoulé depuis la mort de Guillaume Caillet, d'Adam le Diable et de Mazurec l'Agnelet.

Denise, nièce d'Étienne Marcel et fiancée de Mahiet l'Avocat d'armes, retirée dans une grande salle, située au-dessus du magasin de draperie du prévôt des marchands, s'occupait d'un travail de couture à la clarté d'une lampe; l'inquiétude se peignait sur le doux visage de la jeune fille; parfois, suspendant le jeu de son aiguille, elle prêtait l'oreille du côté de la fenêtre, à travers laquelle l'on entendait de temps à autre le bourdonnement confus et les pas précipités d'un grand nombre de personnes qui traversaient la rue en courant; puis ce bruit s'éloignait, s'apaisait, et la rue redevenait silencieuse. Ces rumeurs, symptômes de l'agitation qui régnait dans Paris, alarmaient de plus en plus Denise.

— Mon Dieu! — se disait-elle, — le tumulte augmente, ma tante Marguerite ne revient pas; où peut-elle être allée? pourquoi a-t-elle emprunté la mante d'Agnès, notre servante? pourquoi ce déguisement? pourquoi avoir caché son visage sous un capuchon? Elle s'est peut-être rendue à l'hôtel de ville, où mon oncle et Mahiet sont depuis ce matin? — Au souvenir de l'Avocat d'armes, Denise rougit, soupira et ajouta : — Oh! s'il y avait quelque danger, Mahiet veillerait sur Marcel, comme il aurait veillé sur son père... Mais l'absence si prolongée de ma tante me cause une mortelle inquiétude.. Que Dieu veille sur elle...

Agnès la Béguine, vieille servante du logis, entra précipitamment, et s'adressant à Denise qu'elle avait vue naître : — Depuis une heure je remarque dans la rue trois hommes de méchante mine qui ne quittent pas les abords de la porte; je les ai épiés à travers les volets entr'ouverts; tantôt ils paraissent se consulter à voix basse... tantôt ils se séparent; l'un se tient alors à gauche de la porte, l'autre à droite et le troisième en face de la maison... Il faut qu'ils soient placés là afin d'épier les personnes qui peuvent entrer ici ou en sortir.

— Cet espionnage me semble inquiétant; j'en avertirai ma tante dès son retour.

— La voici peut-être, — répondit la servante. — J'ai entendu ouvrir et fermer la porte du magasin.

En effet, Marguerite Marcel parut bientôt dans la chambre, jeta loin d'elle une mante à capuchon dont elle était revêtue, et dit à Agnès la Béguine :

— Laisse-nous...

La femme du prévôt des marchands tomba assise sur un siége, brisée par la fatigue et l'émotion. Son accablement, la pâleur de son visage, les palpitations de son sein, redoublèrent les appréhensions de Denise; elle s'apprêtait à interroger sa tante, lorsque celle-ci, faisant un effort sur elle-même, se calma et dit à Denise d'une voix ferme :

— Du courage, mon enfant, du courage !

— O ciel!... ma tante, avons-nous quelque malheur à déplorer ?

— Non... quant à présent; mais demain, mais ce soir peut-être... — Et, s'interrompant, Marguerite reprit d'un ton de plus en plus calme et décidé : — J'ai payé mon tribut à la faiblesse; je me sens forte maintenant; je suis préparée à tout... Je saurai m'élever du moins par la résignation jusqu'à la hauteur de l'homme dont je suis fière de porter le nom ! Ah ! jamais homme de bien n'a été plus indignement méconnu, plus lâchement attaqué !...

— Ainsi, maître Marcel est exposé à de nouveaux périls ?

— Mes pressentiments ne me trompaient pas : ce que je viens

d'apprendre par moi-même les confirme. Un complot se trame contre Marcel et ses partisans ; sa vie, celle de ses amis, sont peut-être en jeu... Eh bien ! vienne l'heure des dangers, il fera son devoir, moi le mien... je serai dévouée à mon mari jusqu'à la mort !...

Ces derniers mots furent prononcés par Marguerite avec un tel accent de sinistre détermination, que Denise ne put retenir un cri de surprise et d'effroi.

— Ma résolution t'étonne, pauvre enfant ? — reprit la femme de Marcel ; — tu me trouves aujourd'hui bien vaillante ?... Pourtant, l'an passé... pourtant, naguère encore, je t'avouais mes angoisses, mes frayeurs de chaque jour à la seule pensée des périls auxquels s'exposait mon mari ! Je ne songeais qu'à déplorer ses fatigues, à maudire ses travaux immenses qui lui laissaient à peine chaque nuit deux heures de repos ! Je regrettais ces temps paisibles où, étranger à la chose publique, il ne s'occupait que des intérêts de notre commerce de draperie ! Notre obscurité, du moins, nous épargnait le triste spectacle des haines, de l'envie, déchaînées plus tard contre la gloire et la popularité de Marcel !...

— Ah ! ma tante, vous dites vrai ! Souvenez-vous de cette méchante envieuse Pétronille Maillart ! Grâce à Dieu ! elle n'est plus revenue ici depuis le jour de l'enterrement de Perrin Macé !

— Son mari, je n'en doute plus à cette heure, est l'un des chefs du complot qui se trame contre Étienne.

— Maître Maillart... l'ami d'enfance de mon oncle ! lui qui, naguère encore, protestait de l'affection qu'il lui portait !...

— Maillart est faible, il cède à l'influence que sa femme exerce sur lui ; celle-ci est dévorée d'envie. Elle jalousait en moi l'épouse de celui que le peuple idolâtre appelait le Roi de Paris. En ce temps-là j'aurais sacrifié la gloire de Marcel à son repos... son génie à sa sécurité ! La moindre agitation populaire m'effrayait pour lui... j'étais faible, j'étais lâche !... Mais aujourd'hui que la haine, l'ingratitude, l'iniquité le poursuivent, je me sens forte, je me sens brave, je me sens fière d'être la femme de ce grand citoyen; je me sens capable de lui prouver mon dévouement jusqu'à la mort!...

— Ah! fasse le ciel que votre dévouement ne soit pas mis à une si terrible épreuve! Mais comment avez-vous été instruite d'un complot ourdi contre mon oncle?

— Ce soir, j'ai voulu mettre un terme à mes anxiétés, connaître au vrai l'état des esprits à l'égard de Marcel; je me suis enveloppée d'une mante, de crainte d'être reconnue, je suis allée me mêler aux groupes nombreux qui se sont formés dans notre quartier.

— Je comprends tout maintenant! Ainsi, ce que vous avez appris par vous-même?...

— Me fait présager une crise prochaine et redoutable.

— Mon Dieu! ne vous abusez-vous pas?...

— Non, non! On impute à Marcel les privations, les souffrances, les maux qu'entraîne après soi la conquête laborieuse de la liberté; mon mari est attaqué à la fois par des émissaires du parti de la cour et par ceux du parti de Maillart. Ces émissaires se mêlent parmi ce pauvre peuple, crédule au mal ainsi qu'au bien, mobile dans ses affections, capricieux dans ses haines; on lui répète à satiété que tous les malheurs du temps eussent été évités si l'échevin Maillart, véritable ami du peuple, eût été écouté; d'autres prêchent une prompte soumission au régent comme seul terme aux désastres publics. « — Que demande le régent, après tout, ajoutent ses prô-
« neurs, qu'exige-t-il en retour de son pardon? Huit cent mille
« écus d'or destinés à la rançon du roi Jean, et la tête des chefs de
« la révolte, ainsi que celle de ses principaux partisans? La paix
« de la cité serait-elle achetée trop cher au prix d'un peu de honte,
« d'un peu d'or, d'un peu de sang? »

— Grand Dieu! — s'écria Denise pâle et tremblante, — quels sont les chefs des révoltés dont le régent demande la mort!!!

— Ce sont Marcel... mes fils... nos meilleurs amis... tous gens de bien, dévoués au bonheur public, adversaires de l'oppression et de l'iniquité... ennemis acharnés des Anglais, qui ravagent notre malheureux pays, et qui eussent mis Paris à feu et à sang, si Paris n'était à l'abri de leurs attaques, grâce aux fortifications élevées par les soins de Marcel ! Aujourd'hui le peuple semble avoir oublié les services rendus à la cité par mon mari ; il paraît avoir oublié que c'est à Marcel qu'il est redevable des réformes imposées au régent et qui le garantissent des rapines et des violences des gens de la cour !

— Est-il possible que le peuple montre tant d'ingratitude envers maître Marcel !

— L'âme de mon mari est trop grande, son esprit est trop juste, pour qu'il ait pris pour mobile de ses actions la reconnaissance des hommes... Que de fois ne m'a-t-il pas dit : — « Pratiquons le juste « et le bien ; ils portent en eux-mêmes notre récompense... » Marcel est préparé à tout ; cependant, pensant que le résultat de mes observations de ce soir pouvait lui être utile, je suis entrée chez la femme de notre ami Simon le Paonnier, qui demeure non loin de l'hôtel de ville, j'ai écrit à mon mari tout ce que j'avais vu ou entendu. Ma lettre lui a été portée par un homme sûr... — Mais voyant les larmes de Denise, longtemps contenues, inonder son visage, Marguerite ajouta tendrement : — Pourquoi pleures-tu, chère Denise ?...

— Hélas ! ma tante, je n'ai ni votre force ni votre courage... l'idée des dangers qui menacent maître Marcel et... nos amis... me cause une épouvante insurmontable...

— Pauvre enfant ! tu penses à Mahiet, ton fiancé ?

— S'il y a quelque tumulte, quelque bataille, il se jettera au plus fort du péril... pour sauver maître Marcel.

— Je regrette pour ton bonheur, pauvre enfant, de t'avoir autrefois appelée près de moi à Paris ; tu vivrais paisible dans cette petite ville de Vaucouleurs, éloignée du centre des troubles et de la guerre...

Agnès la Béguine rentra en cet instant, précédant la personne qu'elle annonçait, et dit précipitamment à Marguerite :

— Dame Maillart vient céans, afin de vous rendre, assure-t-elle, un grand service ; elle désire vous parler sur le champ.

— Je ne veux pas la voir ! — s'écria Marguerite avec impatience ; — cette femme m'est odieuse !

— Elle venait, disait-elle, madame, afin de vous rendre un grand service, — répondit la servante, regrettant d'avoir involontairement contrevenu aux désirs de sa maîtresse ; — je croyais bien agir en la faisant monter ; malheureusement, il est trop tard pour la congédier...

Pétronille Maillart parut en effet au seuil de la porte. Une haine triomphante, à peine contenue, se trahit dans le regard que la femme de l'échevin jeta d'abord sur Marguerite ; mais, prenant soudain une voix doucereuse, elle s'approcha de Marguerite :

— Bonsoir, dame Marcel, bonsoir, pauvre chère dame Marcel !..

— Cette feinte pitié cache quelque odieuse perfidie, — pensa Denise, dont le visage était baigné de pleurs ; — je ne veux pas donner à cette méchante femme le spectacle de ma douleur.

La jeune fille sortit en même temps que la servante. Marguerite, restée seule avec la femme de l'échevin, lui répondit sèchement :

— Je suis très-étonnée de vous voir ici, madame.

— Je comprends votre étonnement, pauvre dame Marcel ; car nous ne nous sommes pas revues depuis le jour de l'enterrement de Perrin Macé. Oh ! la popularité de maître Marcel était alors immense, on l'appelait le roi de Paris... l'on ne jurait que par lui... on le regardait comme le sauveur de la cité...

— Madame, parlons, je vous prie, moins du passé, et davantage du présent... Que voulez-vous de moi ?

— Vous demander d'abord d'oublier la petite querelle que nous avons eue ici, vous et moi, le jour de l'enterrement de Perrin Macé ; puis je viens rendre un grand service à ce pauvre maître Marcel...

— Mon mari n'excite la compassion de personne... et n'a nul besoin de vos services.

— Hélas! que ne puis-je vous laisser dans cette erreur, dame Marguerite! mais je suis obligée de vous dire la vérité, de vous apprendre, puisque vous l'ignorez, que vous n'êtes plus la *reine de Paris* comme au temps où maître Marcel en était le roi. Et, au risque de blesser votre légitime orgueil, j'ajouterai à regret que la position de votre mari est à cette heure désespérée... Vous me voyez navrée du chagrin qui vous accable...

— Votre excellent cœur s'alarme à tort, dame Pétronille...

— Je suis malheureusement certaine de ce que je vous affirme.

— De vos affirmations je doute fort, madame.

— Vous n'êtes donc pas instruite de ce qui se passe dans Paris?

— Je sais qu'il y a dans Paris des méchants et des envieux.

— Je vous connais trop bien, dame Marcel, pour supposer qu'une sage et discrète personne comme vous l'êtes veuille m'adresser le reproche d'être envieuse...

— En vérité, je n'oserais, madame... je n'oserais, en vérité...

— Vous auriez grandement raison; hélas! en quoi votre sort est-il à cette heure digne d'envie?

— Les envieux se contentent de peu, dame Maillart; ils envient jusqu'au calme et au courage que l'on puise dans une conscience pure au jour du malheur!...

— Vous l'avouez donc!... le jour du malheur est venu pour vous et pour votre mari! — s'écria la femme de l'échevin, triomphante et oubliant un moment son rôle hypocrite; mais, se ravisant, elle ajouta d'un ton patelin : — Cet aveu me fait du moins espérer que vous agréerez les offres de service de mon mari.

Marguerite, sentant la gravité des dernières paroles de la femme de l'échevin, attacha sur elle un regard pénétrant et répondit :

— Maître Maillart vous envoie offrir ses services à mon mari?

— Ne sont-ils pas amis d'enfance et compères? L'on n'oublie jamais l'amitié des jeunes années!

— Il en est ainsi du moins chez les cœurs généreux. Mais si

maître Maillart veut rendre service à mon mari, d'où vient qu'il vous envoie ici, madame?... Ne voit-il pas Marcel à l'hôtel de ville?

— Depuis hier soir, Maillart et ses amis n'ont pas mis les pieds à l'hôtel de ville... et pour cause; il ne saurait non plus, par un autre motif, mettre les pieds dans cette maison. Voilà pourquoi il m'a chargée de venir vous offrir ses conseils et ses services.

— Quels sont ces conseils... ces services?

— Maillart conseille à votre mari de quitter secrètement Paris pendant cette nuit.

— Voilà le conseil; quant au service... quel est-il?

— Mon mari offre de favoriser la fuite de Marcel.

— Comment cela?

— Maillart enverra chez vous, à minuit, un homme sûr qui devra accompagner votre mari. Il devra s'encaper, afin de n'être point reconnu, et suivra en toute confiance notre émissaire, chargé de le conduire en un lieu sûr... Mais il faut que votre mari soit absolument seul, sinon, l'émissaire l'abandonnerait.

— Maître Maillart, dans son empressement à conseiller et à servir mon mari, oublie, ce me semble, que Marcel et le conseil de ville, *les gouverneurs,* ainsi qu'on les appelle, sont encore maîtres de Paris; les dizainiers, les quarteniers, les capitaines des portes, leur obéissent; or, si jamais, ce que je crois impossible, mon mari voulait abandonner son poste au moment du danger, il monterait à cheval avec quelques amis et se ferait ouvrir l'une des portes de Paris...

— Votre observation serait juste si les ordres de maître Marcel devaient être écoutés, si nous étions encore à cette époque où, primant tout le monde à Paris, il avait la première place dans les cérémonies... mais les temps sont changés, bonne dame Marguerite; à l'heure où je vous parle, l'autorité de votre mari est bien près d'être méconnue; s'il voulait se faire ouvrir une des portes de la ville, afin de s'échapper, cette fuite confirmerait les bruits qui courent sur sa trahison; on crierait : « Arrêtez le traître ! mort aux traîtres ! » cent bras vengeurs se lèveraient, et maître Marcel tomberait sous les coups, meurtri, défiguré, couvert de sang, massacré !... et son corps serait mis en pièces...

— Oh! assez! assez!... — balbutia Marguerite en frissonnant et cachant son visage entre ses mains. — Cela est horrible !

— N'est-ce pas que cette mort serait affreuse ?... Aussi, pour épargner une pareille fin à son compère, mon mari m'a chargée de venir vous faire ses offres de services, dame Marcel.

Marguerite, malgré sa mauvaise opinion de Maillart et de sa femme, dont elle connaissait les sentiments jaloux, ne supposa pas que les propositions de l'échevin, l'un des plus anciens amis de Marcel, appartenant comme lui au parti populaire, pussent cacher un piége ou un guet-apens; elle crut même à un témoignage de compassion sincère, facile à concevoir chez l'envieux, au moment où il triomphe de la déchéance de son rival. Enfin, l'état des esprits dans Paris, dont Marguerite avait voulu s'assurer elle-même durant la soirée, ne confirmait que trop les paroles de la femme de l'échevin au sujet de l'impopularité croissante de Marcel... seulement Marguerite connaissait assez l'énergie du caractère, la force d'âme de son mari pour être certaine qu'à moins d'être réduit à une extrémité terrible, jamais il ne se résoudrait à quitter Paris en fugitif. Cependant, l'heure de cette extrémité menaçante pouvait arriver, et, en ce cas, l'offre de Maillart n'était point à dédaigner. Ces réflexions se présentèrent rapidement à l'esprit de Marguerite ; elle resta pendant un moment pensive, silencieuse, tandis que la femme de l'échevin l'observait attentivement, attendant sa réponse dans une anxiété à peine dissimulée.

— Dame Maillart, — reprit Marguerite, — je veux croire, je crois au généreux sentiment qui a dicté les offres de services que vous venez me faire.

— Ainsi la chose est entendue, — s'écria la femme de l'échevin avec une vivacité qui aurait dû exciter la défiance de Marguerite, —

l'émissaire en question sera ici à minuit; votre mari le suivra sans se faire accompagner de personne...

— Permettez, dame Pétronille; je ne saurais accepter votre offre au nom de mon mari; il est seul juge de sa conduite. Il m'a fait espérer qu'il pourrait venir ici prendre quelques moments de repos dans la soirée; si mon attente n'est pas trompée, je le verrai bientôt... je l'instruirai des propositions de maître Maillart. Priez-le seulement d'envoyer ici son émissaire à l'heure dite, à minuit, mon mari avisera.

— Il ne doit pas hésiter un moment; croyez-moi, pauvre dame Marguerite, il faut user de toute votre influence sur votre mari afin de le décider à profiter de la chance de salut qui lui reste.

Denise, entrant soudain d'un air inquiet, dit à Marguerite :

— Ma tante, dame Alison désirerait vous parler à l'instant, parler à vous seule... — Et jetant un regard significatif sur la femme de l'échevin, Denise semblait ajouter : — Saisissez cette occasion de mettre terme à la visite de cette méchante femme.

Marguerite comprit la pensée de sa nièce, et dit à la femme de l'échevin : — Veuillez m'excuser; j'ai à recevoir une visite.

— Adieu, bonne dame Marcel, — dit la femme de l'échevin en faisant un pas vers la porte; — et surtout n'oubliez pas mes avis. Il faut savoir se résigner à ce qu'on ne peut empêcher... les jours se suivent et ne se ressemblent pas... tel qui était hier triomphant se voit aujourd'hui... vous m'entendez de reste... Bonsoir, chère dame, je vous souhaite de meilleurs jours!

L'envieuse sortit en jetant à la dérobée un regard de vipère sur Marguerite; bientôt Alison la Vengroigneuse, restée en dehors de la salle, accourut à l'appel de Denise.

La jolie cabaretière était toujours accorte; ses beaux yeux noirs, ses dents blanches, son gracieux corsage, et surtout son excellent cœur justifiaient la préférence que l'écolier Rufin accordait à cette aimable et honnête femme au détriment de Margot la Savourée.

Enfin, grâce à Mahiet, Alison avait, non-seulement sauvé son honneur des violences du capitaine Griffith, mais aussi soustrait à la rapacité de l'Anglais une somme d'or assez rondelette, cousue dans les plis de sa cotte. Mahiet l'Avocat d'armes, jadis son défenseur contre Simon le Hérissé, puis, plus tard, son libérateur, alors qu'elle était exposée aux violences du bâtard de Norfolk, avait d'abord inspiré à Alison un sentiment plus tendre que la reconnaissance; mais la jeune femme, instruite des fiançailles de Denise et de Mahiet, luttant bravement contre son penchant naissant, et voulant s'en distraire, s'était plu à remarquer que Rufin-Brise-Pot, malgré sa turbulence, ne manquait ni de dévouement, ni de cœur, ni d'esprit, ni d'agréments extérieurs. Aussi, depuis que, fuyant les horreurs de la guerre qui désolait le Beauvoisis, elle s'était réfugiée à Paris, recommandée par Mahiet à la bienveillance de la famille du prévôt des marchands, Alison avait souvent revu l'écolier dans la petite chambre de l'auberge où elle logeait, et pensait parfois que, malgré son nom, mal sonnant pour une taverne, Rufin-Brise-Pot ne ferait peut-être point un mauvais mari; elle sentait, en outre, sa vanité assez flattée par l'espoir d'ouvrir un cabaret dont les principaux clients seraient messieurs les écoliers de l'Université. Alison, accueillie avec bonté par Marguerite et par Denise, leur conservait une grande reconnaissance; elle accourait ce soir-là chez elles dans l'espoir de leur être utile. Marguerite, s'apercevant de l'inquiétude peinte sur les traits de la cabaretière, lui dit affectueusement, en lui prenant les mains :

— Bonsoir, chère Alison... vous semblez alarmée...

— Ah! dame Marguerite, je n'ai que trop sujet d'être inquiète, sinon pour moi, du moins pour vous. — Et, s'interrompant, elle ajouta : — D'abord, et afin de ne pas oublier cette circonstance, je dois vous prévenir qu'en entrant ici j'ai remarqué trois hommes, ayant leur figure cachée par leur capuce, qui semblaient placés en embuscade. Ces hommes paraissent avoir de mauvais desseins.

— Agnès, notre servante, les a aussi remarqués, — dit Denise.

— Ce sont des espions, sans doute, — reprit Marguerite. — Mais Marcel n'a point à redouter les conséquences d'un espionnage ; tout ce qu'il fait est dans l'intérêt du peuple, et aucune de ses actions n'a besoin d'être cachée. Néanmoins, comme la haine s'attache maintenant à ses pas... ce renseignement peut être utile.

— Hélas! il m'est pénible de vous apporter peut-être une mauvaise nouvelle, à vous, dame Marguerite, qui m'avez accueillie avec tant de bonté à mon arrivée du Beauvoisis.

— Mahiet, notre ami, vous recommandait à notre intérêt, il nous instruisait de vos malheurs et de vos tendres soins pour cette infortunée *Aveline qui jamais n'a menti;* notre bienveillance à votre égard était naturelle. Mais de quoi s'agit-il?

— Ce soir, dans ma chambre, à l'auberge, je regardais par ma fenêtre le tumulte de la rue, car il règne ce soir une grande agitation dans Paris, lorsqu'un jeune homme, envoyé par messire l'écolier Rufin Brise-Pot, m'a apporté, tout hors d'haleine, ce billet.

Alison tira de sa gorgerette un papier qu'elle remit à Marguerite; celle-ci le prit vitement et lut à haute voix :

« Aussi vrai que dame Vénus, dans sa beauté olympique... »

— Passez! passez, dame Marguerite! et lisez à partir de la quatrième ou cinquième ligne, — dit Alison, rougissant et souriant à demi. — Ce sont fleurettes que s'amuse à me conter messire Rufin; ne vous y arrêtez pas plus que je ne m'y suis arrêtée moi-même... Ce brave garçon aurait dû s'abstenir de ces mièvreries en m'écrivant sur un sujet sérieux.

Marguerite, après avoir parcouru des yeux les premières lignes de l'épître, dans lesquelles l'écolier déployait sa faconde amoureuse et mythologique, arriva au sujet essentiel de la missive :

« ..... Rendez-vous en hâte à la maison de maître Marcel ; s'il
« n'est pas chez lui, dites à son honorée femme de le faire avertir
« de ne pas sortir de l'hôtel de ville sans être bien accompagné. Je

« suis sur la trace d'un complot qui le menace ; dès que j'aurai
« quelque preuve certaine de cette trame, je me rendrai, soit chez
« maître Marcel, soit à l'hôtel de ville pour lui faire part de ma
« découverte. Qu'il se méfie surtout de l'échevin Maillart ; il n'a
« pas de plus mortel ennemi. Il devrait le faire emprisonner sur
« l'heure... de même que je voudrais sur l'heure avoir pour prison
« votre cœur, dont le gentil garçonnet *Cupido* est le gardien. »

— Passez, passez, dame Marguerite, ce sont encore fleurettes ; il n'y a rien de plus à lire, — reprit Alison. — Et de nouveau je m'étonne de ce que le messire écolier mêle folies à choses si graves.

— Oh ! graves ! bien graves !... cette lettre redouble mes craintes, — répondit Marguerite en tressaillant. Puis, songeant à son récent entretien avec la femme de l'échevin, elle se dit : — L'offre de l'échevin cacherait donc un piége?... Cependant je ne peux croire encore à une aussi horrible trame !

— Mon Dieu ! — s'écria Denise avec amertume, — et pourtant mon oncle, malgré nos pressentiments, nous répond toujours lorsque nous lui parlons des soupçons que nous inspire maître Maillart : — « Il n'est pas méchant homme ; mais il subit aveuglément l'in-
« fluence de sa femme qui est dévorée d'envie et de vanité... »

— Chère Alison ! — reprit Marguerite après quelques instants de réflexion, — vous n'avez pas interrogé le messager qui vous a apporté cette lettre ?

— Si fait, madame... je lui ai demandé en quel endroit il avait laissé messire Rufin.

— Que vous a-t-il répondu ?

— Que l'écolier se trouvait dans une taverne voisine de l'arcade Saint-Nicolas lorsqu'il lui avait remis ce billet...

Au moment où Alison prononçait ces derniers mots, deux hommes encapés jusqu'aux yeux entrèrent dans la chambre. Marguerite reconnut son mari et Mahiet l'Avocat d'armes, lorsque ceux-ci se furent débarrassés de leurs casaques.

— Enfin, te voilà... te voilà! — s'écria Marguerite ne pouvant maîtriser sa profonde émotion et se jetant au cou de Marcel, tandis que Denise tendait la main à son fiancé qui la pressa respectueusement contre ses lèvres ; celui-ci portait par-dessus ses armes un surcot noir, depuis qu'il avait vu supplicier sous ses yeux son frère Mazurec l'Agnelet; les traits de Mahiet, pâles et tristes, témoignaient de son chagrin. Marguerite, après avoir tendrement embrassé son mari, qui lui rendit ses caresses avec effusion, lui dit, contenant à peine son angoisse, en lui remettant la lettre de Rufin Brise-Pot !

— Mon ami, prends connaissance de ce billet, la bonne Alison vient de l'apporter en toute hâte.

Marcel lut la lettre à voix basse, et au milieu d'un profond silence ; Marguerite, sa nièce et Alison observaient attentivement la physionomie du prévôt des marchands; il resta calme, il sourit même aux passages semés de fleurettes mythologiques de l'écolier; puis, rendant la lettre à Alison, il lui dit affectueusement :

— Je vous remercie de votre empressement à m'apporter ce message, dame Alison ; notre ami Rufin s'alarme à tort.

— Pourtant, mon ami, ce complot dont parle l'écolier? — répondit vivement Marguerite, — ce complot dont il suit la trace?...

— Rufin se sera sans doute exagéré l'importance d'un fait insignifiant, chère Marguerite...

— Mais... ce qu'il dit de Maillart?

— Hier soir, Maillart m'a serré amicalement la main en sortant de l'hôtel de ville, après une discussion dans laquelle il était d'un avis opposé au mien...

« — Les opinions sont diverses, mais les liens d'une vieille amitié « sont impérissables, » a même ajouté maître Maillart, — reprit Mahiet.

— Marcel, — dit Marguerite ressentant une défiance croissante contre l'échevin depuis les avertissements de l'écolier, — la femme de Maillart est venue ce soir... me proposer pour toi un refuge en cas de danger...

— Cette offre généreuse ne m'étonne pas.

— Un homme doit se rendre ici cette nuit : tu le suivras seul... et bien encapé, — ajouta Marguerite. — Seul... entends-tu, Marcel? et il te conduira en un lieu sûr d'où tu pourras fuir sans péril.

— C'est trop d'obligeance, — répondit en souriant le prévôt des marchands. — Grand merci de la proposition : je ne songe point à fuir, tant s'en faut... Jamais nous n'avons été si proches du triomphe.

— Que dis-tu?... — s'écria Marguerite renaissant à l'espérance, tant elle avait besoin d'espérer. — Il serait vrai? Cependant cette agitation... ce tumulte dans Paris... ces bruits alarmants?... — Et, ressentant de nouveau ses angoisses un moment calmées par les paroles rassurantes de son mari, elle ajouta tristement : — La précaution que tu as prise ainsi que Mahiet de t'envelopper dans cette cape, afin, sans doute, de n'être pas reconnu à travers les rues, tout me fait craindre que tu ne t'abuses... ou que par tendresse pour moi tu veuilles m'abuser...

— Ma tante oubliait de vous dire que trois hommes semblent être depuis ce soir au guet pour épier notre maison, — dit Denise, et elle aperçut que Mahiet semblait frappé de cette circonstance.

— J'ai aussi remarqué en entrant, — reprit Alison, — trois hommes qui paraissent être des espions.

— Mon ami, — dit Marguerite en s'efforçant de lire sur la physionomie du prévôt des marchands si l'assurance dont il témoignait était feinte ou réelle, — je t'ai envoyé ce soir un billet que j'avais écrit chez notre ami Simon le Paonnier... dans lequel je te faisais part de mes impressions sur tout ce que j'avais vu dans la soirée... en t'engageant à prendre des précautions pour ta sûreté...

— J'ai reçu ta lettre, chère et bien-aimée femme! — répondit Marcel en serrant tendrement dans ses mains celles de Marguerite. — Tu as foi en moi, n'est-ce pas?... Eh bien! crois-moi donc lorsque je t'affirme que vos alarmes sont vaines; mieux que personne, je sais ce qui se passe ce soir dans Paris. Nos ennemis s'agitent?

me calomnient? Je les laisse dire et j'agis, certain de mener mon œuvre à *bonne fin,* selon notre devise ; d'ailleurs ma présence ici n'est-elle pas la meilleure preuve de ma confiance dans l'état des choses ? J'ai voulu, après la réception de ta lettre, quitter un moment l'hôtel de ville afin de venir te calmer, te reconforter, et aussi te prier de ne point t'inquiéter si demain tu ne me voyais pas de toute la journée... parce que demain de graves intérêts se décideront. Enfin, — reprit gaiement Marcel, — comme je tiens à mettre à néant toutes tes objections, chère peureuse, j'ajouterai, dût ma modestie en souffrir... j'ajouterai qu'en m'enveloppant de cette cape, je voulais pouvoir venir ici et m'en retourner sans être arrêté vingt fois dans ma route par les acclamations populaires ; car, en dépit de la haine et de l'envie de quelques bourgeois partisans du régent, Marcel est toujours aimé du peuple de Paris.

— Vous n'en douteriez pas, dame Marguerite, — ajouta Mahiet, — si vous aviez entendu comme moi, en cette journée, les harangues des corporations de métiers venant assurer maître Marcel de leur dévouement...

Ces paroles de Mahiet, la physionomie souriante et sereine du prévôt des marchands, l'accent de conviction qui régnait dans ses réponses, apaisèrent quelque peu les alarmes de Marguerite et de Denise ; celle-ci dit à Marcel : — Votre seule présence nous rassure, cher et bon oncle, de même que la vue du médecin suffit à calmer, parfois, les souffrances du malade...

— Mon brave Mahiet, — reprit gaiement Marcel en regardant l'Avocat d'armes, — ceci s'adresse à moi autant qu'à toi... heureux et amoureux fiancé...

— Chère Denise, — dit l'Avocat d'armes à la jeune fille qui rougissait, — le deuil de mon pauvre frère a reculé l'époque de notre mariage... Je regrette moins ce retard, en songeant qu'en ces jours de troubles je n'aurais pu vous consacrer tous mes instants ; mais croyez-en maître Marcel, de meilleurs temps approchent...

Ai-je besoin de vous dire que je les hâte de tous mes vœux, puisqu'ils verront notre union ?

— Dame Alison, — reprit cordialement Marcel, — puisque nous parlons mariage... prenez donc en pitié l'amoureux martyre de ce pauvre Rufin... C'est un bon et loyal cœur, malgré quelques écarts de jeunesse qui lui ont mérité son surnom de *Brise-Pot* ; mais, j'en suis certain, la salutaire influence d'une honnête et aimable femme comme vous ferait de lui un excellent mari ; je verrais avec un double plaisir vous et Rufin, Denise et Mahiet, aller à l'autel le même jour.

— Ceci demande réflexion, — répondit Alison d'un air méditatif ; — ceci demande beaucoup de réflexion, maître Marcel... Du reste, — ajouta-t-elle souriant et rougissant, — je ne dis ni oui, ni non... Je désire consulter dame Marguerite...

— Bonne chance pour Rufin, — reprit le prévôt des marchands : — femme qui ne dit pas non a grande envie de répondre oui.

— Marcel ne conserverait pas tant de liberté d'esprit s'il se croyait lui et ses partisans à la veille d'un grand danger, — pensait Marguerite de plus en plus rassurée par la douce gaieté de son mari. — Je me serai exagéré l'importance de ce que j'ai entendu dire ce soir ; mon mari a raison : même au plus fort de sa popularité, la calomnie le poursuivait ; Maillart peut à la fois céder à l'envie et à un sentiment généreux né d'une ancienne amitié ; il peut croire à la perte de la popularité de Marcel, s'en réjouir, et cependant vouloir le sauver. Cette méchante Pétronille a envenimé une offre honorable en soi, sinon Maillart serait le plus exécrable des hommes, ce que je ne puis admettre ; une pareille perversité dépasserait les limites du possible...

— Denise, — dit le prévôt des marchands à sa nièce en la baisant au front, — fais porter une lampe dans mon cabinet, j'ai quelques papiers à prendre. — Et s'adressant à sa femme, qu'il baisa aussi au front : — Je reviendrai te dire adieu... Viens avec moi, Mahiet, nous avons à causer ensemble....

Denise s'empressa de porter une lampe dans le cabinet de Marcel, où il s'enferma avec l'Avocat d'armes.

Marcel, resté seul dans son cabinet avec Mahiet, devint pensif; à la riante sérénité dont ses traits avaient été empreints durant son entretien avec Marguerite, succéda une expression de gravité mélancolique; il contempla en silence, pendant quelques instants, sa studieuse retraite, témoin des méditations de son âge mûr; puis, s'appuyant sur une grande table couverte de parchemins, il dit à Mahiet avec un soupir de regret :

— Combien de longues veillées j'ai passées ici, élaborant, à la lueur de cette petite lampe, ces plans de réformes qui seront un jour, quoi qu'il arrive, la base immuable des franchises du peuple, l'évangile des droits du citoyen ! Ici se sont écoulées les plus heureuses, les plus belles heures de ma vie !... Quel bonheur pur je goûtais ! Soutenu par mon ardent amour du juste et du bien, éclairé par les leçons du passé, je m'élevais jusqu'aux plus sublimes théories de la liberté ! J'ignorais alors les déceptions, les maux, les retards, les luttes, les orages qu'engendre fatalement la pratique des choses ! la vérité m'apparaissait dans sa radieuse simplicité... Je comptais alors sans les passions humaines... Il n'importe, la vérité est absolue... Tôt ou tard elle s'impose à l'humanité, qui toujours marche, progresse et s'améliore...

Mahiet écoutait Marcel avec un muet respect; il vit cet homme illustre, le front pensif, s'absorber de plus en plus dans ses réflexions. Au bout de quelques instants, Marcel se dirigea vers un bahut de chêne noirci par les années; il l'ouvrit, tira divers parchemins de ce coffre, les apporta sur la table, prit un escabeau, s'assit et commença d'écrire... Sa figure mâle et caractérisée révéla bientôt un attendrissement croissant; Mahiet, à sa grande surprise, aperçut quelques larmes tombant des yeux du prévôt des marchands sur les lignes qu'il venait de tracer... Les pleurs de ce grand citoyen, d'une si rare énergie, d'un stoïcisme antique, impressionnèrent vivement l'Avocat d'armes ; son cœur se serra ; il commença de soupçonner les motifs de l'affectation de sécurité dont Marcel avait fait montre devant sa famille. Enfin, il le vit essuyer ses yeux du revers de sa main, et sceller d'un cachet de cire noire, au moyen du large chaton d'une bague d'or qu'il portait au doigt, le parchemin sur lequel il venait d'écrire ; après quoi le joignant aux autres papiers dont il fit une même liasse aussi scellée d'un cachet noir, il la replaça dans le bahut, donna la clé de ce meuble à Mahiet, et lui dit d'une voix pénétrée :

— Garde cette clé... je te charge de la remettre à ma femme et de lui apprendre, si certaines circonstances se réalisent, que dans ce coffre elle trouvera, jointe à mon testament et à quelques papiers qu'il est bon de conserver, une lettre pour elle... écrite par moi ce soir... pour ma bien-aimée Marguerite.,.

— Maître Marcel, — reprit Mahiet en tressaillant, — ces dispositions sont sinistres...

— Sinistres... non... mais prudentes ; j'ai accompli un devoir sacré... je me trouve dans une situation d'esprit singulière... les derniers événements, ceux de ce jour, jettent dans ma pensée, non du doute sur la résolution que je dois prendre, mais une sorte de confusion à l'endroit des moyens à employer ; or, jamais la lucidité de mon jugement ne m'a été plus nécessaire qu'en ce moment où il faut que je m'arrête à un parti suprême, irrévocable ; il me semble qu'en examinant avec toi l'état des choses, elles m'apparaîtront plus nettes ; la pensée *parlée* se précise, tandis que muette, elle s'égare souvent de réflexions en réflexions et s'éloigne d'autant du but qu'elle doit atteindre. Ainsi donc, écoute-moi, et si dans ce rapide exposé tu remarquais quelque omission, quelque obscurité, avertis-moi... C'est un devoir d'amitié que je te conjure de remplir...

— Je vous écoute, maître Marcel,

— Lors de ton retour de Clermont... permets que je ne m'appesantisse pas sur ta douleur privée... j'ai gémi sur la mort de ton malheureux frère... à ton retour de Clermont, tu m'apprends le massacre des Jacques. Le lendemain, nous sommes instruits que le captal de Buch et le comte de Foix ont exterminé à Meaux une autre troupe considérable de paysans révoltés. Enfin, la noblesse, sortant de la stupeur où l'avaient plongée ces insurrections formidables, s'est réunie en troupes, et, battant les campagnes, elle a mis à mort, au milieu d'affreux supplices, une foule de serfs, hommes, femmes, enfants, partisans ou non de la Jacquerie, et livré leurs villages aux flammes... C'en est donc fait... pour longtemps du moins, de l'alliance des gens des villes et des gens des campagnes. L'anéantissement de la Jacquerie réduit la bourgeoisie à ses seules forces pour lutter contre le régent; elle doit accepter cette lutte inégale ou se livrer à Charles le Mauvais, et au lieu de lui imposer des conditions... subir les siennes.

— Tel était l'espoir de ce fourbe sanguinaire; il me l'a dit en termes formels lors de notre entrevue à Clermont.

— Cependant cet habile politique, en massacrant les Jacques, s'est privé de puissants auxiliaires contre le régent, dont les troupes sont de beaucoup supérieures à celles du roi de Navarre.

— Ah! misérable prince! s'il avait suivi vos généreux conseils, ses bandes, renforcées de milliers de paysans en armes et des milices bourgeoises, écrasaient les troupes royales; et, profitant de l'élan des populations, non moins exaspérées contre les Anglais que contre les seigneurs, Charles de Navarre chassait l'étranger de la Gaule et montait sur le trône au milieu des acclamations d'un peuple qu'il gouvernait, soumis lui-même à l'autorité des assemblées nationales! La Gaule se trouvait délivrée des seigneurs et des Anglais!

— Telle pouvait être la glorieuse mission de Charles le Mauvais; cette mission pourrait encore être la sienne, s'il avait le courage, la sagesse, la loyauté de se vouer corps et âme à un si noble but;

je te le démontrerai bientôt... Mais à cette heure il n'est, ainsi que nous, qu'un rebelle à l'autorité du régent. Celui-ci commande à des forces considérables ; il a pour lui la tradition monarchique qui, aux yeux des peuples, se perd dans la nuit des âges ; il a pour lui son nom royal, les courtisans, le clergé, les officiers royaux, les gens du fisc et de justice, tous ceux enfin qui vivent d'abus ou d'exactions, clientèle immense qui donne au régent une force redoutable... Charles le Mauvais est trop clairvoyant pour n'avoir pas déjà reconnu tout ce qu'il a perdu en anéantissant la Jacquerie, et combien maintenant il a peu de chances d'usurper la couronne. Il a dû penser à un accommodement éventuel avec le régent dans le cas où notre cause, à laquelle il paraît encore attaché, serait compromise ou perdue...

— Vous croyez que Charles le Mauvais a traité avec le régent ?

— Tout me le donne à penser... La conduite du roi de Navarre, depuis ces derniers temps, décèle un homme flottant entre l'ambition de monter sur le trône et la crainte d'une défaite, qu'il payerait de sa vie et de la perte de ses domaines. Il nous envoie quelques renforts insignifiants ; mais il refuse d'entrer dans Paris. Il a accepté le titre de capitaine général de notre cité ; mais la reine sa mère a de fréquentes entrevues avec le régent. Le moment est critique. Le parti de la cour exploite contre nous, avec sa perfidie habituelle, les malheurs publics qui ont, pour cause première, les folles prodigalités de la cour. Le roi Jean et ses créatures, par leurs rapines, par leurs violences, par des impôts écrasants, ont poussé à bout les villes et les campagnes ; une révolution a éclaté. Nous avons conquis des réformes radicales ; elles devaient inaugurer une ère de paix, de prospérité sans égale, *puisque la liberté c'est à la fois l'indépendance et le bien-être.*

— Vérité profonde, maître Marcel : la tyrannie engendre toujours la servitude, et la servitude la misère. L'insurrection des serfs, les délivrant de la tyrannie de la seigneurie, pouvait seule leur assurer la jouissance des fruits de la terre qu'ils cultivent pour leurs bourreaux, pour les nobles et pour les prêtres.

— Oui; mais toute révolution est laborieuse et rude : elle ne peut du jour au lendemain remédier à des maux qui sont le fatal héritage du passé; parfois même ces maux s'aggravent momentanément, de même que la plaie cautérisée par le fer devient pendant quelque temps plus douloureuse. Ces maux, ces misères ont été portés à leur comble par les ravages des Anglais depuis la défaite de Poitiers; mais le peuple les a vaillamment endurés, pressentant les résultats de notre révolution de 1357 et plein d'espoir en elle. Le conseil de ville, présidé par moi, par les *gouverneurs*, comme on appelle les échevins, a dû exercer une dictature temporaire, recourir souvent à des mesures énergiques, terribles, pour combattre les Anglais qui étaient à nos portes et le parti de la cour dans nos murs! Le peuple a d'abord accepté cette dictature au nom du salut de la cité, mais ensuite il s'en est détaché quand il s'est aperçu que nous ne pouvions pas réaliser instantanément ses espérances de bien-être matériel. Le peuple est las de notre dictature... Dans sa désespérance crédule, il a ouvert l'oreille aux pernicieuses paroles de ses ennemis! il se retire de la lutte au moment d'achever son œuvre d'affranchissement! Le peuple déplore sa rébellion; il est près de maudire les échevins qui ont sacrifié leur repos, leurs biens, leur vie pour sa délivrance. Il s'imagine qu'en se soumettant humblement au régent, qu'en reprenant son joug séculaire, ses maux s'apaiseront. Demain, peut-être, le peuple me traînera aux gémonies, moi jadis son idole!

Le prévôt des marchands continua après un moment de silence :

— Résumons-nous : nous pouvons à peine compter maintenant sur l'appui des masses populaires; Charles de Navarre est un allié douteux; le régent, un adversaire formidable.

— Malheureusement, ces symptômes de défaillance du peuple, entretenue, augmentée par les manœuvres des affidés du régent, m'avaient aussi frappé depuis quelques jours. Faut-il donc renoncer à tout espoir, maître Marcel ?

— Non, non ! j'ai voulu établir combien notre position était critique, mais tout n'est pas perdu... Le peuple, en vertu même de sa mobilité, est capable de soudains revirements ; une fraction notable de la bourgeoisie, fermement résolue de mener notre œuvre *à bonne fin*, selon notre devise, ira avec nous jusqu'au bout, quels que soient les dangers qui menacent sa vie, ses biens en cas d'échec... Nous pouvons encore réagir sur la population, la surexciter, l'arracher à sa fatale désespérance, aux suggestions de ses ennemis, prendre contre eux des mesures terribles et engager une lutte décisive contre le régent ; mais la Jacquerie est anéantie, et il serait insensé d'entreprendre cette lutte sans l'appui des forces de Charles le Mauvais. Voici donc la dernière chance qui nous reste : je mettrai cette nuit même ce prince en demeure de se déclarer contre le régent, de se compromettre enfin assez ouvertement pour qu'il se trouve dans l'alternative de vaincre avec nous et de régner... ou de perdre ses domaines et la vie si le régent est vainqueur. Ces propositions acceptées, Charles le Mauvais, ainsi résolu de jouer sa tête contre une couronne, entre alors à Paris à la tête de ses Navarrais ; nous tentons un suprême effort, nous exaltons le peuple, nous combattons le régent ; si nous sommes victorieux, nous soulevons contre les Anglais les paysans échappés aux vengeances de la noblesse. L'étranger est chassé du sol ; la Gaule, délivrée de ses ennemis du dedans et du dehors, délègue à Charles de Navarre la souveraineté, sous le contrôle des assemblées nationales ; et nos provinces forment une puissante fédération dont Paris est le centre !

— Ce résultat serait encore admirable ; mais Charles le Mauvais tiendra-t-il sa promesse quand il sera couronné roi de France ? se résignera-t-il à subir la loi des états généraux ?

— Il eût subi toutes nos conditions avant l'anéantissement de la Jacquerie, contre-poids suffisant à ses bandes de soudoyers. Mais la force des choses l'obligera de maintenir, en manière de don de joyeux avénement, en montant sur un trône usurpé, bon nombre de réformes ; ainsi, une partie de nos conquêtes sur la royauté demeureraient acquises à l'avenir. Ce n'est pas tout. Le peuple, encore dans l'ignorance, est routinier : depuis des siècles, accoutumé à être gouverné despotiquement par un prince de sang royal, il ne peut arriver sans transition à un gouvernement libre, régi par des magistrats électifs, ainsi que l'étaient les villes de communes lors de leur affranchissement ; mais peu à peu l'expérience viendra ; n'est-ce point déjà un pas immense dans cette voie que le renversement d'une dynastie ? que l'intronisation d'un nouveau roi par la seule volonté des citoyens ?... Le divin prestige de la royauté reçoit ainsi un coup mortel. Pouvoir choisir un souverain implique le droit de le déposer ou de se passer de lui. Enfin n'oublions pas ceci, toujours dans l'hypothèse du succès de Charles le Mauvais : la Gaule sera délivrée des Anglais ; puis, quoi qu'il arrive, la noblesse gardera le souvenir de cette insurrection formidable des Jacques ; et, forcément, adoucira le sort de ses serfs, sachant que Jacques Bonhomme, de nouveau poussé à bout, peut prendre encore la faux, la fourche et la torche.

— Oui, maître Marcel, l'avenir est beau... si Charles le Mauvais se déclare ouvertement contre le régent et si nous triomphons.

— J'ai tout pesé, tout calculé. Si nous succombons dans cette lutte suprême, Charles le Mauvais partage notre défaite, paye comme nous sa rébellion de sa tête ; c'est un méchant prince de moins ; le régent rentre à Paris, de même qu'il y rentre fatalement si le roi de Navarre refuse d'embrasser ouvertement notre cause ; car il serait fou de tenter sans lui de résister au régent. Examinons cette dernière hypothèse : désirant couper court aux hésitations de Charles le Mauvais, j'ai mis le prince en demeure de se prononcer cette nuit même...

— Cette nuit ?

— A une heure du matin, j'attends à la porte Saint-Antoine le roi de Navarre; je lui ai déclaré hier à Saint-Denis que je ne compterais plus sur lui, que je le regarderais comme un traître si, à l'heure dite, il ne se trouvait pas à ce rendez-vous, afin d'entrer dans Paris avec moi et d'annoncer solennellement demain à l'hôtel de ville qu'il embrasse notre cause et nous donne l'appui de ses armes. Nous sommes abandonnés à nos propres forces si Charles le Mauvais manque au rendez-vous de cette nuit.

— Que vous a-t-il répondu, maître Marcel?

— Il m'a répondu, selon son habitude, qu'il aviserait. Or, si la crainte de perdre ses domaines et de risquer sa tête l'emporte sur son ambition, il ira se jeter aux pieds du régent, lui offrira ses services contre nous en repentance de sa trahison passée; le régent a tout intérêt à ménager un pareil adversaire : il lui accordera sa grâce, tous deux marcheront sur Paris à la tête de leurs troupes réunies et notre ville retombera sous le joug monarchique.

— Alors, maître Marcel, — s'écria Mahiet, — appelons aux armes tout ce qui reste de gens de cœur dans la cité, renfermons-nous dans nos remparts, si habilement fortifiés par vos soins, faisons-nous tuer jusqu'au dernier; le régent ne rentrera dans sa capitale que par la brèche et sur nos cadavres!

— Cette résolution est héroïque; mais tu oublies les horreurs qui suivent l'assaut d'une ville. Tu oublies Meaux livré aux flammes par le captal de Buch et le comte de Foix; les femmes violées, éventrées, les enfants, les vieillards massacrés ou périssant dans l'incendie!... Livrer Paris à un pareil sort! Paris, le cœur et la tête de la Gaule!... Non, non, entreprendre de résister au régent sans l'appui de Charles le Mauvais, c'est nous exposer à une perte certaine. Préférons à l'héroïsme stérile le sacrifice salutaire, notre défaite même sera féconde!...

— Maître Marcel, je ne vous comprends plus...

— Quelles que soient la ténacité, la duplicité du caractère du régent, les terribles leçons qu'il a reçues ne seront pas perdues pour lui : il a dû, fuyant le soulèvement populaire, abandonner furtivement son palais du Louvre... il s'est vu sur le point de perdre la couronne ; s'il rentre ici, grâce à la soumission des Parisiens, pour peu que sa vengeance et son orgueil royal soient satisfaits, ce prince maintiendra nécessairement certaines réformes. Elles seront moins nombreuses sans doute que celles qu'aurait acceptées Charles le Mauvais pour consolider son usurpation ; mais enfin ces réformes demeureront toujours acquises à l'avenir, notre révolution aura porté ses fruits, le fardeau qui pèse sur le peuple aura été allégé. Me comprends-tu ?... D'où vient ton étonnement ?

— Mais pour satisfaire aux ressentiments du régent, pour assouvir sa vengeance, il faudra les têtes des chefs de la rébellion.

— Il faudra quelques têtes !... — répondit Marcel avec une simplicité antique en interrompant Mahiet. — Oui, le régent demandera d'abord mon supplice et celui des *gouverneurs*, principaux chefs de la révolution... Eh bien ! nous livrerons nos têtes au régent !... Je suis d'accord avec nos amis sur ce point... Notre entretien, en élucidant les faits, ainsi que je l'espérais, me confirme dans ma résolution. A une heure du matin, je me rends à la porte Saint-Antoine, où j'attendrai Charles le Mauvais ; s'il manque au rendez-vous, je monte à cheval, je vais rejoindre le régent à son camp de Charenton ; je lui offre ma vie, si elle ne lui suffit pas, celle de nos amis ; ils m'ont autorisé à disposer de leurs têtes ! En retour je demanderai au prince le maintien des réformes qu'il a jurées en 1357. Je demanderai beaucoup afin d'obtenir quelques concessions... Ces réformes prépareront l'avènement de notre plan de gouvernement, basé sur la fédération des provinces et la permanence d'assemblées nationales souveraines, déléguant d'abord un simulacre de couronne à un simulacre de roi, et plus tard, supprimant cette vaine idole, la *royauté ;* le gouvernement des Gaules libres et confédérées redeviendra alors tel qu'il était avant les conquêtes de César, ainsi que nous l'apprend l'histoire, et ainsi que je l'ai lu dans les légendes de ta famille.

— Lors de l'abolition de la commune de Laon et de tant d'autres républiques municipales détruites par Louis le Gros, mon aïeul Fergan le Carrier disait à son fils, qui désespérait de l'avenir, ce que vous me dites à cette heure : « Espère, mon enfant, espère... « aie foi dans le progrès lent, laborieux, mais irrésistible, des « choses !... » Mon aïeul disait vrai !... Grâce à votre génie, j'aurai vu en ce siècle-ci le gouvernement municipal des anciennes communes, gouvernement libre, paternel et sage, appliqué non plus seulement à une cité, mais à la Gaule entière.

— Tel était mon rêve ! *L'unité sociale et l'uniformité administrative. Les droits politiques étendus à l'égal des droits civils. Le principe de l'autorité transféré de la couronne à la nation. Les états généraux changés en assemblées nationales sous l'influence du peuple et de la bourgeoisie, seules forces vives de la nation, et la souveraineté populaire attestée par le renversement d'une dynastie et la délégation de la couronne à une autre branche...* jusqu'au jour de la suppression de la royauté, dernier vestige des hontes de la conquête franque !... Tel était mon rêve ! Le temps changera ce rêve en réalité ! Il se peut que j'aie devancé l'esprit de mon siècle... est-ce un mal ?... Ce gouvernement de l'avenir aura été pratiqué pendant trois ans !... Nos enfants seront d'autant plus confiants dans l'espoir de leur délivrance, qu'instruits par le passé, ils sauront que leurs pères ont eu leur affranchissement entre leurs mains ; qu'un jour, redevenus libres, ils ont dompté, chassé la royauté, et que s'ils sont retombés sous leur joug séculaire, c'est qu'à la veille du triomphe, ils ont cédé au découragement ! c'est qu'après avoir surmonté les plus rudes obstacles, ils ont défailli au moment de toucher au but ! Ce sera pour nos fils un grand et profitable enseignement ; peut-être ma mort et celle de nos amis le rendront encore plus éclatant ! Notre mort aura été féconde comme notre vie !... l'échafaud la couronnera !...

Le prévôt des marchands semblait transfiguré en prononçant ces patriotiques paroles ; sa foi religieuse dans l'avenir de sa cause illuminait son regard. Mahiet le contemplait dans une muette admiration, lorsque Denise, entr'ouvrant en ce moment la porte du cabinet de Marcel, dit timidement à l'Avocat d'armes :

— Mahiet, votre ami Rufin désirerait vous parler à l'instant.

— Maître Marcel, — reprit Mahiet, — il s'agit sans doute de ce complot dont Rufin croit avoir saisi la trace?

— Mon enfant, dis à Rufin d'entrer, — reprit le prévôt des marchands s'adressant à Denise. Et bientôt parut l'écolier.

— Maître Marcel, — dit-il vivement, — je crois avoir été, cette fois, aussi bien servi par la déesse Fortune que lors de cette nuit où j'ai découvert la fuite du duc de Normandie...

Puis l'écolier tira de sa pochette une lettre, et, la remettant au prévôt des marchands, ajouta : — Veuillez prendre connaissance de ceci, maître Marcel, et si l'on peut présumer du message par le messager, cette lettre ne doit rien flairer de bon.

Marcel reçut la lettre, rompit les sceaux, tressaillit en reconnaissant la main qui l'avait écrite, et il commença de lire cette missive avec une attention profonde, tandis que Mahiet, emmenant l'écolier à l'autre extrémité du cabinet, disait tout bas :

— De qui tiens-tu cette lettre, ami Rufin ?

— Par Hercule ! je la tiens... de la force de mon poignet ! sans oublier cependant l'assistance que m'ont prêtée mon compère *Nicolas-Poire-Molle* et deux Écossais, écoliers *martinets*, dont j'avais fait l'an passé connaissance en soutenant contre eux la supériorité flagrante de la rhétorique de FICHETUS *sur le vrai art de pleine rhétorique de* FABER... Notre discussion étant devenue d'orale... manuelle, au plus grand honneur de la rhétorique... il m'était resté un frappant souvenir de leurs poings...

— Les instants sont précieux, Rufin, la chose est grave : je t'en supplie, arrive au fait.

— Ce soir, à la tombée de la nuit, je cheminais dans la rue *Où-l'on-cuit-les-oies*, oubliant, malgré le parfum qui s'exhalait des rôtisseries, que j'avais dîné d'un hareng, et songeant à ce trésor, à cette escarboucle, ou plutôt à ce bouquet de lis et de roses que dame Vénus, sa marraine, a baptisé du nom succulent d'Alison...

— Mort-Dieu ! Rufin !...

— Calme-toi, j'impose silence à mon cœur... et j'arrive au fait. Donc... j'aperçois un rassemblement nombreux vers l'extrémité de la rue *Où-l'on-cuit-les-oies*; je me glisse à travers la foule, j'arrive au premier rang, et j'avise certain gros coquin à chaperon fourré déjà noté par moi comme forcené partisan de Maillart. Ledit gros coquin pérorait contre maître Marcel, lui attribuant tous les maux dont on souffre, et s'écriant : « Il faut en finir avec la tyrannie des
« gouverneurs. L'armée du régent est réunie à Charenton, afin de
« marcher contre nous ; le régent est furieux, il veut mettre sa
« bonne ville de Paris à feu et à sang ; Maillart, véritable ami du
« peuple, est seul capable de résister au régent ou de traiter avec
« lui et de sauver ainsi la cité des maux qui la menacent... »

— Toujours ce Maillart !!

— Ce langage m'exaspère... J'étais prêt à éclater et à confondre l'homme au chaperon fourré, dont le langage, je l'avoue, produisait assez d'impression sur la foule. Quelques-uns même commençaient de vitupérer fort contre maître Marcel et les gouverneurs, lorsque j'entends dire derrière moi en latin : — *L'eau commence à bouillir, il ne faut pas tarder à y jeter le poisson.* — Une autre voix ajouta aussi en latin : — *Et pour ce faire, hâtons-nous d'aller prévenir le maître cuisinier.* — Cherchant à pénétrer le sens mystérieux de cette parabole, je me retournais vers mes hableurs de latin, lorsqu'ils s'écrient et en français cette fois : — « Noël, Noël pour Maillart,
« au diable Marcel ! c'est un scélérat ! un traître ! il complote avec
« les Navarrais ! Noël pour Maillart ! seul il peut mettre fin à nos
« maux ! » Une partie de la foule répète ces cris : le gros coquin à

chaperon fourré clôt sa péroraison, descend du montoir où il était perché. Les deux hableurs de latin se rapprochent de lui, et pendant que le rassemblement se disperse, mes trois compères s'éloignent en s'entretenant avec animation. Je ne les perdais pas de vue, je les suis de près, ces mots entrecoupés arrivent à mon oreille : *Rendez-vous... cheval... arcade Saint-Nicolas.* Tu sais combien, même en plein jour, l'arcade Saint-Nicolas est sombre et déserte ; la nuit tombait, l'idée me vient que mes coquins pouvaient avoir quelque rendez-vous suspect dans cet endroit écarté, car je me remémorais ces mystérieuses paroles échangées en latin : *L'eau commence à bouillir...* ceci pouvait signifier : le bouillonnement de la colère populaire... *Le poisson que l'on devait jeter dans ce bouillonnement,* ce pouvait être maître Marcel ; et enfin, *le cuisinier qu'il s'agissait d'aller prévenir...*

— Ce pouvait être Maillart ou le régent, — ajouta Mahiet. — Je ne crois pas ta pénétration en défaut...

— Ces mots : *cheval... rendez-vous... arcade Saint-Nicolas...* pouvaient signifier aussi qu'un messager à cheval attendait mes coquins dans ce lieu retiré ; je le connaissais de reste, car souvent Margot la Savourée... Mais foin de Margot ! je me disais au contraire : « Ah ! si au lieu de suivre vers cet endroit propice aux « amours ce gros ribaud à chaperon fourré, je suivais la divine « Alison... »

L'Avocat d'armes fit un mouvement d'impatience, prit son ami par le bras, et d'un geste significatif lui montra à l'autre extrémité du cabinet le prévôt des marchands qui, le front appuyé dans sa main, contemplait la lettre dont il venait d'achever la lecture, et pensif souriait avec une douloureuse amertume. L'écolier comprit la pensée de Mahiet et reprit à voix plus basse :

— J'ai des jambes de cerf ; j'en use, en coupant au court à travers le champ de Saint-Paterne, pour devancer mes hommes à l'arcade Saint-Nicolas ; j'y arrive : elle était noire comme un four ; je prête l'oreille, je n'entends rien ; je connaissais l'endroit, je cherche à tâtons et je trouve certaine niche où était autrefois placée la statue du saint ; je me blottis dans cette cavité, et à tout hasard j'attends. Bien m'en prit, car au bout d'un quart d'heure des pas résonnent sous la voûte, je reconnais la voix de l'homme au chaperon fourré disant à petit bruit en manière d'appel : « Hé... hé... « *Jean-Quatre-Sous*. » Puis mon homme ajoute après un moment de silence : — « Il n'est pas encore arrivé... au diable le musard ! — « Il n'y a pas de temps perdu, — répond une autre voix ; — il ne « lui faut que trois heures pour se rendre à cheval à Charenton. »

— La chose est grave, — reprit Mahiet. — C'est à Charenton que le régent tient ses quartiers.

— Justement ; aussi tu dois penser combien je me félicitais de ma découverte ; évidemment il se tramait quelque complot avec le parti de la cour. Enfin Jean-Quatre-Sous arrive par l'autre côté de l'arcade, et l'homme à chaperon fourré lui dit : — « Es-tu prêt à par« tir ? — Oui, mon cheval est sellé dans l'écurie de l'auberge des « *Trois-Singes*. — Voici la lettre, — reprend la voix du chaperon « fourré. — Fais toute diligence pour te rendre au quartier de « l'armée royale ; tu remettras ta missive au sénéchal du Poitou ; « c'est convenu avec lui. — Mais, me laissera-t-on sortir de la « ville ? — demande le messager. — Ne crains rien à ce sujet, — « lui répond-on. — La porte Saint-Antoine est gardée ce soir par « des hommes qui sont à nous. Maître Maillart doit se trouver avec « eux ; tu leur diras pour mot de ralliement : *Montjoie au roi et au* « *duc* ; ils te laisseront passer ; donc à cheval, à cheval ! » Après quoi le chaperon fourré et ses deux compères s'éloignent d'un côté, Jean-Quatre-Sous de l'autre. Je sors de ma niche, où je figurais tant bien que mal saint Nicolas, et je suis le messager, que je puis envisager au dehors de la voûte à la clarté de la lune. Ce ribaud était grand, fort et bien armé ; je voulais m'emparer de la lettre qu'il portait. Comment faire ? J'y songeais, lorsque je le vois entrer dans la taverne des *Trois-Singes*. Je pensais qu'il allait prendre son cheval à l'écurie; point... Jean-Quatre-Sous, en homme de prévoyance, demande à souper avant de se mettre en route, et à travers la porte ouverte je le vois s'attabler. Bacchus a voulu que j'aie souvent vidé plus d'un pot dans la taverne des *Trois-Singes* sans le casser après boire. Je connais l'hôtelier, un digne homme, du parti de Marcel; j'écris d'abord quelques mots à la divine Alison, que dame Vénus...

— Nous savons cela... arrive au fait.

— Incertain du succès de mes desseins, je voulais du moins et au plus tôt faire prévenir maître Marcel qu'il se tramait quelque chose contre lui; l'hôtelier se charge d'envoyer mon billet à l'auberge d'Alison, et bientôt... bénie soit la déesse Fortune ! je vois entrer mon compère Nicolas-Poire-Molle en compagnie des écoliers écossais avec qui j'avais autrefois discuté à si beaux coups de poing en l'honneur de la rhétorique de *Fichetus;* ils venaient boire du vin herbé; je voyais du coin de l'œil Jean-Quatre-Sous dévorer son souper à belles dents; mon plan est bientôt formé, je le communique à mes amis et à l'hôtelier, lui confiant mes soupçons, éveillés par le rendez-vous de l'arcade Saint-Nicolas. Rien de plus simple que mon projet : chercher querelle à Jean-Quatre-Sous, tomber sur lui, m'emparer de sa missive, et enfermer ensuite ce truand dans la cave des *Trois-Singes*, afin de l'empêcher d'aller donner l'éveil au parti de Maillart... Sitôt dit, sitôt fait... je m'approche de la table de Jean-Quatre-Sous, je le querelle; il me répond insolemment, je lui saute à la gorge, Nicolas-Poire-Molle fouille dans la pochette de notre homme, y prend la lettre, et...

Le récit de l'écolier fut interrompu par Marcel, qui se leva après être resté longtemps pensif, et dit à Mahiet en allant vers lui :

— Je te parlais de mes hésitations ; cette lettre y eût mis terme si ma résolution n'eût pas été prise. — Sais-tu qui a écrit cette lettre ?

— Non... maître Marcel... qui donc en est l'auteur?

— Mon plus ancien ami, — dit le prévôt des marchands avec chagrin et dégoût, — Jean Maillart! — Cette lettre prouve que depuis quelque temps Maillart, malgré ses affectations de dévouement à la cause populaire et ses violences de langage contre la cour, négociait secrètement avec le parti royaliste, dont les chefs sont ici, le sire de Charny et le chevalier Jacques de Pontoise, pour la noblesse, et pour la bourgeoisie, Maillart et les anciens échevins, Pastorel et Jean Alphonse...

— Maître Marcel, — reprit Mahiet, — vous et les gouverneurs ne prendrez-vous pas de mesures rigoureuses contre ces traîtres?

— Ils osent conspirer dans nos murs! — ajouta l'écolier, — ils cherchent à égarer un peuple trop crédule!

— Nos ennemis l'auront voulu, il faudra les frapper de terreur, car ils appellent sur Paris de terribles vengeances, — répondit Marcel. — Oui, Maillart, instruisant le régent de nos divisions intestines, du découragement que les agents de la cour ont inspiré à la population, de la haine qu'ils ont excitée contre nous, conjure ce prince de marcher sur Paris, affirmant que le peuple est las de souffrir, qu'un mouvement en sa faveur éclatera dans nos murs à son approche, que ses partisans sont de garde cette nuit et le seront demain encore à la porte Saint-Antoine, qu'ils ouvriront aux troupes royales, et qu'enfin Maillart espère pouvoir me livrer au régent... moi... l'âme de la révolution.

— Plus de doute! — s'écria Mahiet avec horreur. — Ainsi la femme de Maillart en venant ici ce soir proposer à dame Marcel des moyens de faciliter votre fuite...

— ... Me tendait un piége, — répondit Marcel avec une méprisante amertume. — Je me confiais à la foi de mon plus vieil ami... je me rendais seul chez lui, et il m'emprisonnait sans doute dans sa demeure afin de me livrer au régent à son retour à Paris.

— Trahison et lâcheté! — s'écria l'écolier indigné. — Quel

monstre femelle! Ah! déjà je l'avais jugée à ses lamentations hypocrites lors de l'enterrement de Perrin Macé!

— L'envie et l'orgueil qui la dévorent ont perdu Maillart, — reprit le prévôt des marchands. — La vanité de cette folle a poussé son mari au mal, à la plus insigne bassesse. Cet homme sans caractère, sans conviction, rappelle dans sa lettre au sénéchal qu'en récompense des services qu'il rend au parti de la cour, le régent lui a fait promettre des lettres de noblesse!!! Maillart qui me reprochait sans cesse de ne pas exterminer ceux du parti de la cour qui restaient à Paris!... lui... qui ne trouvait pas assez d'injures pour flétrir la noblesse!

— Misère de Dieu! — s'écria Mahiet, — votre sang, maître Marcel, devait être le prix de l'anoblissement de cet infâme...

— Cette trahison m'est doublement cruelle... je connais les hommes; cependant jusqu'au dernier moment j'ai répugné à croire à l'odieuse félonie de Maillart... mon ami d'enfance... Allons, il n'y a plus à hésiter... la réaction du parti de la cour serait impitoyable... Notre seule chance de salut est dans l'appui du roi de Navarre... et dans les mesures rigoureuses que nous devons prendre contre nos implacables ennemis...

— Maître Marcel, — dit tout bas Mahiet au prévôt des marchands, — si Charles le Mauvais ne se trouve pas au rendez-vous cette nuit, que ferez-vous?

— En ce cas, je monte à cheval et je vais livrer au régent ma tête et celle des *gouverneurs*... Notre sang assouvira la soif de vengeance du jeune prince et il épargnera Paris...

Un grand tumulte, d'abord lointain, puis de plus en plus rapproché, se fit entendre dans la rue; bientôt éclatèrent les cris de : *Noël à Marcel! A bonne fin! à bonne fin! Noël à Marcel!* Presque aussitôt Marguerite entra dans le cabinet de son mari, lui disant :

— Simon le Paonnier, Philippe Giffart, Consac et autres de nos amis, sont en armes dans la rue, au milieu d'un grand nombre de tes partisans fidèles, qui témoignent par leurs cris de leur dévouement pour toi. Nos amis ont cru prudent de venir te chercher afin de t'escorter durant le trajet d'ici à l'hôtel de ville.

— Adieu, Marguerite, chère et bien-aimée femme! — reprit Marcel avec une émotion profonde mais contenue, songeant que pour la dernière fois peut-être il serrait dans ses bras la compagne dévouée de sa vie, — adieu! — répéta-t-il en embrassant sa femme avec tendresse, — adieu... et à revoir!...

— Ah! mon ami, ces cris qui acclament ton nom avec enthousiasme me rassurent... et nos amis veillent sur toi!...

— Ne crains rien; demain je te reverrai... Adieu!... encore adieu!... — reprit Marcel, qui, malgré son courage, sentait son cœur se briser au moment de cette séparation, peut-être éternelle. Après avoir embrassé de nouveau Marguerite avec effusion, il descendit dans la rue; plusieurs échevins l'attendaient au milieu d'une foule de ses partisans, dont les acclamations sympathiques redoublèrent à sa vue. Le découragement avait, il est vrai, gagné la majorité du peuple; mais le prévôt des marchands pouvait encore cependant compter sur des cœurs intrépides et dévoués.

— Amis, — dit à haute voix Marcel aux échevins, — nous n'allons pas à l'hôtel de ville, mais à la porte Saint-Antoine. Je vous instruirai en route de mes résolutions.

Ces paroles furent entendues par l'un des trois hommes qui, durant toute la soirée, n'avaient pas quitté les abords de la maison du prévôt des marchands; cet espion dit à ses compagnons:

— Que l'un de vous aille en hâte avertir le sire de Charny que Marcel se rend avec ses hommes à la porte Saint-Antoine; l'autre ira prévenir maître Maillart de l'arrivée de cette bande de forcenés en les devançant; moi, je les suivrai de loin afin d'épier leurs mouvements. Que chacun soit à son poste et bien armé.

Une heure du matin venait de sonner à l'église du quartier Saint-Antoine ; la lune, au moment de disparaître à l'horizon, jetait encore assez de clarté pour argenter d'une frange de vive lumière les derniers crénaux des deux hautes tours qui défendaient la porte Saint-Antoine, vers laquelle Étienne Marcel, accompagné de Philippe Giffart, échevin, et de Mahiet, se dirigeait tenant à la main deux lourdes clés ; les autres magistrats et un groupe de leurs partisans étaient, sur l'invitation du prévôt des marchands, restés dans une maison voisine des remparts. Le plus profond silence régnait aux abords d'une large et sombre voûte conduisant à la porte de la ville. Un homme tenant un cheval par la bride suivait Marcel à quelque distance.

— Le moment est décisif, — disait-il à ses compagnons. — Si Charles le Mauvais est venu à notre rendez-vous, il nous reste une chance de succès… sinon, je monte à cheval, et je vais au camp de Charenton me livrer au régent…

Le prévôt des marchands achevait à peine de prononcer ces paroles, lorsque les deux factionnaires postés en dehors de la voûte obscure sous laquelle il allait s'engager crièrent *Montjoie au roi et au duc!* Et presque aussitôt apparaît Jean Maillart sortant du noir passage qui conduisait à la porte. A l'aspect de son ancien ami, dont il connaît l'infâme trahison, le prévôt des marchands s'arrête indigné, et le colloque suivant s'établit entre eux :

— *Marcel,* — dit l'échevin d'un ton impérieux, — *Marcel, que faites-vous ici à cette heure?*

— *De quoi vous mêlez-vous?* — répond Marcel. — *Je suis ici pour veiller à la sûreté de la ville dont j'ai le gouvernement.*

— *Pardieu!* — s'écrie Maillart en se rapprochant insensiblement du prévôt des marchands, — — *pardieu! vous n'êtes ici pour rien de bon!* — Et, se tournant vers les deux factionnaires, immobiles à quelques pas : — *Vous le voyez, il tient à la main les clés de la porte de la ville… c'est pour la trahir!…*

— *Misérable !* — s'écria Marcel, — *vous mentez !...*

— *Non, traître ! c'est vous qui mentez !* — reprit Maillart. Et levant soudain une courte hache qu'il avait jusqu'alors tenue cachée derrière son dos, il s'élança d'un bond vers le prévôt des marchands en s'écriant : — *A moi, mes amis ! à mort Marcel ! à mort lui et les siens ! ils sont tous traîtres !...* — Et avant que Mahiet et Philippe Giffart aient pu prévoir et parer cette attaque soudaine, il décharge un si furieux coup de hache sur la tête de Marcel, que celui-ci chancelle et tombe baigné dans son sang.

Au cri de Jean Maillart : **A moi mes amis** ! la voûte de la porte, noyée d'ombre, s'illumine soudain des lueurs de plusieurs falots, jusqu'alors cachés sous les capes de ceux qui les portaient; à cette clarté rougeâtre, l'on voit un grand nombre d'hommes armés de piques, de hallebardes, de coutelas, embusqués dans cet endroit ténébreux. Parmi eux sont le sire de Charny, le chevalier Jacques de Pontoise et l'échevin Pierre Dessessarts. A peine Marcel est-il tombé sous la hache de Maillart, que la troupe d'assassins, s'élançant en criant : *Montjoie au roi et au duc !* se précipite sur le prévôt des marchands, afin de l'achever. Le malheureux, le crâne ouvert, la figure ensanglantée, essayait de se relever, soutenu par Mahiet et par Philippe Giffart; ceux-ci font des efforts surhumains pour défendre le blessé; mais bientôt ils sont, comme lui, renversés, percés, hachés de coups. Les autres *gouverneurs* et plusieurs de leurs partisans, retirés dans la maison voisine des remparts, où ils attendaient l'issue du rendez-vous de Marcel et du roi de Navarre, entendant un tumulte croissant et les cris de : *Montjoie au roi et au duc !* cri de ralliement des royalistes, accourent à la porte Saint-Antoine, afin de venir en aide au prévôt des marchands; mais leurs chaperons rouges et bleus les désignent à la fureur des meurtriers; ils sont, malgré leur défense héroïque, massacrés comme leur chef. Cette tuerie n'assouvit pas la rage de Maillart et du sire de Charny.

— *A mort tous les ennemis du régent, notre sire !* — s'écrie ce chevalier. — Nous savons où ils gîtent; courons à leurs demeures, nous les tuerons en leur lit !

— A mort ! — reprend Jean Maillart en brandissant sa hache, — à mort les partisans de Marcel !

— Montjoie au roi et au duc ! — répète la bande armée en poussant des hurlements. — A mort les chaperons rouges et bleus !

— Amis ! — s'écria soudain le seigneur de Charny, — le corps du chevalier de Conflans, victime du parti populaire, a été exposé au *val des Écoliers:* que le corps de Marcel y soit exposé comme représailles !... Chargez-le sur vos épaules !

— Demain on placera ce cadavre sur la claie, on le traînera dans la boue jusqu'en face du Louvre, que notre bien-aimé sire le régent a dû quitter devant les menaces de Marcel; après quoi l'on jettera à la Seine la charogne de ce forcené, indigne d'une sépulture chrétienne !... — ajouta Jean Maillart. Puis il se dit, pensant à sa femme :

— Pétronille ne me reprochera plus d'être primé par le prévôt des marchands ; Pétronille ne sera plus rongée d'envie; Pétronille n'entendra plus dire que Marguerite est la femme du *Roi de Paris !*...

Les ordres du sire de Charny et de Maillart furent exécutés; l'on chercha le cadavre du prévôt des marchands parmi les corps de ses amis, dont quelques-uns respiraient encore; quatre hommes soulevèrent sur leurs épaules les restes défigurés du grand citoyen, et, à la lueur des torches, le sinistre cortége, brandissant ses armes, se dirigea vers le val des Écoliers en hurlant :

— A mort les partisans des *gouverneurs !*

— A mort les chaperons rouges et bleus !

— *Montjoie au roi et au duc !*

Hélas ! fils de Joël, telle fut la mort d'Étienne Marcel, illustre génie à qui la Gaule devra peut-être un jour sa liberté, car il a semé les champs de l'avenir. Marcel n'a fait que devancer les idées de son temps; il a semé, la semence a été arrosée de son généreux sang, notre descendance récoltera! Qu'elle honore pieusement d'âge en âge la mémoire immortelle de ce martyr de la liberté!

La haine des ennemis du prévôt des marchands le poursuivit outre-tombe : son cadavre, porté au val des Écoliers, y demeura exposé aux insultes, aux railleries de la foule mobile et ingrate dont il avait voulu l'affranchissement et le bonheur!... Le lendemain de sa mort, ses restes sanglants, mutilés, jetés sur une claie, furent traînés vers la Seine, en face du Louvre, et précipités dans le fleuve...

Telle a été la sépulture de ce grand citoyen!

Les principaux chefs du parti populaire, au nombre de soixante, et entre autres *Simon le Paonnier*, *Consac*, *Pierre Caillart*, furent suppliciés par ordre de Jean Maillart et du sire de Charny, devenus dictateurs. Ces exécutions accomplies, ils députèrent au régent : — *Simon Maillart* (frère de l'échevin), le chevalier *Dessessarts* et *Jean Pastorel*, — afin d'instruire le jeune prince qu'il pouvait rentrer dans sa bonne ville de Paris, soumise et repentante. Le régent répondit que « ce ferait-il volontiers. — Et le régent partit du « pont de Charenton, accompagné d'une nombreuse chevalerie, et « descendit au Louvre. *Là il trouva Jean Maillart, qui grandement* « *était en sa grâce et son amour...*

« Comme le régent, pour se rendre au Louvre, passait par une « certaine rue, un artisan osa lui dire tout haut : — *Pardieu! sire,* « *si l'on m'avait cru, vous ne fussiez pas rentré ici; mais on n'y fera* « *rien pour vous.* »

Ce fait, et d'autres encore prouvent, à l'honneur de l'humanité, que l'ingratitude, la défaillance, la versatilité du peuple, fruits de son ignorance et de son asservissement séculaire, offrirent du moins de consolantes exceptions. Le souvenir de Marcel resta vivant et sacré dans beaucoup de cœurs fidèles à la cause populaire; malgré le triomphe du parti de la cour, plusieurs conspirations se tramèrent dans le but de renverser le trône et de venger sur le régent la mort du prévôt des marchands et de ses amis. Le dernier de ces conspirateurs fut un riche bourgeois de Paris nommé MARTIN PISDOÉ; il monta sur l'échafaud et paya de sa tête son religieux dévouement à la mémoire d'Étienne Marcel.

Mahiet l'Avocat d'armes, qui a écrit ce récit, auquel il a joint la DAGUE de *Neroweg, sire de Nointel*, et le TRÉPIED DE FER, instrument du supplice de *Guillaume Caillet*, Mahiet l'Avocat d'armes fut laissé pour mort, près de la porte Saint-Antoine, au milieu d'un monceau de cadavres, Rufin-Brise-Pot et Alison la Vengroigneuse, instruits durant la nuit par la rumeur populaire du meurtre du prévôt des marchands et de ses partisans, coururent vers le théâtre du massacre, afin de s'informer de Mahiet; ils le trouvèrent percé de coups, presque expirant, et le transportèrent chez une personne charitable du voisinage, où, grâce à leurs soins compatissants, il revint à la vie. Protégé par l'obscurité de son nom, il resta longtemps caché dans cet asile, souvent visité par un chirurgien ami de Rufin.

Marguerite apprit la mort de son mari par des envoyés de Jean Maillart, qui vinrent la prendre dans son logis au milieu de la nuit. Cette malheureuse femme, conduite en prison, demanda en vain la grâce d'ensevelir Marcel de ses mains : on lui refusa cette consolation suprême; elle connut plus tard les ignominies prodiguées au cadavre de son époux. Elle mourut pendant sa captivité. Les biens du prévôt des marchands furent confisqués au profit du régent. Alison, toujours serviable, offrit à Denise, qui se trouvait ainsi abandonnée sans ressources, de partager la chambre qu'elle occupait à l'auberge; souvent toutes deux vinrent visiter Mahiet l'Avocat d'armes dans sa retraite. Entre autres blessures, un coup de hache devait le priver pour toujours de l'usage de son bras droit. Lorsque ses autres plaies furent complétement guéries, il épousa

Denise; le même jour, Alison épousa Rufin-Brise-Pot. Mahiet avait hérité d'un petit patrimoine grâce auquel il pouvait à peu près subvenir aux besoins de sa femme et aux siens, l'infirmité résultant de sa blessure ne lui permettant plus de continuer son métier d'*avocat d'armes*. La seule parente qui restait à Denise habitait vers la frontière de la Lorraine la ville de VAUCOULEURS; Mahiet se résolut de se rendre en cette contrée. Il eût été imprudent à lui, malgré son peu de renom, de continuer, après sa guérison, de demeurer à Paris, la réaction du parti de la cour se montrant implacable. Mahiet réalisa son patrimoine, se sépara non sans regret de Rufin-Brise-Pot et d'Alison, et parvint, à travers mille dangers causés par les bandes d'Anglais et de routiers qui ravageaient la Gaule, à atteindre avec Denise la ville de Vaucouleurs. . . . .

. . . .
Moi, ***Allan Lebrenn***, petit-fils de Mahiet Lebrenn, l'avocat d'armes, j'intercale ici quelques lignes afin d'expliquer et de combler une lacune existant dans la chronique que m'a léguée mon aïeul, ainsi que la *dague* du sire de Nointel et le petit *trépied de fer* de Guillaume Caillet, objets vénérés dont j'ai augmenté les reliques de notre famille. Treize feuillets contenant le récit de la longue vie de mon grand-père depuis l'an 1359, époque de son mariage, jusque vers l'année 1425 ou 1426, ont été sans doute égarés par lui. Cette période de son existence, ainsi que je l'ai su de lui et de mon père, n'offrait d'ailleurs aucun événement important. Mon aïeul, ne pouvant plus exercer son métier de champion, ouvrit, sans trop d'opposition de la part des prêtres de Vaucouleurs, une école où il enseignait à lire aux enfants. Le produit de cet enseignement, ajouté à son patrimoine, lui permit d'élever sa famille, composée de mon père et de ses deux sœurs, que nous avons perdues. Les jours de mon aïeul s'écoulèrent assez paisibles, ainsi que les nôtres; car, sauf l'attaque de quelques bandes d'aventuriers, facilement repoussés par nous, *Vaucouleurs* et toute la rive gauche

de la Meuse jusqu'à Domrémy n'eurent pendant près d'un demi-siècle aucunement à souffrir des ravages des Anglais ; ils désolaient l'intérieur de la Gaule, mais ne se hasardaient pas dans nos contrées, éloignées du centre de la guerre. Malheureusement, vers le mois de juillet de l'année 1424, après la bataille de *Verneuil*, perdue par Charles VII, des troupes nombreuses d'Anglais, venant renforcer les garnisons qu'ils tenaient en Champagne, envahirent notre vallée, jusqu'alors si tranquille ; après des luttes acharnées, héroïques, les habitants, malgré l'infériorité de leur nombre, et souvent guidés par mon aïeul, repoussèrent plusieurs fois l'ennemi. Mon père fut tué lors de la dernière de ces attaques ; il était né en l'année 1368, environ dix ans après le mariage de mon aïeul avec Denise, nièce d'Étienne Marcel. En mémoire de ce grand homme, mon père reçut le nom d'*Étienne*. Denise mourut en lui donnant le jour. Il témoignait dès son adolescence un goût très-vif pour l'art du dessin ; il apprit le métier de dessinateur et de peintre en figure sur vitraux ; j'ai embrassé l'industrie de mon père. Je suis né en l'année 1399 ; mon père est mort en 1424, âgé de cinquante-six ans. Mon aïeul Mahiet l'Avocat d'armes, à la suite de l'histoire de sa vie de 1359 à 1426, fragment du manuscrit égaré, a cru devoir instruire brièvement notre descendance des événements publics accomplis durant cette longue période. Ce récit était précédé des feuillets perdus ; le voici, ainsi que la seconde partie de cette légende, aussi écrite par mon aïeul : — *Le Couteau de Boucher* ou Jeanne la Pucelle.

..... Moi, Mahiet l'Avocat d'armes, après vous avoir raconté, fils de Joël, les incidents de mon obscure existence, consolée par les vertus angéliques de ma bien-aimée Denise, toujours regrettée, je dois vous faire connaître ce qui s'est passé en Gaule depuis la mort d'*Étienne Marcel* jusqu'à ce jour, ainsi que nos pères ont toujours fait de siècle en siècle en nous léguant ces annales de notre famille.

Il faut que vous connaissiez, fils de Joël, les horribles désastres dont la pauvre vieille Gaule, notre mère-patrie, soumise depuis Clovis à ces rois étrangers, a souffert sans intervalle pendant les soixante-dix années qui ont suivi l'assassinat de MARCEL; d'une partie de ces maux, de ces désastres publics, j'ai été témoin, car je touche bientôt à ma quatre-vingt-seizième année.

Malgré des misères sans fin, sans nombre, malgré l'oppression des rois et des seigneurs, de nouvelles insurrections ont encore éclaté, tour à tour victorieuses et vaincues; mais, ainsi que déjà vous l'avez vu dans la légende de notre famille, chaque lutte doit porter ses fruits. De même que le libre et fier esprit des *communes*, que Louis le Gros croyait avoir étouffé dans le sang des communiers, se ranimant d'âge en âge, plus vivace que jamais, s'est révélé dans toute sa puissance en 1357, au patriotique appel de Marcel, de même ces réformes imposées à la royauté par le génie de ce grand citoyen, passagèrement disparues devant le découragement du peuple, devant le parjure, la trahison, les violences sanguinaires, ont été exigées de nouveau, et le seront encore de siècle en siècle après quelque soulèvement populaire. Ainsi pas à pas, d'âge en âge, notre race marchant intrépidement, opiniâtrément à sa délivrance, verra luire enfin le grand jour de l'affranchissement de la Gaule, prédit par *Victoria la Grande*... à notre aïeul *Scanvoch*.

Fils de Joël, pas de défaillance! regardez derrière vous le chemin déjà parcouru: l'*esclavage* n'a-t-il pas depuis longtemps fait place au *servage?* Le serf a souffert et souffre encore dans son âme, dans sa chair, dans l'âme, dans la chair de sa famille; mais du moins il n'est plus vendu comme un vil bétail, conduit, parqué en troupeaux humains du nord au midi de la Gaule, ainsi qu'il en était aux premiers temps de la conquête franque, alors que vivaient nos pères *Karadeuc le Bagaude* et *Ronan le Vagre*; les terribles représailles de la Jacquerie ont frappé la noblesse d'une terreur *salutaire:* la crainte rendra les seigneurs moins cruels pour leurs vassaux. Donc, courage, fils de Joël, songez au progrès accompli ; instruits par le passé, soyez pleins de foi dans l'avenir.

Le supplice de *Marcel* et de ses partisans, le massacre des Jacques, empirèrent les malheurs de la Gaule ; mais du moins les paysans, en courant sus aux seigneurs à coups de faux, de fourches, de haches, apprirent à manier ces armes rustiques, et souvent en usèrent depuis contre les Anglais, mieux que la chevalerie n'usait de la lance et de l'épée. A ce propos, conservez pieusement, fils de Joël, les noms obscurs de deux de ces héros laboureurs échappés au carnage des Jacques. L'un se nommait *Guillaume-aux-Alouettes;* l'autre, le *Grand-Ferré*. Ils s'étaient retranchés avec d'autres paysans et leur famille dans un lieu assez fort, voisin de Compiègne, afin de se soustraire aux rapines des Anglais. Ceux-ci, campés à *Creil*, crurent n'avoir qu'à paraître pour chasser Jacques Bonhomme de sa retraite ; mais il avait fauché, haché, enfourché tant de seigneurs casqués et cuirassés, qu'il craignait moins les gens d'armes anglais : il soutint bravement leur choc. Guillaume-aux-Alouettes, chef des paysans, est blessé mortellement ; ses compagnons, exaspérés, commencent à frapper sur l'ennemi *comme s'ils battaient leur blé sur l'aire de leur grange*, ils assomment, ils écrasent les assaillants. Le *Grand-Ferré*, géant d'une force extraordinaire, manœuvra tant et si fort de sa lourde cognée de bûcheron, qu'il tua *quatre Anglais* pour sa part ; les paysans demeurèrent maîtres de leur refuge. Le Grand-Ferré, fatigué du combat, but de l'eau glaciale d'une fontaine, seule boisson de Jacques Bonhomme... il fut pris de fièvre et se coucha sur la paille, seul lit de Jacques Bonhomme...... La maladie s'aggrava durant la nuit. Le lendemain, les Anglais, honteux de leur défaite, reviennent à la charge ; la femme du Grand-Ferré accourt et s'écrie :

— *Oh! mon pauvre homme, voici les Anglais!*

— *Ah! les brigands! ils croient me prendre parce que je suis malade!* — dit le Grand-Ferré ; — *mais ils ne me tiennent pas encore!*

Et oubliant son mal, il se lève demi-nu, prend sa cognée, s'adosse à un mur, tue cinq Anglais, et les autres se sauvent. Le Grand-Ferré se remet sur sa paille, tout échauffé de la lutte, boit encore de l'eau froide et meurt regretté de tous ses amis du village.

Fils de Joël, conservez un pieux souvenir de *Guillaume-aux-Alouettes* et du *Grand-Ferré;* ces noms rustiques de nos annales plébéiennes traverseront les âges et seront aussi chers à notre descendance que les noms de tant de rois fainéants, cruels ou despotes, lui seront odieux. Guillaume-aux-Alouettes et le Grand-Ferré, valeureux paysans, sont les précurseurs de l'héroïque fille du peuple, de la pauvre bergère de Domrémy, de *Jeanne la Pucelle*, qui, soixante et dix années plus tard, chassera les Anglais de la Gaule, envahie depuis la bataille de Poitiers, à la honte éternelle de la chevalerie. Mais, hélas! malgré ces traits de bravoure isolés de Jacques Bonhomme, les Anglais devaient longtemps encore désoler les Gaules.

Le roi de Navarre, redoutant la vengeance du régent, rentré dans sa capitale après la mort de Marcel et le supplice de ses amis, tenait de son côté la campagne. Maître d'Étampes, de Corbeil, il arrêtait la navigation de la Seine, les denrées n'arrivaient plus à Paris; et telle était la rareté des subsistances, que le blé, qui en temps ordinaire se vend *douze sous* le setier, valait *trente livres*. Les Anglais, les Navarrais, les routiers, les soudoyers, ravageaient le pays, incendiaient les bourgs, les villages. Depuis le massacre des Jacques, tous paysans, laboureurs, les bras manquant à la culture des terres, une effroyable disette se déclara et fut le signal de nouveaux malheurs. Édouard, roi d'Angleterre, débarque à Calais, en 1360, à la tête d'une armée considérable, s'approche de Paris jusqu'au Bourg-la-Reine, incendie les faubourgs de Saint-Germain, de Saint-Marcel et de Notre-Dame-des-Champs; le régent, effrayé, signe la paix avec l'Angleterre, le 1er mai 1360, aux conférences de Bretigny, paix humiliante et désastreuse. Les Anglais, maîtres depuis longtemps de la Normandie, du Maine, de l'Anjou, conservaient l'Aquitaine en toute souveraineté, ainsi que la ville de Calais, les comtés de Ponthieu, de Guines et de Montreuil ; le régent payait en outre, pour la rançon de son père le roi JEAN, l'énorme somme de trois millions d'écus d'or, impôt écrasant qui pesa exclusivement sur les paysans, le populaire des villes et la bourgeoisie. Ce roi, lâche, prodigue et méchant, qui coûtait à son peuple tant de larmes, tant d'or, tant de sang, resta par goût en Angleterre, où il menait joyeuse vie, entouré de courtisanes.

Une peste effroyable décime les populations en 1361, sévissant surtout sur les femmes et sur les enfants ; l'on ne voyait que des hommes en habit de deuil. En 1362, de nombreuses bandes de gens, réduits à la misère par les impôts, par les exactions de toutes sortes, s'organisent sous le nom de *Tard-Venus* ; ils attaquent et pillent les petites villes, les châteaux, les couvents, les églises. L'un des chefs de ces *Tard-Venus* s'intitulait AMI DE DIEU ET ENNEMI DE TOUT LE MONDE. Le pape établi à Avignon (la chrétienté jouissait alors de trois papes) prêche la croisade contre ce soi-disant *ami de Dieu* ; mais les croisés se joignent aux *Tard-Venus* et les pilleries redoublent.

Le roi Jean, s'amusant fort en Angleterre, y demeurait toujours, quoique racheté au prix d'une rançon écrasante pour son peuple. Ce prince, digne de sa race, mourut à Londres d'indigestion en 1364. Son fils, duc de Normandie et régent, lui succéda sous le nom de CHARLES V, dit le *Sage* ou l'*Astucieux* ; perfide, dissimulé, cruel, avide d'argent, grand ami des rhéteurs, des astrologues et des procureurs, ce roi quittait rarement son hôtel de *Saint-Pol*, à Paris, et son château de Vincennes, où il s'enfermait, soigneusement gardé, de crainte du populaire. Cependant Charles V, ainsi que le prévoyait ÉTIENNE MARCEL, fut forcé, par la marche irrésistible et progressive des choses, d'opérer une partie des réformes imposées à la royauté par la révolution de 1357. L'œuvre immortelle du génie patriotique du prévôt des marchands, teinte de son généreux sang et de celui de ses partisans, porta ses fruits, et devait dans l'avenir en porter encore davantage.

En 1378, Charles V voulut conquérir la Bretagne, berceau de notre race, dont notre aïeul *Vortigern* fut l'un des derniers défenseurs, et que son fils *Gomer* dut quitter, il y a plusieurs siècles, pour venir habiter d'autres provinces de la Gaule, où les événements ont fixé notre famille depuis cette époque. Hélas! l'Armorique, si longtemps libre, choisissant ou révoquant ses chefs, façonnée à l'indépendance par les mâles enseignements des druides, avait enfin subi le double joug de l'Église de Rome et de la féodalité. Les seigneurs et les prêtres asservissaient ce peuple jadis si jaloux de sa souveraineté, ainsi que l'étaient dans l'antiquité toutes les provinces des Gaules indépendantes l'une de l'autre, mais puissamment fédérées entre elles. Cependant les rois franks n'avaient pu réunir la Bretagne à leur domaine; les ducs bretons prêtaient seulement foi et hommage lige à la royauté, mais régnaient de fait. En 1378, Charles V, apprenant le détrônement de Jean IV, duc de Bretagne, chassé par ses sujets, crut l'occasion favorable pour s'emparer de cette province. Il avait pris à sa solde et nommé connétable de France BERTRAND DUGUESCLIN, grand homme de guerre, mais traître à sa terre natale et à sa race, car, Breton, il attaquait la Bretagne comme soudoyer d'un roi frank; aussi le nom de Duguesclin a été, est et sera en exécration parmi les fils de l'Armorique. J'ai connu au village de *Domremy*, non loin de *Vaucouleurs*, une femme de *Vannes*, nommée *Sybille*, venue en Lorraine après cette guerre impie. Sybille était l'une des marraines de Jeanne la Pucelle, alors enfant, et savait beaucoup de légendes et de *bardits*, entre autres celui-ci, composé à l'occasion de la trahison de Duguesclin. Les Bretons, menacés par les troupes de Charles V, avaient rappelé leur duc Jean IV, réfugié en Angleterre après son détrônement. Lisez-le, ce *bardit*, fils de Joël, lisez-le; il vous prouvera que si asservie que soit l'Armorique, elle conserve une patriotique horreur pour la race des conquérants des Gaules.

LE CRI DE GUERRE CONTRE LES FRANÇAIS.

— « Un navire est entré dans le golfe, ses blanches voiles dé-
« ployées. — Le seigneur Jean est de retour. — Il vient défendre
« son pays. — Nous défendre contre les Franks qui empiètent sur
« les Bretons. — Un cri de joie fait trembler le rivage. — Les mon-
« tagnes du Laz résonnent. — La cavale blanche hennit, bondit
« d'allégresse. — Les cloches chantent joyeusement dans toutes
« les villes à cent lieues à la ronde. — L'été revient, le soleil brille,
« le seigneur Jean est de retour ! — Il a sucé le lait d'une Bre-
« tonne, un lait plus sain que le vin vieux. — Sa lance, quand il
« la balance, jette de tels éclairs qu'elle éblouit tous les regards. »

— « Frappe toujours sur les Francs, seigneur duc! — Frappe,
« courage ! lave tes mains dans le sang français. — Tenons bon,
« Bretons! tenons bon ! ni merci, ni trêve, sang pour sang ! — Le
« foin est mûr; qui fauchera? Le blé est mûr; qui moissonnera?
« — Le roi des Francs prétend que ce sera lui. — Il va venir fau-
« cher en Bretagne avec une faux d'argent. — Il moissonnera nos
« champs avec une faucille d'or. — Voudraient-ils savoir ces Fran-
« çais si les Bretons sont manchots? — Voudrait-il apprendre le
« seigneur roi frank s'il est homme ou Dieu. »

— « Les loups de l'Armorique grincent des dents en entendant
« le ban de guerre. — Écoutez-les hurler de joie à l'odeur du sang
« français. — On verra bientôt dans les chemins le sang couler

« comme de l'eau. — Oui, couler si bien, que le plumage des cy-
« gnes qui y nageront deviendra rouge comme braise. — On verra
« plus de tronçons de lances épars sur le champ de bataille, que
« l'on ne voit de rameaux sur terre dans la forêt après l'ouragan.
« — Là où les Français tomberont, ils resteront couchés jusqu'au
« jour du jugement. — Jusqu'au jour où ils seront jugés et châ-
« tiés avec BERTRAND DUGUESCLIN, le TRAITRE, qui commande
« l'attaque. — La pluie d'orage sera l'eau bénite qui arrosera leurs
« tombes. »

On sent rugir, dans ce bardit, la haine du Breton contre le conquérant. Malgré la valeur de Duguesclin, Charles V ne put joindre la Bretagne à son royal domaine. Si abâtardie, si opprimée qu'elle fût par les prêtres de l'Église de Rome et les seigneuries, la vieille Armorique gauloise témoigna une fois de plus son horreur pour les rois de la race franque.

O fils de Joël! ceux d'entre vous qui, plus heureux que moi et nos aïeux, absents de Bretagne depuis le temps où vivait Gomer, fils de Vortigern, ceux d'entre vous qui reverront cet antique berceau de notre famille, salueront avec respect ces pierres sacrées de Karnak, témoins séculaires du sacrifice d'Hêna, la vierge de l'île de Sèn, s'offrant en holocauste pour le salut de la patrie, envahie par l'armée de Jules César; ils n'oublieront pas qu'un barde breton, *Myrdin* (Merlin), a prédit, il y a des siècles, que la Gaule serait délivrée de l'oppression étrangère par une vierge plébéienne des frontières de la Lorraine, et descendue d'un bois de chêne, bois vénéré des druides. Cette prophétie du barde armoricain devait s'accomplir; vous verrez la pauvre bergère de Domrémy, Jeanne la Pucelle, inspirée par l'antique légende bretonne, devenue populaire en ce pays-ci, chasser les Anglais hors de nos frontières, et, expiant sa gloire par le supplice, mourir dans les flammes d'un bûcher, ainsi qu'est morte notre aïeule, Héna, la vierge de l'île de Sên ! Le bûcher allumé par les prêtres catholiques!!...

O fils de Joël, pour juger de la grandeur du service rendu à la patrie par Jeanne Darc ; pour juger de la lâche et ignoble ingratitude du roi frank envers l'héroïne plébéienne à qui ce prince dut sa couronne ; pour juger de la haine, de la jalousie féroce des gens de cour et des gens de guerre du conseil royal, ligués avec les évêques de Rome, afin de livrer Jeanne la Pucelle aux flammes du bûcher ; pour juger la monstruosité de ces actes, il faut que vous connaissiez les nouveaux désastres, les calamités qui ont accablé notre malheureux pays depuis 1380, où mourut Charles V, jusqu'en 1429, où Jeanne la guerrière porta un coup mortel à la domination anglaise dans les Gaules.

Charles V, mort en 1380, laisse son fils Charles VI en bas âge ; les ducs de Bourgogne, de Berry et d'Orléans composent le conseil de régence, sous la présidence du duc d'Anjou, forcené larron qui, durant l'agonie de Charles V, s'était emparé des trésors du mourant. Le duc d'Anjou veut, en manière de don de joyeux avénement, frapper de nouvelles taxes sur les Parisiens ; mais l'esprit révolutionnaire n'était pas mort avec Marcel. Le peuple, à la suite de ses funestes défaillances, se réveille, et, le 15 novembre 1380, il s'assemble sur la place du Parloir-aux-Bourgeois, en face le Châtelet ; JEAN MORIN, *cordonnier*, appelle aux armes les corps de métiers. Trois cents hommes courent aux piques, aux bâtons, mettent à leur tête *Jean Culdoe*, prévôt des marchands, se rendent au palais, somment le duc d'Anjou d'abolir les nouvelles taxes. Ce beau duc demande jusqu'au lendemain pour réfléchir aux sommations ; le répit lui est accordé ; mais à l'heure dite, le peuple revient en force plus menaçant que la veille. Cette fois encore est justifié ce précepte, écrit à chaque page de notre histoire : « L'on n'obtient « rien des rois par les suppliques, on obtient tout par la menace « ou par l'insurrection. » En effet, le chancelier lit à la multitude courroucée une ordonnance du roi en son conseil où assistaient les ducs d'Anjou, de Berry, de Bourgogne et de Bourbon, laquelle ordonnance abolissait les *aides*, *subsides*, *fouages*, *impositions*, *gabelles*, *établis depuis Philippe le Bel*. Réforme autrefois impérieusement réclamée par Étienne Marcel, et à demi accomplie par Charles V, après son avénement au trône. Les Parisiens se retirent satisfaits ; mais, ainsi que vous l'avez vu et que vous le verrez sans doute tant de fois encore, fils de Joël, les concessions accordées, jurées par la royauté, sont bientôt éludées ou reniées par elle. L'émotion populaire calmée, l'audace revient à nos maîtres ; ils ne songent plus qu'à retirer ce qu'ils ont été forcés de céder.

Aussi, le duc d'Anjou rétablit en 1382 les impôts abolis en 1380, et ordonne entre autres, le 1er mars, de lever un impôt sur les comestibles au profit du trésor royal. Les collecteurs du fisc se montrent aux halles et veulent saisir un panier de *cresson* que vendait une pauvre vieille femme ; le populaire des halles chasse à coups de pierre les gens du fisc. Paris s'émeut, s'insurge, force l'arsenal de l'hôtel de ville, et à défaut d'autres armes (toutes les armes avaient été enlevées par ordre du duc d'Anjou avant la proclamation du nouvel édit), les insurgés s'emparent de maillets de plomb, antiques engins de guerre, les soldats du duc d'Anjou sont assommés à coups de maillets, et leurs vainqueurs se glorifient du nom de MAILLOTINS.

L'insurrection s'étend rapidement ; *Rouen, Blois, Orléans, Beauvais, Reims*, imitent l'exemple des Parisiens ; l'on se révolte partout contre les derniers impôts ; nulle part les gens du fisc n'osent reparaître ; le duc d'Anjou, en compagnie du jeune roi CHARLES VI, se trouvait à Meaux, lors de ces soulèvements ; il rassemble des troupes considérables et marche d'abord sur Rouen. Le tumulte de cette ville s'était apaisé après l'expulsion des collecteurs des taxes ; les Rouennais ouvrent sans crainte leurs portes au duc d'Anjou ; mais ce beau duc, afin d'inspirer à son pupille Charles VI le goût des supplices, fait pendre sous les yeux du royal adolescent neuf échevins désignés comme chefs de la sédition, désarme la ville, y laisse une garnison de soldats mercenaires, rétablit les impôts, et, à la tête d'une grosse armée, s'avance vers Paris. Les habitants de cette cité s'étaient, comme ceux de Rouen, calmés après avoir chassé les collecteurs d'une taxe inique; ainsi que les Rouennais, ils ouvrent sans défiance leurs portes à leur jeune sire Charles VI. Le prévôt des marchands, accompagné de douze échevins, se rend à la rencontre de ce tyranneau; mais, conseillé par le duc d'Anjou, il refuse de recevoir les magistrats populaires, et, suivi des princes ses oncles, il entre à cheval dans Paris, à la tête de ses gens d'armes, la lance haute, comme s'il fût entré dans une place conquise.

Les principaux *Maillotins* sont surpris et arrêtés chez eux pendant la nuit. Tout concert entre les chefs populaires devient impossible; le peuple, terrifié, défaille encore une fois, reste inerte; bientôt commencent les cruautés d'une réaction impitoyable : un orfévre et un drapier sont d'abord pendus publiquement par ordre du roitelet de quatorze ans, qui, depuis les exécutions de Rouen, prend goût au sang et au gibet. La femme de l'orfévre allait mettre un enfant au jour; elle se jette de désespoir par une fenêtre et se tue sur le coup. Trois cents marchands des plus riches, des plus notables de Paris, sont traînés en prison; après quoi on les fait venir un à un dans la chambre du conseil, et là, sous menace de mort, les délégués royaux taxent les prisonniers; ceux-ci à six mille livres, d'autres à trois mille, qui plus, qui moins, selon la richesse de chacun. Charles VI et le duc d'Anjou, grâce à cet abominable guet-apens, emboursent en un seul jour *quatre cent mille écus*.

Quant aux pauvres gens incapables de racheter leur vie à prix d'or, pas de grâce pour eux; un grand nombre sont suppliciés en public; mais les conseillers royaux, craignant de pousser Paris à bout par les exécutions réitérées, enveloppent leurs meurtres de ténèbres. Les révoltés, cousus dans des sacs, sont nuitamment jetés à la Seine; le gouffre muet emporte son invisible proie; d'autres révoltés, afin d'échapper à ce supplice, se tuent dans leur prison. Ces obscures victimes ne suffisent pas aux vengeances royales, et, entre autres notables, JEAN DESMARETS, vieillard de soixante-dix ans, l'un des magistrats les plus vénérés du parlement, est conduit sans jugement au gibet; il dit à haute voix, impassible devant la mort : — « *Où sont-ils ceux-là qui m'ont jugé? qu'ils viennent et* « *qu'ils osent avouer les motifs de ma condamnation.* » — Jean Desmarets subit vaillamment son supplice; d'autres Maillotins moururent non moins courageusement.

La réaction, redoublant d'audace et de fureur, ivre de sang, ivre de son triomphe, se déchaîne sur Paris; la milice bourgeoise est désarmée, les portes de la ville enlevées, les offices électifs abolis, la justice municipale détruite, la gestion des deniers de la cité mise aux mains avides des officiers royaux, les maîtrises, les corporations d'artisans supprimées, enfin toutes les libertés conquises au prix du sang de nos pères et de luttes séculaires sont anéanties en un jour, ou plutôt *pour un jour*... le tyranneau Charles VI rétablit d'un trait de plume toutes les taxes écrasantes du passé, y compris celles que son père Charles V avait été obligé d'abolir après la mort de Marcel.

Rouen, Reims, Orléans, Troyes, Sens, Châlons, sont traitées avec la même férocité, leur bourgeoisie, leurs corporations d'artisans décimées par les supplices ou frappées par d'énormes rançons; enfin, comme à Paris, on tue les pauvres, l'on spolie les riches; le roitelet Charles VI, ses oncles, leurs principaux courtisans se partagent le fruit de ces rapines, se réjouissent d'avoir étouffé dans le sang le légitime esprit de révolte d'un peuple opprimé, et, ainsi que vous l'avez vu si souvent, fils de Joël, dans la légende de notre famille, la liberté, la justice, la foi jurée, le droit, l'humanité, sont foulés aux pieds par la noblesse et par la royauté. Mais l'ivresse de cette royauté, gorgée d'or et de sang, aura, quelques années plus tard, un réveil terrible !

Les cités en deuil, appauvries, ruinées, décimées, n'étaient pas les seules à souffrir. Le duc de Berry, oncle de Charles VI, accablait le Languedoc d'impôts; les paysans, poussés à bout, se soulevèrent et commencèrent une seconde Jacquerie, dont les *Tard-Venus* avaient été les précurseurs. Ces nouveaux Jacques du Languedoc prirent le nom de Tuchins. Ils s'allièrent aux bourgeois des villes du Midi pour courir sus aux couvents, aux églises, aux châteaux; des torrents de sang coulèrent des deux côtés : Jacques Bonhomme sut encore se venger des prêtres catholiques et des seigneuries.

Au mois de juillet 1385, *Charles VI*, plongé depuis longtemps dans des excès honteux et précoces, contracte un mariage digne de lui : il épouse Isabeau de Bavière, monstre femelle dont les débordements, dont les forfaits doivent rappeler ceux de *Frédégonde* et de *Brunehaut*. La Gaule est toujours mise à feu, à sac et à sang par les Anglais; leurs garnisons de Calais, de Cherbourg, ravagent le nord et l'ouest de notre malheureux pays. Leurs troupes, cantonnées en Saintonge, en Guyenne, en Poitou, ravagent le Midi; la guerre contre le roi de Castille et les Flamands, de nouveau insurgés contre leur duc, épuise les dernières ressources créées par des impôts exorbitants. Charles VI, las de partager avec ses oncles le profit des rapines organisées par ordonnances royales, s'affranchit de tutelle en 1388, veut régner par lui-même et se livre dès lors à un faste inouï et à son goût désordonné pour les plaisirs. Énervé par ses débauches, exalté, puis hébété par le vertige du pouvoir absolu, sa raison s'ébranle, et, à peine âgé de vingt-trois ans, il est atteint, en 1391, d'un premier accès de folie. Cet accès dure un mois environ; mais l'année suivante, vers le commencement de juillet, chevauchant avec sa suite et son frère le duc d'Orléans, sur la route du Mans, Charles VI, soudain en proie à une folie furieuse, se précipite sur ses écuyers, les frappe à coups d'épée, blesse plusieurs d'entre eux et est sur le point de tuer son frère. A cette frénésie succède un profond accablement; l'on en profite pour garrotter le sire, dont la raison resta complétement égarée pendant un an.

Le duc de Bourgogne s'empare de la régence du royaume, au détriment du duc d'Orléans, frère de Charles VI; le duc d'Orléans se dédommage en subornant sa belle-sœur, la reine Isabeau de Bavière, qui profite de la folie de son mari pour se livrer à ses déportements.

Au bout d'une année, Charles VI retrouve sa raison, se plonge dans de nouveaux excès : ce ne sont, à l'hôtel de Saint-Pol, que fêtes, danses, festins, tournois, mascarades, où les courtisans paradaient déguisés sous des peaux de bêtes figurant des loups, des ours, des lions. Pendant que le roi se divertissait de ces saturnales, le duc de Bourgogne conservait prudemment le maniement des affaires publiques; au mois de juin 1393, Charles VI retombe dans son insanité d'esprit. Cependant, il retrouve sa raison pendant quelques mois en 1394; mais bientôt il la reperd; et depuis lors, jusqu'à la fin de sa trop longue vie, sa folie fut constante, sauf quelques rares intermittences de lucidité.

Jamais la Gaule n'avait connu de plus horribles jours : partout la guerre civile et étrangère; les finances pillées tour à tour par le duc d'Orléans ou par le duc de Bourgogne, selon qu'ils s'imposaient à Charles VI lors de ses éphémères retours à la raison. Philippe le Hardi, duc de Bourgogne, meurt en 1404; le duc d'Orléans, amant de la reine Isabeau, lui succède au pouvoir; mais, en 1408, il est assassiné par ordre du duc de Bourgogne. Ce meurtre donne le signal d'une nouvelle guerre civile acharnée; l'héritier du duc de Bourgogne, après l'assassinat du duc d'Orléans, qui laissait un fils, s'empare du gouvernement, de complicité avec la reine Isabeau de Bavière, dont il devient à son tour l'amant, quoique souillé du sang du duc d'Orléans, premier amour de cette reine adultère et incestueuse. Tels sont les mœurs de nos princes et de nos rois!

Le duc de Bourgogne, afin d'assurer son pouvoir, appelle à lui des Brabançons, des Lorrains, indistinctement connus sous le nom de *Bourguignons;* le duc d'Orléans et les autres princes de la famille royale, qui disputaient le pouvoir au duc de Bourgogne pendant les accès de démence de Charles VI, s'entourent de leur côté d'aventuriers normands, et surtout gascons, commandés par le comte d'*Armagnac*. Ces bandes prirent son nom, de même que celles du duc de Bourgogne prirent le sien; dès lors ces deux factions : *Armagnacs* et *Bourguignons*, plongèrent le pays dans les horreurs d'une guerre civile acharnée qui devait durer plus de vingt-cinq ans.

Le duc de Bourgogne, résidant à Paris, gouvernait le royaume au nom de Charles VI. Les Parisiens adoptèrent en majorité le parti bourguignon; ils crurent le moment venu de reconquérir leurs libertés; mais la bourgeoisie, ruinée par les exactions royales, presque entièrement anéantie par les supplices qui suivirent l'insurrection des *Maillotins*, n'étant plus en état de diriger le mouvement révolutionnaire, s'effaça devant l'influence des chefs des corporations de métiers, hommes rudes, illettrés, énergiques, impitoyables, mais dévoués à leur cause, convaincus de leurs droits, valeureusement décidés à poursuivre l'œuvre de Marcel, à ressaisir leurs franchises, à mettre un terme aux dilapidations de la cour. La plus puissante des corporations de Paris était alors celle des bouchers; elle avait pour syndics les trois frères Legoix.

Jean de Troyes, homme de bien et de courage, chirurgien célèbre, grand orateur, enflammé de l'amour du bien public, appuyait de son éloquence et de ses lumières le parti populaire; les frères Legoix crurent politique, selon les conseils de Jean de Troyes, de soutenir l'influence du duc de Bourgogne contre les Armagnacs; ils obtinrent de lui l'autorisation de lever une troupe de cinq cents garçons bouchers ou écorcheurs, de les armer, de leur confier la garde de Paris, précieux privilége; car, désarmés depuis la dernière révolte, les citoyens avaient dû subir un joug odieux sans résistance possible. *Tibert* et *Saint-Yon*, maîtres de la grande boucherie près le Châtelet; *Caboche*, écorcheur de bêtes à la tuerie de l'Hôtel-Dieu, marchaient d'accord avec les frères Legoix et Jean de Troyes.

C'était en 1411 : l'on apprenait chaque jour à Paris, en outre des forcenneries des Anglais, les ravages des Armagnacs dans le Vermandois, où ils se trouvaient en force, sous les ordres du duc de Bourbon, du comte d'Alençon et de Clignet de Brabant, amiral de France; les maisons et les biens de ceux du parti bourguignon que ne protégeaient pas les remparts des cités étaient pillés, les femmes étaient violées, puis éventrées, les hommes suspendus au-dessus de brasiers ardents jusqu'à ce que ces malheureux eussent fait connaître l'endroit où ils cachaient leur argent. Les Armagnacs pénètrent en Champagne, en Artois, et désolent ces provinces.

Charles VI continuant d'être en démence, sauf quelques rares retours de raison, et le duc de Guyenne, son fils aîné, n'inspirant aucune confiance, le duc de Bourgogne est nommé généralissime par le conseil royal; le duc d'Orléans et autres chefs du parti des Armagnacs sont mis hors la loi; la guerre civile redouble de fureur. Le duc de Bourgogne rassemble son armée à Douai, et étend ses quartiers jusqu'à Montdidier; le duc d'Orléans, le comte d'Armagnac, prennent position depuis Beaumont jusqu'à Clermont en Beauvoisis. Une défection considérable de l'armée du duc de Bourgogne retarde ses mouvements; les Armagnacs s'approchent rapidement de Paris, occupent Pantin, Saint-Ouen, Montmartre, mettent le pays à sac, à feu et à sang.

Le duc de Bourgogne, laissant Paris découvert, négociait afin de s'assurer l'appui du roi d'Angleterre, tandis que le duc d'Orléans négociait de son côté avec ce prince dans les mêmes intentions; mais le roi d'Angleterre, préférant l'alliance des Bourguignons, leur envoie des renforts. Ils traversent la Seine à Meulan, arrivent à Paris le 29 octobre 1411, sans rencontrer les Armagnacs; ceux-ci, n'ayant pas défendu le passage de la rivière, sont forcés de battre en retraite, après de sanglants combats à La Chapelle Saint-Denis et au pont de Saint-Cloud. Le duc d'Orléans propose alors à Henri, roi d'Angleterre, de s'unir à lui pour démembrer la France; mais Charles VI, retrouvant une lueur de raison et apprenant le commerce adultère de sa femme Isabeau de Bavière et du duc de Bourgogne, s'allie contre lui avec le duc d'Orléans et les Armagnacs. De nouvelles luttes s'engagent, ensuite desquelles le duc de Bourgogne se soumet au roi ; la paix d'Arras, signé en 1412, met pendant quelques mois à peine un terme aux calamités publiques, aux désastres de la guerre civile.

Les nouveaux chefs du parti populaire à Paris, après s'être longuement concertés, organisés, certains de l'appui secret du duc de Bourgogne, qui voulait ressaisir le pouvoir, donnent le signal de l'insurrection ; le 29 avril 1413, les frères Legoix, Tibert, Saint-Yon, Caboche, et plus de vingt mille hommes du peuple, se dirigent vers la Bastille, forteresse récemment élevée par Charles VI afin d'assurer la tyrannie royale et de comprimer les mouvements populaires. La foule assiégeait cette citadelle, renfermant une grande quantité d'armes, et allait la détruire, lorsque le duc de Bourgogne accourt, supplie les insurgés de venir hardiment exposer leurs griefs au dauphin, duc de Guyenne, leur affirmant que ce jeune prince cédera devant une intimidation salutaire. Le peuple se porte en masse à l'hôtel de Saint-Pol, sommant à grands cris le dauphin de paraître. Il paraît en effet, pâle, tremblant, à une fenêtre de son palais, amené par le duc de Bourgogne, ainsi qu'autrefois parut au balcon du Louvre le dauphin de Normandie, plus tard Charles V, amené par Marcel.

— Mes amis, — s'écrie le duc de Guyenne éperdu de frayeur à l'aspect de la foule menaçante, — je suis prêt à vous entendre et à exécuter ce que vous me conseillerez.

Le peuple, tout d'une voix, acclame Jean de Troyes comme son représentant, et l'invite à signifier au dauphin d'avoir à accomplir la réforme des abus déjà obtenue au temps de Marcel et des Maillotins et de supprimer les taxes. Jean de Troyes entre au palais et dit sévèrement au duc de Guyenne :

— « Le peuple de Paris vous sait entouré de conseillers perfides ;

« ils vous détournent de vos devoirs envers le pays; ils vous en-
« traînent dans des déréglements de conduite auxquels votre
« esprit et votre corps ne sauraient résister. Chacun de vos jours
« est un scandale, chacune de vos nuits une débauche; le terrible
« exemple du roi votre père, tombé en démence par suite de ses
« excès, devrait vous faire réfléchir... Souvent le peuple de Paris
« a élevé la voix pour vous prier d'éloigner de vous d'indignes
« conseillers; leur orgueil, leur insatiable cupidité, sont d'invin-
« cibles obstacles à la réforme des abus que nous exigeons. Éloi-
« gnez d'abord de votre entourage ces misérables dignes de l'aver-
« sion de Dieu et des hommes; nous vous demandons qu'on nous
« les livre, afin que nous tirions vengeance de leur trahison. Les
« Parisiens voient avec déplaisir que ces mauvaises gens vous ont
« appris à faire de la nuit le jour, à passer votre temps dans des
« danses dissolues, dans des orgies, et dans toutes sortes de dé-
« bauches indignes du rang royal. »

Le dauphin, effrayé, consent à cette première demande; le duc
de Bar, cousin du roi; Jean de Vailly, chancelier du duc de Guyenne;
Jacques de la Rivière, son chambellan; les sires d'Angennes, de
Boissay, de Giles, de Vitry, ses valets de chambre; Jean de Ménil,
son écuyer tranchant, et sept autres compagnons de débauche du
jeune prince, et dont quelques-uns avaient été les plus implacables
fauteurs de la réaction contre les Maillotins, sont arrêtés par le
peuple et conduits prisonniers à l'hôtel d'Artois, demeure du duc
de Bourgogne. Puis, ainsi qu'autrefois le duc de Normandie, qui
depuis fut Charles V, se coiffa du chaperon rouge et bleu de Marcel
en manière d'acquiescement aux volontés des Parisiens, le duc de
Guyenne, sur l'invitation de Jean de Troyes, se coiffa d'un chaperon
blanc, signe de ralliement des insurgés. Enfin, la royauté, cédant
à la force, à la peur, promulgue, le 25 mai 1413, une ordonnance
confirmant les réformes exigées par Marcel cinquante-sept ans auparavant, et poursuivies plus tard, en 1380, par les Maillotins...

Mais, hélas ! fils de Joël, ainsi que vous l'avez déjà vu tant de fois dans le cours de nos annales, la royauté ne jure que pour se parjurer, n'accorde aujourd'hui que pour reprendre demain ce qu'elle a concédé ! comptant sur la ruse, sur la violence, pour rebâter Jacques Bonhomme à sa première défaillance. Le peuple, cette fois encore, crut la révolution féconde ; il crut naïvement avoir pour jamais reconquis ses franchises, avoir mis le fruit de ses labeurs à l'abri des pillards de la cour ; il se crut enfin assuré de garanties légales pour sauvegarder l'avenir... Il n'en fut rien ! Le dauphin et sa cour, après cette concession forcée aux volontés des Parisiens, ne songèrent qu'à rétablir les anciens abus et à se venger du populaire ; ils entrèrent en négociation secrète avec le *roi de Sicile,* les ducs d'Orléans et de Bourbon.

Ceux-ci, malgré la nouvelle ordonnance qui interdisait aux princes du sang d'entretenir désormais des bandes armées, devenues la désolation et la terreur du pays, avaient rassemblé un corps de troupes considérable à vingt-cinq lieues de Paris, prêt à marcher contre cette cité ; des traîtres semèrent d'abord la division, puis la haine entre les chefs des corporations, dont l'unité pouvait seule consacrer le triomphe de l'insurrection. Les charpentiers, auxquels se joignit une partie de la bourgeoisie, se liguèrent contre les bouchers. Ces discordes, perfidement exploitées par le parti de la cour, assurèrent le triomphe d'une nouvelle réaction ; elle fut horrible, impitoyable contre ceux qu'on appelait les *Cabochiens.* L'ordonnance royale, du 18 septembre 1413, qui les condamnait à mort ou à l'exil leur reprochait : « D'avoir envoyé sur différents points
« de la France des messagers chargés de lettres diffamatoires envers
« le roi et son fils le dauphin, pour engager les autres villes et leur
« menu peuple dans la révolte des Parisiens, *afin d'attenter contre*
« *le roi et sa famille, et* DE DÉTRUIRE LA ROYAUTÉ *en machinant la*
« *mort des seigneurs, la destruction de l'ordre ecclésiastique tout en-*
« *tier, ainsi que de l'ordre de la noblesse.* »

L'œuvre des anciens communiers, précurseurs de Marcel, se poursuivait toujours, au prix du sang de nouveaux martyrs de la cause populaire ; voici les noms obscurs, mais glorieux, des principaux bannis et suppliciés : le chirurgien *Jean de Troyes* et ses trois fils, — les frères *Legoix* et leurs fils, — *Garnot, Saint-Yon*, bouchers, — *Simon le Coutelier*, dit *Caboche*, dont le nom avait été adopté pour désigner les insurgés qu'on appelait Cabochiens ; — *Baudé des Bordes*, — *André Roussel*, — *Denis de Chaumont*, — *Eustache de Laire*, — *Dominique François*, — *Nicolas de Saint-Ilier*, — *Jean le Bon*, — *Pierre Berbo*, — *Félix du Bois*, — *Pierre Lombard*, — *Nicolas du Quesnoy*, — *Jean Guérin*, — *Jean Lymorin*, — *Jacques Lamban*, — *Guillaume Gente*, — *Jean Parent*, — *Jacques de Rouen*, — *Martin de Nauville*, — *Martin de Coulomnier*, — *Toussaint Bagart*, — *Jean Rapiot*, — *Hugues de Verdun*, — *Laurent Calot*, — *Jean Malacre*.

Après le supplice ou le bannissement de ces citoyens, l'ordonnance des réformes du 25 mai 1413 est anéantie... Le dauphin et ses courtisans se plongent dans de nouveaux excès ; la guerre civile entre Armagnacs et Bourguignons continue plus ardente que jamais. Tour à tour maîtres du gouvernement d'un roi en démence, ils luttent de violences et de représailles. En 1415, le roi d'Angleterre, voyant la Gaule épuisée, déchirée par les factions, fait une descente à Harfleur ; la bataille d'*Azincourt*, où la chevalerie succombe, continue les désastres de la bataille de Poitiers. Les Anglais, victorieux, étendent chaque année leurs conquêtes, facilitées par les luttes intestines des Bourguignons et des Armagnacs.

Ceux-ci, en 1419, attirent le duc de Bourgogne, *Jean-Sans-Peur*, au pont de Montereau, sous prétexte de réconciliation ; ils massacrent ce prince ; son fils, **Philippe le Bon**, s'unit aux Anglais pour venger son père. Henri V d'Angleterre, allié du duc de Bourgogne et maître de Charles VI, obtient, 1420, de cet idiot couronné, la main de sa fille, et après sa mort, le trône de France, à l'exclusion du dauphin survivant, le duc de Guyenne étant mort des suites de ses débauches.

Henri V, roi d'Angleterre, ROI DE FRANCE, trône à Paris, à l'hôtel de Saint-Pol, ou au château de Vincennes ; la majorité des prêtres catholiques acclament et bénissent l'Anglais conquérant du royaume, ainsi que jadis l'Église romaine avait acclamé, béni, sacré, consacré CLOVIS conquérant des Gaules. Le peuple et la bourgeoisie, écrasés d'impôts, découragés, ayant perdu leur plus généreux sang durant les deux dernières révolutions, assistent consternés au démembrement de la mère-patrie ; la défaillance gagne les plus fermes cœurs, et, en haine de la royauté française, on se résigne à la domination anglaise, à ses hontes, à ses horreurs.

En 1422, le roi d'Angleterre meurt, laissant son fils, enfant, sous la tutelle du régent, le duc de Bedfort ; deux mois après, Charles VI, le roi idiot, meurt aussi. Son fils Charles VII, dépossédé de la couronne de France, ne règne plus que sur la Touraine et le Berry ; les Anglais se préparent à envahir ces provinces, afin d'être maîtres de la Gaule entière ; ils s'avancent vers la Loire. Charles VII, lâche, insouciant, débauché, résigné d'avance à la perte de sa couronne, voyageait avec ses maîtresses de Tours à Bourges, et de Bourges à Chinon. Une dernière bataille, dite la bataille des *harengs*, perdue contre les Anglais en 1428, leur livrait le pays jusqu'à Orléans ; ils mettent le siège devant cette cité. Jamais la Gaule n'avait été plus épuisée, plus misérable, plus ravagée, plus dépeuplée. Depuis Laon jusqu'à la frontière d'Allemagne, il ne restait pas un village debout ; tous les champs étaient depuis longues années envahis par les bois, par les broussailles ; les loups prenaient possession du pays, venaient hurler aux portes des bourgs et des villes fortifiées, seuls lieux habités au milieu de ces campagnes désertes.

En ces extrémités terribles, *Jeanne Darc* apparut comme l'ange sauveur de la patrie. J'ai écrit la légende de Jeanne, à Vaucouleurs, après avoir soigneusement interrogé tous ceux qui connaissaient l'héroïque paysanne depuis son enfance. J'ai été témoin de son agonie, de son supplice... pauvre victime de l'ingratitude royale! pauvre martyre de l'Inquisition!...

FIN DU CINQUIÈME VOLUME

www.ingramcontent.com/pod-product-compliance
Lightning Source LLC
Chambersburg PA
CBHW050605230426
43670CB00009B/1275